Projektbeirat:
Die Konzeption und Durchführung der Studie wurden seitens
der Auftraggeber durch einen Beirat begleitet, dem folgende Personen angehören:

Christian Gentges, Bund der Deutschen Katholischen Jugend
Referat für Kirchenpolitik und Jugendpastoral

Franz Gulde, Misereor
Abteilungsleiter Bildungs- und Pastoralarbeit

Dr. Anja Grosch, Deutsche Kinder- und Jugendstiftung
Leitung Evaluation und Qualitätssicherung

Christian Kindler, Bischöfliches Ordinariat, Stuttgart
Fachreferent Medienkultur/Medienpädagogik

Birgit Schröder, Institut für Soziale Arbeit e.V., Münster
Qualitätsentwicklung in Ganztagsschulen

Jutta Spoden, Bundeszentrale für politische Bildung
Fachbereich Grundsatz

Dirk Tänzler, Bund der Deutschen Katholischen Jugend
Bundesvorsitzender

Maren Wichmann, Deutsche Kinder- und Jugendstiftung
Programmleiterin „Ideen für mehr! Ganztägig lernen."

Titelgestaltung: nextspirit Design, Sebastian Stark, Düsseldorf
Titelfoto: Yuri Arcurs – Fotolia
Satz und Layout: Kontrapunkt Satzstudio Bautzen
Druck: Wilco Druck, NL-Amersfoort

© 2011 Verlag Haus Altenberg GmbH
ISBN 978-3-7761-278-9
www.verlag-haus-altenberg.de, Artikel-Nr. 35025

VORWORT VON PROF. DR. KLAUS HURRELMANN 6

1   **EINFÜHRUNG** 12

2   **UNTERSUCHUNGSANLAGE** 22

2.1   Zentrale Forschungsfragen 23

2.2   Datenmaterial und Methodik 24

2.3   Systematik der Modellierung
      des qualitativen Lebensweltenmodells 28

2.4   Systematik der Quantifizierung
      des qualitativen Lebensweltenmodells 32

3   **ZENTRALE BEFUNDE** 38

3.1   Lebenswelten der 14- bis 17-Jährigen im Überblick 39

3.2   Allgemeine Befindlichkeit 40

3.3   Zukunftsvorstellungen 43

3.4   Vergemeinschaftung und Abgrenzung 46

3.5   Medien 50

3.6   Schule und Lernen 60

3.7   Berufliche Orientierung 68

3.8   Gesellschaftliches und politisches Interesse 72

3.9   Glaube, Religion, Kirche 77

3.10   Engagement 83

4   **LEBENSWELTEN DER 14- BIS 17-JÄHRIGEN
      IM DETAIL** 88

4.1   Konservativ-Bürgerliche 89

4.2   Adaptiv-Pragmatische 130

4.3   Prekäre 174

4.4   Materialistische Hedonisten 210

4.5   Experimentalistische Hedonisten 248

4.6   Sozialökologische 286

4.7   Expeditive 324

VORWORT

*D*as SINUS-Institut legt hier seine zweite qualitative Grundlagenstudie zu den Lebenswelten von Jugendlichen vor (die erste erschien 2007). Es ist eine Studie, die Jugendliche selbst zu Wort kommen lässt: nicht nur über ihre eigenen Worte, sondern auch über schriftliche Selbstzeugnisse, künstlerische Collagen, Auszüge aus „Hausarbeiten" und nicht zuletzt durch Fotos ihrer Zimmer. Gibt die Shell-Jugendstudie, für die ich zwischen 2002 und 2010 verantwortlich war, den wissenschaftlich gefilterten Gesamtüberblick zur jungen Generation (auch in Vergleich zu vorherigen Generationen), erfahren wir aus der Sinus-Jugendstudie direkt und anhand vieler authentischer Dokumente, wie es den jungen Leuten in ihrem Alltag geht. Beide Studien ergänzen sich wunderbar, und beide zusammen gehören inzwischen zum unverzichtbaren Handwerkszeug für alle Fachkräfte, die in Pädagogik und Politik mit jungen Menschen zu tun haben. Wer beide Bände im Bücherregal hat, der hat ein gutes Wissen über Jugend heute.

Die Besonderheit der Sinus-Jugendstudie ist ihre soziale und kulturelle Tiefenschärfe. Diese Studie kapituliert nicht vor der Vielfalt jugendlicher Lebenswelten, sondern sie nimmt sie in vollen Zügen auf, geht ihr nach und verdichtet sie modellhaft. Sie zeigt die große soziokulturelle Unterschiedlichkeit von Jugend, die für hoch entwickelte Gesellschaften typisch geworden ist.

Die Lebensphase Jugend hat sich im letzten Jahrhundert nicht nur neu herausgebildet, sondern auch immer weiter ausgedehnt. Ein wesentlicher Grund dafür waren die Entwicklungen am Arbeitsmarkt und die damit zusammenhängenden Veränderungen im Bildungssystem. Je mehr sich in den letzten fünf Jahrzehnten wegen steigender Qualifikationsanforderungen die in Schulen und Hochschulen verbrachte Lebenszeit ausdehnte, desto mehr „Jugend" war in der Lebensgestaltung möglich. Für junge Frauen und junge Männer ist es typisch, noch keine volle gesellschaftliche Verantwortung in den Bereichen zu übernehmen, für die sie nicht qualifiziert sind. Stattdessen ergibt sich die Möglichkeit, in anderen gesellschaftlichen Bereichen vollwertig zu partizipieren. Das gilt ganz besonders für den Konsumwarenmarkt, den Freizeit- und Mediensektor und die privaten sozialen Beziehungen.

In allen hoch entwickelten Gesellschaften wurden Jugendliche durch die Mischung aus eingeschränkter ökonomischer Selbstständigkeit und großzügiger soziokultureller Freiheit dazu angeregt, sich Aktions- und Artikulationsmöglichkeiten in den Bereichen Mode, Musik, Unterhaltung, Medien, Freizeit und Beziehungsgestaltung zuzuwenden. Viele Jugendliche lassen sich auf dieses von der wirtschaftlichen Reproduktion und anderen sozialen Verpflichtungen abgeschirmte soziale „Moratorium" der Lebensphase Jugend zwischen Kindheit und Erwachsenenleben intensiv ein und genießen die Unabhängigkeit des Wartestandes im Lebenslauf bis zur Übernahme eines verantwortlichen Erwachsenenstatus. Dieses Moratorium hat sich im letzten Jahrhundert ständig verlängert und ist auf durchschnittlich fünfzehn Lebensjahre angewachsen.

Die Sinus-Jugendstudie leuchtet diese jugendlichen Lebenswelten anschaulich und detailliert aus. Das Wissenschaftlerteam um Marc Calmbach setzt die Philosophie um, dass man junge Männer und junge Frauen in ihrer Alltagswelt abholen und ihre soziokulturellen Logiken kennen muss, um sie verstehen zu können. Das Ergebnis spricht für sich: Es wird deutlich, wie aktiv alle jungen Leute in Auseinandersetzung mit ihrer Lebenswelt stehen und in welch unterschiedlicher Weise sie ihren Alltag bewältigen und gestalten. Die Studie zeigt, so könnte man flapsig sagen, wo und wie Jugendliche heute überall Sinn suchen und finden.

Als Sozialisationsforscher ist mir dieser Ansatz äußerst sympathisch. Ich gehe von der Theorie aus, dass Jugendliche „produktiv Realitätsverarbeitende" sind. Ich postuliere eine aktive, während des gesamten Lebenslaufs anhaltende Tätigkeit eines jungen Mannes oder einer jungen Frau bei der Aneignung und Verarbeitung der natürlichen Anlagen und der sozialen und physischen Umweltbedingungen. Die Persönlichkeitsentwicklung eines oder einer Jugendlichen wird demnach weder durch seine/ihre Anlagen noch durch seine/ihre Umwelt determiniert, sondern sie entfaltet sich in einem ständigen Wechselspiel zwischen diesen beiden Größen. Als „innere Realität" können die körperlichen und psychischen Dispositionen, als „äußere Realität" die Bedingungen der sozialen und physischen Umwelt bezeichnet werden.

Die zentrale Herausforderung der Persönlichkeitsentwicklung ist in dieser sozialisationstheoretischen Sichtweise die Bewältigung von Entwicklungsaufgaben. Ein Jugendlicher wird dann zu einem Gesellschaftsmitglied, wenn er alle von ihm erwarteten sozialen Anforderungen erfüllt. Jede Kultur stellt über die Gestaltung ihrer sozialen Institutionen und sozialen Umwelten und in Form von sozialen Mustern und Normen Mitgliedschaftsentwürfe bereit. Das sind Vorstellungen, Wünsche, Erwartungen und Merkmale, die für eine aktive Teilnahme an der Gesellschaft als erforderlich erachtet werden. Werden sie übernommen, kann von „sozialer Integration" gesprochen werden. Jeder Mensch bleibt als sozial integriertes Gesellschaftsmitglied aber eine einmalige und unverwechselbare Persönlichkeit und hat ein Interesse daran, sozial nicht völlig vereinnahmt zu werden („Individuation"). Deshalb ist das Austarieren der Spannung von Integration und Individuation eine lebenslang anhaltende Aufgabe.

Die hier vorliegende Studie zeigt so anschaulich und differenziert wie keine zweite, wie Jugendliche diese Aufgabe lösen und welche vielfältigen Wege sie einschlagen, um persönliche Einzigartigkeit mit gesellschaftlicher Eingliederung zu versöhnen. Deshalb ist die Studie als Handbuch für Praktiker so wichtig, für Pädagogen ebenso wie für politische Bildner, Theologen, Ausbilder und Politiker, und deswegen kann sie letztlich von allen verwendet werden, die kommunikative Zugänge zu Jugendlichen suchen.

Jugendliche stehen heute unter der Anforderung, eine Persönlichkeitsstruktur zu entwickeln, die sie in die Lage versetzt, auf die unsicheren gesellschaftlichen Vorgaben zu reagieren. Sie müssen sich auf die schnell wechselnden sozialen, kulturellen, ökonomischen und ökologischen Bedingungen mit einem hohen Ausmaß von biografischem Management einstellen. Wie die Sinus-Jugendstudie zeigt, eignen sie sich dazu eine hohe Virtuosität des Verhaltens und eine große Problemverarbeitungskompetenz an. Sie sehen sich vor der Herausforderung, früh einen eigenen Lebensstil zu entwickeln und einen Lebensplan zu definieren. Es gehört zu den charakteristischen Merkmalen der Lebensphase Jugend, mit Widersprüchlichkeiten der sozialen Erwartungen umzugehen und die eigenen Selbstdefinitionen auf diesen schwierigen

Sachverhalt auszurichten. Die Ungleichzeitigkeit von Selbstständigkeitszuschreibungen in verschiedenen Übergangsbereichen und der unterschiedliche Wert der erreichten Positionen müssen ausgehalten und abgearbeitet werden. Die Studie zeigt, wie Jugendliche das im Alltag machen.

Die Art und Weise, wie Jugendliche ihre Alltagsanforderungen meistern, ist zu einem sozialen Paradigma für Menschen auch in anderen Lebensphasen geworden. Das liegt daran, dass die neuartigen Anforderungen an die Lebensführung, die entstanden sind, weil die Jugendphase nicht mehr nur als eine Übergangsphase zum „vollwertigen Reifestadium" des Erwachsenen dient, zunehmend auch für die nachfolgenden Lebensabschnitte typisch werden. Das Leben mit Unsicherheiten und Brüchen, das Aushalten von Autonomiebeschränkungen und die ständige Arbeit an einer „Statusinkonsistenz" sind heute auch für viele Erwachsene charakteristisch.

Die aktuelle Sinus-Jugendstudie dokumentiert: Jugendliche sind in soziologischer Perspektive Pioniere in der Entwicklung einer Lebensführung, die auf die jeweils neuesten kulturellen, ökonomischen und sozialen Veränderungen der Gesellschaft reagiert. Die traditionellen Formen der Lebensgestaltung der älteren Generation werden von ihnen nicht eins zu eins übernommen, weil sie die Antwort auf anders gelagerte Lebensbedingungen darstellen als die heutigen. Die offenen und in sich spannungsreichen Lebensanforderungen der Gegenwart machen eine reflexive Handlungssteuerung notwendig, und genau diese Ausrichtung der Lebensführung wird von den meisten Jugendlichen bevorzugt. Jeder einzelne und jede einzelne Jugendliche ist in diesem Sinne die selbstverantwortliche Planungsinstanz des eigenen Lebens, ausgestattet mit großen Freiheitsgraden der Gestaltung – aber auch unter dem Druck stehend, die Freiheitsgrade tatsächlich ausschöpfen zu können. Jeder und jede einzelne Jugendliche muss sich individuell mit den Anforderungen an die Lebensgestaltung auseinandersetzen und findet dafür auch ganz persönliche Wege und Lösungen. Alles das sind Komponenten, die für die Lebensführung auch im Erwachsenenalter immer wichtiger werden und mit dazu beitragen, dass sich diese beiden Lebensphasen stärker als in früheren historischen Epochen miteinander verschränken.

Bleibt mir zum Schluss noch, dem Team der Forscherinnen und Forscher des SINUS-Instituts zur dieser spannenden und lebendigen Untersuchung zu gratulieren. Was sie hier an einfühlsamer Forschung vorlegen und mit professioneller Analyse einordnen und interpretieren, ist für das öffentliche Verständnis der jungen Generation in Deutschland und für die pädagogische Arbeit mit Jugendlichen von größtem Wert. Ich bin sicher, dass sich die Sinus-Jugendstudien damit ihren festen Platz in der Jugendforschung und der Jugendarbeit erobert haben.

Dr. Klaus Hurrelmann
Professor an der Hertie School of Governance, Berlin

1 EINFÜHRUNG

Der soziokulturelle Wandel in unserer Gesellschaft hat sich in den letzten Jahren beschleunigt und verändert tiefgreifend die Struktur und Kultur des Alltags. In keiner Altersgruppe ist dieser Wandel so frühzeitig und deutlich spürbar wie bei Jugendlichen.

Doch wie ist die „Jugend von heute"? Darüber möchte das vorliegende Buch Auskunft geben, indem es der Frage nachgeht, welche jugendlichen Lebenswelten es in Deutschland gibt und wie Jugendliche in diesen verschiedenen Welten ihren Alltag (er)leben. Dabei werden neben der Erforschung der Werthaltungen verschiedenste Facetten des täglichen Lebens in den Blick genommen, um ein möglichst umfassendes Bild jugendlicher Orientierungen und Lebensweisen zu erhalten: Freizeit, Familie, Schule, Freundeskreise, Medien und Berufsorientierung. Vor dem Hintergrund der populären Diskurse um die (angebliche) Politikverdrossenheit und erodierende Religiosität sowie zunehmende Kirchenferne werden auch die Themen Gesellschaft, Politik, Engagement, Religion, Glaube und Kirche exploriert.

Wissenschaft und pädagogische Praxis sind sich einig: Nur wer versteht, was Jugendliche bewegt, wird Jugendliche auch bewegen können. Entsprechend wichtig ist es, bei der Suche nach Erklärungen für das Verhalten und die Einstellungen von Jugendlichen deren lebensweltliche Hintergründe zu berücksichtigen. Lebensweltorientierte Zugänge sind in einer hochindividualisierten Gesellschaft unverzichtbar, weil soziale Zugehörigkeit heute nicht allein von schichtspezifischen Merkmalen geprägt wird, sondern insbesondere von gemeinsamen Wertorientierungen, Lebensstilen und ästhetischen Präferenzen. Lebensweltanalysen gehen dabei weit über die Beschreibung von Jugendkulturen und -szenen und deren Geschmacksinventaren hinaus; sie erfassen die Zugangsweisen zum Leben selbst und beschreiben damit die Art und Weise, mit der Jugendliche den aktuellen sozialen und ökonomischen Herausforderungen begegnen, die Lösungsstrategien, die sie hierfür entwerfen, und die Bewältigungsmuster, die sie als sinnvoll bewerten. Die Unterschiedlichkeit von Lebensstilen ist für die Alltagswirklichkeit von Menschen heute bedeutsamer als die Unterschiedlichkeit sozioökonomischer Lebensbedingungen. Dass Lebensweltansätze mehr Informationen und bessere Entscheidungshilfen liefern als Segmentierungen auf Basis soziodemografischer Merkmale (z. B. Geschlecht, Alter, formaler Bildungsgrad), zeigen die folgenden Beispiele. Sie illustrieren, dass Menschen viele formale Ähnlichkeiten haben können, aber dennoch in ganz unterschiedlichen Welten zu Hause sind.

Warum ist der Sinus-Milieuansatz sinnvoll?

Demografische Merkmale allein reichen nicht aus, um Menschen zu verstehen.

Thomas Müller und Bill Kaulitz haben viele Gemeinsamkeiten ...

o männlich
o September 1989 geboren
o in Deutschland geboren und aufgewachsen
o beruflich sehr erfolgreich
o haben ihr Hobby zum Beruf gemacht
o zahlreiche Auszeichnungen
o ständig in der ganzen Welt unterwegs
o wohlhabend

... wie auch Charles, Prince of Wales, und Ozzy Osbourne, the „Prince of Darkness", ...

o männlich
o 1948 in England geboren
o beruflich sehr erfolgreich
o verheiratet
o erwachsene Kinder
o sehr vermögend
o verbringen ihre Ferien vorzugsweise im Alpenraum

... und sind dennoch sehr verschieden, was z. B. ihre Werthaltung und ihre ästhetischen Vorlieben angeht.

Wie Jugendliche heute ihren Alltag bewältigen, woher sie Sinn beziehen, welche Hoffnungen, Sehnsüchte und Sorgen sie haben, ist vor dem Hintergrund unsicherer und komplexerer gesellschaftlicher Rahmenbedingungen eine spannende Frage. Die zeitdiagnostischen Schlüsselbegriffe zur Beschreibung dieser Rahmenbedingungen lauten: Wohlstandspolarisierung, Leistungs- und Bildungsdruck, Prekarisierung des Arbeitsmarktes, Eigenverantwortung, Entstandardisierung von Lebensläufen, Sozialisation in Eigenregie, Digitalisierung, Entgrenzung von Jugend, multikulturelle Vielfalt. Sie werden im Folgenden näher ausgeführt.

▶ *Die Schere zwischen Arm und Reich ging in den letzten Jahren immer weiter auseinander.*

Die Zahl sowohl von Armen als auch von Reichen wächst, und ärmere Haushalte werden immer ärmer. Diese Polarisierung führt zu einem wachsenden Konfliktpotenzial, das durch die schrumpfende Mittelschicht noch virulenter wird. Dabei ist die „gefühlte" Verschlechterung der sozialen und ökonomischen Lage noch größer, als es den tatsächlichen Verhältnissen entspricht – wenn auch die Zeit kontinuierlicher Wohlstands- und Sicherheitsgewinne endgültig abgelaufen scheint. Die ehemals statusoptimistische gesellschaftliche Mitte nimmt eine Abwärtsmobilität (mit steigender Fallhöhe) wahr, die zu Zukunftsorientierungen ex negativo – mit der Leitmaxime „bloß nicht abrutschen" –, zu verschärfter Abgrenzung nach unten und, speziell infolge der Finanzkrise, zu wachsender Skepsis und Kritik an „denen da oben" führt. Generell ist eine erhöhte Risikowahrnehmung in der Gesellschaft festzustellen – von wachsender Angst vor Ressourcenknappheit und Verteilungskonflikten bis hin zur Angst vor privaten Fehlinvestitionen (z. B. Altersabsicherung, Immobilienkauf, Bildung der Kinder etc.). Gleichzeitig wächst der Grad an Freiheit und Wahlmöglichkeiten – was insbesondere die Lebensqualität der besser Situierten erhöht. Durch die Privatisierung von immer mehr Lebensrisiken werden vor allem sozial schwächere Bevölkerungsgruppen benachteiligt und tendenziell überfordert.

▶ *Der Leistungs- und Bildungsdruck hat sich unter immer komplexeren, globalisierten Rahmenbedingungen erhöht.*

In Zeiten der Globalisierung und Digitalisierung des Alltags veraltet Wissen immer schneller. Lebenslanges fachliches und soziales Lernen ist in vielen Sektoren daher zu einer Grundvoraussetzung für die Teilhabe auf dem Arbeitsmarkt geworden. Das setzt v. a. die Menschen mit einer geringen

Bildungsaffinität unter Druck, deren Bildungs- und Ausbildungsabschlüsse ohnehin immer weiter entwertet werden. Sie werden abgedrängt in statusarme Berufe – was zu einer Beschränkung ökonomischer und sozialer Teilhabe führt. Die gesellschaftliche Entwertung dieser (Schul-)Abschlüsse und Berufe steht dabei oft im Kontrast zur Wertschätzung, die sie nach wie vor bei den Eltern bildungsbenachteiligter Jugendlicher genießen. Vorbilder in der familiären Berufsbiografie erodieren und können daher zu Orientierungslosigkeit bei den Jugendlichen führen.

Leistung beinhaltet heute nicht nur fachliche Leistung, sondern auch Performance-Qualitäten. Vor allem in Wissens- und Kreativberufen wird eingefordert, sich flexibel inszenieren und gut verkaufen zu können. Einen Job gut zu erledigen, ist kaum noch ausreichend, um ihn auch dauerhaft behalten zu können. Erwartet werden ständige Innovationsbereitschaft und eigene Ideen. „Lebenslanges Lernen" ist für Jugendliche heute längst keine interessante Option mehr, sondern unabdingbare Grundvoraussetzung, um langfristig in den schnell drehenden Arbeitskulturen mithalten zu können. Aktuelle soziokulturelle Trends, wie beispielsweise Diversität, implizieren nicht nur Chancenvielfalt und kreative Möglichkeiten, sondern auch die permanente Aufforderung, sich in fremden Welten zurechtfinden und agieren zu können.

▶ *Die Zahl von Arbeitsplätzen mit geringer Einkommenssicherheit ist gestiegen.*

Atypische Beschäftigungsverhältnisse (z. B. Zeit- oder Leiharbeit, befristete und projektbasierte freie Beschäftigungen oder Praktika) haben in den letzten Jahren stark zugenommen. Eine unbefristete Vollzeit-Festanstellung mit einer existenzsichernden Bezahlung, einer sozialrechtlichen Absicherung sowie einer Integration in das Betriebsleben – kurz ein sogenanntes „Normalarbeitsverhältnis" – ist für immer mehr v. a. junge Menschen keine Normalperspektive mehr. Diese Entwicklung trifft auch die Gut- und Hochqualifizierten. Erwerbsarbeit ist heute flexibler geworden, d. h., Arbeitsort, Arbeitszeit, Beschäftigungsdauer, Entlohnungssysteme und Formen betrieblicher Einbindung können erheblich variieren.

Damit wachsen einerseits die individuellen Gestaltungsmöglichkeiten, andererseits aber auch die individuellen Verunsicherungs- und Überforderungsmomente.

▶ *Es wird immer mehr Eigenverantwortung eingefordert.*

Die gewohnten Dienstleistungen des Wohlfahrtsstaats geraten, bedingt durch die Prekarisierung von Beschäftigung und den demografischen Wandel, zunehmend unter Kostendruck und müssen umgestaltet bzw. zurückgeschnitten werden. Abhilfe schaffen soll das Prinzip der Eigenverantwortung, das immer mehr Bereiche des Alltags durchdringt und das insbesondere die Effizienz und Effektivität sozialpolitischer Leistungserbringung erhöhen soll. Verbunden mit der Verlagerung von Verantwortung auf den Einzelnen ist die Ausbreitung des Selbstverschuldungsprinzips, das allmählich das Solidarprinzip und den gesellschaftlichen Sozialstaatskonsens verdrängt. Im Gegenzug wächst im modernen Segment der Gesellschaft die Fähigkeit zu Autonomie und Selbstbestimmung.

▶ *Die Familienplanung ist unsicherer geworden.*
Klassische Familienstrukturen erodieren.

Die berufliche Unsicherheit junger Menschen hat massive Konsequenzen für deren weitere Lebensplanung: Wenn beispielsweise die Entscheidung, Kinder zu bekommen, vom nächsten verfügbaren Job abhängig gemacht werden muss, beeinflusst das auch die Familienbildung. Flexibilität und Mobilität werden zu modernen Sekundärtugenden, das Streben nach Work-Life-Balance wird durch den ständigen Zwang zur Setzung von Prioritäten (Job oder Familienleben) ausgehebelt. Und in der Folge ist der Anteil der Kleinfamilien – die zentrale Institution der gesellschaftlichen Mitte – in den letzten Jahren zurückgegangen.

▶ *Lebensläufe und Erwerbsbiografien sind immer weniger planbar.*

Die noch bis vor Kurzem eher exotische Patchwork-Biografie wird zur Normalperspektive v. a. der jungen Generation. Mit dieser Entwicklung geht auf der einen Seite Entscheidungs- und Gestaltungsfreiheit einher, auf der anderen Seite lastet auch Entscheidungs- und Gestaltungszwang auf den Einzelnen.

▶ *Jugendliche müssen sich immer stärker in Eigenregie sozialisieren.*

Jugendliche sehen sich in einer hochgradig individualisierten Gesellschaft mit einer Vielzahl von komplexen sozialisatorischen Herausforderungen konfrontiert, für deren Bewältigung ihnen die klassischen Sozialisationsagenturen (z. B. Familie, Schule, Kirche, Jugendarbeit) oft nicht mehr das passende Rüstzeug mit auf den Weg geben. Sie orientieren sich daher in vielen Bereichen des Alltags an ihrer Peergroup und an den Medien. Jugendliche wachsen in einer medial durchdrungenen und vermittelten Welt auf. Sozialisationstheoretische Ansätze berücksichtigen Medien daher mittlerweile als wichtige Sozialisationsinstanz, die nicht mehr wie früher unter dem Generalverdacht steht, Jugendliche in ihrer Vergesellschaftung vor allem negativ zu beeinflussen. Den Medien wird heute zu Recht eine besondere Bedeutung bei der Persönlichkeitsentwicklung und Lebensbewältigung Jugendliche zugeschrieben. Medien werden neben den klassischen Sozialisationsinstanzen als wichtige „Sinnagentur" verstanden, weil sie – indem sie Leitbilder und Modelle für die Lebensgestaltung offerieren – für Jugendliche eine wichtige Ressource bei der Ausformung und Stilisierung der persönlichen Identität sind. Medien sind nicht nur Träger und Verbreiter von Informationen, sondern ebenso kreativer Marktplatz und Bühne für das Austesten von Rollen und Selbstbildern. Online zu sein, ist für Jugendliche heute nicht mehr eine „technische Aktivität", sondern Situationsbeschreibung und damit selbstverständlicher Teil ihrer Alltagspraxis. Nicht zuletzt sind Medien auch wichtige kulturelle Accessoires im Alltag Jugendlicher, über die soziale Inklusion und Exklusion geregelt werden. Unter anderem über Medien verhandeln Jugendliche, wer zu den „Coolen" und wer zu den „Uncoolen" gehört. So gilt z. B. ein alter Vintage-Walkman in manchen Lebenswelten als „der heiße Scheiß und cooler als das iPhone, weil das alle haben", in anderen wiederum als „Elektroschrott".

▶ *Der Alltag wird immer weiter digitalisiert.*

Wenn die nötige Kompetenz im Umgang mit modernen Informations- und Kommunikationstechnologien fehlt, gelingt es zunehmend weniger, das eigene Leben in einer komplizierten und unübersichtlicher werdenden Welt selbstbestimmt zu gestalten. Die Folge ist eine digitale Spaltung der Gesellschaft, in der – trotz weiter steigender Onliner-Raten – ganze Bevölkerungssegmente vom Modernisierungsprozess ausgeschlossen werden. Mehrheitlich (insbesondere in den gut ausgebildeten jüngeren Segmenten) befördert die Digitalisierung des Alltags aber neue Kompetenzen und Werte – wie Autonomie, Flexibilität, interkulturelles Wissen, Polysensualität, Transparenz –, die ganz neue wirtschaftliche und soziale Perspektiven eröffnen.

▶ *Es ist schwieriger geworden, sich von den Eltern abzugrenzen.*

Jugend heute noch als klar abgrenzbare Übergangsphase zwischen Kindheit und Erwachsensein zu verstehen, greift zu kurz. In Zeiten, in denen jeder alt werden will, aber niemand alt sein möchte, ist Jugend zwangsläufig ein stark entgrenzter Begriff. Viele wollen als Erwachsene leben, aber zugleich ewig jugendlich bleiben. Die Jugendlichen müssen heute früher „erwachsen" sein und wissen und planen, was sie erreichen wollen.

Was bedeutet das für das Aufwachsen junger Menschen und deren Vorstellungen vom „In-der-Welt-Ankommen"? Viele Eltern sind heute popkulturell geprägt. Da Popkultur erwachsen geworden ist, brechen Jugendlichen immer mehr kulturelle Freiräume weg, um sich von ihren Eltern abzugrenzen. Ein überspitztes Beispiel hierfür: Während die Eltern der Hippies Ende der 1960er-Jahre und die der Punks Ende der 1970er-Jahre ihren Kindern die Frage stellten, wie viel Verachtung der Gesellschaft dazugehören muss, um so auffällig herumzulaufen, fragen viele

Eltern ihre Kinder heute nach den Trends, an denen sie sich orientieren sollen. Jugendliche und erwachsene Lebenswelten haben sich einander angenähert. Jugendliche sind heute weniger darauf bedacht, sich von den Eltern dezidiert abzugrenzen; umgekehrt sind Eltern weniger darauf fokussiert, Grenzen zu setzen und Handlungsrichtlinien vorzugeben. Häufig sind sie angesichts der komplexen Zukunftsherausforderungen auch gar nicht in der Lage, entsprechende Vorbildfunktionen zu übernehmen; schon allein hinsichtlich technischer Kompetenzen sind viele auf die Unterstützung ihrer Kinder angewiesen.

▶ *Deutschland hat sich zu einem Land multikultureller Vielfalt entwickelt.*

1950 lebten in Deutschland etwa 500 000 Ausländer, 1985 (also etwa zur Jugendzeit der Eltern der heutigen Teenager) waren es bereits 4,4 Millionen und 1996 7,3 Millionen. Seither ist der Ausländeranteil an der Gesamtbevölkerung recht konstant geblieben (ca. 9 %). Seit 2005 wird den daraus resultierenden demografischen Veränderungen Rechnung getragen, indem nicht nur der Ausländeranteil, sondern auch der Anteil der deutschen Staatsangehörigen mit einer Zuwanderungsbiografie (z. B. Spätaussiedler, eingebürgerte Ausländer und deren Nachkommen) statistisch erfasst wird. Jede fünfte in Deutschland lebende Person hat einen sogenannten Migrationshintergrund (Mikrozensus 2010). Betrachtet man aus dieser Gruppe nur die Kinder (bis fünf Jahre), so hat jedes dritte Kind einen Migrationshintergrund. Seit Einführung dieser Statistik 2005 wächst der Anteil dieser Gruppe in der Bevölkerung. Dieser Trend wird sich Statistikern und Migrationsforschern zufolge fortsetzen, da die zugewanderte Bevölkerung zum einen jünger ist und zum anderen eine höhere Geburtenrate aufweist als die autochthone deutsche Bevölkerung. Junge Menschen wachsen heute also in einem Land auf, das sich ethnisch und somit auch kulturell von dem ihrer Eltern und v. a. Großeltern stark unterscheidet.

Das vorliegende Buch gliedert sich wie folgt: Zunächst werden die zentralen Forschungsfragen, das Erhebungsdesign und die wesentlichen Befunde der Studie vorgestellt. Daran anschließend folgt ein detaillierter Einblick in die einzelnen jugendlichen Lebenswelten in Form von Lebensweltprofilen. Diese Profile sind aus Vergleichbarkeitsgründen identisch aufgebaut. Sie gliedern sich wie folgt:

→ Wohnbild-Collage
→ Lebensweltliche Basismotive
→ Collagen „Das gibt meinem Leben Sinn"
→ Kulturelle Orientierung und Freizeit
→ Vergemeinschaftung
→ Medien
→ Schule und Lernen
→ Berufliche Orientierung und Zukunft
→ Politik und Gesellschaft
→ Religion, Glaube und Kirche
→ Engagement

2 UNTERSUCHUNGS-ANLAGE

2.1   ZENTRALE FORSCHUNGSFRAGEN

Das zentrale Ziel der vorliegenden Studie war es, die Lebenswelten der 14- bis 17-Jährigen in Deutschland zu identifizieren und zu beschreiben. Die forschungsleitenden Fragen hierzu lauteten:

▶ Welche Werte sind Jugendlichen wichtig im Leben? Woran orientieren sie sich?

▶ Welche kulturellen Vorlieben haben sie? Wofür interessieren sie sich? Wie verbringen sie ihre Freizeit?

▶ Welche Faktoren spielen bei der Vergemeinschaftung Jugendlicher eine Rolle? Inwiefern grenzt man sich von anderen Jugendlichen ab?

▶ Welche Rolle spielen Medien im Alltag? Im Detail: Welche Bedeutung haben Interaktion und Kommunikation in digitalen Räumen (v. a. soziale Netzwerke)? Welche Rolle spielt der Schutz persönlicher Daten im Medienalltag? Wie steht man moralisch und rechtlich zur Urheberrechtsproblematik?

▶ Inwiefern ist man an gesellschaftlichen und politischen Themen interessiert? Welche Einstellung hat man zur Politik? Was für ein Bild hat man von Politikern?

▶ Engagiert man sich politisch oder sozial? Wenn ja, warum, wo und wie genau? Welche Engagementformen bzw. -strukturen finden Jugendliche attraktiv bzw. unattraktiv?

▶ Wie blicken Jugendliche in die Zukunft? Welche Hoffnungen, Ängste und Sorgen haben sie?

▶ Welche Kriterien spielen bei der Berufswahl eine Rolle? Inwiefern bereiten sich Jugendliche auf die Zeit nach der Schule bereits vor? Wer bietet ihnen dabei Orientierung?

▶ Wie zufrieden sind Jugendliche mit Schule bzw. dem Schulalltag? Welche Bedeutung schreiben sie schulischem Erfolg zu, und was sind sie bereit, dafür zu leisten? Wie lernen Jugendliche am liebsten? Welche Bedeutung schreiben sie Schule als Lebensort zu?

▶ Wie stehen Jugendliche zu Religion(en), Glaube und Kirche?

2.2   DATENMATERIAL UND METHODIK

Der vorliegenden Studie liegt vielfältiges Datenmaterial aus unterschiedlichen methodischen Zugängen zugrunde. Eingesetzt wurden drei Erhebungsmethoden:

- Explorationen mit Jugendlichen;
- schriftliche „Hausarbeitshefte", die die Jugendlichen
  bis zum Interviewtermin ausgefüllt haben;
- fotografische Dokumentationen der Zimmer
  der befragten Jugendlichen.

Einzelinterviews

Für die Befragung von Minderjährigen bestehen spezielle Richtlinien von
Seiten der Branchenverbände der Markt- und Sozialforschung, an die sich das
SINUS-Institut bei der jetzt abgeschlossenen Untersuchung verbindlich gehalten hat. Unter forschungsethischem Aspekt gelten bei der Befragung von
Kindern und Jugendlichen dieselben Grundsätze wie bei Erwachsenen. So
ist z.B. vor dem Interview in jedem Fall auf die Freiwilligkeit der Teilnahme
hinzuweisen und die Zustimmung zur anonymisierten Nutzung der Angaben einzuholen. Die Einwilligung in ein Interview darf bei Jugendlichen ab
14 Jahren von ihnen selbst entschieden werden. Dennoch wurde bei diesem
Projekt kein Jugendlicher bzw. keine Jugendliche ohne vorherige schriftliche
Einverständniserklärung eines Erziehungsberechtigten befragt. Alle ange-
fragten Erziehungsberechtigten haben zugestimmt, in der Interviewsituation
nicht unmittelbar anwesend zu sein. Die Anforderung, dass Methoden und
Inhalte der Befragung der Zielgruppe angemessen sind, wurde von SINUS
ebenso sichergestellt wie die altersgerechte Aufbereitung der Fragen im
Themenkatalog.

Insgesamt wurden 72 non-direktiv geführte Explorationen mit Jugendlichen
im Alter von 14 bis 17 Jahren durchgeführt (mittlere Interviewdauer: ca.
120 Minuten). Bei den Gesprächen wurde das aus der Ethnomethodologie

adaptierte Verfahren des narrativen Interviews eingesetzt. Dieser methodische Ansatz hat den Vorteil, dass den Jugendlichen Raum gegeben wird, ihre Wahrnehmungen, Einstellungen und Meinungen in ihrer natürlichen Alltagssprache zu schildern und, unbeeinflusst von strukturierenden Vorgaben, all das zum Ausdruck zu bringen, was aus ihrer subjektiven Sicht von Bedeutung ist. Die Explorationen wurden zunächst als freies Gespräch geführt, so dass die Teilnehmenden viel Raum zur Selbstdarstellung und Selbstbeschreibung hatten. Um dennoch zu gewährleisten, dass alle für die Beantwortung der Forschungsfragen relevanten Aspekte im Verlauf des Interviews zur Sprache kommen, wurde ein Gesprächsleitfaden eingesetzt, der die Erhebungsthemen vorstrukturiert. Auf diese Weise konnten Interviewerinnen und Interviewer noch einmal gezielt Gesprächsimpulse zu einzelnen Aspekten setzen, die spontan nicht angesprochen wurden.

Nachstehendes Schaubild weist die Struktur der Stichprobe aus.

Abb. 2.2.1

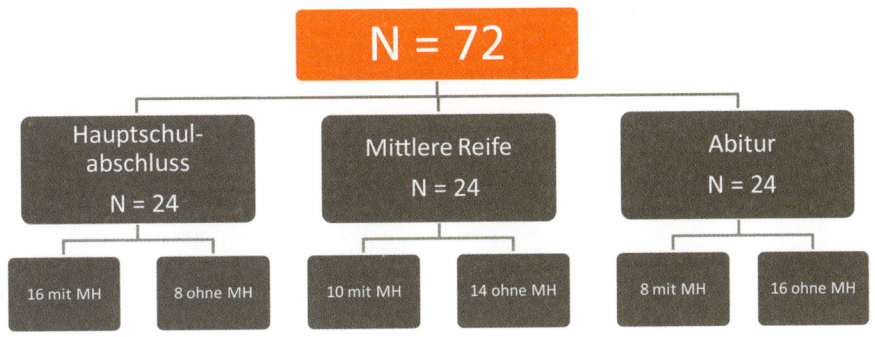

Sinus-Jugendstudie u18
Stichprobenstruktur

- Quotierung erfolgt nach nächstem *angestrebtem* Schulabschluss
- Jeweils gleichmäßige Verteilung nach Geschlecht, Wohnort (Stadt/Land), Besuch Ganztags-/Halbtagsschule

Die Einzelinterviews wurden im häuslichen Umfeld der Jugendlichen von speziell ausgebildeten Interviewern in der Zeit von Anfang Juni 2011 bis Ende August 2011 in der gesamten Bundesrepublik durchgeführt.

Abb. 2.2.2

Befragungsorte
15 lokale Befragungsorte in verschiedenen Regionen Deutschlands

1. Berlin
2. Rostock und Umgebung
3. Erfurt und Umgebung
4. Dresden
5. Hamburg und Umgebung
6. Leer und Umgebung
7. Göttingen und Umgebung
8. Köln
9. Aachen und Umgebung
10. Dortmund
11. Pirmasens und Umgebung
12. Heidelberg
13. Stuttgart
14. Nürnberg
15. Augsburg

Die Ergebnisse der Studie sind psychologisch repräsentativ, d.h. gültig im Sinne inhaltlicher Relevanz und Typizität. Aufgrund des qualitativ-ethnologischen Forschungsansatzes und der eingesetzten sensiblen Erhebungsmethoden können valide Aussagen schon auf vergleichsweise kleiner Stichprobenbasis gewonnen werden.

Die Gespräche wurden nach vorheriger Absprache mit den Jugendlichen und deren Erziehungsberechtigten digital aufgezeichnet.

„Hausarbeitsheft"

Im Vorfeld der Interviews wurden die Befragten gebeten, ein „Hausarbeits-heft" mit dem Titel *„So bin ich, das mag ich"* auszufüllen. Diese Hausaufgabe erfüllte neben dem Gewinn von inhaltlichen Erkenntnissen auch den Zweck, Barrieren und womöglich Skepsis oder gar Ängste der Jugendlichen (und ihrer Eltern) im Vorfeld des Gesprächstermins abzubauen.

In diesem „Hausarbeitsheft" wurden leicht zu beantwortende Fragen zu Ge-schmackspräferenzen und Interessen gestellt:

▶ Was hörst du gerne für Musik?
▶ Was schaust du dir gerne im Fernsehen an?
▶ Was für Filme schaust du dir gerne im Kino an?
▶ Was sind für dich die coolsten Sachen der Welt?
▶ Wer sind deine Vorbilder?
▶ Wie möchtest du später leben? Was machst du dann?
▶ Wie wünschst du dir deine Schule?
▶ Wofür interessierst du dich?
▶ Wofür interessierst du dich überhaupt nicht?

Zum Abschluss dieser Vorbefragung wurden die Jugendlichen gebeten, et-was zu dem Thema „Das gibt meinem Leben Sinn" mitzuteilen. Dabei durften sie ihrer Kreativität freien Lauf lassen, z. B. etwas malen, Fotos einfügen, Bilder aus Zeitschriften, Zeitungen, Prospekten ausschneiden und aufkleben, oder einfach ein paar Begriffe oder Gedanken aufschreiben.

Fotografische Dokumentation der Jugendzimmer

Zur Abrundung des Bildes von der privaten Lebenswelt wurden bei Befragten, die ihr Einverständnis dazu gegeben hatten, die Zimmer fotografiert. Dabei wurde auf für eine Lebenswelt typische Motive wie z. B. einen „Hausaltar" ge-achtet (ein Arrangement, in dem persönlich bedeutungsvolle Gegenstände ausgestellt werden). Diese Wohnbilder sind eine wichtige Informationsquelle zur Alltagsästhetik der Jugendlichen.

2.3   SYSTEMATIK DER MODELLIERUNG DES QUALITATIVEN LEBENSWELTENMODELLS

Das Sinus-Lebensweltenmodell für die 14- bis 17-jährigen Jugendlichen wurde auf der Basis der qualitativen Interviews entwickelt. Die Interviews wurden nach der Methode der hermeneutischen Textinterpretation inhaltsanalytisch ausgewertet. Dabei wurden alle für die Alltagswirklichkeit der Jugendlichen relevanten Bereiche unter die Lupe genommen.

Abb. 2.3.1

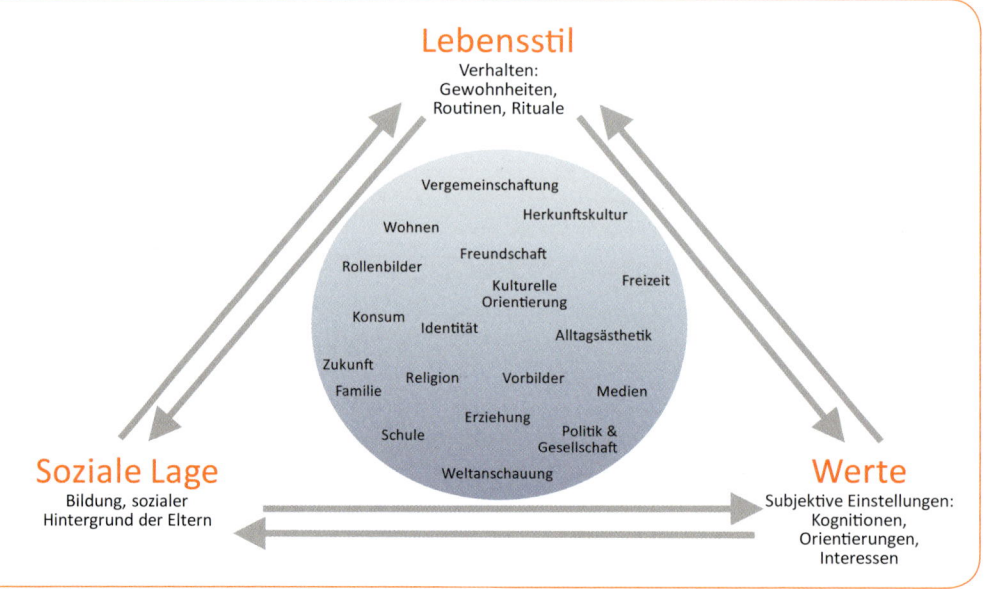

Bei der Profilierung der Lebenswelten wurden verschiedene Facetten sozialer Ungleichheit berücksichtigt: Neben den klassischen demografischen Merkmalen sozialer Ungleichheit (v. a. Bildung und damit eng zusammenhängend soziale Verhältnisse der Familie) werden insbesondere die Wertorientierungen, Lebensstile und ästhetischen Präferenzen in den Blick genommen, weil in einer hochindividualisierten Gesellschaft soziale Zugehörigkeit nicht allein von schichtspezifischen Merkmalen geprägt wird. Letztlich könnte man hier auch von „sozialen Milieus" sprechen; da aber die Entwicklung und Ausformung der soziokulturellen Kernidentität in diesem Alter noch nicht abgeschlossen ist, weil viele der im Leben zentralen Übergangsstadien (Berufswahl und Erwerbseinstieg, feste Partnerschaften, eigenverantwortliches Wohnen etc.) noch bevorstehen, ist der Lebenswelten-Begriff der treffendere. Dabei handelt es sich um real existierende Gruppierungen mit gemeinsamen Sinn- und Kommunikationszusammenhängen in ihrer Alltagswelt, mit vergleichbaren handlungsleitenden Konzepten des im Leben Wertvollen und Wichtigen sowie ähnlichen Vorstellungen von Lebensqualität.

Die qualitative Analyse der Alltagswelten in der Alterskohorte der 14- bis 17-Jährigen zeigt, dass sich das Wertespektrum Jugendlicher zunächst mit drei zentralen Grundorientierungen traditionell, modern und postmodern beschreiben lässt: Die traditionelle Grundorientierung steht für Werte, die sich an „Sicherheit und Orientierung" ausrichten. Der modernen Grundorientierung liegen Werte zugrunde, die auf „Haben und Zeigen" sowie auf „Sein und Verändern" abzielen. Die postmoderne Grundorientierung bündelt die Wertedimensionen „Machen und Erleben" und „Grenzenüberwinden und Sampeln".

Diese normativen Grundorientierungen sind dabei nicht als getrennte bzw. trennende Kategorien zu verstehen. Die Werthaltung Jugendlicher folgt heute weniger einer „Entweder-oder-Logik" als vielmehr einer „Sowohl-als-auch-Logik". Charakteristisch ist eine Gleichzeitigkeit von auf den ersten Blick nur schwer vereinbaren Werthaltungen. Trotz der großen Bedeutungszuschreibung an postmoderne Werte orientieren sich Jugendliche in postmodernen Lebenswelten beispielsweise auch an traditionellen Werten – wenn auch in deutlich geringerem Maße als Jugendliche in traditionellen Lebenswelten. So möchte man „hart feiern", gleichzeitig aber auch „hart arbeiten" und zu den Besten in der Klasse zählen. Man möchte flexibel und frei, dabei gleichzeitig aber auch sicher sein. Annähernd alle wollen die Gegenwart genießen, verlieren dabei aber nicht die Zukunft aus den Augen. Um solchen postmodernen

Wertesynthesen im Lebensweltenmodell grafisch Rechnung zu tragen, sind die zentralen Wertorientierungen (traditionell, modern, postmodern) mit heller und dunkler werdenden Farbverläufen hinterlegt. So wird bildlich erkennbar, dass sich „Wertefelder" überlappen.

Zum besseren Verständnis der Werte-Achse im Sinus-Modell und zur Illustration des breiten Wertespektrums der Jugend dienen die Übersichten auf dieser und der folgenden Seite. In der ersten Übersicht sind den einzelnen Achsenabschnitten typische Werte zugeordnet, die aus den Erzählungen der Jugendlichen herausdestilliert werden konnten. Die zweite Übersicht enthält wörtliche Passagen aus den Interviews zur Veranschaulichung.

Abb. 2.3.2

Die Werte-Achse im Sinus-Lebensweltenmodell u18
Typische Werte zur Illustration der normativen Grundorientierung

Heimat	Geld	Verantwortung	Spaß	Flexibilität
Gemeinschaft	Luxus	Solidarität	Abenteuer	Mobilität
Treue	Erfolg	Toleranz	Freiheit	Experimentierfreude
Ordnung	Berühmtheit	Natur	Entertainment	Einzigartigkeit
Sicherheit	Attraktivität	Nachhaltigkeit	Aggressivität	Veränderung
Disziplin	Fashion	Gerechtigkeit	Abwechslung	Spontanität
Zugehörigkeit	Professionalität	Demokratie	Freizügigkeit	Kreativität
Bescheidenheit	Leistung	Bildung	Mut	Unabhängigkeit
Sparsamkeit	Prestige	Natürlichkeit	Ehrgeiz	
Pflichtbewusstsein		Protest		
Respekt		Widerspenstigkeit		
Glaube				
Fleiß				
Nächstenliebe				
Zuverlässigkeit				

Sicherheit & Orientierung	Haben & Zeigen	Sein & Verändern	Machen & Erleben	Grenzen überwinden & Sampling

traditionell

modern

postmodern

Die Werte-Achse im Sinus-Lebensweltenmodell u18
Typische Zitate zur Illustration der normativen Grundorientierungen

- „Ich möchte ein Leben in geordneten Bahnen."
- „Fleißig sein, man muss schon arbeiten halt, lernen."
- „Familie und Freunde sind für mich halt das Wichtigste. Was anderes braucht man eigentlich auch nicht."
- „Familie gibt mir Sinn, da hat man Schutz, Liebe, Geborgenheit und Sicherheit."
- „Wenn's mir schlecht geht, ist das erste, woran ich denke, Gott."
- „Ich hab nix bei der Polizei vorliegen, und das wird auch so bleiben."
- „Was im Koran steht, ist für mich Gesetz."
- „Zusammenhalt finde ich bei Menschen ganz wichtig."
- „Ich richte mich auch nach anderen. (...) Bei Klamotten guck ich, dass ich nicht zu auffällig bin."

- „Geld macht jeden glücklich."
- „Ich möchte immer gut anzogen sein."
- „Wenn mich ein Mann fragt, wie viele Paar Schuhe ich habe, dann sag ich immer 60 Paar, weil das gut rüber kommt. Dabei hab ich gar nicht so viele."
- „Mein Großcousin hatte mal ein übelstgeil getuntes Auto, das fand ich richtig geil."
- „Ich find's einfach schön, wenn dann so ein dröhnendes, brüllendes Ding kommt, das dann zig tausend Liter an Sprit verbraucht."
- „Traumjob von mir wäre eigentlich Fußballer, weil die verdienen sehr gut."

- „Ohne Geld würde unsere Welt viel schöner aussehen. Geld hat viele Menschen zu was Schlechterem gemacht, als sie eigentlich sind."
- „Sind Dinge richtig, moralisch vertretbar? Das sind Dinge, über die ich auch ziemlich gerne rede."
- „Luxus ist nichts für mich. So Riesenhaus und 'nen Ferarri, das brauch ich einfach nicht."
- „Ich möchte einen Beruf haben, wo ich Menschen helfen kann. Weil ich möchte abends zufrieden nach Hause kommen können."
- „Ich war auch schon auf ein paar Demos. Man macht auf das Problem aufmerksam."

- „Ich probiere, alles zu machen, was geht, weil das Leben so schnell vorbei ist."
- „Wenn du Musik hörst, die du liebst und dazu tanzt – dann bringt das total einfach Spaß!"
- „Ich hasse so etwas, wenn ich Verpflichtungen habe, wo ich hingehen muss. Ich brauche meine Freizeit. So dass ich mich jederzeit mit jemandem verabreden kann, wenn ich dazu Lust habe."
- „Alkohol gehört dazu, wenn man weggeht. Wer bringt Alkohol? Wer besorgt Kippen?"
- „Ab und zu gehe ich gerne in Clubs. Da kann man alles rauslassen, was einen die Woche über frustriert hat. Das kann man raustanzen, dann ist man total erledigt und fertig, weil man getanzt hat, aber danach ist man wieder frei."

- „Das Nomadenleben reizt mich irgendwie, anders zu sein als andere."
- „Ich lass mir von niemandem sagen, wie ich mein Leben leben soll."
- „Ich will auf eigenen Beinen stehen und niemanden über mir haben ..."
- „Verschiedene Stile und Epochen find ich interessant. Ich geh auch gerne auf Kunstausstellungen."
- „Ich denke, dass jeder so seinen eigenen Glauben hat, ich brauch dafür keine Kirche oder keinen vorgegebenen Glauben, sondern ich hab meinen eigenen Glauben."

| Sicherheit & Orientierung | Haben & Zeigen | Sein & Verändern | Machen & Erleben | Grenzen überwinden & Sampling |

traditionell

modern

postmodern

Abb. 2.3.3

Ausgehend von den typischen Vorstellungen, was wertvoll und erstrebenswert im Leben ist / sein könnte, wurden Jugendliche zusammengefasst, die sich in ihren Werten, ihrer grundsätzlichen Lebenseinstellung und Lebensweise sowie in ihrer sozialen Lage ähnlich sind: Konservativ-Bürgerliche, Adaptiv-Pragmatische, Sozialökologische, Prekäre, Materialistische Hedonisten, Experimentalistische Hedonisten, Expeditive.

Die nachstehende Grafik positioniert diese Lebenswelten in einem an das bekannte Sinus-Milieumodell angelehnten zweidimensionalen Achsensystem, in dem die vertikale Achse den Bildungsgrad und die horizontale Achse die normative Grundorientierung abbildet. Je höher eine Lebenswelt in dieser Grafik angesiedelt ist, desto gehobener ist die Bildung; je weiter rechts sie positioniert ist, desto moderner im soziokulturellen Sinn ist die Grundorientierung.

Sinus-Lebensweltenmodell u18

Lebenswelten der 14- bis 17-Jährigen in Deutschland

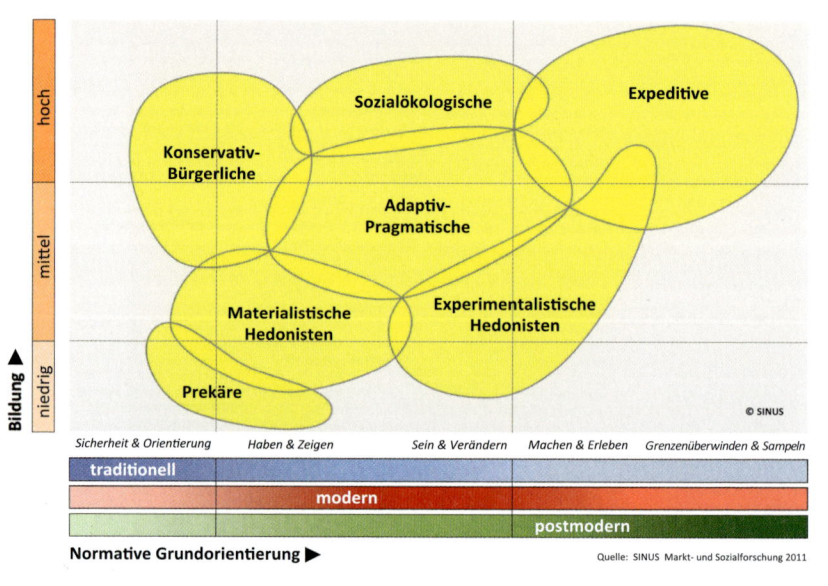

© SINUS

Quelle: SINUS Markt- und Sozialforschung 2011

Abb. 2.3.4

2.4 SYSTEMATIK DER QUANTIFIZIERUNG DES QUALITATIVEN LEBENSWELTENMODELLS

Nicht aus der durchgeführten Studie zu beantworten ist die Frage, wie groß die auf qualitativer Basis identifizierten jugendlichen Lebenswelten sind. Um das herauszufinden, wird ein standardisiertes Instrument zur Diagnose der Lebensweltzugehörigkeit von Befragten benötigt, mit dem das Ausgangs-modell quantitativ nachmodelliert werden kann – ein Lebensweltenindikator. Ein solcher Indikator beinhaltet Statements, die die typischen Werthaltungen der einzelnen Lebenswelten repräsentieren und damit auch die Grenzen zwischen den Gruppen rekonstruierbar machen. Dabei haben sich Aussagen am besten bewährt, die Grundüberzeugungen der Befragten erfassen oder alltäglich wirksame Motive diagnostizieren. Kriterium für die Auswahl solcher Statements ist ihre Differenzierungskraft, d. h. ihre Eignung, die verschiedenen Lebenswelten optimal zu trennen.

Die quantitative Überprüfung eines Lebenswelten- oder Milieumodells erfolgt im Wechselschritt zwischen Theorie und Empirie:

1. Das hypothetische Ausgangsmodell wird quantitativ nachmodelliert.
2. Inkonsistenzen zwischen Theorie und Empirie führen zu einer Überarbeitung des hypothetischen Modells.
3. Das überarbeitete Modell wird wieder quantitativ nachmodelliert usw.
4. Dieser iterative Prozess wird so lange durchgeführt, bis sich das theoretische Modell in ausreichendem Maß quantitativ verifizieren lässt.

Um eine zuverlässige lebensweltliche Verortung durchführen zu können, müssen alle Indikator-Statements von einer ausreichend großen Zahl an Befragten (idealerweise mindestens 1000 Fälle), die nach dem Zufallsprinzip repräsentativ für die Grundgesamtheit ausgewählt wurden, beantwortet werden. Die Bejahung oder Ablehnung einzelner Statements ist nicht aussagekräftig. Auf dieser Basis werden die Befragten anhand eines Wahrscheinlichkeitsmodells mit Hilfe einer speziell adaptierten Form der Clusteranalyse den Lebenswelten zugeordnet. Dies geschieht, indem für jede Gruppe eine spezifische Verteilung von Antwortwahrscheinlichkeiten über alle Indikator-Items bestimmt wird (Normprofile). Die Lebensweltklassifikation von neuen Fällen erfolgt dann nach Ähnlichkeit der individuellen Antwortmuster mit dem Wahrscheinlichkeitsmodell entsprechend der Logik des Profilvergleichs.

Das SINUS-Institut hat solche Indikatoren für die Milieuverortung der Gesamtbevölkerung in Deutschland und in vielen anderen Ländern sowie für die deutsche Migrantenpopulation entwickelt. Ein jugendspezifischer Indikator liegt bislang nicht vor. Mit der vorliegenden Untersuchung jugendlicher Lebenswelten wurde aber die entscheidende Vorarbeit zur Entwicklung eines solchen Indikators geleistet.

Um näherungsweise die Größe der im Rahmen dieser Studie identifizierten jugendlichen Lebenswelten bestimmen zu können, wurde auf eine Befragung

zurückgegriffen, in der die deutsche Wohnbevölkerung ab 14 Jahren repräsentativ nach Sinus-Milieus verortet wurde (Verbraucheranalyse 2011, Basis:
31 447 Fälle). Aus dem entsprechenden Datensatz wurde die Milieuverteilung
für die Alterskohorte der 14- bis 17-Jährigen (Basis: 1 499 Fälle) betrachtet.

Dabei ergaben sich für die einzelnen Segmente plausible Größen. Der Anteil
der traditionellen und bürgerlichen Milieus fällt erwartungsgemäß bei den
14- bis 17-Jährigen sehr klein aus. Die soziokulturelle Verfasstheit von jungen
Vertretern der Bürgerlichen Mitte, der Traditionellen und der Konservativ-
Etablierten entspricht in weiten Teilen der Konservativ-bürgerlichen Lebenswelt, wie wir sie im Rahmen der vorliegenden Studie abgegrenzt und beschrieben haben. Die von uns identifizierte Sozialökologische Lebenswelt weist
viele Parallelen zu den Sinus-Milieus der Liberal-Intellektuellen und Sozialökologischen auf. Die Adaptiv-pragmatischen Jugendlichen, wie sie im Zuge
der vorliegenden Forschung modelliert wurden, unterscheiden sich von den

Abb. 2.4.1

Einordnung der Lebenswelten von 14- bis 17-Jährigen in das Sinus-Milieumodell*

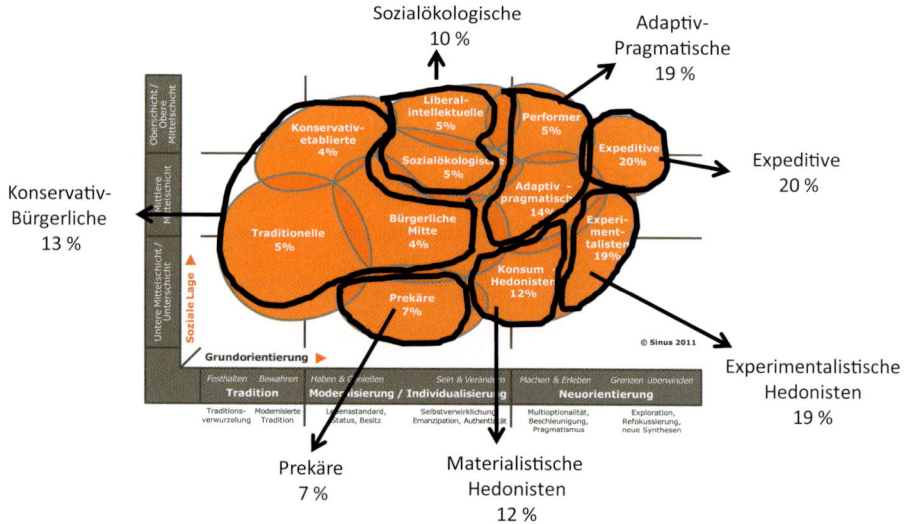

* Basis: Milieustruktur der 14- bis 17-Jährigen   Quelle: Verbraucheranalyse 2011, n = 1 499

Adaptiv-Pragmatischen im „Erwachsenen-Modell" durch eine ausgeprägtere Performing-Mentalität, weshalb sie bei der näherungsweisen Größenbestimmung mit dem Milieu der Performer zusammengefasst wurden.

Die Expeditiven sind das hinsichtlich seines Altersschwerpunkts jüngste Milieu im Sinus-Modell – ein neu entstandenes Milieu, das im Zuge des Modell-Updates 2010 zum ersten Mal beschrieben wurde. Entsprechend ist es sehr gut vergleichbar und von seiner soziokulturellen Lagerung her der jugendlichen Lebenswelt der Expeditiven sehr ähnlich. Dasselbe gilt für die Experimentalistischen Hedonisten, die dem hedonistischen Submilieu der Experimentalisten im Gesamtmodell entsprechen. Auch bei den Materialistischen Hedonisten findet sich im Submilieu der Konsum-Hedonisten eine gut vergleichbare Gruppe. Ebenso ist die Grunddisposition des Prekären Milieus der für die Prekäre jugendliche Lebenswelt Beschriebenen ähnlich.

Auf Basis der skizzierten methodischen Vorgehensweise ergibt sich somit folgendes Lebensweltenmodell für 14- bis 17-Jährige in Deutschland:

Abb. 2.4.2

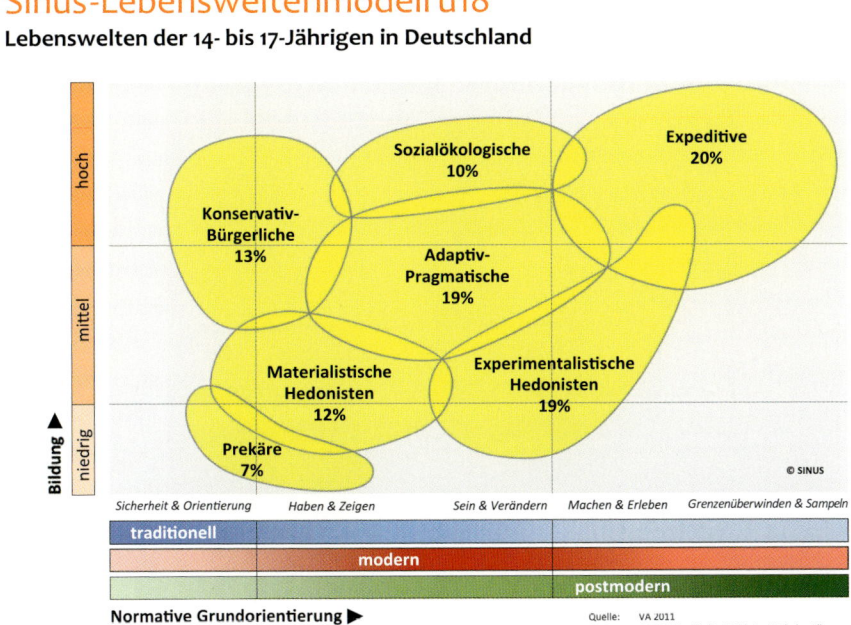

Sinus-Lebensweltenmodell u18
Lebenswelten der 14- bis 17-Jährigen in Deutschland

Bildung ▲ (hoch / mittel / niedrig)

Sozialökologische 10%

Expeditive 20%

Konservativ-Bürgerliche 13%

Adaptiv-Pragmatische 19%

Materialistische Hedonisten 12%

Experimentalistische Hedonisten 19%

Prekäre 7%

© SINUS

Sicherheit & Orientierung   Haben & Zeigen   Sein & Verändern   Machen & Erleben   Grenzenüberwinden & Sampeln

traditionell
modern
postmodern

Normative Grundorientierung ▶

Quelle: VA 2011
Basis: 1 499 Fälle, 14- bis 17-jährige Wohnbevölkerung

Differenziert man die Lebenswelten auf Basis der quantitativen Repräsentativ-
daten nach Geschlecht, ergeben sich einige Schwerpunkte. Auffällig ist, dass
in den bildungsbenachteiligten Lebenswelten der Prekären und Materialistischen Hedonisten die Jungen deutlich überrepräsentiert sind. Die Mädchen
sind hingegen in den bildungsnahen Lebenswelten der gesellschaftlichen
Mitte (Adaptiv-Pragmatische und v. a. Sozialökologische) wesentlich stärker
vertreten. Hier spiegelt sich der in der Wissenschaft und Öffentlichkeit viel
diskutierte Befund um die größeren Bildungsambitionen der Mädchen gegenüber den Jungen. Die Jungen sind stärker als die gleichaltrigen Mädchen
in Lebenswelten mit einer hohen Spaß- und Erlebnisorientierung zu Hause
(Materialistische und Experimentalistische Hedonisten). Auch scheint ihr
Hang zu Unkonventionalität und Nonkonformismus deutlicher ausgeprägt
als bei den Mädchen (die Jungen sind sowohl bei den Experimentalistischen
Hedonisten als auch bei den Expeditiven überrepräsentiert). Mädchen finden sich hingegen häufiger als die Jungen in den familien-, harmonie- und
gemeinwohlorientierten Lebenswelten der Sozialökologischen und Adaptiv-
Pragmatischen.

Sinus-Lebensweltenmodell u18

Geschlechterverteilung

Gesamt
Mädchen: 48%
Jungen: 52%

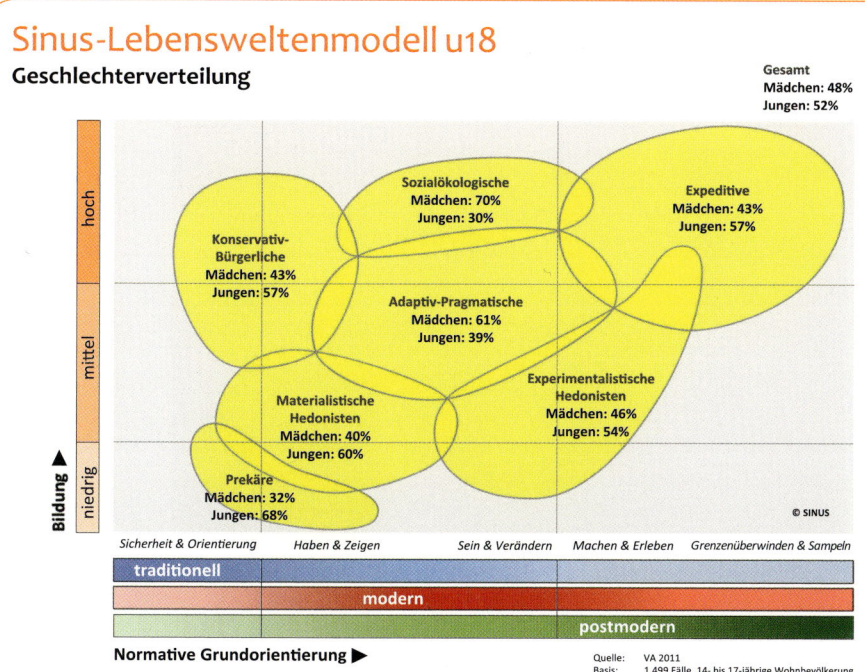

Sozialökologische
Mädchen: 70%
Jungen: 30%

Expeditive
Mädchen: 43%
Jungen: 57%

Konservativ-Bürgerliche
Mädchen: 43%
Jungen: 57%

Adaptiv-Pragmatische
Mädchen: 61%
Jungen: 39%

Materialistische Hedonisten
Mädchen: 40%
Jungen: 60%

Experimentalistische Hedonisten
Mädchen: 46%
Jungen: 54%

Prekäre
Mädchen: 32%
Jungen: 68%

© SINUS

hoch — mittel — niedrig

Bildung ▶

Sicherheit & Orientierung — Haben & Zeigen — Sein & Verändern — Machen & Erleben — Grenzenüberwinden & Sampeln

traditionell

modern

postmodern

Normative Grundorientierung ▶

Quelle: VA 2011
Basis: 1 499 Fälle, 14- bis 17-jährige Wohnbevölkerung

Abb. 2.4.3

3   ZENTRALE BEFUNDE

3.1 LEBENSWELTEN DER 14- BIS 17-JÄHRIGEN IM ÜBERBLICK

Die soziokulturelle jugendliche Landschaft ist vielfältig. In beistehender Grafik sind die einzelnen Lebenswelten stichwortartig beschrieben. Detaillierte Lebenswelt-Profile finden sich im Kapitel Lebenswelten.

Abb. 3.1.1

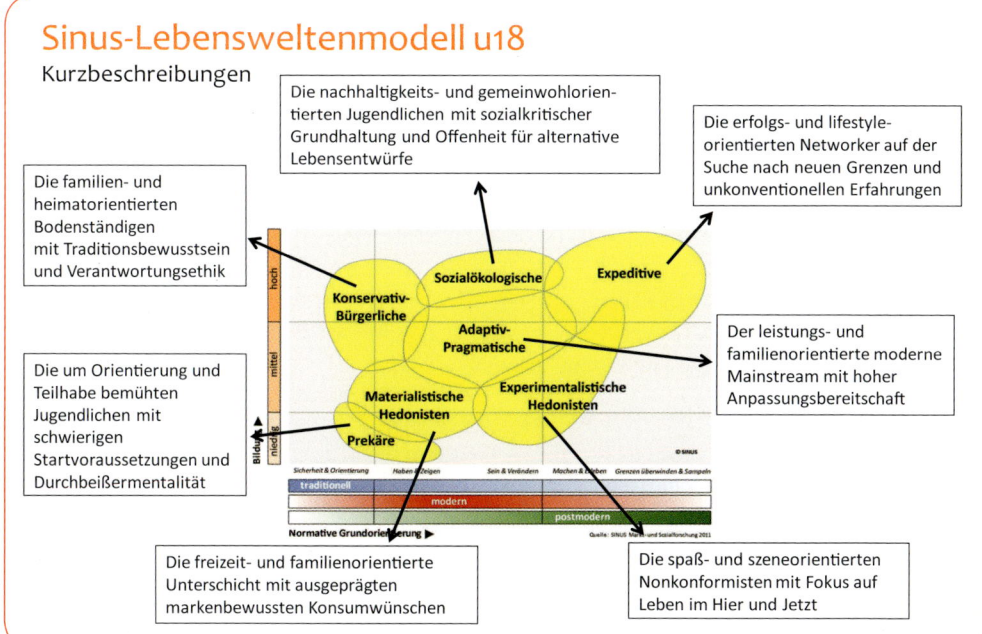

Sinus-Lebensweltenmodell u18
Kurzbeschreibungen

Die nachhaltigkeits- und gemeinwohlorientierten Jugendlichen mit sozialkritischer Grundhaltung und Offenheit für alternative Lebensentwürfe

Die erfolgs- und lifestyleorientierten Networker auf der Suche nach neuen Grenzen und unkonventionellen Erfahrungen

Die familien- und heimatorientierten Bodenständigen mit Traditionsbewusstsein und Verantwortungsethik

Die um Orientierung und Teilhabe bemühten Jugendlichen mit schwierigen Startvoraussetzungen und Durchbeißermentalität

Der leistungs- und familienorientierte moderne Mainstream mit hoher Anpassungsbereitschaft

Die freizeit- und familienorientierte Unterschicht mit ausgeprägten markenbewussten Konsumwünschen

Die spaß- und szeneorientierten Nonkonformisten mit Fokus auf Leben im Hier und Jetzt

3.2 ALLGEMEINE BEFINDLICHKEIT

Die allermeisten Jugendlichen sind darum bemüht, in der Gesellschaft den eigenen Platz zu finden und zu gestalten. Im Zusammenhang mit der Anpassung an die heute gesellschaftlich dominante Orientierung an Effizienz und Nützlichkeit zeigt sich eine Abnahme weltanschaulich geprägter und eine Zunahme pragmatischer Haltungen (z. B. bewusster Konsum statt demonstrativer Konsumkritik). Im Zuge dieser „pragmatischen Wende" entwickeln sich neue Wertekonfigurationen, die nicht mehr der Logik des „Entweder-oder", sondern dem Anspruch auf das „Sowohl-als-auch" verpflichtet sind. Jugendliche besinnen sich (über alle Lebenswelten hinweg) in unsicheren Zeiten zwar auf „traditionelle" Werte wie Sicherheit, Pflichtbewusstsein, Familie und Freundschaft. Vor allem in den moderneren Lebenswelten werden diese vergleichsweise konservativen Werte jedoch umgedeutet bzw. symbolisch aktualisiert und von hedonistischen, ich-bezogenen Entfaltungswerten und einem individualistischen Leistungsethos flankiert. Die postmodern-flexible Wertekonfiguration ist die dominante Werthaltung unter Jugendlichen. Nur für einen kleinen Teil der Jugendlichen ist ein überholter Traditionalismus kennzeichnend.

Der Fokus liegt auf dem Machbaren und der Gegenwart; große Utopien werden kaum mehr verfolgt. Vor allem die bildungsnahen Jugendlichen geben sich abgeklärt: Nicht nur die eigenen politischen Einflussmöglichkeiten, auch die Handlungsfähigkeit der gewählten Volksvertreterinnen und -vertreter sieht man begrenzt.

Diese Konzentration auf gegenwärtige Herausforderungen und Etappenziele ist insbesondere vor dem Hintergrund verschiedener Unsicherheitserfahrungen plausibel:

▶ Jugendliche nehmen wahr, dass der Wert eines Menschen in vielen zentralen Bereichen des Alltags, v. a. der Wirtschaft, an seiner Leistungsfähigkeit bzw. Bildungsbiografie bemessen wird. Das verunsichert und frustriert v. a. Jugendliche in den bildungsbenachteiligten Lebenswelten.

Es herrscht bei vielen Jugendlichen Unsicherheit darüber, ob das eigene Leistungsvermögen für ein Leben in sicheren Bahnen ausreicht. Die große Frage, die sich die Jugendlichen über fast alle Lebenswelten hinweg stellen, lautet: Was wird aus mir und wann werde ich es? Sie verkünden diese Frage jedoch selten offen (z. B. auf Demonstrationen, wie etwa die Jugendlichen dies im Sommer 2011 in Spanien taten), sondern verstehen sie als private Angelegenheit: Jugendliche gehen davon aus, dass sie die Antwort weitgehend alleine finden müssen.

Die stark gegenwartsorientierten und selbstbewussten Expeditiven und Experimentalistischen Hedonisten geben sich in Bezug auf ihre berufliche Zukunft von allen Jugendlichen noch am „entspanntesten".

▶ Man spürt, dass man es sich nicht leisten kann, Zeit zu vertrödeln. Das setzt unter Druck. Vor allem diejenigen, die unter den Bedingungen eines auf acht Jahre verkürzten Abiturs lernen, berichten von erheblichem, vor allem zeitlichem Druck im Alltag. Selbst gewählte Umwege, Veränderungen und Kurswechsel in der eigenen Lebensplanung sind für sie hochgradig risikobehaftet – früh den „richtigen" Weg einschlagen zu müssen und gleichzeitig flexibel für neue Wege zu bleiben, wird zum anstrengenden Spagat.

Besonders Jugendliche in traditionelleren Lebenswelten zeigen sich teils verunsichert darüber, dass die von den Eltern oft noch „durchgezogene" und in der Gesellschaft generell als „normal" betrachtete biografische Abfolge von „Schule – Ausbildung/Studium – feste Partnerschaft – Festanstellung – Familiengründung – sichere Rente" immer seltener wird und kaum mehr als verlässliches Leitbild dienen kann. Der Wunsch nach Sicherheit, Stabilität, Verbindlichkeit, Orientierung und Sinnstiftung ist hoch. Jugendliche in moderneren Lebenswelten, vor allem jene, deren Eltern bereits abseits dieser vermeintlichen Normalität ihren Alltag bewältigen, lassen nicht erkennen, dass sie die Flexibilisierung des Lebenslaufs als Herausforderung ansehen.

▶ Einerseits ist der Wunsch bei den meisten Jugendlichen nach einer Partnerschaft und Kindern groß, andererseits ist man verunsichert darüber, wann der richtige Zeitpunkt für Familienplanung ist, wenn eine stabile Anstellung nicht gewährleistet scheint.

Insbesondere die Jugendlichen aus der Konservativ-bürgerlichen und Materialistisch-hedonistischen Lebenswelt beschäftigen sich bereits jetzt mit der Frage nach der Familienplanung. Man möchte jedoch zunächst für sichere Verhältnisse sorgen, d. h. die Ausbildung abschließen und eine Festanstellung bekommen.
Die Adaptiv-Pragmatischen hegen ebenfalls einen starken Familienwunsch, stellen aber höhere Karriereansprüche: Sie möchten erst die Karriere auf die Spur setzen und dann Familie planen.

Die Experimentalistischen Hedonisten und die Expeditiven leben im Hier und Jetzt, möchten erst noch auf „Entdeckungsreise" gehen, bevor sie „den Sack zumachen". Sie wirken etwas unbedarfter in der Familienfrage. Wenn sie an Erwachsensein denken, kommen ihnen zunächst Unabhängigkeit, Freiheit und das Erfüllen von Wünschen in den Sinn und erst etwas nachgeordnet Familie.

▶ Die junge Generation ist sich bewusst, dass sie die ökonomischen und ökologischen Probleme und Versäumnisse der Vorgängergenerationen erbt. Jugendliche nehmen die großen gesellschaftlichen Probleme deutlich wahr (Umweltverschmutzung, Klimawandel, Finanzkrisen, unsichere Renten, Arbeitslosigkeit). Für viele ist vorstellbar, sich in der Zukunft für ein solches Thema zu engagieren. Momentan sind es in erster Linie die Sozialökologischen Jugendlichen, die sich für diese Themen ausdrücklich interessieren und vergleichsweise häufig auch bereits in Organisationen und Verbänden dafür einsetzen.

Auf diese skizzierten Unsicherheiten reagieren Jugendliche (noch) nicht mit Protest und Pessimismus, sondern mit Bewältigungsoptimismus – sie kümmern sich zuvorderst um das eigene Fortkommen. Jugendliche nehmen wahr, dass Geld und Sicherheit keine Selbstverständlichkeiten sind. Die Angst, nicht mithalten zu können, ist für viele der Antrieb für weitere Leistungsbe-mühungen. Das gilt für Jugendliche aus bildungsnahen wie bildungsbenach-teiligten Lebenswelten gleichermaßen. Zwangsläufige Folge der Unbere-chenbarkeiten ist eine gewachsene Regrounding-Tendenz in der Gesellschaft (Bedürfnis nach Halt, Zugehörigkeit und Vergewisserung), aber auch die Ausbreitung neuer Kompetenzen wie autonomes Handeln, Navigation und Networking.

Rebellion ist den Jugendlichen nicht nur im gesamtgesellschaftlichen Kon-text fremd, sondern auch im Mikrokosmos der Familie. Im Unterschied zur Generation ihrer Eltern ist Rebellion „gegen die eigenen Alten" für die heu-tigen Jugendlichen kaum ein Thema. Das Verhältnis zur Elterngeneration ist in allen Lebenswelten entspannt. Die Jugendlichen werden sich „friedlich" vom Elternhaus entfernen. Es gibt nicht das große jugendliche Wertesystem, das man den Eltern oppositionell gegenüberstellt.

3.3 ZUKUNFTSVORSTELLUNGEN

Trotz deutlich wahrnehmbarer Unsicherheiten blicken die meisten Jugend-lichen recht optimistisch in die Zukunft – wenn auch mit verkürzter Sichtweite: Sie konzentrieren sich auf das, was unmittelbar ansteht. Zwar haben sie Träu-me, klammern sich aber nicht an ihnen fest, sondern suchen pragmatische Lösungen, sich ihnen anzunähern, ohne ein zu hohes Risiko einzugehen. Es zeigen sich jedoch Unterschiede in den verschiedenen Lebenswelten:

▶ Die Mehrheit der Jugendlichen, v. a. aus der Adaptiv-pragmatischen und Expeditiven Lebenswelt, blickt schon vor dem Erwachsenenalter recht abgeklärt in die Zukunft und reagiert auf die an sie gestellten Anforde-rungen pragmatisch, flexibel und zielorientiert. Diese Jugendlichen wis-sen um ihre Bildungsambitionen (bzw. -vorteile gegenüber anderen Ju-gendlichen) und relativ gesicherten sozialen Hintergründe, so dass sie der persönlichen Zukunft von allen Lebenswelten am positivsten entgegen-gehen. Die Sozialökologischen zeichnet eine „Grundnachdenklichkeit" aus, die auch den eigenen Zukunftsoptimismus betrifft: Zwar mag die persönliche Zukunft gut verlaufen, was aber ist mit dem „Großen und Ganzen" (Gesellschaft, Welt)?

▶ Für die Expeditiven und Experimentalistischen Hedonisten ist die Zukunft noch in mittlerer Ferne. Sie machen sich derzeit eher – und v.a. lieber – Gedanken über die Gegenwart als über die Zukunft („Wenn alles durchgeplant ist, kann man sich ja gar nicht mehr überraschen lassen"). Sie genießen das Jungsein, die „Entpflichtung" aufgrund des jungen Alters; die Zukunft wird ohnehin kommen, warum sich zu viel damit auseinandersetzen, wenn es derzeit doch so viel zu erleben gibt?! Ganz anders ticken hier die Adaptiv-Pragmatischen, die möglichst wenig dem Zufall überlassen möchten.

Abb. 3.3.1

Wie blicken Jugendliche in die Zukunft?
Lebenswelten-Charakteristika

Skeptisch
- Suche nach Beständigkeit
- Überfordert von der Wucht soziokultureller Veränderungsprozesse
- So wenig wie möglich dem Zufall überlassen
- Zukunftswunsch: anständiges Leben ohne Not in harmonischen familiären Verhältnissen

Nachdenklich-optimistisch
- Suche nach sinnstiftendem und spaßbringendem Beruf
- Sorge, nicht die richtige Berufung zu finden
- Leben in geordneten und sicheren Verhältnissen, abseits des Spießbürgerlichen
- Zukunftswunsch: viele fremde Länder sehen und gesund bleiben

Selbstbewusst-optimistisch
- Wunsch nach kreativer Selbstverwirklichung – privat wie beruflich
- Ausgeprägter Karrierewunsch
- Eigene Originalität, Eigeninitiative und Unkonventionalität als Wettbewerbsvorteil
- Zukunftswunsch: lieber früher als später auf eigenen Beinen stehen

Sorgenvoll-pessimistisch
- Fehlendes Orientierungswissen
- Entfremdung von Leistungs- und Wissensgesellschaft
- Sorge über Ausbildungsperspektive
- Zukunftswunsch: Familiengründung mit der Hoffnung, ihnen Besseres bieten zu können, als man selbst hat

Abgeklärt-optimistisch
- Sicherheit vor Selbstverwirklichung
- Vereinbarkeit von Familie und Beruf als große Herausforderung
- Schmieden detaillierte Zukunftspläne
- Zukunftswunsch: romantische Beziehung, schönes Zuhause und eigene Kinder

„Zwangsoptimistisch" bis sorgenvoll
- Schnell „eigenes Geld verdienen"
- Aufstiegsorientiert, aber Angst vor Arbeitslosigkeit
- Zukunftswunsch: glücklich werden mit Beruf, Familie und schönem Zuhause

Unbekümmert-optimistisch
- Zukunft noch in weiter Ferne
- Abgeschreckt durch Ernsthaftigkeit und Leistungsorientierung der Erwachsenenwelt
- Planen eher kurzfristig und episodisch
- Zukunftswunsch: Freiheit, Unabhängigkeit, Spaß und kreative Entfaltungsmöglichkeiten

▶ Konservativ-Bürgerliche blicken eher skeptisch in die Zukunft. Zwar gehen sie von guten Berufschancen für sich selbst aus und planen auch ausführlich ihre Zukunft, fühlen sich hierbei jedoch oft von den steigenden Mobilitäts- und Flexibilitätserwartungen der Gesellschaft, der zunehmenden Digitalisierung des Alltags und dem globalen Wettbewerb überfordert. Sie möchten am liebsten ihre jetzige Lebenssituation beibehalten und zeigen sich besorgt durch mögliche Veränderungen im sozialen Umfeld.

▶ Die Materialistischen Hedonisten und v.a. die Prekären, also die beiden am stärksten von sozialer Ungleichheit betroffenen Lebenswelten, zeigen einen geringen Zukunftsoptimismus. Die Sorge, der Leistungs- und Wissensgesellschaft nicht gewachsen zu sein, ist deutlich spürbar. Während für die Materialistischen Hedonisten noch ein „Zwangsoptimismus" („Ich schaffe das schon irgendwie") typisch ist, zeichnen die Prekären oft ein düsteres Bild vom Scheitern, v.a. im Übergang von der Schule in den Beruf.

Abb. 3.3.2

Wie blicken Jugendliche in die Zukunft?
Typische Aussagen zur Illustration

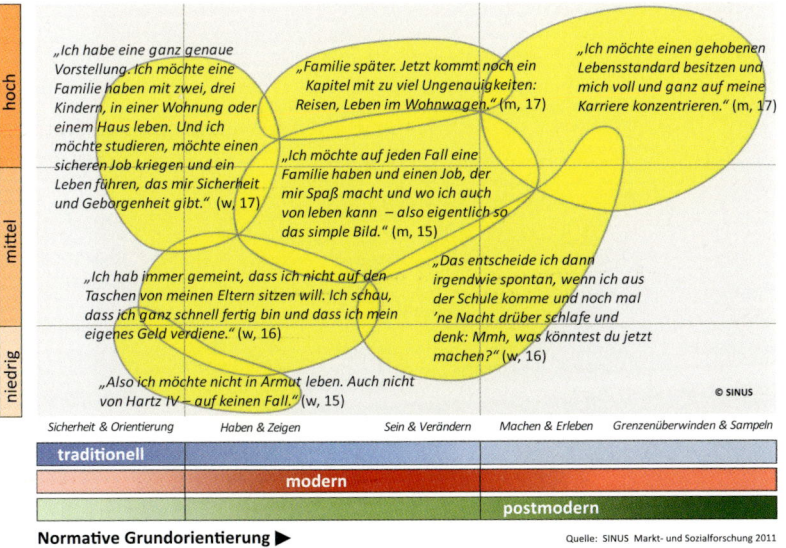

3.4 VERGEMEINSCHAFTUNG UND ABGRENZUNG

In der untersuchten Alterskohorte werden den Jugendlichen die Anerkennung und der Rat der Peergroup immer wichtiger. Trotz einer guten, wertschätzenden Beziehung zu den Eltern und Großeltern haben Jugendliche das Gefühl, dass ihnen die (gleichaltrigen) Freunde bei der Alltagsbewältigung ebenso gute, wenn nicht sogar bessere Ratgeber sind als die Eltern. In Fragen der Zukunftsgestaltung sind die Eltern jedoch nach wie vor die wichtigsten Ansprechpartner.

Auffällig ist, dass es in den sozialen Umfeldern der Prekären und Materialistischen Hedonisten oft An- und Wortführer gibt, zu denen man hochschaut

Abb. 3.4.1

Abgrenzung

	Deutliche Abgrenzung von ...
Prekäre	– devianten und stark ungepflegten Jugendlichen – Jugendlichen, die einen die eigene soziale Benachteiligung spüren lassen
Materialistische Hedonisten	– aggressiven und pöbelnden Jugendlichen, „Asozialen" („Sozialschmarotzern", „Dauer-Hartzern") – stilistisch provokanten Jugendszenen (Punks, Gothics etc.) – „eingebildeten" oder „arroganten Menschen", die „mit anderen Wörtern reden", und „Bonzen"
Experimentalistische Hedonisten	– „Normalos"; angepassten Ja-Sagern, Langeweilern – denen, die jedem Trend hinterherlaufen, ständig neue Kleidung und Gadgets kaufen – Strebern und stark Leistungsorientierten
Expeditive	– „Reihenhausbesitzern", „Ballermann-Touris", „Normalos", „Prolls" – den weniger leistungsfähigen und leistungswilligen Jugendlichen, „Hartzern", „Hauptschülern"
Sozialökologische	– „sorglosen Verschwendern", „Umweltsündern" – Karrieristen mit Ellenbogenmentalität
Adaptiv-Pragmatische	– „Asozialen" (unhöfliche, aggressive Umgangsformen, geringere Leistungsbereitschaft) – „Angebern", „Besserwissern", „arroganten und zickigen Leuten", „so total Aufgedrehten"
Konservativ-Bürgerliche	– von devianten, „faulen", aufmüpfigen und ungepflegten Jugendlichen – von individualistischen Jugendlichen, die „unbedingt anders sein wollen": „Hipster", „Obercoole" und „oberflächliche Styler", „Selbstdarsteller" – provokanten Jugendlichen in Jugendszenen

und von denen man akzeptiert werden möchte und muss, um Anschluss halten zu können. Besonders wichtig ist es daher, viele Freunde zu haben bzw. in den relevanten Kreisen „bekannt" zu sein. Das gilt auch für den engeren Freundeskreis, der dennoch als „Familie" beschrieben bzw. zum Ideal stilisiert wird. In diesen Lebenswelten wird im Gruppenvergleich am häufigsten von Konflikten innerhalb der Peergroup berichtet.

In den bildungsnahen Lebenswelten der Expeditiven und Sozialökologischen wird großer Wert auf ein intellektuelles Umfeld gelegt. Man möchte sich auf gleicher „Wellenlänge" austauschen und freut sich daran, eine ähnliche Sicht auf die Welt zu haben. Vor allem die Expeditiven grenzen sich stark von denjenigen Jugendlichen ab, die kulturell, ästhetisch und intellektuell nicht auf ihrer Wellenlänge liegen.

Abb. 3.4.2

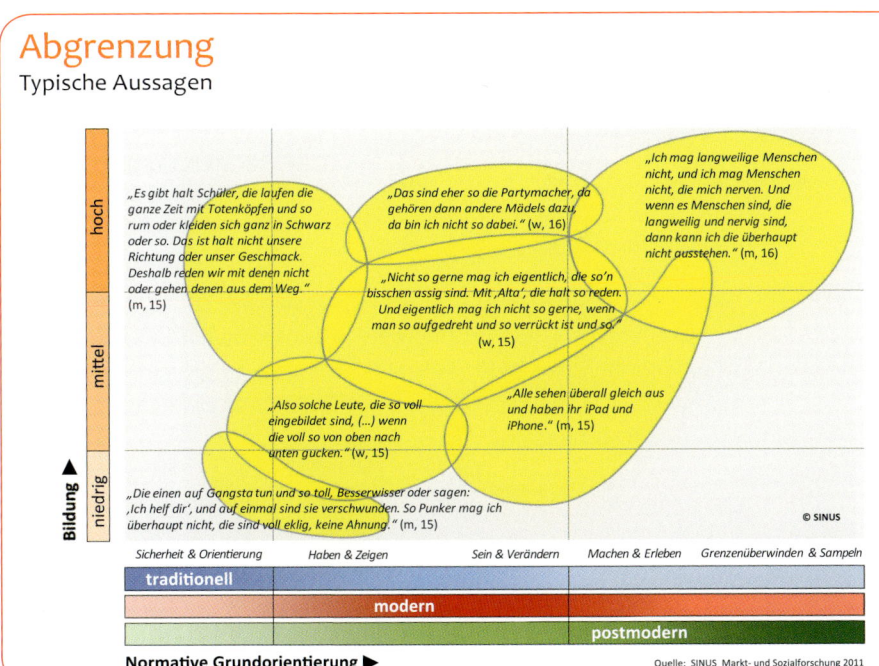

Abgrenzung
Typische Aussagen

Quelle: SINUS Markt- und Sozialforschung 2011

Vergemeinschaftung

Lebenswelten-Charakteristika

- Überschaubarer, fester und harmonischer Freundeskreis wichtig
- Affinität zu Vereinen, Verbänden, Kirche
- Abgrenzung gegenüber devianten Jugendlichen, Distanz zu Jugendszenen
- Abgrenzung nach „unten"

- Affinität zu ökologisch und politisch motivierten Jugendszenen
- Affinität zu Jugendorganisationen, Orte mit alternativem Einschlag als Hangout
- Hoher normativer Anspruch an Freundeskreis
- Abgrenzung gegenüber verschwenderischen Jugendlichen und „Marken-Clowns"

- Erschließen sich große Netzwerke
- Feste Partnerschaft noch nicht im Blick
- Überlegenheitsgefühl gegenüber Gleichaltrigen, Kontaktsuche zu älteren Jugendlichen
- Auf Suche nach den „Hot Spots" und „Hipster-Hangouts"
- Abgrenzung gegenüber „Normalos" und Leistungsschwächeren

- Freundeskreis als Unterstützungsnetzwerk
- Oft konfliktreiche Freundschaften
- „Unsichtbare" Jugendliche, kaum Kontakt zu anderen Lebenswelten

- Enge Freundschaften wichtiger als große Netzwerke
- Paarbeziehung wichtig
- Keine offene Ablehnung, aber Distanz zu Jugendszenen
- Abgrenzung „nach unten"

- Große, hierarchisch strukturierte Bekanntenkreise, Bekanntsein ist wichtig
- Abhängen auf öffentlichen Plätzen, in Einkaufszentren, auf Spielplätzen
- Abgrenzung nach „oben" und „unten"

- Große Freundeskreise
- Orientierung an „unangepassten" und „exzentrischen" Jugendlichen, hohe Affinität zu Jugendszenen
- Wunsch nach Auffallen mit dem eigenen Freundeskreis
- Jugendhäuser und öffentliche Plätze beliebt
- Abgrenzung gegenüber konservativen Jugendlichen

Abb. 3.4.3

Konservativ-Bürgerlichen und Adaptiv-Pragmatischen ist wichtig, einen festen und übersichtlichen Freundeskreis zu haben. Viele Freunde kennt man schon lange und kann ihnen daher Dinge anvertrauen, die man sonst mit niemandem teilt. In den Familien der Freunde geht man ein und aus, meistens kennen sich auch die Eltern untereinander.

Die größte Affinität zu Jugendszenen findet sich in den sozialkritischen und hedonistischen Lebenswelten (v. a. bei den Experimentalistischen Hedonisten und Sozialökologischen). Konservativ-Bürgerliche haben die größte Distanz zu Jugendszenen, lehnen diese oft sogar offen ab, weil man mit devianten und ästhetisch provokanten Jugendlichen nichts zu tun haben möchte.

Perspektiven auf Deutschland als Land multikultureller Vielfalt

Die meisten Jugendlichen betrachten kulturelle und ethnische Vielfalt als Bereicherung für die Gesellschaft im Allgemeinen und den eigenen Freundeskreis im Besonderen. Vor allem die Expeditiven, Experimentalistischen Hedonisten und die Sozialökologischen betonen die Chance, persönlich von dieser Vielfalt profitieren zu können (Erweiterung der Sprachkenntnisse im Alltag, Ausbau interkultureller Kenntnisse, multi-ethnischer Freundeskreis als Zeichen eigener Weltgewandtheit). Die Jugendlichen mit Migrationshintergrund in diesen Lebenswelten sehen sich als selbstverständlicher Teil eines multikulturellen Deutschlands. Sie haben meist ein bikulturelles Selbstbewusstsein und eine postintegrative Perspektive. Sie finden es oft „müßig" und „überflüssig", dass das Thema Migrationshintergrund in der Öffentlichkeit so dominant verhandelt wird. Von Diskriminierungserfahrungen wird nur vereinzelt berichtet. Sie verstehen Integration als Leistung, die die Zugewanderten erbringen müssen – und zumindest in ihren Freundeskreisen auch mit einem großen Selbstverständnis erbringen. Diejenigen Jugendlichen ohne Migrationshintergrund – allen voran die Sozialökologischen – fordern hingegen stärkere Integrationsbemühungen der autochthonen deutschen Gesellschaft und integrationsfördernde Maßnahmen der Regierung.

Die eher bildungsbenachteiligten Jugendlichen beschreiben ihren Freundeskreis und ihr soziales Nahumfeld ebenfalls als ethnisch vielfältig. Insbesondere Prekäre Jugendliche blicken jedoch auf eigene Ausgrenzungs- bzw. Diskriminierungserfahrungen zurück, auch wenn diese von den Jugendlichen eher an Einzelpersonen rückgebunden werden. Ethnische Markierungen verschränken sich bei diesen Jugendlichen oft mit weiteren ungleichheitsrelevanten Merkmalen (Bildungsniveau, finanzielle Ausstattung des Elternhauses). Von Diskriminierungserfahrungen – in Schule, auf Ämtern oder im öffentlichen Raum – berichten auch offensichtlich ethnisch markierte Jugendliche anderer Lebenswelten, wenn auch in geringerem Maße als die sozial Benachteiligten.

Unter den Konservativ-Bürgerlichen, Adaptiv-Pragmatischen und den Prekären finden sich noch am ehesten Jugendliche ohne Migrationshintergrund, die multikultureller Vielfalt skeptisch gegenüberstehen. Einige Konservativ-Bürgerliche äußern vorsichtig die Befürchtung, dass die deutsche Kultur und Lebensweise durch die Zuwanderung an Bedeutung verlieren. Adaptiv-Pragmatische sorgen sich um die Leistungsfähigkeit und den Wohlstand der Gesellschaft, weil sie von geringeren Anpassungs- und Leistungsanstrengungen der Zugewanderten ausgehen. Sie fordern mehr Engagement von Empfängerinnen und Empfängern sozialer Leistungen. In dieser Lebenswelt sieht man sich am deutlichsten in Konkurrenz mit den Zugewanderten um die Wohlstandschancen in Deutschland. Einige grenzen sich offen gegen „die ganzen faulen Migranten", die sich angeblich „auch untereinander diskriminieren" und „dem Staat auf der Tasche liegen", ab. Die Prekären sehen sich beim Kampf um Arbeits- bzw. Ausbildungsplätze ebenfalls in Konkurrenz zu Jugendlichen mit Migrationshintergrund. Das Vorurteil „Ausländer nehmen den Deutschen die Arbeitsplätze weg" ist unter einigen Jugendlichen in diesen Lebenswelten noch immer verbreitet.

3.5   MEDIEN

Medien im Alltag

Medien sind fester Bestandteil im Alltag von Jugendlichen. Das zeigen die qualitativen Befunde vorliegender Studien deutlich. Gestützt wird dieser Befund von repräsentativen Markt-Media-Daten: 11 der 25 beliebtesten Freizeitbeschäftigungen sind medienbasierte Tätigkeiten.

Die Positionierung im jugendkulturellen Raum erfolgt in hohem Maße über den Besitz bestimmter Medien (Medienhaushalt) sowie über spezifische Medienrezeption: Der iPod wird zum überlebenswichtigen Begleiter; wer kein Handy besitzt, gehört längst zu den Außenseitern; wer „krass" ist, hat nicht nur ein Smartphone, sondern auch eine passende „Internetflat"; typisch auch die Frage, wer welche Serien über welche Bezugsquelle schaut. Medien werden zur Selbststilisierung und Selbstinszenierung eingesetzt und stellen somit eine wichtige Ressource bei der Identitätskonstruktion dar. Das setzt diejenigen Jugendlichen unter Druck, deren Medienbesitz, -kompetenz, -rezeption und -wissen eingeschränkt sind (z. B. aufgrund geringer finanzieller oder

Top-25-Freizeitbeschäftigungen

Mache ich besonders gern / gern	Anteil
▪ Fernsehen	98 %
▪ Mit Freunden zusammen sein	97 %
▪ Internet nutzen	95 %
▪ Musik hören	95 %
▪ PC nutzen	94 %
▪ DVD anschauen	94 %
▪ Ins Kino gehen	86 %
▪ Partys feiern	83 %
▪ Schwimmen	76 %
▪ Rad fahren	73 %
▪ Computer-/Videospiele spielen	73 %
▪ Zeitschriften lesen	73 %
▪ Shoppen/Bummeln/Einkaufen	67 %
▪ Discotheken, Clubs besuchen	59 %
▪ Radio hören	55 %
▪ Fußball spielen	49 %

Mache ich besonders gern / gern	Anteil
▪ Sportveranstaltungen besuchen	48 %
▪ Pop-, Schlagerkonzerte besuchen	47 %
▪ Inlineskaten	46 %
▪ Andere Sportarten treiben	45 %
▪ Im Verein aktiv sein	40 %
▪ Bücher lesen	41 %
▪ Fotografieren	37 %
▪ Ski fahren	35 %
▪ Joggen, Walken	27 %

➔ 11 der Top-25-Freizeitbeschäftigungen sind medienbasiert.

* Top-2-Boxes einer 4er-Skala
„mache ich besonders gern" / „gern" /
„weniger gern" / „überhaupt nicht"

Quelle: VerbraucherAnalyse-Klassik 2011
Basis: 1 499 Fälle
Deutschsprachige Wohnbevölkerung von 14 bis 17 Jahre

Abb. 3.5.1

bildungsbezogener Ressourcen). Vor allem Jugendliche in traditionelleren und bildungsbenachteiligten Lebenswelten spüren, dass andere (auch) in dieser Hinsicht oftmals größere Teilhabechancen erzielen.

Jugendliche haben bis auf wenige Ausnahmen ein sehr abgeklärtes und entspanntes Verhältnis zum Internet. Das Internet ist „normal", etwas, das schon immer da gewesen ist. Entsprechend selbstverständlich gestaltet sich der Umgang mit dem Medium. Online zu sein bedeutet bei Jugendlichen dieser Altersgruppe vor allem, soziale Netzwerke und diverse Unterhaltungsangebote zu nutzen. Informationsbeschaffung und Recherchen sind von nachgeordneter Bedeutung; diese Aktivitäten werden eher als „Aufgaben" empfunden (z. B. wenn für die Schule etwas vorbereitet werden muss), nur selten entspringen sie den eigenen Ansprüchen an das Medium.

Eigenständige Informationssuche (online und offline) bzw. Interesse an dieser ist deutlich abhängig vom Bildungsniveau der Jugendlichen. Vor allem im Hinblick auf die Vielfalt der genutzten Informationsquellen sind hier Unterschiede erkennbar.

Die Online-Aktionsradien von Jugendlichen in der befragten Altersgruppe sind insgesamt relativ begrenzt. Vor allem Prekäre, Materialistisch-hedonistische (und teils auch Konservativ-bürgerliche) Jugendliche erschließen sich oft nur einige wenige Seiten und neue Räume online.

Nicht nur *zwischen* bildungsnahen und bildungsbenachteiligten Lebenswelten bestehen Unterschiede bei der Mediennutzung, auch *innerhalb* der Gruppen mit ähnlichen Bildungshintergründen zeigen sich Differenzen: Typisch für Expeditive und Adaptiv-Pragmatische sind eine selbstverständliche digitale Vernetzung, eine Vorliebe für neue Technik, Technologien und Affinität zu Design sowie dauerhaftes Onlinesein. Sozialökologische, Experimentalistische Hedonisten und Konservativ-Bürgerliche zeigen hingegen eher eine Distanz gegenüber der ständigen Erneuerung der technischen Ausstattung sowie einem „Leben online" und sind stärker an Funktionalität als an Design orientiert. Auch spielen „traditionelle" Medien wie z.B. das Fernsehen hier noch eine größere Rolle im Alltag.

In den bildungsfernen Lebenswelten sind die Materialistischen Hedonisten stärker digital vernetzt als die Prekären. Sie nutzen die Bühne der Online-Netzwerke für sich und zeigen eine große Affinität zu neuester unterhaltungsorientierter Technologie. Die Prekären Jugendlichen sind von den Trends der neuen Medien durchaus beeindruckt, bleiben jedoch oft aufgrund finanzieller Schranken in den Anschaffungsmöglichkeiten eingeschränkt.

Vor allem die Materialistisch-hedonistischen Jugendlichen wollen immer erreichbar sein, erleben die ständige Erreichbarkeit aber auch als sozialen Druck, der es ihnen unmöglich macht, das Telefon unbeantwortet zu lassen. Das Handy auszustellen, ist für sie generell keine Option. Jugendliche in moderneren und postmodernen Lebenswelten entscheiden sich hingegen zum

Teil schon bewusster dafür, sich auch mal auszuklinken – insbesondere die Sozialökologischen betrachten dauerhafte Erreichbarkeit als zum Teil störend und nervig oder sogar ungesund.

Aufgrund ihres Fortschrittsskeptizismus und der vergleichsweise großen Sicherheitsbedenken fühlen sich vor allem Konservativ-Bürgerliche im Hinblick auf die neuen Medien zum Teil überfordert. Insbesondere die Jüngeren und die Traditionelleren unter ihnen zeigen sich stark gehemmt in Bezug auf die Nutzung von Kommunikations- und Interaktionsmöglichkeiten online. Das gilt teilweise auch für Prekäre Jugendliche, die neben allem Reiz und Nutzen (informiert durch die Kanäle der Massenmedien) „Vergewaltiger" und „Mörder" in Online-Räumen fürchten.

Interaktion und Kommunikation in digitalen Räumen

Onlinenetzwerke sind für Jugendliche Normalität. Sie konzentrieren sich in der Regel auf wenige ausgewählte Netzwerke, insbesondere Facebook. Das Internet ersetzt soziale Kontakte in der „Offline-Welt" dabei nicht, sondern ergänzt und erweitert sie. Die Frage nach der Teilnahme an Online-Netzwerken ist für viele Jugendliche eher rhetorisch gestellt. Da „fast jeder dort ist", wäre eine Verweigerung gegenüber den Netzwerkdiensten mit Selbstausgrenzung gleichzusetzen. Jugendliche spüren Druck zur Vernetzung und zu gelungener Performance in Social-Web-Angeboten.

Auffallend ist, dass die Online-Netzwerke für viele eine erwachsenen- und v.a. „elternfreie Zone" darstellen, ein regelrechtes „Versteck vor den Eltern". Während Eltern in viele Alltagsbereiche der Jugendlichen eindringen und so die kulturellen Freiräume und Abgrenzungsmöglichkeiten einschränken, nehmen Jugendliche wahr, dass soziale Netzwerke noch als Orte taugen, um den Eltern unverständlich zu bleiben.

Im Vergleich zur direkten Kommunikation via Handy oder Telefon schätzt man die Möglichkeit, beisammen sein zu können, ohne jedoch „etwas sagen zu müssen". Man kann sich einfach nur beobachtend durch die Netzwerkwelt bewegen, ohne dass jemand davon Notiz nimmt oder man selbst aktiv auf sich aufmerksam macht. Mit der Vielzahl an Möglichkeiten, die diese Plattformen bieten, werden sie auch den recht unterschiedlichen Kommunikations- und Interaktionsbedürfnissen der Jugendlichen gerecht. Materialistische Hedonisten und Expeditive finden beispielsweise Möglichkeiten zur Selbstdarstellung auf digitaler Bühne. Prekäre und Adaptiv-Pragmatische können ungesehen beobachten, was die „anderen" machen. Adaptiv-Pragmatische und Sozialökologische beginnen zu entdecken, dass die Online-Netzwerke für sie praktische Organisationstools sein können und dass sie ermöglichen – allen voran den networking-affinen Expeditiven –, Kontakt zu Menschen zu halten, die man selten sieht. Jugendliche mit Migrationshintergrund nutzen die Netzwerke auch als Möglichkeit, mit Familienmitgliedern in den Heimatländern in Kontakt zu bleiben.

Abb. 3.5.2

Einstellung zu sozialen Netzwerken am Beispiel *Facebook*
Typische Aussagen zur Illustration

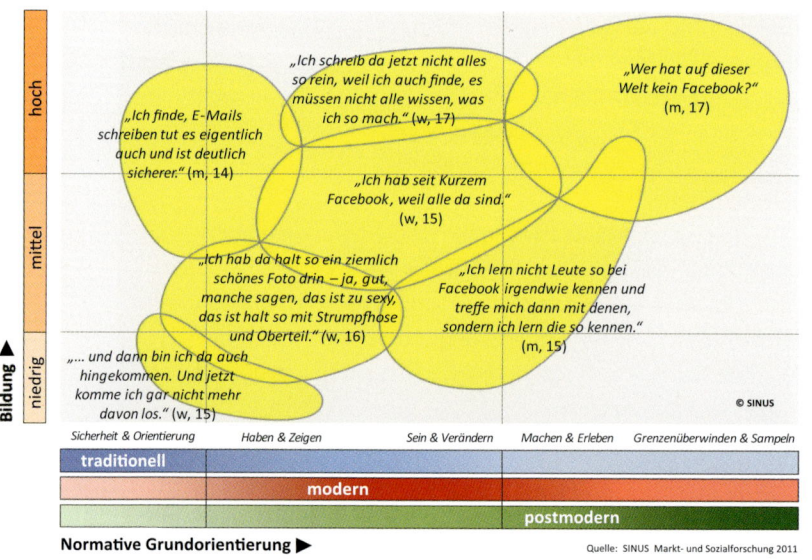

© SINUS

Quelle: SINUS Markt- und Sozialforschung 2011

Persönlichkeitsrechte, Datenschutz, Urheberrecht

Jugendliche sind teilweise verunsichert hinsichtlich der Verbreitung ihrer persönlichen Daten im Netz. Einerseits ist die Teilnahme in sozialen Netzwerken unabdingbar und normal („machen doch alle"), andererseits fragt man sich, welche Implikationen dies unter Umständen haben kann. Ihre „Datenschutzbedenken" betreffen in erster Linie die persönliche Reputation in der Öffentlichkeit. Nahezu alle Jugendlichen haben mitbekommen, dass Online-Aktivitäten teilweise problematisch sind. Über Fernsehberichte, Einheiten aus dem Schulunterricht, Warnungen der Eltern oder Erfahrungen von Freunden haben die jungen Nutzerinnen und Nutzer gelernt, dass im Internet „Gefahren lauern" können, die man nicht einmal aktiv verschuldet haben muss (z. B. wenn man auf einem „unvorteilhaften" Partybild markiert wird). Nicht wenige Jugendliche kennen Fälle, bei denen jemand durch solche Bilder „Ärger" hatte. Für die meisten bleibt die Vorstellung von diesen Gefahren jedoch weitgehend diffus oder kreist um online agierende „Triebtäter", die Jugendliche ausspionieren, oder unbewusst getätigte Einkäufe. Bei den Konservativbürgerlichen Jugendlichen ist recht deutlich erkennbar, dass die Sorgen und Bedenken der erwachsenen Bezugspersonen übernommen werden. Die Prekären zeigen wiederum ihre Empfänglichkeit für massenmediale Botschaften, insbesondere wenn es um Internetkriminalität geht („Hacker-Attacke"). In den anderen Lebenswelten ist eher erkennbar, dass die Hinweise entlang eigener Erfahrungen austariert werden.

Online-Netzwerke werden vom größten Teil der Jugendlichen dementsprechend nicht mehr als rein privater Raum begriffen, sondern vielmehr als gestaltbarer Zwischenraum, eine Art öffentliche Privatheit, bei der man andere ins eigene Leben schauen lässt und anderen ins Leben schauen kann. Sie vertrauen jedoch auf die angebotenen technischen Möglichkeiten, insbesondere „Privatsphäre-Einstellungen", die ihr Bedürfnis nach Schutz der Persönlichkeitsrechte ausreichend befriedigen. Gefahren fürchten die Jugendlichen vor allem im Hinblick auf die zukünftige Jobsuche, die durch unvorteilhafte Darstellungen möglicherweise erschwert wird.

Kommerzielle Interessen der Portalbetreibenden spielen für die Jugendlichen fast ausnahmslos keine Rolle: Online-Netzwerke werden nicht als

Unternehmen betrachtet, Gewinnzwänge nicht thematisiert, Aktivitäten werbetreibender Unternehmen werden nicht bzw. kaum wahrgenommen. Die weitere Verwendung der persönlichen Daten und Nutzerinformationen wird weitgehend ausgeblendet, da sie außerhalb des eigenen Erfahrungsraumes liegt.

Die Perspektive auf **Urheberrechtsverletzungen** hängt eng damit zusammen, welchen Wert die Jugendlichen kulturellen Gütern zuweisen. Die Bereitschaft, sich mit diesem Thema kritisch auseinanderzusetzen, ist bei denjenigen Jugendlichen hoch, für die Kultur wichtig ist bzw. die künstlerisches Schaffen wertschätzen, und das sind insbesondere die bildungsaffinen Lebenswelten. Insgesamt wird der Schutz geistigen Eigentums fast ausschließlich in materieller, kaum jedoch in ideeller Hinsicht wahrgenommen. Zudem entwickeln Jugendliche eigene Entscheidungskoordinaten, die vom gängigen Urheberrecht abweichen. Zwei Ebenen werden dabei differenziert:

1. Zum einen ist wichtig, ob es kleine Künstler sind, die das Geld noch brauchen, oder ob sie bereits kommerziell erfolgreich sind. Sind sie „reich", ist es weniger schlimm, die Musik zu „klauen", und wird sogar als „gerecht" empfunden. Kleinen Künstlern gibt man eher Geld. Diese Unterscheidung nehmen vor allem (pop-)kulturell interessierte Jugendliche vor. Tendenziell hat sich in diesem Zusammenhang die Haltung entwickelt, dass das, was ohnehin verfügbar ist und überall „läuft" (Charts im Radio), weniger wert ist und daher nichts kosten sollte.

2. Zum anderen wird in technischer Hinsicht zwischen „Streams", die weniger schlimm sind, und „Downloads" unterschieden. Viele Jugendliche wissen, dass sie sich beim Streaming von Filmen und Serien abseits der Portale der Fernsehsender in einer gesetzlichen Grauzone bewegen. Diese Grauzone empfinden sie als schützend. Das Streamen wird aber auch deshalb als weniger „schlimm" oder gefährlich betrachtet, weil „das alle machen". Die Jugendlichen legitimieren ihr Verhalten durch Verweis auf eine gängige Praxis.

Die Angst vor möglichen Strafen wirkt bei vielen Jugendlichen verhaltens-
regulierend, verhindert jedoch nicht, von anderen online „erbeutete" Inhalte
zu nutzen. Die Experimentalistischen Hedonisten zeigen sich bezüglich Sanktionen weniger besorgt als beispielsweise Adaptiv-Pragmatische oder Materialistische Hedonisten. Konservativ-Bürgerliche thematisieren am ehesten
einen moralischen Konflikt, wenn es darum geht, wissentlich Gesetze zu brechen.

Online frei verfügbare Inhalte werden insgesamt in weit höherem Maße von
denjenigen Jugendlichen genutzt, die kulturell (vielseitig) interessiert sind.
Neben Musik geht es heute vor allem um audiovisuelle Inhalte (z. B. Filme
und TV-Serien).

Abb. 3.5.3

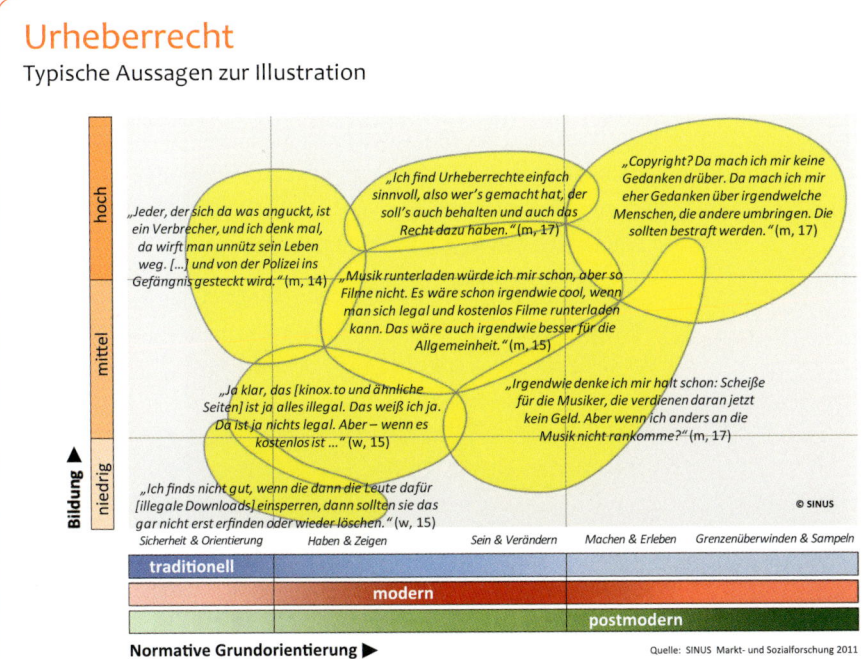

Urheberrecht
Typische Aussagen zur Illustration

Quelle: SINUS Markt- und Sozialforschung 2011

Orientierung in Medienwelten

Die Gestaltung von Biografien und die Wahl von Lebensentwürfen erfolgen in modernen Gesellschaften immer mehr in „Eigenregie", da traditionelle Sozialisationsinstanzen weitaus weniger verbindliche Muster vorgeben (können). Neben den Peers sind Medien dabei im Jugendalter wichtige Orientierungshilfe. So bieten Medien Modelle zur sinnhaften Abstimmung und Bewältigung von Problemlagen an und liefern Orientierung bei anstehenden Übergängen, z. B. bei der Berufswahlorientierung.

Insbesondere bildungsferne Jugendliche verfügen oft nur über ein sehr eingeschränktes Wissen beruflicher Ausbildungsmöglichkeiten und über Berufe im Allgemeinen. In den Skizzierungen ihrer „Traumberufe" werden immer wieder mediale Vorbilder erkennbar („berühmter" Fußballspieler, Sänger oder Sängerin bzw. „Gewinner bei DSDS"). Bei der Frage, wie man sein möchte bzw. was man werden möchte, liefern die medial vermittelten Identitätsentwürfe oft attraktivere Aussichten als die Biografien der Eltern.

In den Berichten der eher bildungsfernen und stark unterhaltungsorientierten Jugendlichen ist durch die direkte Bezugnahme auf Inhalte aus dem Fernsehen die Orientierungsfunktion des Mediums offensichtlicher. Aber alle Jugendlichen finden in den Medien zahlreiche Angebote und Vorbilder für zum Teil sehr unterschiedliche Entwicklungsaufgaben:

▶ In den Erzählungen der eher bildungsfernen Jugendlichen mit zum Teil schwierigen familiären Hintergründen tauchen immer wieder Verweise auf (deutsche und internationale) Rapper auf, die es trotz schlechter Ausgangsbedingungen „geschafft" haben, sich mit ihren Problemen produktiv auseinanderzusetzen. Hier finden die Jugendlichen in den Identitäten der medialen Bezugspersonen potenziell motivierende Angebote sowie Vorlagen für Biografiearbeit.

▶ Erkennbar sind ebenfalls, in erster Linie bei den Mädchen, Auseinandersetzungen mit geschlechterrollenspezifischen Erwartungen. Modelcasting-Shows verstärken eine Zuwendung zum eigenen Körper mit unterschiedlichen Implikationen: Sie regen dazu an, eigene Potenziale beispielsweise hinsichtlich Mut oder Selbstbewusstsein zu entdecken und sich auszuprobieren Gleichzeitig werden die Bewertungen, was schön und was nicht schön ist, als Orientierung und Motivation gesehen und als quasi objektiv gültige Richtlinien akzeptiert.

▶ Fernsehsendungen aus dem Formatbereich Reality, die individuelle oder Familienschicksale inszenieren, liefern Jugendlichen Ansatzpunkte, sich selbst im sozialen Gefüge der Gesellschaft zu positionieren oder auch eigenes Konfliktverhalten zu durchdenken.

▶ Die Scriptedness von Reality-Formaten wird von Jugendlichen nur teilweise durchschaut. Dass Menschen (ihre) Rollen spielen, noch dazu schlecht, ist fast allen Jugendlichen weitgehend bewusst. Unterschiede zeigen sich jedoch darin, inwieweit der Grad der Inszenierung durchdrungen wird. Während man Dialoge und Szenen als „vorgegeben" erkennt, werden die zugrunde liegende Dramaturgie selbst, dahinter liegende Gesellschaftsbilder, Produktionsbedingungen oder auch Product-Placement selten reflektiert – das gilt auch für bildungsnahe Jugendliche, denen beispielsweise die präsentierte Lebenswelt fremd ist. Unterschiedlich bewertet wird auch der Nutzen von Scripted-Reality- bzw. Help-TV-Formaten. Während ein großer Anteil Jugendlicher das sogenannte „Assi-TV" für „Quatsch" oder bestenfalls schlecht gemachte Unterhaltung hält, gibt es durchaus Jugendliche, die die Sendungen als hilfreich für den eigenen Alltag wahrnehmen.

▶ Geht es um die Frage der Glaubwürdigkeit oder Qualität medialer Inhalte, lässt sich ein recht deutlicher Unterschied erkennen. Während die traditionelleren und modernen Lebenswelten eher den etablierten Institutionen in der Medienwelt und den Instanzen des Mainstreams vertrauen (z.B. große Zeitungen, bekannte Internet-Portale, öffentliche Anbieter, Universitäten), machen die postmodernen Lebenswelten Glaubwürdigkeit viel stärker an subjektiven Erfahrungen und Expertentum fest (z.B. Empfehlung von Freunden, Beiträge in Blogs, Bewertung durch die Internet-Community).

Medien
Charakteristika

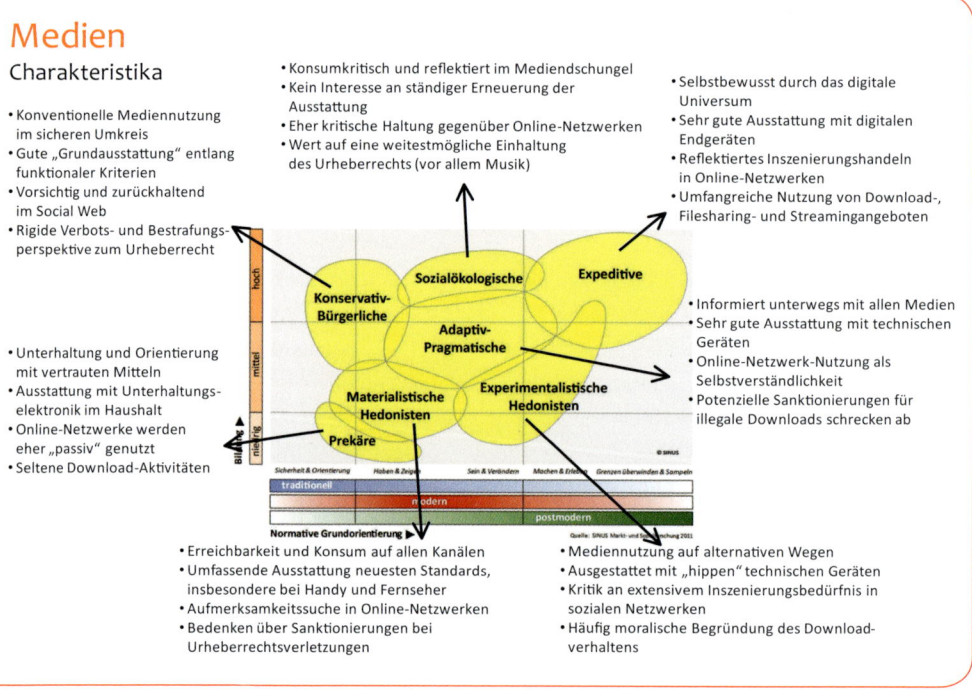

- Konventionelle Mediennutzung im sicheren Umkreis
- Gute „Grundausstattung" entlang funktionaler Kriterien
- Vorsichtig und zurückhaltend im Social Web
- Rigide Verbots- und Bestrafungsperspektive zum Urheberrecht

- Konsumkritisch und reflektiert im Mediendschungel
- Kein Interesse an ständiger Erneuerung der Ausstattung
- Eher kritische Haltung gegenüber Online-Netzwerken
- Wert auf eine weitestmögliche Einhaltung des Urheberrechts (vor allem Musik)

- Selbstbewusst durch das digitale Universum
- Sehr gute Ausstattung mit digitalen Endgeräten
- Reflektiertes Inszenierungshandeln in Online-Netzwerken
- Umfangreiche Nutzung von Download-, Filesharing- und Streamingangeboten

- Unterhaltung und Orientierung mit vertrauten Mitteln
- Ausstattung mit Unterhaltungselektronik im Haushalt
- Online-Netzwerke werden eher „passiv" genutzt
- Seltene Download-Aktivitäten

- Informiert unterwegs mit allen Medien
- Sehr gute Ausstattung mit technischen Geräten
- Online-Netzwerk-Nutzung als Selbstverständlichkeit
- Potenzielle Sanktionierungen für illegale Downloads schrecken ab

- Erreichbarkeit und Konsum auf allen Kanälen
- Umfassende Ausstattung neuesten Standards, insbesondere bei Handy und Fernseher
- Aufmerksamkeitssuche in Online-Netzwerken
- Bedenken über Sanktionierungen bei Urheberrechtsverletzungen

- Mediennutzung auf alternativen Wegen
- Ausgestattet mit „hippen" technischen Geräten
- Kritik an extensivem Inszenierungsbedürfnis in sozialen Netzwerken
- Häufig moralische Begründung des Downloadverhaltens

Abb. 3.5.4

3.6   SCHULE UND LERNEN

Die Mehrheit der Jugendlichen geht gerne oder zumindest ohne großen Widerwillen zur Schule. Die Schule ist ein Lebensort, an dem es nicht nur ums „Lernen" geht, sondern auch darum, sich mit Freunden zu treffen und über Neuigkeiten auszutauschen, Konflikte auszutragen oder sich für das Wochenende zu verabreden. Deutlich weniger wohl fühlen sich diejenigen Jugendlichen, die dort keine Erfolgserlebnisse haben, sich zu sehr in ihrer Freiheit eingeschränkt fühlen oder den Eindruck haben, von bestimmten Kreisen ausgeschlossen zu sein. Sich ständig behaupten zu müssen, ob in der eigenen Peergroup, gegenüber den Lehrerinnen und Lehrern oder bei den Eltern zu Hause, nehmen manche Jugendliche daher als Dauerbelastung wahr. Erfolgserlebnisse, sich integriert fühlen und die Wahrnehmung von Schule als Ort ohne Zwang sind also wichtige Kategorien dafür, gerne zur Schule zu gehen.

Die wichtigsten Kriterien bei der Schulbewertung sind allerdings für alle Jugendlichen die Kompetenz, Empathie und Ausstrahlung der Lehrerschaft, deren Verständnis für das Leben der Jugendlichen außerhalb der Schule sowie ein angenehmes, harmonisches Klassengefüge.

Nahezu alle Jugendlichen betonen, wie wichtig die Beziehung zwischen Lehrkräften und Schülerschaft ist bzw. die Persönlichkeit der Lehrkraft selbst. Während es den bildungsnahen, modernen Lebenswelten vor allem um Kompetenz und Leidenschaft für das eigene Fach geht, legen die bildungsfernen Jugendlichen Wert auf eine anerkennende, respekt- und verständnisvolle Umgangsweise. Durchweg fordern Schülerinnen und Schüler mehr Verständnis für die Lebenswirklichkeiten Jugendlicher, Humor und Entspanntheit/Lässigkeit. Die Jugendlichen wollen Lehrkräfte, die ihre individuellen Stärken fördern und sie bei ihren Schwächen wohlwollend unterstützen.

Lernen wird von allen Jugendlichen zuvorderst mit schulischem, curricularem Lernen und messbarem Erfolg assoziiert. In der Regel heißt Lernen für die Schule „auswendig lernen". Sie haben das Gefühl, Wissen kurzfristig anzuhäufen und dann schnell wieder zu vergessen. Auf konkreteres Nachfragen hin werden von nahezu allen Jugendlichen Medien als weitere Lernorte genannt, und die bildungsnahen Lebenswelten erweitern ihren Lernbegriff noch einmal deutlicher um zahlreiche Dimensionen und Praktiken des Alltags, wie beispielsweise Gespräche, Beobachtungen, Reisen, Engagement.

Die Jugendlichen haben verinnerlicht, dass ein guter Schulabschluss die notwendige Voraussetzung für eine gute Ausbildung und den beruflichen Erfolg ist. Sie sind sich aber ebenso bewusst, dass die unterschiedlichen Schultypen sie nicht mit gleichen Zukunftschancen ausstatten. Jugendliche an Hauptschulen blicken angesichts ihres Schulabschlusses daher eher sorgenvoll in die Zukunft. Jugendliche an Realschulen und Gymnasien sind optimistischer, insbesondere wenn sie zu den postmodernen Lebenswelten gehören. Allerdings berichten insbesondere Gymnasiastinnen und Gymnasiasten in den höheren Klassenstufen häufig über einen gestiegenen Arbeitsaufwand und über gestiegenen Druck, bedingt durch das achtjährige Gymnasium.

Die Jugendlichen versuchen, einen möglichst hohen Schulabschluss zu erreichen, der oftmals oberhalb des aktuell besuchten Schultyps liegt. Vor allem die Mädchen zeigen ein hohes Maß an Erfolgsorientierung (unabhängig vom Schultyp), möchten zu den Besten der Klasse gehören und/oder idealerweise noch einmal die Schule wechseln, wenn sie sich davon einen besseren Abschluss versprechen. Für die große Mehrheit der Jugendlichen gilt: Man möchte aufsteigen, nicht aussteigen. Dabei möchte aber niemand zu den „Strebern" gehören, das Bild vom übereifrigen Schüler ist bei allen Jugendlichen negativ besetzt. Und es zeigt sich auch eine Minderheit aus prekären Verhältnissen, die eine fatalistische Grundhaltung hinsichtlich des Schulerfolgs entwickelt hat und entsprechend die Leistungsbemühungen sehr reduziert.

Während der schulische Erfolg für die Bildungsfernen vor allem im Hinblick auf die grundsätzliche Wahrung der Ausbildungschancen wichtig ist, erweitert sich das Spektrum in den anderen Lebenswelten: In traditionelleren Lebenswelten spielt Pflichterfüllung eine wichtige Rolle in Bezug auf die schulischen Leistungserwartungen, in den postmodernen geht es um Horizonterweiterung, kreative Entfaltung und persönliche Weiterentwicklung.

Entsprechend haben die Jugendlichen sehr unterschiedliche Anforderungen und Erwartungen an Lernangebote. Das eigene Lernverständnis, die subjektiv wahrgenommenen eigenen Fähigkeiten und die jeweilige Zukunftsorientierung finden aus Sicht der Jugendlichen nicht unbedingt Entsprechung in den schulischen Lernformen und in der Schulkultur.

Durchgängig sehen die Jugendlichen den Bedarf einer stärkeren individuellen Förderung, einer deutlichen Orientierung am individuellen Leistungsniveau, mehr Berücksichtigung individueller Interessen und eines stärkeren
Praxisbezuges des schulischen Lernens. Viele Jugendliche – insbesondere
aus den bildungsfernen Lebenswelten – fragen sich, ob ihnen der erlernte
Stoff überhaupt etwas für das spätere Leben bringt. Adaptiv-Pragmatische
möchten vor allem mehr Unterstützung lebenspraktischer Fähigkeiten, z. B.
sich selbst gut organisieren können, nicht nur Wissen anhäufen, sondern
lernen, „wo und wie Wissen zu finden ist". Postmoderne Jugendliche erwarten, hinsichtlich ihrer Befähigung zu eigenständigem Denken gefördert
zu werden; sie möchten sich auseinandersetzen, um gewappnet zu sein, sich
auch im Beruf und in sonstigen Öffentlichkeiten entsprechend positionieren zu können.

Ebenso werden aktivierende und unterhaltsame Lernformen überwiegend
begrüßt. Insbesondere Jugendliche an Gymnasien erwarten dabei aber eine
ausreichende Lernzielorientierung. Sie möchten wissen, wo sie stehen und
was sie mit dem Gelernten in der Zukunft tatsächlich anfangen können.

Man lernt konkret von einer Klassenarbeit zur nächsten. Gelernt wird dabei
meistens allein, manche Schüler, denen Lernen leichter fällt, berichten, dass
sie häufiger anderen Schülern helfen bzw. sich gegenseitig abfragen. Deutliche Unterschiede gibt es bezüglich Unterstützungsbedarf zwischen Jungen
und Mädchen. Lassen die schulischen Leistungen nach, suchen Jungen eher
erst auf Druck der Eltern Hilfe in Form von Förderunterricht und Nachhilfe,
während Mädchen selbst proaktiv Unterstützung suchen. Jungen hingegen
ist Nachhilfe eher peinlich, sie fürchten um ihr Ansehen in der Peergroup und
hoffen, dass sich die schulischen Leistungen von allein wieder bessern.

Wenn Jugendliche in ihrer freien Zeit persönlichen Interessen nachgehen,
wird dies von ihnen nicht in erster Linie als Lern- und Bildungsbemühung
betrachtet, sondern als individuelle Freizeitbeschäftigung. Erst auf Nachfrage
werden Hobbys, das Engagement in jugendkulturellen Kontexten oder Mediennutzung auch als Formen des Lernens beschrieben. Während Medien,

insbesondere Fernsehen und Internet, dann von allen Jugendlichen genannt werden, werden Institutionen und Vereine (z. B. Volkshochschulen, Musikschulen, Jugendarbeit), Menschen im sozialen Umfeld (Eltern, Geschwister, Bekannte) oder sehr persönliche Interessengebiete (z. B. das Sammeln von bestimmten Gegenständen, die Beschäftigung mit Popkultur) vor allem von den bildungsnahen und hier wiederum stärker von den postmodernen Lebenswelten erwähnt. Hier werden auch gerne nachmittags AGs besucht oder die Schülerzeitung erstellt.

Zählen sich die Jugendlichen selbst zu den lernfähigeren, zielstrebigeren und flexibleren Schülerinnen und Schülern, möchten sie nicht von den anderen gebremst oder gar in ihrem schulischen Erfolg behindert werden. Dies gilt besonders für die Adaptiv-pragmatischen Jugendlichen, aber auch für Teile der Expeditiven Jugendlichen. Sozialökologische Jugendliche betonen hingegen stärker, dass alle Schülerinnen und Schüler gefördert werden müssen, und verweisen auf den Reformbedarf des Schulsystems. Daher übernehmen sie auch häufig entsprechende Ämter wie z. B. Klassen- oder Schulsprecherin bzw. -sprecher. Gleichwohl wollen sie sich im Umfeld von Jugendlichen auf demselben Leistungsniveau bewegen. Konservativ-bürgerliche Jugendliche sehen sich nicht in Konkurrenz zu anderen Schülerinnen und Schülern, sondern orientieren sich ausschließlich an den eigenen Leistungsprinzipien.

Alle Jugendlichen begrüßen es, wenn sich die Schule so gut wie möglich an ihren Interessen, Bedürfnissen und der Förderung ihrer Fähigkeiten ausrichtet. Es gibt aber Interessen, die sich aus Sicht der Jugendlichen außerhalb der Schule schlichtweg besser verwirklichen lassen (z. B. Konsuminteressen, Medieninteressen, Zusammensein mit der eigenen Peergroup) bzw. denen sie nicht unter pädagogischer Begleitung oder in einer anderen Gruppe als der Schulklasse nachgehen möchten (z. B. sportliche oder musische Hobbys, die man mit Jugendlichen desselben Leistungsniveaus und intensiven Interesses ausüben möchte). Entsprechend möchte man nur so viel Zeit wie nötig und so wenig wie möglich in der Schule verbringen. Es ist ihnen wichtig, ausreichend Freiräume für sich selbst und die Freundinnen und Freunde außerhalb der Schulzeit zu haben. Dazu passt es, dass die Schule kaum als Ort des Engagements wahrgenommen wird. Nur die traditionelleren Jugendlichen haben dies explizit benannt.

Ein zentraler Befund ist, dass die Jugendlichen selbst die Unterscheidung der verschiedenen Schultypen (Halbtagsschule, offene und gebundene Ganztagsschule, erweiterte Betreuungszeiten usw.) oft kaum durchschauen. Vor allem die Jugendlichen, deren Stundenpläne regelmäßig auch Nachmittagsunterricht beinhalten, gehen zunächst einmal davon aus, dass es sich um eine „Ganztagsschule handelt", oder sind sich zumindest „nicht so sicher".

Eine lebensweltspezifische Orientierung zur Ganztagsschule gibt es nicht. Ebenso wenig lassen sich Unterschiede nach Geschlecht, Region oder Migrationshintergrund feststellen. Diejenigen, die halbtags eine Schule besuchen, möchten dort auf keinen Fall mehr Zeit verbringen als notwendig. Vergleichsweise mehr Zeit in der Schule zu verbringen, wird von Ganztagsschülerinnen und -schülern nicht als nachteilig beschrieben. Es ist vielmehr „normal". Kritik wird eher von den älteren Schülerinnen und Schülern geübt. In ihrer Wahrnehmung sind die Pausen- und Freizeitangebote zu spielerisch und eher auf eine jüngere Zielgruppe ausgerichtet. In den höheren Klassenstufen nehmen sie einen wachsenden Arbeitsaufwand wahr, der es ihnen schwer macht, nicht zeugnisrelevante Angebote in Anspruch zu nehmen.

Wenn Jugendliche Unterschiede zwischen Schulformen thematisieren, dann beziehen sie sich auf alternative pädagogische Konzepte. Schülerinnen und Schüler von Waldorf- oder Integrierten Gesamtschulen verweisen deutlich auf die Differenzen im Vergleich zu konventionellen Schulen.

Auch wenn man nicht mehr Zeit als nötig in der Schule verbringen will, werden Gemeinschaftserlebnisse mit der eigenen Klasse fast durchgängig sehr positiv bewertet. Sie tragen dazu bei, dass man sich im Unterricht wohl fühlt und entsprechend besser lernt. Traditionelle Materialistische Hedonisten und Sozialökologische Jugendliche wären bereit, für solche Gemeinschaftserlebnisse zusätzlich Zeit im Schulalltag zu investieren, da sie ihrem grundlegenden Bedürfnis nach Gemeinschaft bzw. sozialem Zusammenhalt entsprechen. Die anderen Jugendlichen bevorzugen, wenn die Zeit mit der Klasse auf klar abgegrenzte Zeiträume – Klassenfahrten, Ausflüge, soziale Projekte – beschränkt bleibt.

Die unterschiedliche Wahrnehmung und Bewertung von Schule schlagen sich ebenso in den Wünschen für mögliche Veränderungen nieder. Konservativ-bürgerliche Jugendliche äußern in der Regel wenige Veränderungswünsche, sie sind zufrieden, wenn es wenig Unterrichtsausfall und keine „Störenfriede" gibt, die die Regelmäßigkeit und das Schulklima stören. Prekäre und Materialistisch-hedonistische Jugendliche wünschen sich vor allem mehr Inhalte, die an ihre Alltagserfahrungen anschließen, und mehr praktisches Arbeiten. Hier könnten sie ihre Kompetenzen aus dem Alltag einbringen und

Abb. 3.6.1

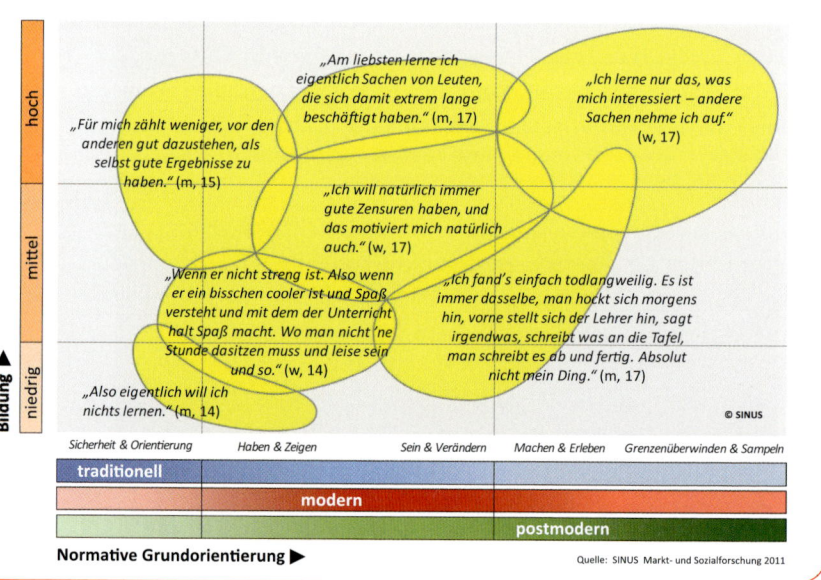

Schule und Lernen
Typische Aussagen zur Illustration

„Am liebsten lerne ich eigentlich Sachen von Leuten, die sich damit extrem lange beschäftigt haben." (m, 17)

„Ich lerne nur das, was mich interessiert – andere Sachen nehme ich auf." (w, 17)

„Für mich zählt weniger, vor den anderen gut dazustehen, als selbst gute Ergebnisse zu haben." (m, 15)

„Ich will natürlich immer gute Zensuren haben, und das motiviert mich natürlich auch." (w, 17)

„Wenn er nicht streng ist. Also wenn er ein bisschen cooler ist und Spaß versteht und mit dem der Unterricht halt Spaß macht. Wo man nicht 'ne Stunde dasitzen muss und leise sein und so." (w, 14)

„Ich fand's einfach todlangweilig. Es ist immer dasselbe, man hockt sich morgens hin, vorne stellt sich der Lehrer hin, sagt irgendwas, schreibt was an die Tafel, man schreibt es ab und fertig. Absolut nicht mein Ding." (m, 17)

„Also eigentlich will ich nichts lernen." (m, 14)

© SINUS

Bildung ▶ : hoch / mittel / niedrig

Sicherheit & Orientierung Haben & Zeigen Sein & Verändern Machen & Erleben Grenzenüberwinden & Sampeln

traditionell
modern
postmodern

Normative Grundorientierung ▶

Quelle: SINUS Markt- und Sozialforschung 2011

Erfolge erleben. Auch die Adaptiv-pragmatischen Jugendlichen vermissen den Praxisbezug der Schule, sehen dies aber insbesondere unter dem Blickwinkel der eigenen Startchancen in den Beruf. Sozialökologische und Expeditive Jugendliche betonen, dass für sie mehr individualisiertes Lernen in frei gewählten Vertiefungsfächern gut wäre. Sozialökologische Jugendliche fänden es außerdem wichtig, dass ihre außerschulischen Lernleistungen auch in der Schule anerkannt werden und in die Bewertung einfließen. Experimentalistisch-hedonistische Jugendliche haben eigene Lerninteressen und Lernformen, die sie aus ihrer Sicht gar nicht in der Schule realisieren können, z. B. die Beschäftigung mit szeneaffinem Können und jugendkulturellen Themen. Ihnen widerstrebt außerdem die hierarchische und pflichtorientierte Struktur der Schule.

Abb. 3.6.2

Schule und Lernen
Milieu-Charakteristika

- Schule als wichtiger Ort des Lernens; Regeln, Strukturen und Regelmäßigkeit dabei zentral
- „Lernen" fürs Leben, nicht für Schule, aus Eigeninteresse und Selbstbestätigung
- Unterrichtsstörungen, Unterrichtsausfall und Experimente werden kritisiert
- Bemüht um gutes Verhältnis zu Lehrkräften

- Schule als angenehmer Bildungsort, der Zukunftsoptionen ermöglichen muss
- Erweiterter Lernbegriff, ganzheitliche Perspektive
- Kritisieren Notengebung, dreigliedriges Schulsystem und Schulreform
- Fordern hohes Engagement, fachliche und menschliche Kompetenz von Lehrkräften

- „Gepflegte Abneigung" gegen Schule
- Fleiß und Leistung im Hinblick auf Zukunftsoptionen
- Erweitertes Lernen außerhalb der Schule als wichtige Entwicklungsmöglichkeit
- Fordern Freiräume für eigene Kreativität, individuelle Leistungsförderung
- Wünschen unkonventionelle, hochkompetente Lehrkräfte

- Schule als Ort von Misserfolg und Konflikt
- Erfolgserlebnisse beim schulischen Lernen selten
- Wünsche an Schule werden kaum formuliert, einfache Inhalte und bessere Noten würde man aber begrüßen

- Schule als notwendige Etappe auf dem Weg ins Berufsleben
- Lernen wird vorwiegend curricular gedacht und mit Schule assoziiert
- Fordern mehr beruflich relevanten Praxisbezug
- Wünschen kompetente, engagierte Lehrkräfte, die ihnen auf Augenhöhe begegnen

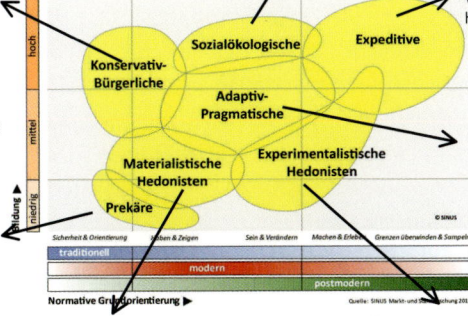

- Schule vor allem auch als Sozialraum wichtig, Schulfreude stark abhängig von Anerkennung der Lehrkräfte
- Lernen wird im Kontext Schule curricular gedacht
- Wünschen sich fördernde Lehrkräfte, die Unterricht unterhaltsam gestalten

- Schule als autoritär geprägter Raum
- Lernumfelder ohne Druck und Kontrolle werden bevorzugt
- Wunsch nach Bewegung, Abwechslung und kreativen Methoden im Schulalltag
- Wunsch nach Lehrkräften mit Verständnis für Jugend

3.7 BERUFLICHE ORIENTIERUNG

Fast alle Jugendlichen wissen, dass sie ohne berufliche Ausbildung bzw. Studium kaum Chancen in der Zukunft haben. Allerdings spüren sie ebenfalls: Mit Ausbildung bzw. Studium ist die Zukunft auch nicht per se sicher. Mit dieser Wahrnehmung gehen die Jugendlichen in den verschiedenen Lebenswelten unterschiedlich um bzw. entwickeln unterschiedliche Bewältigungsstrategien. Dass Unternehmen – bedingt durch den demografischen Wandel – auf sie angewiesen sein werden, thematisieren die Jugendlichen nicht.

Während die bildungsbenachteiligten Jugendlichen, v.a. die Prekären, aber auch die Materialistischen Hedonisten, den Einstieg in das Berufsleben vor dem Hintergrund möglichen Scheiterns thematisieren, betrachten die Modernsten unter den bildungsnahen Jugendlichen die nächsten Übergänge (Schulabschluss, Ausbildung, Studium) zuvorderst unter dem Aspekt des guten bis sehr guten Gelingens. Scheitern hat in ihrem Lebensentwurf keinen Platz.

Eltern werden zwar über alle Lebenswelten hinweg als wichtige Ansprechpartner im Hinblick auf die Berufsorientierung genannt, letztlich müssen – und wollen – die Jugendlichen sich jedoch selbst für ihren Ausbildungsweg entscheiden. In den traditionelleren Lebenswelten orientieren sich die Jugendlichen noch am ehesten an den Berufsbiografien der Familienmitglieder. Allerdings nehmen sie auch wahr, dass viele der (oft klassisch handwerklichen) Berufe ihrer Eltern in den Peer-Kontexten an Sozialprestige eingebüßt haben („voll uncool sind"), z.B. Fliesenleger, Metzger, Heizungsinstallateur, einfache kaufmännische Berufe.

Insbesondere in den postmodernen Lebenswelten haben Peers häufig größeren Einfluss auf die Berufswahlorientierung bzw. dienen stärker als die Eltern als Vorbilder und Ansprechpartner. Auch die (eigeninitiierte) Suche nach Informationen über Berufe, Ausbildungsmöglichkeiten und Studiengänge im Internet spielt dort eine wichtige Rolle.

Adaptiv-Pragmatische und Konservativ-Bürgerliche wägen ihre Optionen rational („kühler") und strategisch ab. Ihr mittelfristiges Ziel ist eine möglichst berechenbare Passagenabfolge („Normalbiografie") von Schulabschluss, Ausbildung, Berufseintritt, unbefristeter Vollzeit-Festanstellung und Familiengründung. Wichtiger als ein interessanter Beruf ist ein sicherer Beruf. Damit die Berufsbiografie gelingt, übernimmt man ein hohes Maß an Eigeninitiative (man besucht Messen, Tage der offenen Tür, Eignungstests, Internet). Zur persönlichen Orientierung und zur „Verschönerung des Lebenslaufes" werden auch freiwillige Praktika in den Schulferien absolviert.

Sozialökologische und Expeditive Jugendliche informieren sich ebenfalls vorrangig und ausgiebig in Eigenregie. Sie orientieren sich jedoch in erheblich geringerem Maße an der bürgerlichen Normalbiografie. Für sie ist Selbstverwirklichung eine zentrale Berufsmotivation. Ein Leben jenseits zeitlich unbefristeter Verträge können sich diese beiden Lebenswelten daher von allen befragten Gruppen noch am ehesten vorstellen, weil sie mit selbstständiger Tätigkeit höhere Freiheitsgrade und bessere kreative Möglichkeiten in Verbindung bringen. Schulische Beratungs- und Orientierungsangebote spielen für diese Jugendlichen eine nachgeordnete Rolle. Informationen sollen möglichst aus erster Hand kommen.

Vor allem in der Prekären Lebenswelt nehmen nur wenige Jugendliche Angebote zur beruflichen Orientierung wahr. Es fehlt aus ihrer Sicht an vertrauens- und verständnisvollen Bezugspersonen und -institutionen. Geringe Aussichten auf einen erfolgreichen Berufseinstieg mindern die Motivation zudem. Die Bereitschaft, aktiv Hilfe oder Beratung zu suchen, ist unter diesen Jugendlichen am geringsten ausgeprägt. Sie sind über die berufliche Optionsvielfalt entsprechend auch am wenigsten im Bilde. In ihren Lebenszusammenhängen geht es nicht darum, einen guten Job zu finden, sondern überhaupt einen zu ergattern. Wenn Berufswünsche formuliert werden, bewegen sich diese oftmals fernab (aus der aktuellen Situation heraus) realistisch erreichbarer Ziele und sind von medialen Vorbildern inspiriert (Fußballprofi, Arzt, Rechtsanwalt, „das mit den Leichen bei der Polizei"). Prekäre müssen zu außerschulischen Praktika und Informationsangeboten von ihren Eltern oder Sozialarbeitern ermutigt und teilweise sogar gedrängt werden.

Die Materialistisch-hedonistischen Jugendlichen betonen hingegen eher, dass Praktika ihnen eine wichtige Entscheidungshilfe bei der Berufswahl sind. Sie verweisen am häufigsten darauf, dass ihre Berufsvorstellungen im Zusammenhang mit Erfahrungen aus einem Praktikum stehen. In der Regel handelt es sich um Pflichtpraktika. Weitere Informationen und Beratung werden aus einer breiten Angebotspalette bezogen (Schule, Arbeitsagentur, Jugendarbeit).

Adaptiv-Pragmatische, Expeditive und Sozialökologische planen für die unmittelbare Zeit nach dem Schulabschluss oft Auslandsaufenthalte, um persönlich wie beruflich weiterzukommen. Sie möchten zum einen Sprachkenntnisse und interkulturelles Wissen erwerben. Zum anderen nehmen sie wahr, dass Auslandserfahrungen bei Arbeitgebern gut ankommen, weil sie für ein hohes Maß an Mobilität und Flexibilität stehen.

Abb. 3.7.1

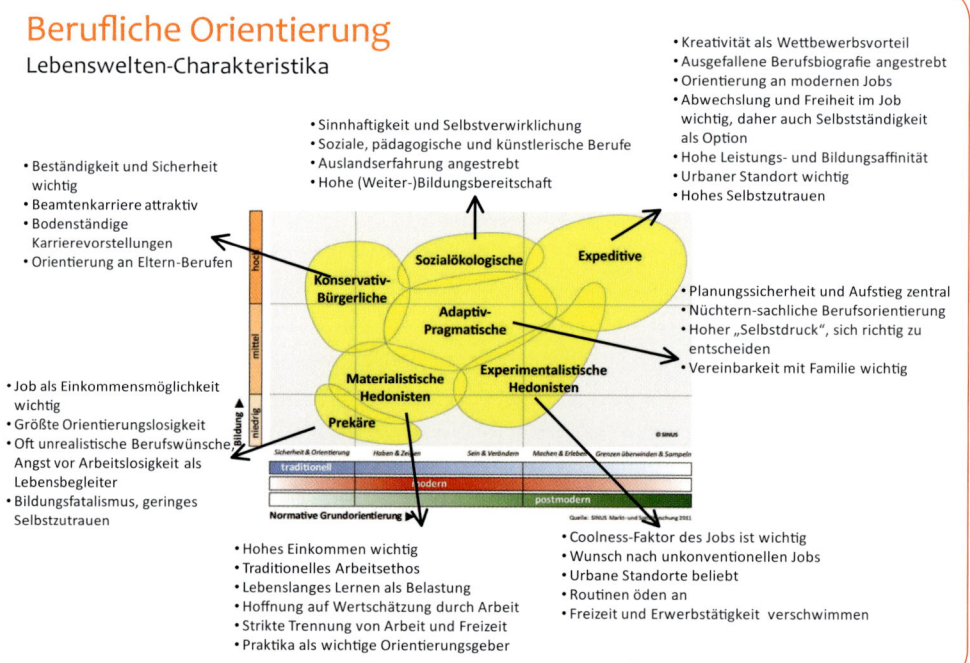

Berufliche Orientierung
Lebenswelten-Charakteristika

- Kreativität als Wettbewerbsvorteil
- Ausgefallene Berufsbiografie angestrebt
- Orientierung an modernen Jobs
- Abwechslung und Freiheit im Job wichtig, daher auch Selbstständigkeit als Option
- Hohe Leistungs- und Bildungsaffinität
- Urbaner Standort wichtig
- Hohes Selbstzutrauen

- Sinnhaftigkeit und Selbstverwirklichung
- Soziale, pädagogische und künstlerische Berufe
- Auslandserfahrung angestrebt
- Hohe (Weiter-)Bildungsbereitschaft

- Beständigkeit und Sicherheit wichtig
- Beamtenkarriere attraktiv
- Bodenständige Karrierevorstellungen
- Orientierung an Eltern-Berufen

- Planungssicherheit und Aufstieg zentral
- Nüchtern-sachliche Berufsorientierung
- Hoher „Selbstdruck", sich richtig zu entscheiden
- Vereinbarkeit mit Familie wichtig

- Job als Einkommensmöglichkeit wichtig
- Größte Orientierungslosigkeit
- Oft unrealistische Berufswünsche, Angst vor Arbeitslosigkeit als Lebensbegleiter
- Bildungsfatalismus, geringes Selbstzutrauen

Konservativ-Bürgerliche
Sozialökologische
Expeditive
Adaptiv-Pragmatische
Materialistische Hedonisten
Experimentalistische Hedonisten
Prekäre

Sicherheit & Orientierung   Haben & Zeigen   Sein & Verändern   Machen & Erleben   Grenzen überwinden & Sampeln

traditionell
modern
postmodern

Normative Grundorientierung ▶

© SINUS
Quelle: SINUS Markt- und Sozialforschung 2011

- Hohes Einkommen wichtig
- Traditionelles Arbeitsethos
- Lebenslanges Lernen als Belastung
- Hoffnung auf Wertschätzung durch Arbeit
- Strikte Trennung von Arbeit und Freizeit
- Praktika als wichtige Orientierungsgeber

- Coolness-Faktor des Jobs ist wichtig
- Wunsch nach unkonventionellen Jobs
- Urbane Standorte beliebt
- Routinen öden an
- Freizeit und Erwerbstätigkeit verschwimmen

Die Ortsfrage spielt beim beruflichen Zukunftsentwurf eine wichtige Rolle. Konservativ-Bürgerliche und Prekäre fürchten sich am deutlichsten vor dem Schritt in die Unabhängigkeit vom Elternhaus, die ein Wohnortwechsel im Zuge einer Ausbildung im Regelfall mit sich bringt. Die Expeditiven hingegen freuen sich gespannt auf die Abkopplung vom Elternhaus. Wie die Experimentalistischen Hedonisten auch möchte man in urbanen Gegenden ausgebildet werden und „nicht auf dem Land versauern".

Abb. 3.7.2

Berufliche Orientierung
Typische Aussagen zur Illustration

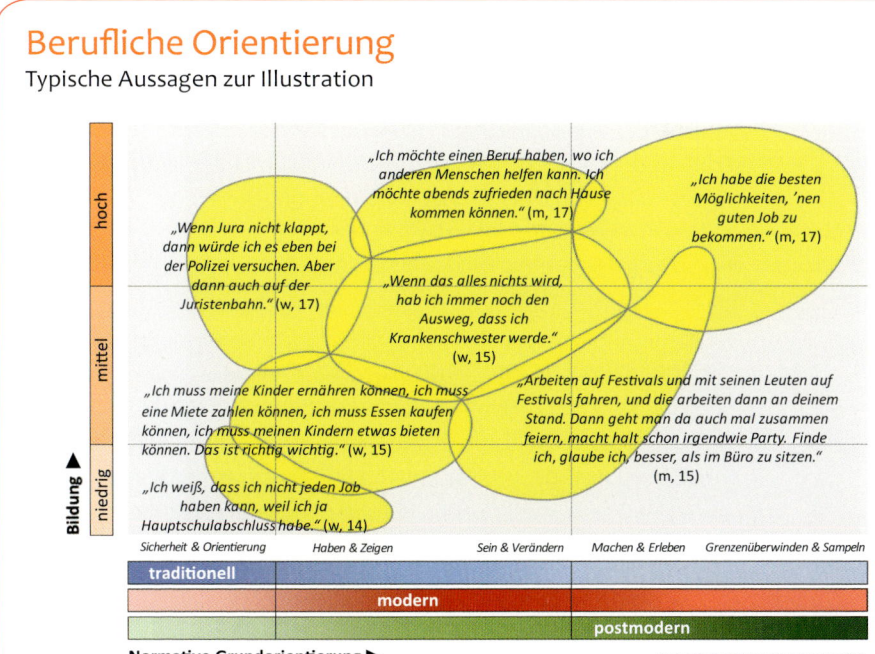

Quelle: SINUS Markt- und Sozialforschung 2011

3.8 GESELLSCHAFTLICHES UND POLITISCHES INTERESSE

Die Sorgen der Jugendlichen kreisen im Wesentlichen um die eigenen Zukunftsperspektiven. Sie sind v. a. in Bezug auf die Entwicklung der globalisierten Wirtschaft verunsichert. Sie nehmen einen steigenden Leistungsdruck in der Gesellschaft und eine zunehmende Arbeitsmarktunsicherheit wahr. Diese Phänomene werden jedoch kaum als gesellschaftspolitische Aufgaben, sondern als persönliche Herausforderungen verstanden, denen man sich stellen muss und möchte. Dabei verlieren die Jugendlichen jedoch die sie umgebende Gesellschaft und deren Schwierigkeiten und Veränderungen nicht aus dem Blick. Sie verfügen über eine Ungleichheitsanalyse, deren „Datenmaterial" sie im eigenen Alltag erheben, aus den Medien beziehen (z. B. Hartz IV-Thematik) und über die Schule vermittelt bekommen. Auffällig ist, dass zwar zuvorderst die bildungsnahen Jugendlichen Interesse an sozialpolitischen Themen äußern, die „dichtere" Beschreibung von Ungerechtigkeit – zumindest in Bezug auf die unmittelbare eigene Lebenswelt – jedoch von den sozial Benachteiligten vorgetragen wird, da sie um diese Themen im Alltag gar nicht herumkommen. Sie thematisieren verschiedene soziale Themen und Ungleichheiten, wie z. B. Bezug von sozialen Transferleistungen, Armut, Benachteiligung aufgrund von Ethnie und nationaler Herkunft (bis hin zu Diskriminierung), Wohnen in sozialen Brennpunkten, Gewalt (in Schule und Familie). Obwohl diese Probleme erkannt werden, engagieren sich wiederum noch am ehesten die bildungsnahen Jugendlichen über „klassisches" Engagement gegen soziale Missstände (z. B. durch Beteiligung an Demonstrationen).

Die untersuchte Alterskohorte ist also nicht zwingend politikverdrossen, aber doch (noch) weitgehend leidenschaftslos, was Politik betrifft. Sie wägt pragmatisch ab, in welche Themen Zeit investiert werden soll. Scheint das Thema keinen Bezug zum Alltag zu haben oder völlig außerhalb eigener Einflussmöglichkeiten zu liegen, sieht man keinen Grund, warum man sich damit beschäftigen sollte (z. B. Finanzkrise).

In der beistehenden Aufstellung sind alle (im weiteren Sinne) politischen Themen gelistet, die die Jugendlichen im Rahmen der Interviews angesprochen haben.

Abb. 3.8.1

Sinus-Jugendstudie u18
Politisches Themenspektrum Jugendlicher zwischen 14 und 17 Jahren

- Abschiebung
- Anhebung des Rentenalters
- Arabischer Frühling
- Atomausstieg
- Ausbildungsplatzsuche
- Datenschutz und Datensicherheit im Internet
- Demografischer Wandel
- Demonstrationen
- Diskriminierung
- Drogenpolitik
- Einkommen und Absicherung
- Einkommensverteilung
- Eurokrise
- Europa
- Generationengerechtigkeit
- Gentrifizierung
- Gesetzgebungsprozesse

- Gewalt an der Schule
- Hartz IV
- Häusliche Gewalt
- Historische politische Ereignisse
- Integration, Einbürgerung, Staatsbürgerschaft
- Internetkriminalität
- Islam
- Kapitalismus
- Kindergeld
- Kommunalpolitik
- Kriminalität
- Meinungsfreiheit
- Mobbing
- Naturkatastrophen
- Obdachlosigkeit
- Öffentlicher Raum (Überwachung, Regulierung)
- Parteien

- Politiker und Politikerinnen
- Politischer Extremismus
- Politisches System in Deutschland
- Rassismus
- Reichtumsverteilung, Armutsschere
- Religionsfreiheit
- Restriktionen aufgrund von Minderjährigkeit
- Schulpolitik, Schulreform
- Sozialstaat, Sozialleistungen
- Strafzumessung
- Terrorismus
- Tierschutz
- Stuttgart 21
- Unterstützungsleistungen für Familien, Alleinerziehende
- Umweltschutz
- Verfassung/Grundgesetz/Rechtsstaatlichkeit
- Wahlen

Viele Themen, die von den Jugendlichen als politisch verortet werden, weisen aus ihrer Sicht keinen Bezug zu ihrem Alltag auf und sind deshalb nicht interessant, oder sie überfordern aufgrund ihrer Komplexität und spielen deshalb keine Rolle (Eurokrise).

Versteht man unter „politisch sein", politische Themenfelder und PolitikerInnen benennen zu können, systematische Verfolgung der politischen Berichterstattung, dem Diskurs politischer Kreise zu folgen, Festigung und Begründung einer bestimmten Parteipräferenz, so können die wenigsten Jugendlichen als politisch im engeren Sinne verstanden werden. Bei Sozialökologischen und Konservativ-Bürgerlichen sind Interesse an und Wissen über politische Akteure, politisch-historische Ereignisse, Abläufe und aktuelles Geschehen noch am größten, bei den bildungsfernen Jugendlichen dagegen am geringsten. Für Jugendliche am ehesten interessante politische Themenfelder im engeren Sinne sind gesellschaftliche (Un-)Gerechtigkeit, Sinn und Unsinn von Hartz IV, Energiepolitik, Umweltpolitik und manchmal Schul- oder Bildungspolitik. Auffällig ist, dass Jugendliche mit Migrationshintergrund die soziale Absicherung und den Arbeitsmarkt in Deutschland häufig sehr viel besser bewerten als Gleichaltrige ohne Migrationshintergrund. Ihre Einschätzung speist sich aus dem Vergleich von Deutschland mit den (eigenen oder überbrachten) Erfahrungen aus dem Herkunftsland. Umgekehrt bewerten sie Lebensqualität und zwischenmenschliches Miteinander oftmals in ihren Herkunftsländern besser.

Fasst man den Politikbegriff weiter, sind Jugendliche keineswegs politikfern. Versteht man unter „politisch sein", Interesse an Ungerechtigkeit in der Gesellschaft und Interesse an Gestaltung von Lebensräumen zu haben, Sprachrohre zu suchen, die die eigenen Probleme, Sehnsüchte und Interessen in „ihrer" Sprache artikulieren (können), Bereitschaft, sich für andere (z. B. Schwächere) einzusetzen, sich persönlich für konkrete soziale Probleme im eigenen Umfeld zu engagieren, dann finden sich sowohl bei bildungsaffinen als auch bei bildungsfernen Jugendlichen deutliche Spuren des Interesses und der Teilhabe an Politik im weiteren Sinne. Jugendliche selbst setzen jedoch einen engen Politikbegriff voraus und sind sich daher oft überhaupt nicht bewusst, dass sie sich politisch äußern – das gilt insbesondere für die bildungsbenachteiligten Jugendlichen. Selbst die politische Dimension des Engagements als gewählte VertreterInnen in Schul- oder Vereinszusammenhängen wird von den Jugendlichen kaum wahrgenommen.

Verdrossenheit gegenüber institutionalisierter Politik zeigt sich am stärksten in den Lebenswelten der Prekären und der Materialistischen Hedonisten. Thematische Überforderung und gesellschaftliche Ausgrenzungserfahrungen im Alltag, gleichzeitig die Wahrnehmung, dass sich Politik nicht um ihre Sorgen und Nöte kümmert, münden in dieser Lebenswelt in einer reaktiven Grundhaltung.

Gesellschaftliches und politisches Interesse

Interessenschwerpunkte in den Lebenswelten

- Parteien
- Politiker und Politikerinnen
- Wahlen
- Sozialstaat, Sozialleistungen
- Einkommen und Absicherung
- Historische politische Ereignisse
- Europa
- Schulpolitik, Schulreform

- Parteien, Wahlen
- Rassismus
- Kapitalismus
- Politischer Extremismus
- Umweltschutz, Atomausstieg
- Demonstrationen
- Reichtumsverteilung, Armutsschere

- Öffentlicher Raum (Überwachung, Regulierung)
- Gentrifizierung
- Politischer Extremismus
- Generationengerechtigkeit
- Wahlen
- Eurokrise
- Datenschutz und Datensicherheit im Internet
- Meinungsfreiheit

- Diskriminierung
- Gewalt an der Schule
- Häusliche Gewalt
- Kriminalität
- Restriktionen aufgrund von Minderjährigkeit
- Integration, Einbürgerung, Staatsbürgerschaft
- Politiker und Politikerinnen
- Parteien
- Wahlen
- Umweltschutz
- Tierschutz

- Ausbildungsplatzsuche
- Generationengerechtigkeit
- Sozialstaat, Sozialleistungen
- Einkommen und Absicherung
- Politiker und Politikerinnen
- Parteien
- Wahlen
- Historische politische Ereignisse

- Hartz IV
- Ausbildungsplatzsuche
- Einkommen und Absicherung
- Integration, Einbürgerung, Staatsbürgerschaft
- Kriminalität
- Politiker und Politikerinnen, Parteien
- Wahlen

- Restriktionen aufgrund von Minderjährigkeit
- Strafzumessung
- Demonstrationen
- Reichtumsverteilung, Armutsschere
- Öffentlicher Raum (Überwachung, Regulierung)
- Politiker und Politikerinnen, Parteien
- Wahlen

interessant
uninteressant

Abb. 3.8.2

Empfänglich sind die bildungsbenachteiligten Jugendlichen vor allem für medienwirksam inszenierte politische Themen. Hier ist deutlich erkennbar, dass Medien, in erster Linie das (Privat-)Fernsehen, in hohem Maße als Orientierungsgeber funktionieren. Expeditive und Sozialökologische lassen im Vergleich dazu ein sehr breit aufgestelltes Informationsverhalten erkennen, das sich über persönliche Gespräche, die Lektüre von Zeitungen, Magazinen oder Online-Angeboten bis hin zum Schulunterricht erstreckt. Auffällig ist hier, dass auch popkulturelle Diskurse als Anknüpfungspunkte dienen. Der Großteil der (bildungsnahen) Jugendlichen bezieht sich bei der Frage nach politischen Themen jedoch vergleichsweise leidenschaftslos auf das, was im Schulunterricht besprochen wird.

Politikerinnen und Politiker

Politiker sind keine Feindbilder für Jugendliche, sie sind aber auch keine Hoffnungsträger. Sie werden indifferent als „ungreifbare Wesen" wahrgenommen. Alles in allem wirken Politiker austauschbar, profillos, machtmotiviert und volksfern („alle sehen gleich aus", „alle reden dasselbe", „alle lügen"). Die Jugendlichen zeigen sich zwar insgesamt enttäuscht von den politischen Vertreterinnen und Vertretern, tragen dies jedoch relativ emotionslos vor. Lediglich von den Konservativ-Bürgerlichen werden Politikerinnen und Politiker vereinzelt als Vorbilder genannt. Aus der Perspektive bildungsfernerer Jugendlicher erscheinen Politikerinnen und Politiker übermächtig; in den sehr modernen und bildungsnahen Milieus werden die politischen Akteure aus ihrer globalisierungsinformierten Perspektive hingegen oftmals eher als machtlos beschrieben („Marionetten der Finanzmärkte").

Abb. 3.8.3

Haltung zu Politik
Lebenswelten-Charakteristika

- Paternalistisches Verständnis von Politik
- Politik soll sich kümmern, das Land „managen"
- Verständnis für polit. Prozesse und Abläufe
- Ambivalente Haltung zu Politikern; einerseits Anerkennung für Verantwortungsübernahme, andererseits zu machthungrig und egoistisch
- Wählen ist Bürgerpflicht

- Kindlich-naive Einstellung zu Politik
- Unter Politik wird verstanden, über „Länder" zu entscheiden
- Politik wird interessanter, wenn sie boulevardesk aufbereitet wird
- Akteure: übermächtig, rigoros, egoistisch, heuchlerisch, unaufrichtig
- Desinteressierte bis fatalistische Haltung zu Wahlen

- Interesse am politischen Geschehen im engeren Sinne, globale Perspektive
- Kritischer Blick auf staatliche Politik, hohes Informationsniveau
- Akteure: zunehmend machtlos
- Wahlbeteiligung selbstverständlich

- Akteure: handeln zu wenig, reden zu viel, lügen oft, verstehen auch nicht alles, „gar nicht so mächtig"
- Forderung: Aufklärung, Aufrichtigkeit und Professionalität
- Parteipolitische Verortung: liberal, links der Mitte
- Hohes Wahlinteresse, teils schon intensive Auseinandersetzung mit Parteien

- Politik ist langweilig: gleiche Abläufe, kaum Veränderungen, endlose Debatten
- „Wichtiges" Thema mit Informationspflicht, selten intrinsisches Interesse
- Akteure: Kritik, aber Anerkennung der Leistung und Verantwortung
- Man würde vermutlich wählen

- Politik ist „Reden und nicht Handeln", schwer verständlich
- Große politische Ereignisse bekannt, actionreiche Inszenierungen bleiben hängen
- Konkrete Veränderungswünsche für eigenen Alltag
- Keine Erwartungshaltung an Akteure
- Wahlen kaum interessant

- Politik geprägt von Gesetzen, Verboten, Sanktionen
- Erwartungen: Verbesserung der Bedingungen Jugendlicher, aber delegative Grundhaltung
- Akteure: suchen nur Öffentlichkeit, Macht, Entscheidungen gelten als fernab des Alltags
- Wahlen nur bedingt interessant

Wahlen

Die Bedeutung von Wahlen für die Demokratie und das Zusammenleben in der Gesellschaft ist in den Gruppen mit mittlerer und hoher Bildung unbestritten. Entsprechend ist man sich sicher, auch wählen zu gehen, wenn es so weit ist, und möchte sich dann auch informieren. Bei Konservativ-bürgerlichen und Sozialökologischen Jugendlichen handelt es sich dabei um ein intrinsisch motiviertes Bedürfnis, bei Adaptiv-pragmatischen Jugendlichen spielt auch der soziale Druck eine Rolle. In den bildungsbenachteiligten Lebenswelten weicht die Motivation, wählen zu gehen, schnell der Resignation, nichts mit der eigenen Stimme bewirken zu können. Diese Einstellung ist vor allem bei den Prekären Jugendlichen weit verbreitet.

Einer Herabsetzung des Wahlalters stehen die Jugendlichen sehr unterschiedlich gegenüber. Sie äußern Bedenken, dass mangelhaft informierte junge Menschen „falsche" Wahlentscheidungen treffen würden und der Gesellschaft dadurch schaden könnten.

3.9 GLAUBE, RELIGION, KIRCHE

Das Bedürfnis nach Sinnfindung ist allgegenwärtig. Sinn wird dabei v.a. im *persönlichen* Glauben gefunden, der für viele Jugendliche nicht zwingend über Religion bzw. Kirche vermittelt sein muss. Glaube kann sich genauso auf Gott wie auf „irgendwas Höheres" beziehen. Über die Entstehung der eigenen Glaubenshaltung wird nur wenig reflektiert.

Das Thema persönlicher Glaube wird im Gegensatz zu den Themen Religion und Kirche als spannender, weil persönlich relevanter begriffen. Glaube wird als etwas Veränderbares und Individuelles, das man mit sich selbst ausmacht und für das man nicht unbedingt Religion bzw. Kirche benötigt, verstanden (v.a. in den modernen bzw. postmodernen Lebenswelten). Die Stärke und Bedeutung des eigenen Glaubens stehen aus Sicht der Jugendlichen (mit Ausnahme der Konservativ-Bürgerlichen) in keinem Zusammenhang mit der

Häufigkeit religiöser Rituale oder der Bindungsintensität zu religiösen Institutionen. Glaubensangebote werden insbesondere dann als attraktiv betrachtet, wenn der Grad der institutionellen Einbettung gering ist. Vor allem in den am stärksten „individualismusgetriebenen" Lebenswelten gilt: „Nur nicht festlegen lassen." Man möchte sich selbst ein Bild machen und nicht „missioniert" werden.

Jugendliche sind im weitesten Sinne „religiöse Touristen"; sie tauchen kurz und sporadisch in religiöse oder quasireligiöse Kontexte ein und nehmen die Angebote mit, die ihnen derzeit bei der Lebensbewältigung am nützlichsten erscheinen. Bedingt durch den soziokulturellen Wandel, können die Jugendlichen aus einer Vielzahl von religiösen, quasireligiösen bzw. spirituellen Angeboten wählen. Das führt bei vielen Jugendlichen zu einem Patchwork aus Elementen verschiedener Religionen und Glaubensrichtungen (v. a. in den modernsten Lebenswelten), die sie sich zu ihrem persönlichen Glauben zusammenfügen. In den modernen und postmodernen Lebenswelten taucht immer wieder der Verweis auf den Buddhismus als eine Religion auf, die man spannend findet (Wiedergeburt) und aus der man Elemente für sich ausprobieren möchten (Vegetarismus, Meditation).

Unter Religion verstehen die Jugendlichen in erster Linie die institutionelle Einbettung bzw. kirchliche Organisation von Glauben. Religion erscheint als etwas wenig individuell Leb- und Erlebbares. Sie hat für viele etwas Statisches, wenig Formbares, Langweiliges, und das macht sie unattraktiv. Jugendliche assoziieren mit Religion v. a. die Kirchen, Religionsunterricht und religiöse Konflikte. In ihrer Wahrnehmung sind viele der kriegerischen Auseinandersetzungen der Gegenwart religiös motiviert. Darüber möchten die Jugendlichen oft mehr erfahren.

Während Jugendliche in Westdeutschland zumindest bei ihren Eltern oder im direkten Umfeld religiöse und kirchliche Bezüge wahrnehmen können, spielt Religion für die befragten Jugendlichen aus den ostdeutschen Bundesländern fast gar keine Rolle im Alltag. Religionsfreiheit wird v. a. von diesen Jugendlichen als Recht auf Freiheit von Religion und nicht als Recht auf Religion diskutiert.

Neben den beiden großen christlichen Konfessionen wird als „andere" Religion in erster Linie der Islam benannt. Unter Jugendlichen, die gemeinsam mit muslimischen Jugendlichen aufwachsen, wird der Islam stärker akzeptiert. Nur wenige Berührungspunkte mit der islamischen Glaubensgemeinschaft haben die befragten Jugendlichen in den neuen Bundesländern und Jugendliche aus eher ländlichen Gebieten in den alten Bundesländern. Hier sind die Vorbehalte – und Ängste – gegenüber dem Islam am ehesten spürbar. Auch wenn einige (eher bildungsnahe weibliche) Jugendliche Kritik an „Zwangsheirat" und „Verhüllung" im Islam äußern, sehen sie in dieser Religion die breite Spanne zwischen liberalen und eher fundamentalistischen Interpretationen. Unter den religiös aktiven Jugendlichen finden sich nur wenige, die sich als „streng religiös" bezeichnen. Typisch ist vielmehr ein (mehr oder weniger selbstverständliches) Glaubensbekenntnis, das mit einer pragmatischen Praxis einhergeht: hin und wieder beten, aber auf keinen Fall fünfmal täglich; gelegentlich mal fasten, aber vielleicht nur an einem Tag in der Woche; das Zuckerfest feiern, aber auch Weihnachten.

Unter den arabisch- und türkischstämmigen Jugendlichen ist eine Abwendung bzw. indifferente Haltung gegenüber Religion und ihrer institutionellen Verfasstheit weniger typisch als bei den christlichen Jugendlichen. Der Islam vermag es offensichtlich noch eher, das Interesse der Jugendlichen zu halten, was u. a. auf die oftmals intensivere Glaubensbeziehung der Eltern zurückgeführt werden kann.

Jugendliche sind – in fast allen Lebenswelten – der Kirche nur selten verbunden. Das hat mehrere Gründe:

▶ Für Jugendliche ist Kirche zuvorderst eine „unnahbare" bzw. „menschenferne" Institution, zu der keine persönliche und v.a. keine emotionale Bindung besteht. Kirche wird häufig mit Reichtum, hierarchischer Führung, Sonntagsgottesdiensten, alten Frauen und kalten Kirchengebäuden assoziiert. Die Kirche als „Gemeinschaft der Gläubigen" steht dieser Wahrnehmung nach. Am schärfsten wird die Kritik an Kirche von den Expeditiven, Sozialökologischen und Experimentalistischen Hedonisten formuliert.

▶ Die Themen Religion und Kirche gelten als eher langweilig, weil sie in der alltäglichen Lebensführung kaum eine Rolle spielen. Bei den Sorgen, die sich Jugendliche machen (z. B. Arbeitsplatzsuche, Streit in der Familie oder im Freundeskreis, Stress im schulischen Alltag), sind der eigene Freundeskreis und die Familie die wichtigsten Stützen, nicht die Kirche. Die meisten Jugendlichen gehen davon aus, dass das Bedürfnis nach Sinnfindung von Kirche nicht befriedigt werden kann.

▶ Die normative Grundhaltung der Kirche wird als nicht mehr anschlussfähig an die eigenen Lebenswirklichkeiten betrachtet („irgendwie altmodisch"). Insbesondere die Mädchen (mit und ohne Migrationshintergrund) aus bildungsnahen und sehr modernen Lebenswelten kritisieren die mangelnde Gleichberechtigung von Mann und Frau sowie die als unzeitgemäß empfundene Sexualmoral von Kirche (christliche und muslimische Kirche gleichermaßen).

▶ Die verfasste Kirche bleibt vielen Jugendlichen fremd, weil der Kirche schon von vielen Eltern kein hoher Stellenwert im Alltag beigemessen wird und die Jugendlichen abseits von „Pflichtbesuchen" (Weihnachten, Konfirmation, Firmung) keinen Zugang zu Kirche finden (konnten).

▶ Die breite Mehrheit der Jugendlichen kritisiert das ästhetische Erscheinungsbild von Kirche (festgemacht v. a. an Gebäuden, Gewändern, Kirchenmusik, Printmaterialien wie Gemeindeblatt) als langweilig und unmodern. Am größten sind die ästhetischen Barrieren bei den modernsten Lebenswelten. Unter den Konservativ-Bürgerlichen spielt die Ästhetik zwar die geringste Rolle im Zugang zu Kirche, man zeigt aber Verständnis für die Kritik anderer Jugendlicher an der kirchlichen Ästhetik.

▶ Weil die kirchliche Sprache fremd bleibt, hat man nicht die Erwartung, von Kirche Antworten auf die Themen des Alltags zu bekommen.

▶ Kirche wird als kulturell und ethnisch wenig vielfältig wahrgenommen und liegt somit quer zur Pluralität der jugendlichen Alltagsrealität („Priester sehen alle gleich aus").

▶ Wenn die Jugendlichen im Alltag mit der Kirche in Kontakt kommen, haben sie zunächst die Vermutung, dass die Kirche Mitglieder gewinnen oder „Kirchensteuer bekommen" will.

▶ Jugendliche wachsen nicht mehr selbstverständlich in religiösen Zusammenhängen auf. Sie berichten nur selten von religiösen Ritualen oder Aktivitäten zur religiösen Bildung im Elternhaus. Die religiösen Wissensbestände sind bei fast allen Jugendlichen als entsprechend gering einzustufen.

Bei ländlichen Jugendlichen gibt es noch mehr Kontakt zur Kirche, weil in ihren Gegenden ein Großteil der Jugendarbeit kirchlich organisiert ist und die traditioneller orientierten Familienmitglieder in unmittelbarer Nähe, insbesondere Großeltern, größeren Wert auf die Weitergabe von Religion und kirchlicher Tradition legen.

Abb. 3.9.1

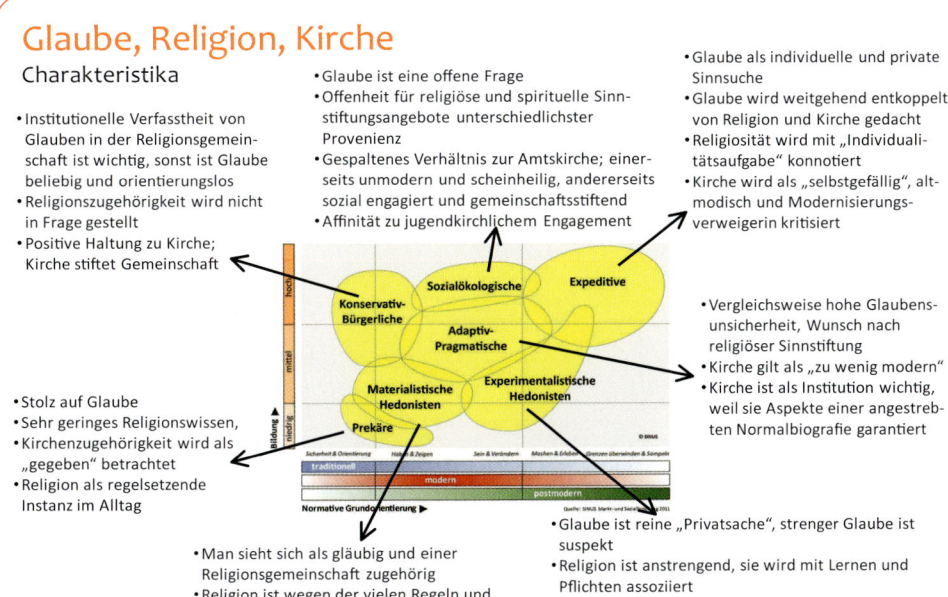

Glaube, Religion, Kirche

Charakteristika

- Institutionelle Verfasstheit von Glauben in der Religionsgemeinschaft ist wichtig, sonst ist Glaube beliebig und orientierungslos
- Religionszugehörigkeit wird nicht in Frage gestellt
- Positive Haltung zu Kirche; Kirche stiftet Gemeinschaft

- Glaube ist eine offene Frage
- Offenheit für religiöse und spirituelle Sinnstiftungsangebote unterschiedlichster Provenienz
- Gespaltenes Verhältnis zur Amtskirche; einerseits unmodern und scheinheilig, andererseits sozial engagiert und gemeinschaftsstiftend
- Affinität zu jugendkirchlichem Engagement

- Glaube als individuelle und private Sinnsuche
- Glaube wird weitgehend entkoppelt von Religion und Kirche gedacht
- Religiosität wird mit „Individualitätsaufgabe" konnotiert
- Kirche wird als „selbstgefällig", altmodisch und Modernisierungsverweigerin kritisiert

- Stolz auf Glaube
- Sehr geringes Religionswissen,
- Kirchenzugehörigkeit wird als „gegeben" betrachtet
- Religion als regelsetzende Instanz im Alltag

- Vergleichsweise hohe Glaubensunsicherheit, Wunsch nach religiöser Sinnstiftung
- Kirche gilt als „zu wenig modern"
- Kirche ist als Institution wichtig, weil sie Aspekte einer angestrebten Normalbiografie garantiert

- Man sieht sich als gläubig und einer Religionsgemeinschaft zugehörig
- Religion ist wegen der vielen Regeln und Rituale jedoch „anstrengend"
- Kirchliche Initiationsriten eher aus Pflicht denn Überzeugung

- Glaube ist reine „Privatsache", strenger Glaube ist suspekt
- Religion ist anstrengend, sie wird mit Lernen und Pflichten assoziiert
- Man hat regelrecht Angst vor dem Label „religiös", weil es einengt und „einen in eine traditionelle Ecke stellt"
- Kirche wird als Erwachseneninstitution und Verbotskirche wahrgenommen („Spaßbremse")

Hin und wieder wird quer über alle Lebenswelten hinweg die Frage der Vereinbarkeit von Wissenschaft und Religion aufgeworfen. Man vertraut den naturwissenschaftlichen Begründungszusammenhängen, findet es aber spannend, was die Kirche hier „entgegenzustellen" hat.

Kirchennähe ist den meisten Jugendlichen zwar fremd, wird bei Gleichaltrigen aber in der Regel toleriert und anerkannt. Solange „die" nicht missionieren wollen oder im Alltag „damit auf die Nerven gehen", verhält man sich relativ indifferent. Jugendliche, die sich zur Kirche bekennen, vermuten, dass die anderen Jugendlichen Angst haben, als uncool zu gelten, wenn sie sich auch zur Kirche bekennen würden. Die, die der Kirche fernstehen, finden sie hingegen nur langweilig und uninteressant und machen sich gar keine Gedanken darüber, wie es sein könnte, sich aktiv in die Kirche einzubringen. Einhellig kritisiert werden allerdings die Jugendlichen, die unter dem Verdacht stehen, sich „nur wegen des Geldes" den christlichen Initiationsriten unterzogen zu haben.

Abb. 3.9.2

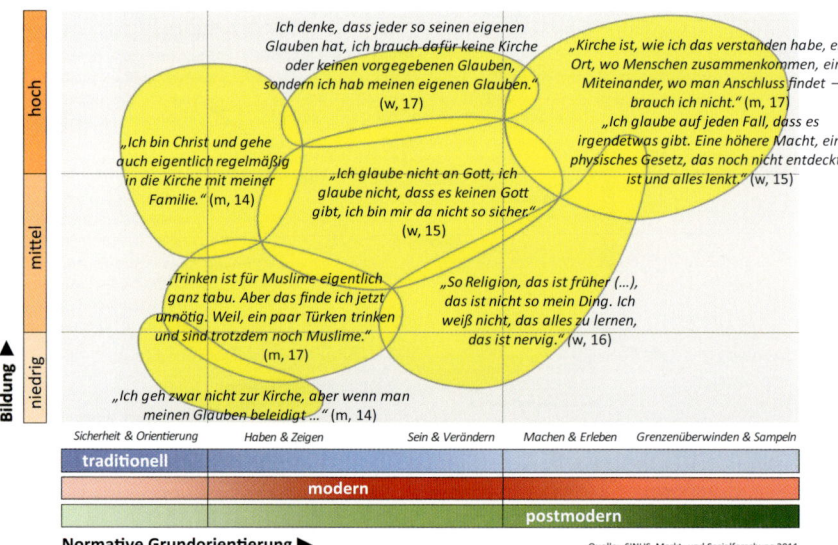

Glaube, Religion, Kirche
Typische Aussagen zur Illustration

3.10 ENGAGEMENT

Soziales und ökologisches Engagement (in jeder Form) liegt Jugendlichen insgesamt deutlich näher als politisches. Hier macht sich auch die allgemeine Distanz zur Politik und zu ihren Institutionen bemerkbar. Für viele Jugendlichen bilden die knappen Zeitbudgets einen Hinderungsgrund, sich gesellschaftlich zu engagieren. Engagementangebote konkurrieren stark mit vollen schulischen Terminkalendern und zahlreichen anderen Freizeitaktivitäten. Den Jugendlichen sind kaum Anlaufstellen bekannt, wo sie sich näher über Engagementangebote informieren können. Das Wissen um die etablierten Organisationen und Institutionen (z.B. Greenpeace) ist noch am ehesten in den bildungsnahen Lebenswelten vorhanden.

Zahlreiche Facetten jugendlichen Engagements können mit dem hergebrachten Verständnis von Engagement nicht erfasst werden. Das Engagement von Jugendlichen zeigt sich in unterschiedlichen Formen und sozialen Bezügen. Eigenes Engagement kann dabei sowohl altruistisch als auch egotaktisch motiviert sein. So sind Jugendliche, die sich im lokalen Trachtenverein freiwillig engagieren, ebenso als engagiert zu fassen wie ein FSJler, dessen hauptsächliche Motivation darin besteht, seinen Lebenslauf mit sozialem Engagement zu schmücken, um sich so möglichst facettenreich potenziellen Arbeitgebern präsentieren zu können. Als engagiert sind aber auch diejenigen Jugendlichen zu verstehen, die sich – ohne Wunsch nach Zertifizierung ihrer Tätigkeit – in ihre Szenen einbringen, indem sie unentgeltlich z.B. Jugendhaus-Konzerte organisieren (Flyer gestalten und verteilen, Abendkasse machen, Band betreuen etc.) oder eine BMX-Strecke bauen.

Je nach Lebenswelt werden die Formen des Engagements sehr unterschiedlich wahrgenommen und bewertet. Während die traditionelleren Jugendlichen lediglich das weitgehend formalisierte Ehrenamt aus altruistischen Motiven als soziales Engagement anerkennen, ist dieses in den postmodernen Lebenswelten eine kaum denkbare Form des Engagements. Umgekehrt werden die stark individualisierten Formen des Engagements in Szenen sowie in anderen informellen Zusammenhängen, die für die postmodernen Jugendlichen attraktiv sind, von den traditionellen nicht als Engagement anerkannt.

Die bildungsnahen Jugendlichen betrachten Demonstrationen als wichtiges Moment freier Meinungsäußerung und legitimen demokratischen Akt, kritisieren jedoch, dass Demonstrationen oft in Gewalt eskalieren. Da möchte man nicht selbst hineingeraten, bemängelt jedoch auch, dass dies dann oft im Fokus der Berichterstattung und öffentlichen Wahrnehmung steht und das eigentliche Anliegen in den Hintergrund gerät.

Den bildungsfernen Jugendlichen ist es insgesamt eher fremd, für eine abstraktere, in einen größeren gesellschaftlichen Zusammenhang eingebettete Sache aktiv zu werden. Da sie sich im gesamtgesellschaftlichen Kontext als machtlos erleben, erscheint ihnen dies sinnlos.

Jugendliche mit höherer Bildung zeigen sich im Hinblick auf die gängigen und anerkannten Formen insgesamt engagementbereiter. Tatsächlich eingebunden und engagiert in Vereinen und Organisationen sind jedoch vor allem Konservativ-Bürgerliche und Sozialökologische Jugendliche (Sportvereine, CVJM, Pfadfinder, bei Konservativ-Bürgerlichen auch Rettungsdienste und Feuerwehr). Sozialökologischen und Konservativ-bürgerlichen Jugendlichen geht es stärker als den postmodernen Jugendlichen „um die Sache" und den Dienst an der Gemeinschaft; auch die gemeinschaftliche Erfahrung selbst besitzt einen hohen Wert. Häufig spielt zudem eine Rolle, sich vor Ort zu engagieren und etwas beizutragen, von dem andere Menschen, die man persönlich kennt, profitieren können. Sozialökologische Jugendliche suchen neben dem sozialen Nutzen auch Selbsterfahrung und Persönlichkeitsentwicklung. Adaptiv-pragmatische Jugendliche sind hauptsächlich in weitgehend formalisierten Freizeitangeboten als Teilnehmende und Mitglieder aktiv: Musikunterricht, Reiten, Sportvereine. Sie wären grundsätzlich bereit, sich hier auch ehrenamtlich einzubringen, dies scheitert aber an ihren engen Zeitplänen, in denen sie aktuell andere Prioritäten setzen.

Engagieren sich Jugendliche in den postmodernen Lebenswelten in Projekten, Vereinen oder Freiwilligendiensten ehrenamtlich, ist dies meist auch egotaktisch motiviert: Man hat mitbekommen, dass soziale Kompetenz im Lebenslauf durch gesellschaftlich anerkannte Engagementformen sichtbar gemacht wird. Besonders beliebt sind solche Angebote, bei denen sich Gemeinnutz und eigene Interessen kombinieren lassen, etwa aus den Bereichen Sport, Kultur, internationale Begegnung oder Bildung.

Abb. 3.10.1

Engagement
Lebenswelten-Charakteristika

• Hohe Affinität; Engagement ist „lobenswert"
• Man möchte sich v.a. für und nicht gegen etwas engagieren
• Ablehnung von Radikalität
• Bewegung muss aus der Mitte der Gesellschaft kommen
• Klare Vorgaben erwünscht
• Gemeinschaft und Geselligkeit wichtige Motivatoren

• Geringe Affinität, Engagement-Gedanken ist generell sehr fremd
• Helfen als Prinzip der Gegenseitigkeit wichtig
• Sehr wenig Wissen um Beteiligungsmöglichkeiten

• Hohe Affinität; über Engagement sich und die Welt entdecken
• Altruistische Grundhaltung
• Engagement im Ausland reizvoll
• Vereine, Verbände, Schule und Kirche als Orte für Engagement interessant
• Starke und kritische Position einnehmen wichtig; sich gegen etwas engagieren können
• Oft Streben nach Meinungsführerschaft

• Mittlere Affinität, offen für „beiläufiges und bequemes" Engagement
• Traditionelle Engagementformen eher unbeliebt
• Wichtig sind zeitliche und örtliche Flexibilität, keine langfristigen Bindungen, kreative Freiräume und Abwechslung, Möglichkeit zur Vernetzung, professionelles Umfeld, Verwertbarkeit für den Lebenslauf
• Engagement „konkurriert" mit vielen anderen Freizeitinteressen
• Auslandserfahrung reizvoll

• Mittlere Affinität
• Engagement v.a. für Lebenslauf interessant, persönliche Interessen mit Gemeinnützigkeit verbinden
• Engagement wird auf Zeit nach Schule verschoben, aber als kompakte Etappe gedacht: Freiwilligendienst, Au-pair
• Große Organisationen sozialen und ökologischen Engagements sind bekannt und werden für wirksam gehalten

• Geringe Affinität für „typisches" bürgerschaftliches Engagement
• Sehr wenig Wissen um Beteiligungsmöglichkeiten
• Ohnmachtsgefühl und Überforderung
• Unterstützung von Freunden von hoher Bedeutung (Quelle von Erfolgserlebnissen)
• Sport und Musik als mögliche Zugänge zu Engagement

• Niedrige Affinität für klassisches Engagement, hohe Bereitschaft, sich in Szenen zu engagieren
• Flache Hierarchien und kreative Gestaltungsmöglichkeiten wichtig
• „Radikale" Aktionen wirken anziehend, Lust an Protest

In den stark hedonistisch ausgerichteten Lebenswelten ist die Bereitschaft für Engagement in den konventionellen Formen gering ausgeprägt. Gegenseitige Hilfe und Unterstützung bei den Herausforderungen des Alltags im Freundeskreis oder Engagement im Umfeld der eigenen Szene spielt hier jedoch eine große Rolle.

Aktiv als Teilnehmer sind Materialistische Hedonisten (vor allem die Jungen) sehr häufig in Sportvereinen, wobei das „Durchhaltevermögen" zum größten Teil eher gering ist. Wie auch die Prekären Jugendlichen zeigen sie sich darüber hinaus offen für Angebote der (offenen) Jugendarbeit und bringen sich hier hin und wieder auch mit eigenem Engagement ein. Prekäre Jugendliche zeigen darüber hinaus eine Affinität zu Jugendszenen, die ihre Alltagsthemen glaubwürdig aufgreifen (v.a. Hip Hop) – wenngleich sie sich hier noch selten aktiv engagieren, ist die aktive Mitwirkung für viele doch ein Wunsch. Die Experimentalistischen Hedonisten sind am stärksten in Szenen engagiert (kreative Tätigkeiten, Organisation von Treffen und Events, Mitwirkung bei Fanzines und in Blogs). Die Jugendlichen berichten jedoch nicht davon, dass ihr Engagement für Freunde und Szenen von Erwachsenen als soziales Engagement wahrgenommen wird. Wichtig ist für sie vor allem die Wahrnehmung ihres Könnens und Tuns durch die Peers.

Engagement
Typische Aussagen zur Illustration

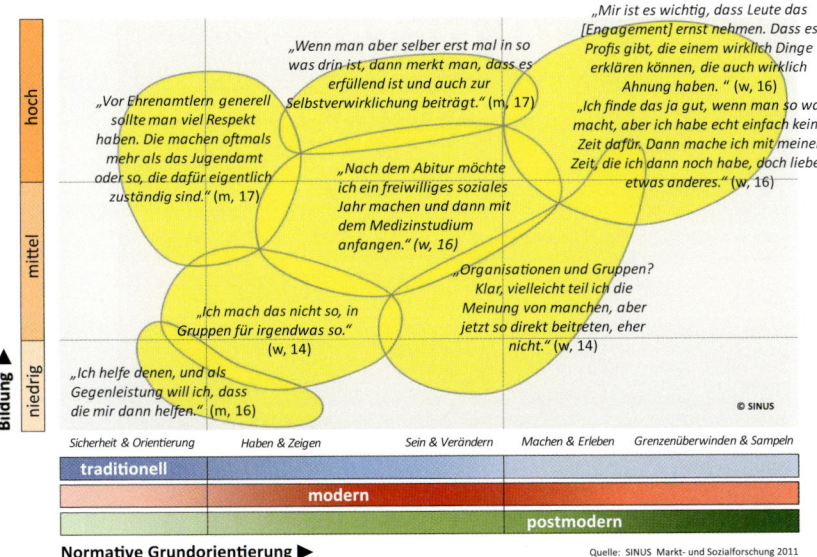

Abb. 3.10.2

4 LEBENSWELTEN DER 14- BIS 17-JÄHRIGEN IM DETAIL

4.1 KONSERVATIV-BÜRGERLICHE

4.1 KONSERVATIV-BÜRGERLICHE

Kurzprofil
Die familien- und heimat-
orientierten Bodenständigen
mit Traditionsbewusstsein
und Verantwortungsethik

4.1.1 Wohnbilder

Konservativ-Bürgerliche
Die familien- und heimatorientierten Bodenständigen
mit Traditionsbewusstsein und Verantwortungsethik

Abb. 4.1.1

4.1.2 Lebensweltliche Basisorientierungen

Für Konservativ-Bürgerliche sind im Vergleich der Lebenswelten **Anpas-
sungs- und Ordnungswerte** sowie Kollektivwerte (z. B. Gemeinschaft, Zusammenhalt) und – speziell in den westlichen Bundesländern – auch **religiös
geprägte Tugenden** (Glaube, Hoffnung, Demut, Mäßigung, Rechtschaffen-
heit) am wichtigsten. Diese Jugendlichen tendieren noch am stärksten zu
einer **autoritären Interpretation** von Sekundärtugenden.

Hedonistische Werte sind jugendtypisch und daher auch bei Konservativ-Bürgerlichen verbreitet, allerdings rangieren sie in ihrer Bedeutung deutlich hinter einer umfassenden Liste von Werten des **traditionell-bürgerlichen Tugendkatalogs:** Bodenständigkeit, Vernunft, Standhaftigkeit, Sachlichkeit, Beständigkeit, Bescheidenheit, Gewissenhaftigkeit, Zielstrebigkeit, Fleiß, Treue, Gehorsam, Disziplin, Pflichtbewusstsein, Pünktlichkeit, Zuverlässigkeit, Ordnungsliebe, Höflichkeit, Sauberkeit.

Im Werteprofil der Konservativ-bürgerlichen Jugendlichen spiegeln sich ein ausgeprägtes Bewusstsein für die bewährte gesellschaftliche Ordnung und der starke Wunsch, an dieser festzuhalten. In diesem Sinne sind sie als **konservativ** zu betrachten.

Für Konservativ-Bürgerliche ist eher **Selbstdisziplinierung** als Selbstentfaltung charakteristisch. Entsprechend sind die Lifestyle-Affinität und die Konsumneigung in dieser Lebenswelt mit am schwächsten ausgeprägt. In dieser Lebenswelt gehen die Jugendlichen sparsam und kontrolliert mit ihrem Geld um. Die **Verzichtbereitschaft ist hoch.** Man möchte sein Geld „nicht für irgendeinen Schrott zum Fenster rausschmeißen". Sparsamkeit rangiert vor Konsum.

Konservativ-bürgerliche Jugendliche sind **Konventionalisten**. Sie beschreiben sich selbst als **unauffällig, sozial, häuslich, heimatnah, gesellig, ruhig und geerdet** – während diese Attribute von vielen anderen Jugendlichen als langweilig diskreditiert werden, betrachten Konservativ-Bürgerliche sie als positive Charaktereigenschaften. Als Lebensmaxime wird häufig genannt: „Nichts überstürzen", „Alles in Maßen".

Von einer „No risk, no fun"-Attitüde halten Konservativ-bürgerliche Jugendliche gar nichts. Ihr Lebensmotto lautet vielmehr: **„Lieber auf Nummer sicher gehen."** Feste Tagesabläufe und Routinen stehen daher hoch im Kurs. Konservativ-Bürgerliche scheuen Veränderungen und halten sich an Gewohnheiten und Gewissheiten fest. Charakteristisch ist ihre **Kontroll-Mentalität und Routineorientierung.** Neuem stehen sie eher skeptisch und abwartend gegenüber. Sie **orientieren sich stark an bekannten Strukturen und Umfeldern**, sprechen beispielsweise mit Unbehagen darüber, dass sie im Zuge einer Ausbildung oder eines Studiums möglicherweise die vertraute Umgebung verlassen müssen.

Konservativ-bürgerliche Jugendliche stellen die Erwachsenenwelt nicht in Frage, sondern versuchen, möglichst schnell ihren sicheren und anerkannten Platz darin zu finden. Viele schätzen sich selbst als für ihr Alter sehr **erwachsen und vernünftig** ein. Zugleich sind sie im Vergleich zu anderen Jugendlichen tendenziell etwas **unselbstständiger und unsicherer** – vor allem dann, wenn es um die Emanzipation vom Elternhaus geht.

Abb. 4.1.2

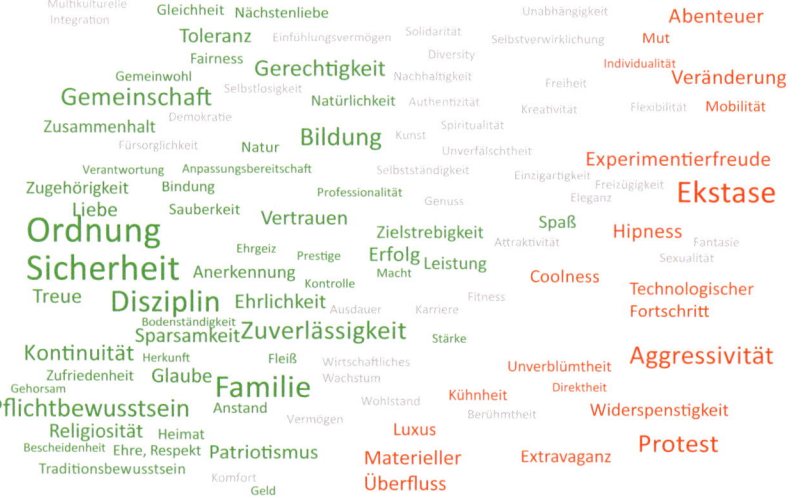

Werte-Universum der Konservativ-Bürgerlichen

Grüne Einfärbung: Werteaffinität, rote Einfärbung: Wertedistanz

Der Wunsch, an der bewährten Ordnung festzuhalten, zeigt sich v.a. in dem sehr deutlich formulierten Bedürfnis nach einer „Normalbiografie" (Schule, Ausbildung, Beruf, Ehe, Kinder). Im Vergleich der Lebenswelten ist der **Wunsch nach einem geradlinigen, voraussehbaren Lebenslauf** bei den Konservativ-Bürgerlichen mit am stärksten ausgeprägt. Kurz: Diese Jugendlichen sind eifrige Lebensplaner (wenn auch keine Karriereplaner) – hierzu gehört v.a. auch der Wunsch nach einer eigenen Familie. Konservativ-Bürgerliche betrachten **Ehe und Familie als Grundpfeiler der Gesellschaft**. Entsprechend deutlich werden Bindungswunsch sowie -fähigkeit und Verantwortungsbereitschaft zum Ausdruck gebracht. Dauerhaftigkeit und Treue sind für sie bereits in jungen Jahren die unverhandelbaren Wesenselemente von Partnerschaft. Ein harmonisches Familienleben wird bisweilen zum Idyll stilisiert.

Es hat für Konservativ-bürgerliche Jugendliche überhaupt nichts „Uncooles", mit den **Eltern und Geschwistern** Zeit zu verbringen – im Gegenteil: Man investiert gerne Zeit in die Pflege familiärer Beziehungen. Die Eltern werden häufig als Vorbilder genannt.

Zwar betrachtet man einen sicheren Arbeitsplatz als wichtige Voraussetzung für die Gründung einer Familie, der Kinderwunsch wird aber nicht allein davon abhängig gemacht. Man kann in dieser Lebenswelt vom **„Mut zur Familie"** sprechen, wohl auch, weil sich Konservativ-bürgerliche Jugendliche des Rückhalts der eigenen Familie sicher sind.

Typisch ist ein **familienintensiver Alltag** mit gemeinsamen Mahlzeiten und Aktivitäten. Häufig kümmert sich die Mutter hauptsächlich um die Versorgung der Familie, pausiert in ihrem Beruf, bis die Kinder die Schule weitgehend geschafft haben, und ist Hausfrau ohne Erwerbstätigkeitsambitionen. Die Jugendlichen sind es dementsprechend gewohnt, umsorgt (und auch kontrolliert) zu werden. Mithilfe im Haushalt wird eher selten gefordert, vor allem von den Jungen nicht. Die Alltagsorganisation nach und nach ein Stück weit selbst zu übernehmen, wird von den Eltern kaum eingefordert – und die Jugendlichen finden das in Ordnung so: „Warum sollte man sich selbst etwas zu essen machen, wenn die Mutter sowieso kocht?"

Sich zu exponieren, das Innerste nach außen zu kehren, ständig den aktuellen Trends in Musik und Mode „hinterherzurennen" und „Neues auszuprobieren", ist nicht ihre Sache. **Sich über Äußerlichkeiten zu produzieren, liegt Konservativ-Bürgerlichen fern**. Man kleidet sich „praktisch"; Kleidung soll v.a. ihren Zweck erfüllen. Der „Markenwahn" anderer Jugendlicher wird (vordergründig) abgelehnt. Das offene Zurschautragen von Luxus wird scharf verurteilt. Stattdessen legt man **Wert auf korrekte Kleidung und höfliche, bisweilen überangepasste Umgangsformen**. Man möchte es den Eltern, Lehrern und Freunden recht machen.

Konservativ-bürgerliche Jugendliche beobachten, dass sie mit ihrer Haltung und Ästhetik zu einer **soziokulturellen Minderheit** zählen. Sie sind jedoch nicht einfach „junge Ewiggestrige". Wenn sie sich dem schnellen Wandel von Werten und Stilen zugraden verweigern, liegt das nicht daran, dass sie dazu intellektuell oder sozial zur Veränderung nicht in der Lage wären, sondern weil sie in ihrem Leben andere Prioritäten setzen.

Typische Zitate zur Illustration

▶ *„Ich möchte ein Leben in geordneten Bahnen."* (w, 17)

....

▶ *„Schule und Beruf sollten dann doch irgendwo vor Freizeitvergnügen stehen."* (m, 14)

....

▶ *„Später möchte ich in einem schönen Haus leben. Also keine Riesen-Villa, eher so ländlich. Mit einer treuen Frau und ein bis zwei Kindern."* (m, 14)

....

▶ *„Meine Eltern ermöglichen mir ein gutes Leben, dank denen habe ich eigentlich alles, was ich jetzt habe. Dank denen kann ich gut leben, hab keine Probleme – so möchte ich auch sein, zum Beispiel wenn ich später mal Familie hab."* (m, 15)

....

▶ *„Nicht das perfekte Leben führen, aber ein Leben, das für mich Sicherheit und Geborgenheit gibt, also eine Familie und einen sicheren Job."* (w, 17)

....

▶ [Meinem Leben gibt Sinn:] *„Fleißig sein, man muss schon arbeiten halt, lernen. Damit man auch den richtigen Beruf kriegt."* (m, 15)

....

▶ „Ich bin eigentlich sehr froh drüber, dass ich ein solches Leben allgemein hab. Ich bin auch sehr froh drüber, dass ich nicht so leben muss wie zum Beispiel Kinder in Afrika, und ich bin auch froh drüber, dass ich gute Freunde hab, auf die ich mich verlassen kann. Also nicht so Materielles, nicht Gegenstände, sondern mehr so psychische Sachen, die mich sehr erfreuen." (m, 15)

....

▶ „Um fünf geh ich dann wieder so heim, da kommt auch die Mama wieder. Danach gibt's Abendessen, und dann spielen wir noch eine Runde Rommé oder so." (m, 14)

....

▶ „Meiner Meinung nach ist alles wichtig, was ein friedliches Zusammenleben ermöglicht." (m, 15)

....

▶ „Ich will meiner Familie auch ein angenehmes Leben bieten, und deshalb muss man halt hart arbeiten. Das sind dann halt die Früchte, die man dann halt bekommt." (m, 15)

....

4.1.3   Das gibt meinem Leben Sinn

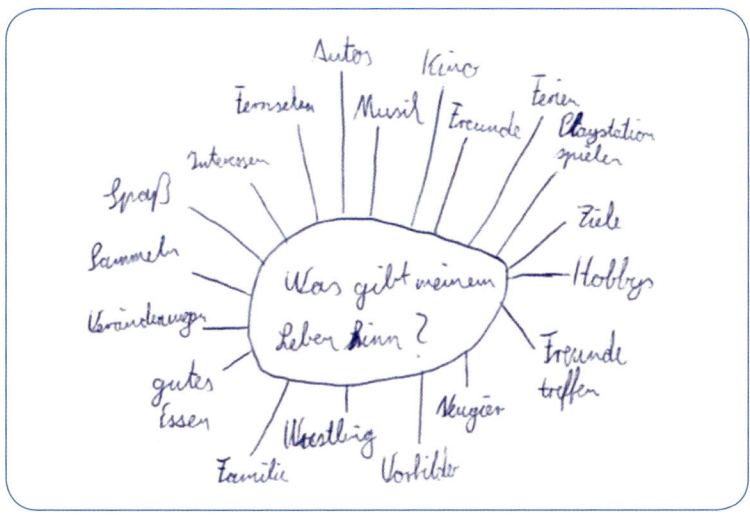

Abb. 4.1.3

Collage „Das gibt meinem Leben Sinn", Junge, 14

4.1.4 Kulturelle Orientierung, Freizeit

Konservativ-Bürgerliche beschreiben ihre kulturellen Präferenzen als „normal", „nicht besonders ausgefallen". So mögen sie beispielsweise v.a. diejenigen Songs und Filme, die derzeit die **Hitlisten** anführen („die besten Hits von heute"). Sie hören alles, was gerade im Radio läuft, von der modernen Pop-Ikone Lady Gaga über die Deutsch-Rocker von Unheilig zu den „Klassikern" von Abba. Eine nähere Beschäftigung mit Musik und Kino findet aber kaum statt, es wird **kaum Zeit und Geld in Kultur investiert**.

Die Konservativ-bürgerlichen Jugendlichen haben zwar keine ausgesprochene Nähe zu „trivialer" oder **volkstümlicher Kultur** (z. B. Volksmusik, Schlager), sie distanzieren sich jedoch auch nicht ausdrücklich davon (im Gegensatz zu fast allen anderen Jugendlichen).

Popmusik begleitet den Alltag, ohne dass man sich jedoch selbst einen besonderen Musikgeschmack attestieren würde. Der eigene Kleidungsstil wird nicht an den eigenen Musikgeschmack rückgekoppelt. Popmusik besitzt für sie keine ideologische Aufladung.

Das Hochkulturinteresse ist – vermutlich auch altersbedingt – **sehr schwach ausgeprägt. Eine deutliche Distanz besteht gegenüber kulturellen Produktionen, die tradierte Formen künstlerischen Ausdrucks aufbrechen.** Zu abstrakter bzw. sperriger oder radikaler Kunst haben Konservativ-bürgerliche Jugendliche keinen Zugang. Sie fühlen sich hier bisweilen sogar eingeschüchtert, und manche sehen sich in ihrem Kulturverständnis regelrecht „angegriffen", so dass sie solchen Hervorbringungen den **Status absprechen, Kunst zu sein. Auf Hochkultur mit einer volkstümlichen Note** hingegen können sie sich einlassen, wenngleich nur die wenigsten und zudem nur sehr selten entsprechende Veranstaltungen besuchen.

Auch Diskothekenbesuche und Partys spielen für Konservativ-Bürgerliche eine untergeordnete Rolle. Man fühlt sich dort bisweilen unsicher oder fürchtet, mit dem eigenen zurückhaltenden Auftreten und dem geringem Interesse an dem, was derzeit als cool oder uncool gilt, „blöd aufzufallen". Diese Jugendlichen stehen eher am Rand der Tanzfläche, statt sich in der Mitte zu exponieren. Insbesondere wenn Partys „zügellos" werden („zu viel gesoffen wird", „Randale gemacht wird", „wild geknutscht wird", „es zum Saufgelage ausartet"), kommt bei den Konservativ-bürgerlichen Jugendlichen Unbehagen auf. Vielen ist es schon fast peinlich, dass sie zu den **„Kontrollfreaks"** und „Partybremsen" zählen. Aber sie können „nicht aus ihrer Haut" und wollen „lieber schnell weg, bevor es Ärger gibt".

Konservativ-bürgerliche Jugendliche mögen die geordnete Fröhlichkeit und Geselligkeit von Stadt(teil)festen und die gesittete Atmosphäre von Vergnügungs- und Tierparks – nicht zuletzt weil man hier oft mit der ganzen Familie zusammen ist. Auch gemeinsame Brettspielabende (Siedler von Catan, Monopoly) mit Familie oder Freunden sind in dieser Lebenswelt eine beliebte Freizeitgestaltung.

Hoch im Kurs stehen **unmittelbare Naturerfahrungen** wie Zelten mit Lagerfeuer, wobei insbesondere gemeinschaftsstiftende Momente positiv erwähnt werden; etwa wenn „alle am Feuer sitzen", wenn „man schön beisammensitzt". Die Natur ist ein Symbol für Heimat, Ruhe und Harmonie, für die christlich-gläubigen Konservativ-Bürgerlichen außerdem ein Teil von „Gottes Schöpfung".

Viele dieser Jugendlichen haben zwar kein breites (pop-)kulturelles Wissen, dafür oft ein sehr bereichsspezifisches. Man kniet sich in eine Sache „richtig rein", **wird zum Experten oder zur Expertin**. Interessant sind häufig Nischen-Themen, wie z. B. **Survival, Modellfiguren, Wrestling oder Automobile**. Themen, die Möglichkeiten zum **Sammeln** bieten, stehen bei Konservativ-bürgerlichen Jugendlichen hoch im Kurs. Jene „Reliquien" geduldig zu suchen, zu sortieren, zu strukturieren und so beständig die Sammlung zu vergrößern, wird als befriedigende und „sinnvolle" Freizeitbeschäftigung wahrgenommen. Die materielle Greifbarkeit einer solchen Sammlung ist dabei ein wichtiger Aspekt.

Während Konservativ-bürgerliche Mädchen **Computer- und Konsolen-spiele** fast durchweg ablehnen, greifen Jungen (wie auch in den meisten anderen Lebenswelten) gerne hin und wieder zum Gamepad, um in Action-spielen (z. B. Call of Duty), aber auch in Wissens- und Quizspielen („Wer wird Millionär?") ihr Können und Wissen zu testen. Man grenzt sich aber bewusst von den „Zockern" ab, indem man betont, sich selbst Schranken zu setzen, um nicht zu viel Zeit vor der „Kiste" zu verbringen.

Diese Jugendlichen sehen gerne fern. Vor allem Infotainment-Angebote (Dokumentationen, Wissensshows), und Comedyserien (How I met your Mother, Big Bang Theory) gehören für die meisten zum Tagesprogramm. So-wohl nationale als auch regionale Nachrichten werden interessiert und auch regelmäßig verfolgt. Man schaut gerne **gemeinsam mit der Familie fern** (v. a. Quizsendungen, gemeinsamer Tatort-Abend, Sport-Veranstaltungen).

Konservativ-Bürgerliche
Was schaust du dir gerne im Fernsehen an?

Comedy: Scrubs, How I met your Mother
The big Bang Theory

Wissen: sämtliche Dokus auf N24 u. N-TV, Man vs. Wild
Survival Duo, Survival Man, Weaponology

Filme: Equilibrium, Resident Evil (1-2), Detektiv Conan
(1-15), Outpost, Interview mit einem Vampir
Starship Troopers, Advent Children, Ultramarine
Running out of Time 2, 28 Weeks Later

andere Serien: Eureka, Stargate SG1/Atlantis, V-Die Besucher
Tell - im Kampf gegen Lord Xax

Zeichentrick/Anime/Animation: Die Schule der kleinen Vampire, Hellsing Ult.
One Piece, Detektiv Conan, Ghost in the Shell
Fullmetal Alchemist, Darker than Black
Vampire Knight, Love Trouble, The melancholy of Haruhi Suzumiya, Dragonball
D.N. Angel, Star Wars The Clone Wars
Gundam Wing, Gundam Seed

Junge, 15

- **Sport generell**
- **Tatort**
- **Sat 1 , RTL**
- **Alarm für Cobra 11**
- **Ratesendungen:**
- **Das Quiz**
- **Wer wird Millionär**

Mädchen, 17

Im **TV-Abendprogramm** oder auf **DVD** schaut man sich gerne Filme an. Hierbei liegen neben den üblichen Action- (Fast & Furious), Fantasy- (Die Chroniken von Narnia) und Comedy-Blockbustern (Der Kindergarten-Daddy) auch deutsche Produktionen wie beispielsweise der „Tatort", „Kokokwää" und „Der Schuh des Manitu" hoch in der Gunst.

Ihre freie Zeit mit der Vor- und Nachbereitung von „Unterrichtsstoff" zu verbringen, ist auch für viele Konservativ-Bürgerliche keine Option. Allerdings ist man in dieser Lebenswelt darauf bedacht, **mehr über Themen, für die man sich interessiert, zu erfahren**. So nimmt man auch mal selbst ein Buch zur Hand, um sich zu bilden und seinen Wissenshunger zu sättigen. Auch regionale und überregionale Zeitungen und Nachrichtenmagazine (Der Spiegel) werden neben Krimis (Edgar Wallace, Die drei ???), Fantasybüchern (Der Herr der Ringe) und Sportmagazinen (Bravo Sport) häufig gelesen.

Abb. 4.1.5

Konservativ-Bürgerliche
Wofür interessierst du dich?

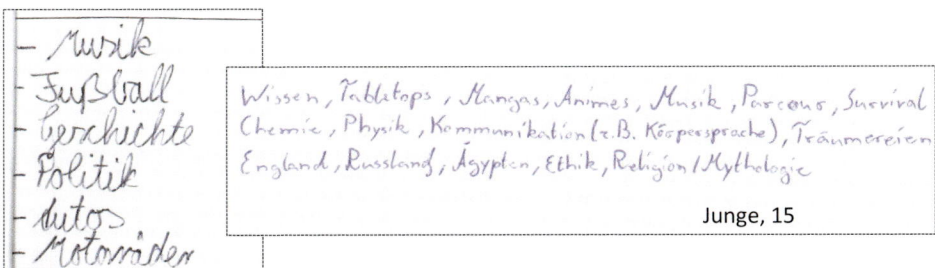

Musik
Fußball
Geschichte
Politik
Autos
Motorräder
Bundeswehr

Junge, 17

Wissen, Tabletops, Mangas, Animes, Musik, Parcours, Survival Chemie, Physik, Kommunikation (z.B. Körpersprache), Träumereien England, Russland, Ägypten, Ethik, Religion / Mythologie

Junge, 15

Wofür interessierst du dich überhaupt nicht?

- Diskotheken
- Party
- Handy's

Mädchen, 17

Typische Zitate zur Illustration

▶ *„Ich höre eigentlich alles. Mach das Radio an, und was da kommt, gefällt mir."* (m, 15)

▶ *„Ich höre eigentlich alles querbeet."* (m, 15)

▶ *„So moderne Musik höre ich eigentlich nicht so viel, […] meistens weiß ich gar nicht, wer was singt."* (w, 17)

▶ *„Also ich hab jetzt nichts gegen die Musik [Klassik], aber da bin ich, glaub ich, noch ein bisschen zu jung für."* (m, 17)

▶ *„Ich laufe drüber und schaue es mir an [Jahrmarkt], ich fahre jetzt aber nicht Riesenrad oder Kettenkarussell. Das ist mir einfach zu teuer."* (w, 17)

▶ *„Für mich sind die coolsten Sachen der Welt Ferien, Pizza, Fernsehen und Wrestling."* (m, 14)

▶ *„Wenn irgendwo in der Stadt 'ne Bühne aufgebaut wird, dann geht man auch mal gucken."* (w, 17)

4.1.5   Vergemeinschaftung

Konservativ-Bürgerliche betonen, dass ihnen ein **fester, überschaubarer, sozial homogener Freundeskreis wichtig** ist. Sie legen großen Wert auf **Gemeinschaft** und meinen damit in erster Linie „Offline-Gemeinschaft" („im echten Leben"). Sie denken und sprechen kaum in „neumodischen" Begriffen wie „Networking" und „Communitys", sondern erzählen eher von der guten Gemeinschaft oder vom festen Freundeskreis. So akzeptiert man in virtuellen Social Communitys, insofern diese überhaupt genutzt werden, nicht ohne Weiteres Freundesanfragen von Jugendlichen, die man gar nicht oder nur wenig kennt oder mit denen man nichts zu tun haben möchte.

In der Wahrnehmung Konservativ-bürgerlicher Jugendlicher zeichnen sich Freundschaften vor allem durch **Beständigkeit** und **Verbindlichkeit** aus.

Sie mögen es nicht, sich „immer auf neue Leute" einstellen zu müssen, und erklären entsprechend, dass sie mit ihren engsten Freunden schon seit dem Grundschulalter oder noch länger befreundet sind. Die Freundschaften sind zumeist geschlechterhomogen strukturiert. Paarbeziehungen spielen häufig noch keine Rolle: Man wartet noch ab, hofft auf den Richtigen bzw. die Richtige, mit dem bzw. der man dann eine langfristige Beziehung eingehen möchte.

Den Konservativ-Bürgerlichen ist bewusst, dass viele Jugendliche ihnen in Bezug auf popkulturelle Wissensbestände um Welten voraus sind und sie sich auf diesem Feld kaum profilieren können. Sie gehen aber mit ihrer **geringen Affinität zu modernem Lifestyle** durchaus selbstbewusst um, indem sie sich beispielsweise demonstrativ von den „Hipstern", den „Obercoolen" und den „Stylern" und deren aus ihrer Sicht oberflächlichem Trendkult und Selbstinszenierung distanzieren.

Wegen ihrer geringen Affinität zum zeitgeistigen Lifestyle ist die Teilhabe Konservativ-bürgerlicher Jugendlicher am jugendkulturellen Kosmos eingeschränkt. Die Wechselhaftigkeit, Kleinteiligkeit, Widersprüchlichkeit, Unübersichtlichkeit, Veränderungsdynamik und der oft ungezügelte Hedonismus von Jugendszenen laufen dem Wunsch nach Ordnung, Eindeutigkeit, Ernsthaftigkeit und Beständigkeit dieser Jugendlichen zuwider. Entsprechend grenzt man sich auch von den „Rebellen" und „Störenfrieden" ab, bezeichnet sich selbst (leicht ironisch) als „brave" Schüler.

Sie fühlen sich **dort aufgehoben, wo die Gruppe und nicht der/die Einzelne im Vordergrund steht**; wo sie nicht das Gefühl haben, „anders", „besonders", „auffällig" sein zu müssen, um respektiert zu werden. Dementsprechend haben sie mit devianten, ästhetisch provokanten Jugendszenen „nichts am Hut". Auch sehr introvertierte Jugendliche werden in dieser sehr geselligen Lebenswelt nicht geschätzt. Fällt beides zusammen (ästhetische Extrovertiertheit und soziale Introversion bzw. demonstrative Passivität, wie z. B. „bei den Emos"), gehen Konservativ-Bürgerliche schnell auf Distanz.

Attraktiv für diese Jugendlichen sind Vergemeinschaftungsformen, bei denen sie nicht das Gefühl haben, einem Wettbewerb ausgesetzt zu sein („Wer ist der Coolste?", „Wer kann was am besten?", „Wer hält am meisten aus?", „Wer ist am krassesten?"), sondern die einen vor dem „Individualitätswahn der Ich-Gesellschaft'" **geschützten, berechenbaren Raum** bieten, in dem man keine Masken aufsetzen muss. Solche Räume findet man beispielsweise in Vereinen und Kirchengemeinden. Viele in dieser Lebenswelt sind von der notorischen **Anforderung permanenter Selbstdarstellung und Profilierung überfordert.**

Konservativ-Bürgerliche sehen sich selbst nicht als „überangepasste" oder „langweilige" Jugendliche. Sie beschreiben sich als „Freunde, mit denen man mal Pferde stehlen kann", die „auch mal was Verrücktes machen". Allerdings halten sich ihre „Ausbrüche", „Frechheiten" und „Verrücktheiten" (bei denen es sich bestenfalls um harmlose Streiche handelt) im Rahmen – ganz zu schweigen davon, dass sie nicht in Konflikt mit Autoritäten oder gar dem Gesetz geraten möchten.

Typische Zitate zur Illustration

▶ *„Ich hab meine Fußball-Freunde, dann hab ich meine CVJM-Freunde, dann hab ich noch meine Moped-Freunde und dann die noch aus der Schule."* (m, 17)

▶ *„Meine Freunde sind eigentlich auch ruhige Leute, die auch nicht – auch wenn sie mehr Geld haben – damit rumprahlen, sondern einfach haben, was sie haben, aber es nicht jeden wissen lassen."* (w, 17)

▶ *„Also ich sag jetzt mal so, ich bin jetzt niemand, der zwanghaft Freunde sucht oder so. Aber ich hab halt meine Freunde, mit denen komm ich super klar. Wenn da dann neue dazukommen, hab ich auch kein Problem damit."* (m, 17)

▶ *„Ich hab [sowohl] ausländische Freunde als auch deutsche. Das sind halt Leute so wie ich, die gehen normal zur Schule, hören normale Musik."* (m, 15)

▶ *„Ich nehme nur Freundschaftsanfragen bei Facebook an von Leuten, die ich auch kenne."* (m, 15)

▶ *„Leute, die mit ihren Freunden so „Ey, Alta", so leicht asozial – das geht gar nicht! Andere Leute anmucken und so … Das finde ich peinlich, das gehört sich einfach nicht."* (m, 15)

▶ *„Wen ich nicht mag: die ganz Stillen, die nicht witzig oder nett sind, sondern Spießer halt. Oder auch so Emos, die die ganze Zeit nur gelangweilt sind und da rumlaufen und nichts machen."* (m, 14)

▶ *„Also so die Spießer, die immer nur vernünftig sind. Man muss auch mal was Durchgedrehtes machen, sonst ist das Leben so langweilig, so 'n Klingelstreich oder so was."* (m, 14)

▶ *„Menschen, die ich nicht mag, haben keine Manieren."* (m, 15)

▶ *„Leute aus der Stadt machen zu argen Blödsinn, klettern auf Gebäude, auf die man nicht drauf darf, gefährliche Sachen und so. Die meisten schrauben an Rollern rum und werden von der Polizei gejagt."* (m, 15)

▶ *„Es gibt halt Schüler, die laufen die ganze Zeit mit Totenköpfen und so rum oder kleiden sich ganz in Schwarz oder so. Das ist halt nicht unsere Richtung oder unser Geschmack. Deshalb reden wir mit denen nicht oder gehen denen aus dem Weg."* (m, 15)

4.1.6 Medien

Medien im Alltag

Konservativ-bürgerliche Jugendliche stehen dem technologischen Fortschritt vergleichsweise skeptisch gegenüber. Dass an moderner Technik und Kommunikation jedoch kein Weg vorbeiführt, ist Konservativ-Bürgerlichen klar – nicht zuletzt, weil sie merken, dass ein Mindestmaß an Medienkompetenz und -ausstattung Voraussetzung für soziale Teilhabe an jugendlichen Lebenswelten ist. In Bezug auf die eigene Medienausstattung und -nutzung geben sich Konservativ-Bürgerliche daher **überlegt, abwartend und sicherheitsbetont**. Die Bereitschaft, sich zeitnah mit den neuesten technischen Geräten und Technologien auszustatten, ist unter diesen Jugendlichen relativ gering.

Ein **Handy** besitzen zwar die meisten, aber gerade bei den Jüngeren handelt es sich dabei um ein **„Notfall-Utensil"**, „wenn man mal den Bus verpasst hat" oder „in Gefahr" ist. Hauptsächlich wird es für die Kommunikation mit den Eltern genutzt. Dass diese so auch Kontrolle ausüben, wird positiv bewertet. Bei den älteren Konservativ-bürgerlichen Jugendlichen spielt die Mobilkommunikation mit den Peers eine größere, aber keine wichtige Rolle.

Konservativ-bürgerliche Jugendliche bewegen sich im Vergleich aller Jugendlichen noch am stärksten auf dem **„Seitenstreifen der Datenautobahn"**. Die starke Orientierung an Eltern und Erwachsenen bedingt auch, dass sie deren Bedenken und Vorbehalte gegenüber neuen digitalen Medien übernehmen. Für Warnungen hinsichtlich der Nutzung neuer Medien sind sie sehr empfänglich.

Neben Büchern und Zeitschriften spielen im Alltag der Konservativ-bürgerlichen Jugendlichen vor allem **konventionelle Medien** wie Radio und Fernsehen eine wichtige Rolle. Computer und Mobiltelefon sind nicht „überlebensnotwendig". Man kann sich durchaus vorstellen, einige Zeit ohne Computer und Handy auszukommen. Medien bringen Konservativ-Bürgerliche zuvorderst mit Informationsbezug und Unterhaltung und weniger mit Kommunikation in Verbindung.

Das Fernsehen wird von Konservativ-Bürgerlichen natürlich zur Unterhaltung genutzt, man hat aber eine hohe Affinität zu Infotainment-Angeboten (Wissensshows, Dokumentationen), weil man „das fürs Leben gebrauchen kann". Die Informationen aus solchen Quellen werden dabei als seriöser und verlässlicher eingestuft als Informationen aus dem Internet, da man von einer **begründeten Selektion** durch die Journalisten ausgeht – im Gegensatz zur **Unübersichtlichkeit des Internets**, in welchem aus Sicht der Konservativ-bürgerlichen Jugendlichen „bald jedermann" Beiträge veröffentlichen kann.

Generell besitzen journalistisch und **redaktionell aufbereitete (Programm-) Angebote** mehr Attraktivität als solche, die die Zusammenstellung des Programms und die Auswahl der Inhalte Nutzenden selbst überlassen. Man verlässt sich auf die Kompetenz der Programmgestaltenden. Dies zeigt sich in der Bevorzugung des Radios, wenn es um Musik geht, der Fokussierung auf Filme, Serien und andere Formate im Fernsehangebot (statt diese online selbst zu beschaffen) und in der Konzentration auf Printmedien im Vergleich zum geringen Interesse an Online-Angeboten, deren Absendern man aufgrund mangelnder Reputation oft skeptisch gegenübersteht.

Auch der **Computer wird als Informationsmedium genutzt**, insbesondere dann, wenn z.B. durch die Schule ein Nutzungsimpuls gegeben wird. Im Internet beschränkt man sich auf Dienste, die man durch das Fernsehen oder den Freundeskreis kennt. **Die virtuelle Welt wird insgesamt als unsicher eingestuft**; man fürchtet sich vor Viren, „schädlichen Kontakten" oder „unbewussten Einkäufen".

Dass Online-Angebote quasi jederzeit und überall abgerufen werden können (z.B. Mediatheken), wird zwar grundsätzlich als Vorteil gegenüber den Offline-Medien hervorgehoben, der **eigene Alltag lässt sich jedoch aus Sicht der Konservativ-bürgerlichen Jugendlichen auch mit den klassischen Medien gut bestreiten**. Auch eine parallele Mediennutzung spielt für Konservativ-bürgerliche Jugendliche keine sonderliche Bedeutung. Im Gegenteil: Man setzt sich lieber mit einem Medium richtig auseinander, als überall nur Bruchstücke aufzusammeln.

Interaktion und Kommunikation in digitalen Räumen
Konservativ-Bürgerliche bewegen sich in der digitalen Welt im Vergleich zu den anderen Jugendlichen eher **zurückhaltend und „ungelenk"** und zeigen mit die größten Probleme, sich zurechtzufinden. Social Media werden zwar genutzt, spielen aber im Alltag eine klar **untergeordnete Rolle** („es gibt Wichtigeres im Leben").

Auch bei den Kommunikationsmöglichkeiten bleibt man **lieber bei Bewährtem:** Telefonieren oder E-Mails schreiben besitzt einen höheren Stellenwert als chatten. Auch hier wiegt die Gefahr vor Fremden, „die einem Böses wollen", schwerer als der Vorteil schneller Kommunikation.

**Auf einen Account in sozialen Online-Netzwerken völlig verzichten
möchten allerdings nur die wenigsten**, weil man davon ausgeht, dass
„eigentlich jeder irgendwo einen Account hat", „man sich dem heute nicht
mehr entziehen kann". Trotz aller Zurückhaltung in Sachen Social Media
möchte man nicht zu den konsequenten Offlinern gezählt werden, da dies
in ihren Peer-Kontexten zu Stigmatisierung führen könnte („die leben hinter
dem Mond"). Man möchte aber gleichzeitig möglichst wenig von sich in sozialen Netzwerken preisgeben: „lieber beobachten als selbst im Mittelpunkt
stehen". Dass andere Jugendliche teilweise in mehreren Netzwerken aktiv
sind, und das zudem täglich, beobachten die Konservativ-Bürgerlichen eher
kritisch, sie fürchten, dass dadurch Momente der Überforderung entstehen
könnten.

Die Konzentration auf den sozialen Nahraum **mindert auch die Attraktivität von Social-Networking-Angeboten**. Ein Online-Netzwerk aufzubauen,
besitzt für Konservativ-bürgerliche Jugendliche kaum Wert, kann man sich
doch auf die Gemeinschaft aus Familie, Verwandten, Nachbarn und Freunden
verlassen.

Datenschutz, Urheberrecht und Persönlichkeitsrechte

Konservativ-bürgerliche Jugendliche legen auf **Datenschutz** nicht nur vordergründig (wie sehr viele der Jugendlichen) großen Wert, sondern bewegen
sich auch vorsichtig im Internet. Bedenken hinsichtlich des Verbleibs der per-
sonenbezogenen Daten stellen für viele eine vergleichsweise große **Barriere
in der Internetnutzung** dar, vor allem im Umgang mit dem Social Web.

Der **Schutz der Persönlichkeitsrechte** ist für viele Konservativ-bürgerliche
Jugendliche ein quasi natürlich gewachsenes Anliegen. Die Inszenierung der
eigenen Person im öffentlichen Raum – online wie offline – wird prinzipiell
als eher unangenehm eingestuft und möglichst gemieden. Angebote, die die
Preisgabe personenbezogener Daten erfordern (wie z.B. Online-Communitys oder Online-Shops), werden deshalb ohnehin nur eingeschränkt genutzt
und sehr skeptisch beurteilt.

Konservativ-bürgerliche Jugendliche gehen davon aus, dass ihre persönlichen Daten im Internet grundsätzlich ungeschützt sind, und gehen daher sehr sparsam mit deren Preisgabe um. Gerade bei Jüngeren übersetzt sich die **Angst vor Datenmissbrauch** in eine Passivität hinsichtlich der Nutzung des World Wide Web.

In Bezug auf **Urheberrechte** kennt man sich wenig aus – und gerade deshalb gilt für Konservativ-Bürgerliche: „Lieber nicht anklicken." Denn: Unwissenheit schützt vor Strafe nicht.

Dass den Produzenten und Produzentinnen durch **illegale Downloads** und Online-Streams Schaden entsteht, ist den Konservativ-Bürgerlichen bewusst. Es handele sich schließlich um eine „Leistung, die erbracht" wurde und die entsprechend zu vergüten sei. Wer sich nicht daran halte, sei ein „Betrüger".

Auch die **Angst vor möglichen Sanktionen** ist deutlich erkennbar, es ist jedoch zuvorderst die **Gesetzestreue**, die umtreibt. Man würde sich in einem ideologischen Zwiespalt bewegen, da man jene Strafen prinzipiell für richtig hält. Regelwidriges Verhalten muss geahndet werden, und Verstöße gegen das Urheberrecht werden ganz klar als solche eingestuft. Deutlicher als Jugendliche anderer Lebenswelten findet eine Verurteilung jener statt, die sich an den Downloadpraxen online beteiligen: „Das sind Verbrecher."

Auch der aus den (illegalen) Downloads **erzielbare Nutzen** besitzt aus Perspektive der Konservativ-bürgerlichen Jugendlichen **kaum Attraktivität**: Warum sollte man sich irgendetwas früher oder schneller besorgen wollen, wenn es über kurz oder lang sowieso bereitgestellt wird? Außerdem würden Downloads eine aktive Recherche bzw. eigeninitiierte Suche nach Inhalten voraussetzen. Diese Recherche und Suche überlassen die Konservativ-bürgerlichen Jugendlichen jedoch lieber den professionellen Programmgestaltenden von Presse und Rundfunk.

Orientierung in Medienwelten

Das **Fernsehen rangiert als Bildungsmedium eindeutig vor dem Internet**. Begründet wird dies hauptsächlich durch die **redaktionelle Programmgestaltung,** die letztlich eine Form der Kontrolle darstellt. Aufgrund der Möglichkeit, dass im Internet jeder und jede Inhalte veröffentlichen kann, vermutet man einen **Qualitätsverlust**. Insgesamt erleben Konservativ-Bürgerliche das World Wide Web als sehr **unübersichtlich**. Sie vermissen eine Form der Kuration oder **begründeten Vorauswahl**, wie sie im Fernsehen erlebt wird. Angeboten etablierter Institutionen (Spiegel online, Tagesschau.de) würde man noch am ehesten vertrauen.

Reality-Formate gehören eher selten zu beliebten Programmen. Dass dort eine Form der Inszenierung stattfindet, ist zumeist bewusst bzw. wird vermutet.

Abb. 4.1.6

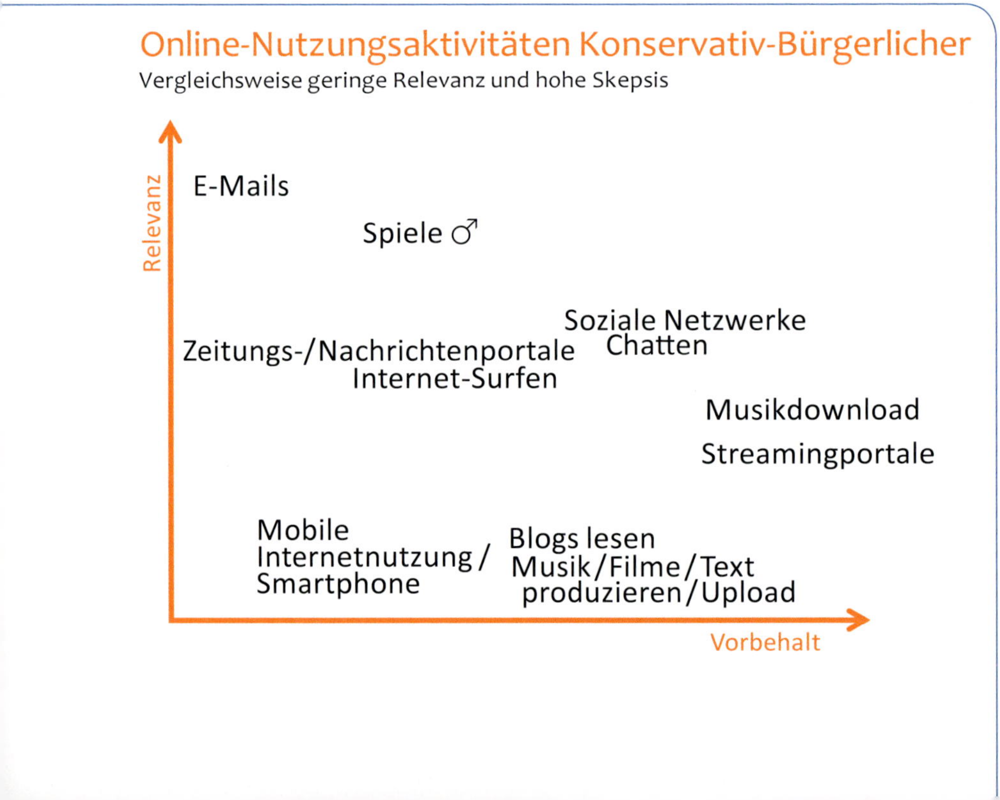

Online-Nutzungsaktivitäten Konservativ-Bürgerlicher
Vergleichsweise geringe Relevanz und hohe Skepsis

Relevanz

E-Mails

Spiele ♂

Soziale Netzwerke
Zeitungs-/Nachrichtenportale Chatten
Internet-Surfen

Musikdownload
Streamingportale

Mobile
Internetnutzung / Blogs lesen
Smartphone Musik/Filme/Text
produzieren/Upload

Vorbehalt

Häufig wird schon sehr genau differenziert zwischen den Ansprüchen unterschiedlicher **Formate: denen, die einen expliziten Anspruch auf Wissensvermittlung erheben** (wie z. B. Galileo) einerseits, und **Unterhaltungsformaten andererseits**. Lernen könne man jedoch prinzipiell aus allen etwas. Vermutet werden kann, dass Konservativ-Bürgerliche sich in vielen Fragen stärker an medialen Angeboten als an Peers orientieren.

Ältere Jugendliche verweisen auch darauf, dass sie Seiten online vertrauenswürdig finden, wenn sie mit einem Prüfsiegel ausgezeichnet sind (TÜV).

Typische Zitate zur Illustration

▶ *„Ich weiß schon, was jetzt im Moment wieder in ist, aber es interessiert mich nicht, weil ich weiß: Desto aktueller die Technik wird, desto anfälliger wird sie auch."* (w, 17)

▶ *„Manchmal sag ich mir: Heute bleibt der Computer aus, und ich lese ein Buch."* (m, 15)

▶ Über Mobiltelefone: *„Ich habe nur einen ganz alten Knochen."* (w, 17)

▶ *„Ich brauch jetzt nich' irgendwie ein supertolles iPhone oder so mit Internet-Flatrate."* (m, 17)

▶ *„Meine Armbanduhr ist mir wichtiger als mein Handy."* (m, 15)

▶ *„Ich finde es in der Stadt nicht so toll. Da sind alle mit dem Handy unterwegs und haben immer Empfang. Hier halt nicht. Da finde ich es eigentlich hier besser, weil man hier nicht die ganze Zeit vom Handy angerufen werden kann. Auch wegen der Strahlen."* (m, 14)

▶ Zu Social Media: *„Ich finde, E-Mails schreiben tut es eigentlich auch und ist deutlich sicherer."* (m, 14)

▶ *„Ich kenn Leute, die sind bei acht, neun verschiedenen Dingern angemeldet und haben da gar keinen Überblick mehr."* (m, 17)

► Zu Facebook: *„Ja, die meisten denken ja, das ist cool, und machen dann mit. Aber dann holen sie sich da irgendeinen Virus oder gehen irgendeinem Betrüger auf den Leim, der da nur Geld abzocken will. Da bin ich lieber out, als mich in Gefahr zu begeben. Das ist ja schon gefährlich."* (m, 14)

► *„Ich bin nirgendwo angemeldet, weil ich immer Angst habe, dass irgendwelche Daten da irgendwo hingelangen."* (w, 17)

► *„Mir ist das halt wirklich wichtig, dass ich weiß, was mit meinen Daten passiert und jetzt auch mit irgendwelchen Sachen, die man dann schreibt und die sich der Arbeitgeber dann später durchlesen kann und vielleicht ganz anders versteht, als sie gemeint waren."* (w, 17)

► Zu Online-Spielfilm- und -Serienportalen: *„Jeder, der sich da was anguckt, ist ein Verbrecher, und ich denk mal, da wirft man unnütz sein Leben weg. Weil, ob man jetzt einfach so ein bisschen wartet und das dann legal anschaut oder ob man's halt sofort anguckt und von der Polizei ins Gefängnis gesteckt wird, da denke ich mal, ist das Zweite die bessere Sache."* (m, 14)

► *„Man muss ja im Laden nicht umsonst dafür Geld bezahlen, und wenn man das im Internet dann nicht muss, finde ich's ein bisschen merkwürdig, und dann werde ich schon stutzig und denke, da kann irgendwas nicht stimmen."* (w, 17)

► *„Ich wollte halt Musik, viel Musik, viele Filme, und dann hab ich mich eben mal informiert. Weil, wie gesagt, das ganze Illegale, das war mir alles ein bisschen zu gefährlich."* (m, 17)

► *„Medien sind auch sehr wichtig, weil Medien zeigen, was passiert."* (m, 15)

► *„Nicht, dass da auf der Seite irgendwelche blöden Comicbildchen neben politischen Inhalten sind. Das finde ich dann schon nicht so glaubwürdig."* (w, 17)

► *„Das interessiert eigentlich keinen, wenn die erzählen, wie ihr Leben ist. Ich denk auch, kaum einer guckt solche Sendungen. Wenn man im Fernsehen auftritt, dann verstellen sich alle und benehmen sich ganz anders, weil jeder hat seine Macken, und die versuchen, die zu verstecken, indem sie sich anders benehmen."* (m, 14)

▶ *„Es gibt viele Sendungen, die es gar nicht darauf anlegen, in denen man dann aber doch schon viel lernen kann. Ich denk mal, man kann in vielen Sendungen was fürs Leben lernen. Da kann eigentlich fast jede Sendung einem Wichtiges beibringen, was man im Leben gebrauchen kann. Auch ‚Two and a half man‘, was eigentlich zur Unterhaltung gedacht ist, die können einem was beibringen. Da lernt man halt, dass das Leben so nicht sein sollte, und daraus lernt man dann auch, wie es sein sollte.“* (m, 14)

4.1.7 Schule und Lernen

Konservativ-bürgerliche Jugendliche **achten auf ihre schulischen Leistungen**, nicht etwa, um sich dadurch von ihren Mitschülern abzugrenzen, sondern vielmehr zu ihrer eigenen Bestätigung.

Sie lernen vorwiegend aus eigenem Interesse, um möglichst viel Wissen zu sammeln, aber auch aus einem Gefühl der **Pflichterfüllung** heraus. Tägliche Vor- oder Nachbereitung des Unterrichts gehören neben der Erledigung der Hausaufgaben ebenso dazu wie die Teilnahme an freiwilligen Zusatzangeboten. Dass sich dabei auch ein „Wissenshunger" entwickelt, ist nicht untypisch. Thematisch ist dieser häufig abseits dessen, was die meisten anderen spannend finden, angesiedelt: das deutsche Kaiserreich, Schneckenzucht auf der heimischen Fensterbank.

Konservativ-bürgerlichen Jugendlichen ist es wichtig, ein **gutes Verhältnis zu den Lehrkräften** aufzubauen oder zumindest vor ihnen nicht negativ aufzufallen. Lehrerinnen und Lehrer sind Respektspersonen, ihre Autorität wird akzeptiert, selbst dann, wenn man der Meinung ist, dass sie inhaltlich oder didaktisch besser sein könnten.

Vereinzelte Stundenausfälle betrachtet man nüchtern; man geht davon aus, dass die Stunden ohnehin nachgeholt werden. Da wünscht man sich lieber einen **geregelten Ablauf** als zu einem späteren Zeitpunkt eine größere Lernbelastung. Regelmäßigen Unterrichtsausfall (z.B. längere Krankheit eines Lehrers) verfolgen sie mit Sorge, da auch dadurch die Möglichkeiten, sich zu bilden, eingeschränkt werden.

Mit den Gegebenheiten in der Schule ist man weitgehend zufrieden, eigene Verbesserungsvorschläge werden kaum formuliert. Die Schule „ist, wie sie ist". Bekommt man Gestaltungsräume eingeräumt (z. B. Dekorationen, Mitbestimmung bei Schulfesten, Abstimmung bei Ausflügen), findet man das gut, solange nicht zu viel Eigenverantwortung und Kreativität eingefordert wird. Letztlich fühlen sich Konservativ-Bürgerliche in gewachsenen und gewohnten Strukturen wohl. Generell skeptisch gegenüber Neuerungen, ist **die Schule für sie keine „Spielwiese für Experimente"**, zu groß ist der Respekt vor der Einrichtung.

Gleichzeitig wird Schule jedoch auch als der Raum betrachtet, in dem die Jugendlichen eine **Mitbestimmungspflicht** haben. Die Wahl der Klassensprecher, deren Teilnahme an Konferenzen und Versammlungen werden als wichtige Pflichten benannt. Selbst zu kandidieren, können sich nur wenige vorstellen, weil man nicht im Mittelpunkt stehen möchte.

Schule wird gerade auch deshalb als Raum für Engagement geschätzt, weil die Gestaltungsspielräume begrenzt bleiben. Die weitgehend statischen Strukturen eröffnen einen abgesteckten Rahmen, in dem man etwas bewegen kann, überfordern jedoch nicht – da die Welt nicht neu erfunden werden muss. Sich hier einzubringen, bedeutet auch immer, sich an denen orientieren zu können, die die gangbaren Wege bereits ausgetreten haben.

Angebote, die offenkundig den Status „zusätzlich" haben, schrecken die Konservativ-Bürgerlichen teilweise ab. Man möchte nicht den Eindruck erwecken, ein Streber zu sein, unbedingt mehr Zeit als notwendig in der Schule verbringen zu wollen. Dies würde bedeuten, einen (weiteren) **„Coolness-Verlust"** gegenüber den anderen einstecken zu müssen. Vor allem die Jüngeren sind sehr darauf bedacht, abzuwägen, wie „die anderen das finden" könnten, wenn es um Schule geht. Diejenigen, die keine Ganztagsschule besuchen, können sich nicht vorstellen, noch mehr Zeit in der Schule zu verbringen; sich nachmittags zunächst auch zu Hause zurückziehen zu können, ist wichtig. Wie auch für andere Lebenswelten gilt für Konservativ-Bürgerliche, dass sie nur selten selbst einschätzen können, welche Schulform (Ganz- bzw. Halbtagsschule) sie besuchen.

Mehrheitlich zeigt man sich jedoch offen für Angebote, die erlauben, sich den **eigenen Interessengebieten vertiefend zu widmen**. Schach-, Geschichts- oder Politik-AG sind v. a. bei den Jungen beliebt.

Abb. 4.1.7

Konservativ-Bürgerliche
So wünsche ich mir meine Schule

> Ich denke meine Schule ist gut wie sie ist.

Junge, 15

- eigentlich bin ich mit meiner Schule zufrieden, würden nicht immer (gerade wichtige) Stunden ausfallen
- das Pausenangebot (Essen) könnte besser sein
- mehr „Freizeit"- Möglichkeiten ⟶ AG's

Mädchen, 17

Konservativ-bürgerliche Jugendliche **lernen gerne in klaren Strukturen**, d. h. mit klar formulierten Arbeitsaufträgen und Zielvorgaben. Lehrkräfte, die auf Frontalunterricht setzen, werden kaum kritisiert, im Gegenteil wird es als unangenehm wahrgenommen, wenn die Methoden zu viele Gestaltungs- freiräume bieten und mit diesen Entscheidungen der Schülerschaft erforder- lich machen. Gelernt wird vor allem gerne das, was auf Faktenwissen oder auf logischen Zusammenhängen beruht. MINT-Fächer, Geschichte und Politik sind vergleichsweise beliebt.

Lernen erfolgt in erster Linie aus eigenem Interesse, um **das persönliche Wissen zu erweitern** und um eine gute Allgemeinbildung zu erlangen. Auch für Inhalte, die nicht den eigenen Interessen entsprechen, lernt man in der Regel pflichtbewusst, diszipliniert und ehrgeizig. Konservativ-bürgerliche Jugendliche sind in der Schule aber nicht an Konkurrenz oder Wettkampf orientiert. Es geht ihnen nicht darum, als Klassenbeste oder -bester gesehen zu werden.

Konservativ-Bürgerliche lernen am liebsten **strukturiert und konzentriert**. Sie sind darauf bedacht, sich die **bestmöglichen Rahmenbedingungen** hierfür selbst zu schaffen. Man hat kein Verständnis für „freche", „pöbelnde" Mitschüler. Solchen „Unterrichtsstörern" wird Egoismus vorgeworfen, weil sie die Gemeinschaft vom Lernen abhalten. Sie finden Strafarbeiten oder Nachsitzen eine adäquate Methode der Lehrer, hiergegen vorzugehen („Strafe muss sein").

Konservativ-bürgerliche Jugendliche verfolgen vergleichsweise regelmäßig und intensiv Nachrichten, Dokumentationen oder Infotainment-Formate, weil sie in diesen Medienangeboten ihre Informations- und Bildungsansprüche befriedigen können. Medien werden explizit als Lernorte benannt.

Typische Zitate zur Illustration

▶ *„Mit der Schule generell bin ich zufrieden. Nur halt der Lehrermangel, der ja vor keiner Schule haltmacht, und dass es halt wirklich Lehrer gibt, die es vielleicht nicht hätten werden sollen ..."* (w, 17)

▶ *„Meine Schule ist gut, so wie sie ist."* (m, 15)

▶ *„Für mich zählt weniger, vor den anderen gut dazustehen, als selbst gute Ergebnisse zu haben."* (m, 15)

▶ *„Dass immer die wichtigen Stunden ausfallen, das finde ich auch nicht sehr praktisch."* (w, 17)

▶ *„Man kann über viele Sachen was lernen, auch über das Fernsehen. Es gibt viele Wissenssendungen, die viele Themen bringen, die das Allgemeinwissen verbessern. Galileo hat interessante Themen, die bildend sind."* (m, 14)

▶ „In meinen Freistunden mache ich dann halt irgendwelche Hausaufgaben schon mal. Unterhalte mich auch mal – wenn wir nichts zu tun haben." (w, 17)

▶ „Ich bin eigentlich relativ belastbar. (…) Es war dann schon öfters mal stressig, wenn dann eben in einer Woche drei Kursarbeiten geschrieben wurden und irgendwie noch drei, vier Tests und so, das ist dann schon mal bisschen stressig. Aber dass ich da irgendwie unter dem Druck zusammengebrochen bin oder so, das ist noch nicht vorgekommen." (m, 17)

▶ „Meistens mache ich meine Hausaufgaben dann auch zweimal, also ich schreib's einmal vor, rechne alles, schreib die Texte und mache es dann noch einmal ordentlich." (w, 17)

▶ „Ich bin bis jetzt noch nie auf die Idee gekommen, Schule zu schwänzen." (m, 14)

▶ „Mit den Lehrern kann man sich eigentlich nicht anlegen, weil er verteilt ja auch noch die Noten. Und die Noten sind ja immer noch das Wichtigste am Ende. (…) Er hat uns eigentlich im Griff, in der Hand." (m, 15)

▶ „Man lernt ja nicht nur für die Schule oder so, man lernt ja fürs Leben." (m, 15)

▶ „Also im Schulsport würde ich halt schon mal gerne auch was machen, was mir halt mehr liegt. Ich bin halt nicht so der Schnellste, Sportlichste, aber ich hab viel Kraft. Da sollte halt auch mal was für die angeboten werden. An den Noten könnte sich auch schon mal was verändern mit den richtigen Sachen." (m, 14)

▶ „Da steht man auch als Streber da, wenn man da freiwillig noch in der Schule bleibt." (m, 14)

4.1.8   Berufliche Orientierung, Zukunft

Konservativ-bürgerliche Jugendliche machen sich bereits früh Gedanken über die Zukunft, sind bemüht, **so wenig wie möglich dem Zufall zu überlassen**. Gleichzeitig spüren sie jedoch auch, dass sich die Normalbiografie nur noch schwer realisieren lässt, dass Gegenwart und Zukunft ein hohes Maß an Flexibilität und Mobilität von ihnen einfordern – Werte, zu denen Konservativ-bürgerliche Jugendliche eine geringere Affinität haben als viele Altersgenossen. Das sorgt für Unbehagen, insbesondere weil sie in Gesprächen mit Gleichaltrigen mitbekommen, dass es Jugendliche gibt, die zwar ihre Zukunftssorgen teilen, sich aber trotz vager Zukunftsvorstellungen recht unbekümmert geben und darauf vertrauen, dass sie ihren Weg schon machen werden. Dieses Selbstzutrauen haben Konservativ-bürgerliche Jugendliche kaum.

Konservativ-bürgerliche Jugendliche blicken daher vergleichsweise **skeptisch** in die Zukunft. Sie verurteilen Fortschritt zwar nicht per se, fühlen sich jedoch **von der Wucht soziokultureller Veränderungsprozesse vielfach überfordert**. Sie sind sich darüber bewusst, dass viele dieser Prozesse, v. a. die Digitalisierung des Alltags und die Globalisierung, irreversibel sind und sie selbst nicht darum herumkommen, sich eher früher als später auf neue Gegebenheiten einstellen zu müssen – doch das macht sie nicht glücklich und setzt sie unter Druck.

„Zeit vertrödeln" möchten Konservativ-bürgerliche Jugendliche auf **keinen Fall**. Sie fürchten sich regelrecht vor Lücken im Lebenslauf. Konservativ-Bürgerliche neigen zu **konservativer, nüchterner und realitätsnaher Berufswahl**. Selbstverwirklichung im Beruf ist zwar ein wichtiger Wert, Sicherheit steht jedoch über allem.

Die **Zukunftswünsche der Konservativ-bürgerlichen Jugendlichen sind von Bescheidenheit, Beschaulichkeit, Nüchternheit und Realismus gekennzeichnet**. Alles, was man will, ist ein anständiges Leben ohne Not in harmonischen familiären Verhältnissen. Als Referenz dient den Konservativ-

Bürgerlichen dabei oft die eigene familiäre Gegenwart. Doch sie spüren, dass dieser Wunsch von den ökonomischen Entwicklungen in der Gesellschaft gefährdet wird, dass tradierte Selbstverständlichkeiten („Mit einer Ausbildung kommt man sicher durchs Leben") erodieren. Sie spüren, dass das „ewige Versprechen", es einmal besser haben zu können als die eigenen Eltern, immer schwerer einlösbar scheint.

Eine **Familie** zu gründen, begreifen Konservativ-Bürgerliche nicht nur als einen Wunsch und ein Zukunftsziel, sondern auch **als eine Leistung, die sie erreichen wollen**.

Den Konservativ-bürgerlichen Jugendlichen ist ein geordneter beruflicher Aufstieg wichtig – allerdings nicht um jeden Preis. Man hofft darauf, dass sich mit gewissenhafter, pflichtbewusster und fleißiger Erledigung der Aufgaben die entsprechenden Erfolgserlebnisse automatisch einstellen werden. Doch sicher ist man sich nicht. Die **Furcht vor der kompetitiven „Ellenbogengesellschaft" verunsichert** diese jungen Menschen, da man fürchtet, „der Konkurrenz" nicht viel entgegenstellen zu können. Auch Karrieresprünge zulasten eines harmonischen Familienlebens betrachtet man skeptisch, wohl auch, weil man den emotionalen Halt v. a. in der Familie und nicht im Beruf eingelöst sieht.

Bei den Berufswünschen der Konservativ-bürgerlichen Jugendlichen ist auffällig, dass häufig Berufe genannt werden, von denen man sich **Sicherheit bzw. Abgesichert-Sein** verspricht, v. a. Beamtenlaufbahnen. Sowohl von Jungen als auch Mädchen wird beispielsweise die Polizei als attraktiver Arbeitgeber genannt, auch die Bundeswehr wird (von den Jungen) erwähnt. Die **Berufswünsche sind tendenziell geschlechtertypisch und traditionell** („ehrliche Berufe"). Die Jungen sehen sich künftig in handwerklichen Berufen (Steinmetz, Polizei, Feuerwehr, Maler, Gärtner, Schlosser etc.), die Mädchen in pädagogischen und Pflegeberufen sowie im medizinischen Bereich. Über die Vielfalt der neueren Ausbildungsberufe wissen Konservativ-Bürgerliche eher wenig. Man orientiert sich v. a. an etablierten Berufen.

Wichtig für die berufliche Orientierung sind die Eltern und weitere erwachsene Personen im sozialen Nahumfeld. Daraus erklärt sich auch die Tendenz, eher traditionelle Berufe als Ziele zu benennen. Wichtig ist, dass die berufliche Laufbahn planbar und absehbar ist. Es muss sein, wohin der Weg führt. Angebote zur beruflichen Orientierung, die im Rahmen des Schulunterrichts gemacht werden, nimmt man pflichtbewusst in Anspruch.

Zukunftsbezogene Ängste beziehen sich vor allem darauf, **dass sich später „vielleicht alles ändert"**, dass die Freunde wegziehen, die Routinen wegbrechen werden, man sich Herausforderungen stellen muss, denen man vielleicht nicht gewachsen ist. Auch in der Schule „abzurutschen", ist eine Sorge, die viele teilen. Der Abschluss gilt als harte Währung auf dem Ausbildungs- und Arbeitsmarkt, den man als umkämpft und unsicher wahrnimmt.

Abb. 4.1.8

Konservativ-Bürgerliche
Wie möchtest du später leben?

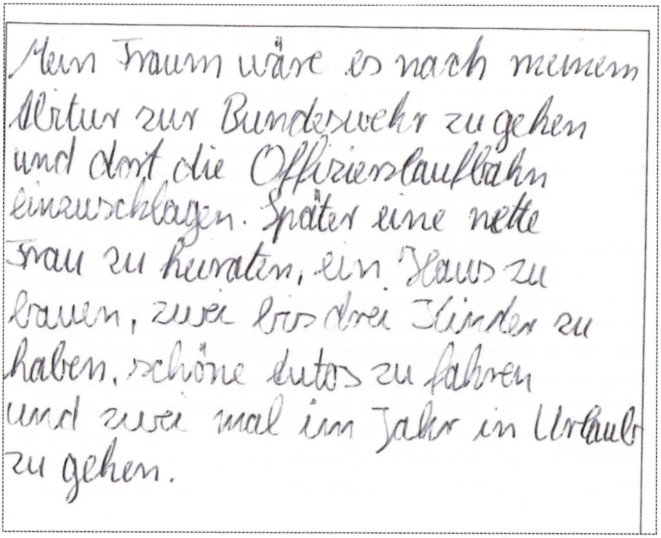

Mein Traum wäre es nach meinem Abitur zur Bundeswehr zu gehen und dort die Offizierslaufbahn einzuschlagen. Später eine nette Frau zu heiraten, ein Haus zu bauen, zwei bis drei Kinder zu haben, schöne Autos zu fahren und zwei mal im Jahr in Urlaub zu gehen.

Junge, 17

Die eigenen **Chancen auf dem Arbeitsmarkt** sieht man zum einen von der eigenen Leistung abhängig. Sich anzustrengen, ist daher eine absolute Selbstverständlichkeit; „wer das nicht tut, wird es auch zu nichts bringen". Die Jugendlichen beobachten jedoch in der Familie und dem Verwandten- und Bekanntenkreis der Eltern, dass dies heute oft nicht ausreicht, weil **„Fleiß und Ehrlichkeit" nicht mehr allein entscheiden**. Dementsprechend blickt man der eigenen beruflichen Zukunft nicht ganz sorgenfrei entgegen.

Für die private Zukunft haben nahezu alle einen festen Plan: heiraten, Kinder bekommen, Wohneigentum anschaffen. Die **Geborgenheit und Sicherheit der Kleinfamilie** stellen den sicheren Hafen dar, auf den man zusteuert.

Typische Zitate zur Illustration

▶ „Später möchte ich in einem schönen Haus leben, also keine Riesenvilla, eher so ländlich. Mit einer treuen Frau und ein bis zwei Kindern." (m, 14)

▶ „Ich plane halt mein Leben so. Ich möchte zum Beispiel in Deutschland etwas studieren, womit ich in der Türkei gut Geld verdienen kann. Das ist auch das, was ich in naher Zukunft plane." (m, 15)

▶ „Frau und Kinder und dann um Familie kümmern." (m, 15)

▶ „Ich kenn viele aus meiner Klasse, die haben ziemliche Probleme in der Familie – dass so was halt nicht passiert, wünsche ich mir." (m, 15)

▶ „Ich will halt was ganz Normales werden: Polizist, Feuerwehrmann oder Fußballer, was richtig viele sind, weil es dann auch einfacher ist." (m, 14)

▶ „Mir würde auch was Handwerkliches Spaß machen, Zimmermann oder Fliesenleger, halt irgendwas Körperliches, wo man sich auch mal richtig auspowern kann bei dem Job. Das macht schon Spaß, wenn man sieht, das hab ich gemacht." (m, 14)

▶ „Wenn Jura nicht klappt, dann würde ich es eben bei der Polizei versuchen. Aber dann auch auf der Juristenbahn." (w, 17)

▶ *„Es sollte auf jeden Fall auch Spaß machen, denn das, was du studierst, machst du dann ein Leben lang."* (m, 15)

....

▶ *„Was mir Angst macht, ist, dass man da zu viel von mir erwartet, die Arbeitgeber, wenn man eine Bewerbung schreibt und schreibt, man kann die und die Sprachen, und man war da und da, dann verlangen manche Arbeitgeber zu viel."* (w, 17)

....

▶ *„Wenn man Englisch kann, hat man eigentlich schon irgendeinen Job sicher."* (m, 15)

....

4.1.9 Politik und Gesellschaft

Die Konservativ-Bürgerlichen sind **politisch vergleichsweise interessierte und informierte Jugendliche**. Im Gegensatz zu den anderen Lebenswelten interessieren sie sich auch für im engeren Sinne politische Themen. Insbesondere Themen, die die eigene Familie bzw. die Eltern oder Großeltern betreffen, interessieren: Steuerpolitik und ihre Auswirkungen auf Hauseigentümer oder die Anhebung des Rentenalters. Aber auch Themen, die die eigene Lebenswelt betreffen, etwa Integration und Bildung, stoßen auf Interesse, und man wünscht sich Verbesserungen (bspw. Infrastruktur und Ausstattung an Schulen). Sorge bereitet vielen die wahrgenommene Zunahme wirtschaftlicher Unsicherheit. Aus der Perspektive der Konservativ-bürgerlichen Jugendlichen sollten die Anstrengungen der deutschen Regierung in erster Linie der Sicherung der nationalen Wirtschaft und inneren Sicherheit gelten – hier zeigt sich bei einigen Jugendlichen auch eine rechtskonservative Haltung. Auch im weiteren Sinne politische Themen wie „Wegwerfgesellschaft", deutsche (auch lokale) Geschichte, Naturkatastrophen stoßen auf Interesse.

Unter Politik verstehen Konservativ-Bürgerliche ausschließlich **institutionalisierte Politik**: Politik ist das, „was im Bundestag passiert", was „Angela Merkel beschließt" und worüber in der „Tagesschau berichtet wird".

Sie weisen ein oft stark **paternalistisches Verständnis von Staat und Politik** auf. In ihren Erläuterungen ist es Aufgabe der Politiker und Politikerinnen,

sich um die Belange der Menschen zu kümmern, „das Land zu managen"
und auch Dinge durchzusetzen, die nicht allen gefallen. Sie erwarten von
den Politikern, dass es für die „normalen Leute" in Deutschland eine sichere
Perspektive gibt. Man betont den Wert moralischer Prinzipien in der Politik
(Gerechtigkeit, Sorge für das Allgemeinwohl, Berücksichtigung unterschiedlicher Bedürfnisse und Nöte), fordert Altruismus im Handeln und Wirken der
politischen Akteure.

Durch den Konservativ-bürgerlich geprägten familiären Hintergrund, der
auch das Eingebundensein (der Eltern) in Vereine und Verbände beinhaltet
und damit die **Kenntnis von Abstimmungsverfahren, Verantwortungsübernahme und Mitgestaltung**, ist in dieser Lebenswelt das Verständnis
für Politik und politische Prozesse durchaus vorhanden.

Abb. 4.1.9

Konservativ-Bürgerliche
Politisches Themenspektrum

Uninteressant Indifferent Interessant

Abschiebung	Gesetzgebungsprozesse	Politiker und Politikerinnen
Anhebung des Renten-alters	Gewalt an der Schule	Politischer Extremismus
	Hartz IV	Politisches System in Deutschland
Arabischer Frühling	Häusliche Gewalt	Rassismus
Atomausstieg	Historische politische Ereignisse	Reichtumsverteilung, Armutsschere
Ausbildungsplatzsuche	Integration, Einbürgerung,	Religionsfreiheit
Datenschutz und Daten-sicherheit im Internet	Staatsbürgerschaft	Restriktionen aufgrund von Minderjährigkeit
	Internetkriminalität	
Demografischer Wandel	Islam	Schulpolitik, Schulreform
Demonstrationen	Kapitalismus	Sozialstaat, Sozialleistungen
Diskriminierung	Kindergeld	Strafzumessung
Drogenpolitik	Kommunalpolitik	Terrorismus
Einkommen und Absicherung	Kriminalität	Tierschutz
	Meinungsfreiheit	Stuttgart 21
Einkommensverteilung	Mobbing	Unterstützungsleistungen für Familien, Alleinerziehende
Eurokrise	Naturkatastrophen	Umweltschutz
Europa	Obdachlosigkeit	Verfassung/Grundgesetz/Rechts-staatlichkeit
Generationengerechtigkeit	Öffentlicher Raum (Über-wachung, Regulierung)	Wahlen
Gentrifizierung	Parteien	

Konservativ-bürgerliche Jugendliche lassen eine **Ambivalenz in der Wahrnehmung der Politikerinnen oder Politiker** erkennen. Die politischen Akteurinnen und Akteure werden einerseits als von Machtstreben und finanziellen Anreizen motiviert wahrgenommen. Wahlkampfversprechen bewertet
man als Ausgeburten des eigenen Machtstrebens und selten als ernst zu neh-
mende Veränderungsanliegen. Andererseits sieht man die Verantwortung,
die Politiker tragen, und die „Last", die sich aus der Verantwortung ergibt. Dass
Menschen sich „solche Ämter antun", verdient Respekt.

Bei den Konservativ-bürgerlichen Jugendlichen erfolgt zwar nicht explizit der
Verweis darauf, dass „früher alles besser war", aber im Kontrast zu anderen Jugendlichen haben sie ein **Wissen um die politische Geschichte Deutschlands** sowie um große politische Akteure der Vergangenheit.

Wählen wird als **Bürgerpflicht** betrachtet, der vollständig nachzukommen
auch bedeutet, sich vorab ausreichend zu informieren.

Typische Zitate zur Illustration

▶ *„Jeder hat auch mittlerweile so ein bisschen 'ne politische Einstellung, die
auch so ein bisschen gefestigt ist. Wir wissen das halt auch untereinander
voneinander, und wenn dann irgend 'ne Partei zum Beispiel jetzt mal ein
bisschen Mist gebaut hat, wird auch ein bisschen getriezt und so."* (m, 17)

▶ *„Ich schau mir auch wirklich viel Nachrichten an, verfolge Politiker und so. Das
ist ein Teil meines Lebens, sag ich mal. Wie ein Hobby ist das geworden."* (m, 15)

▶ *„Das ist halt immer das Gleiche, Politik: Jeder erzählt halt was, durchsetzen
schaffen die eh nicht, vielleicht wollen die ja, aber schaffen tun sie es meistens nicht. Und dann die Opposition, kritisiert dann andauernd und tut so,
als würde sie es besser machen können, aber kann die am Ende dann doch
nicht. Das ist eigentlich so ein Kreislauf.* (w, 15)

▶ *„Sie* [Hans-Dietrich Genscher und Konrad Adenauer] *waren halt irgendwie
nicht so, wie viele Politiker heutzutage sind, so am einen Tag sag ich des,
am anderen Tag sag ich des. Das waren halt entschlossene Politiker, die
wussten, was sie wollten. (...) Die hatten halt Charisma."* (m, 17)

▶ *„Politiker sind Vorbilder, sollten Vorbilder sein. Und Politiker sind auch Personen, an denen man sich orientieren sollte. Aber nur Politiker, die sich auch wirklich positiv verhalten."* (m, 15)

▶ *„Die meisten Kinder und Jugendlichen wissen nicht, was die Politiker da reden. Würde es andere geben, die das vernünftig erklären könnten, die wie normale Menschen sprechen. Gregor Gysi, der spricht für normale Menschen verständlich, aber den würde ich auch nicht wählen, der ist ja irgendwie so links- oder rechtsextrem oder so. Aber wenn es so einen bei der SPD oder CDU gäbe, den würde ich vielleicht wählen."* (m, 14)

▶ *„Was ich net gut find, dass man eben als Deutscher, sowie man ein bisschen patriotisch ist oder so, vorgeworfen bekommt, man wär ein Nazi. Damit sind wir halt einfach vorbestraft. (…) Also wir Deutschen halt."* (m, 17)

▶ *„Aber in Afrika oder Asien gibt es täglich Leute, die verhungern. Das ist in Deutschland ja eher der Ausnahmefall."* (m, 14)

▶ *„Ich find's ein bisschen problematisch, dass Deutschland immer anderen Ländern bei der Schuldenkrise hilft, weil ich immer denke, das wird ja dann wieder auf unsere Steuern umgeleitet."* (w, 17)

▶ *„Deshalb find ich Wahlen auch sehr wichtig, denn nur so funktioniert eine Demokratie. Und auch nur so funktioniert ein friedliches Zusammenleben."* (m, 17)

▶ *„Jeder sollte wählen gehen, denn die Entscheidungen, die dabei rauskommen, (…) die betreffen uns ja alle."* (m, 15)

4.1.10 Religion, Glaube, Kirche

Unter den Konservativ-Bürgerlichen finden sich **die gläubigsten und kirchennahsten Jugendlichen**. Für Konservativ-Bürgerliche sind **Glaube, Religion und Kirche eng miteinander verwoben**. Die institutionelle Einbettung des eigenen Glaubens ist ihnen wegen der gemeinschaftsstiftenden Dimension von Kirche wichtig.

Von einem Glaubenspatchwork halten Konservativ-Bürgerliche nichts. Glaube ist für sie nichts beliebig Zusammensetzbares. **Glaube hat für sie einen klaren Rahmen**, der durch die Kirche vorgegeben wird. Man erlebt dies nicht als mentale Einengung oder Begrenzung des eigenen „Spielraums", sondern ist froh um einen Orientierung bietenden Leitfaden. **Glaube ist ein sehr stark gemeinschaftsgebundenes Konzept**, das für Konservativ-bürgerliche Jugendliche mit Familie(ntradition) und (Kirchen-)Gemeinde verbunden ist. Individuelle Zuwendungen (zu Gott bzw. Allah) im Beten finden in Situationen statt, in denen die Jugendlichen Hilfe suchen, sich im Alltag überfordert fühlen.

Gott bzw. Allah wird als „autoritärer Freund" betrachtet: Man geht davon aus, dass man von ihm nicht im Stich gelassen wird – v.a. dann nicht, wenn man Glaube auch praktiziert. Vor dem Hintergrund dieser Gottesehrfurcht sind Konservativ-bürgerliche Jugendliche gerne bereit, in ihren Glauben zu „investieren".

Was ihren Glauben betrifft, stehen die Jugendlichen generell in der Tradition ihrer **Eltern**. Es steht nicht in Frage, die Glaubens- bzw. Religionsgemeinschaft, in die man qua Geburt aufgenommen wurde, in Frage zu stellen oder gar zu verlassen. Für Jugendliche aus dem Osten Deutschlands beinhaltet die Konservativ-bürgerliche Lebensstilorientierung üblicherweise keine religiöse Komponente, weil sie nicht religiös erzogen wurden.

Die christlichen Konservativ-bürgerlichen Jugendlichen beobachten eine Erosion bzw. ein Abbröckeln des christlichen Fundaments in der Gesellschaft, die Kirchen bleiben jedoch die vertrauenswürdigsten und damit wichtigsten Sinnanbieter.

Von allen jugendlichen Lebenswelten hat Kirche unter den Konservativ-Bürgerlichen noch die größte Bedeutung. Für christliche Konservativ-bürgerliche Jugendliche ist **Religiosität ohne Kirchenmitgliedschaft kaum denkbar**. Sie messen Religiosität nicht zuletzt am Grad der Bindungs- und Verpflichtungsbereitschaft zur Institution Kirche, was in den anderen Lebenswelten kaum der Fall ist. Während man Nicht- und Andersgläubigen gegenüber tolerant ist, nimmt man diejenigen Kirchenmitglieder in die Kritik, die „nur auf dem Papier" Teil der Kirche sind, aber den religiösen Pflichten nicht nachkommen ("Das ist Betrug"). Ihnen unterstellt man, die Kirche zu schröpfen, indem man kirchliche Dienstleistungen in Anspruch nimmt, ohne sich jedoch als Teil der kirchlichen Gemeinschaft zu sehen.

Die **Kirche ist für viele ein wichtiger Anlaufpunkt im Alltag**. Sie steht für Friede, Geborgenheit und Stabilität. In keiner anderen jugendlichen Lebenswelt werden Kirchgänge weniger hinterfragt als bei den Konservativ-Bürgerlichen, jedoch sind sie auch hier keine wöchentliche Selbstverständlichkeit. Auch wenn man eher selten in die Kirche geht, findet man es beruhigend, zu wissen, dass sie ein ständig verfügbarer Ort des Rückzugs ist, ein sicherer Hafen. Zwar werden kirchliche Angebote bisweilen als langweilig und nicht jugendgerecht kritisiert, darin wird aber noch lange kein Grund gesehen, sich von ihr abzuwenden ("Kirche ist eben so"). Was sich lange bewährt hat, darf aus Sicht der Konservativ-Bürgerlichen nicht dem Zeitgeist zum Opfer fallen. Konservativ-Bürgerliche schätzen an Kirche das Verbindliche und Verbindende.

Konservativ-Bürgerliche **suchen in der Kirche v. a. Anschluss und Gemeinschaft**. Man nimmt den Vorwurf der Peers zwar wahr, dass in der Kirche nur "uncoole" Jugendliche anzutreffen sind, ist aber froh darüber, dass es Orte gibt, in denen Jugendliche relativ ungeachtet ihrer Lifestyle-Präferenzen akzeptiert werden. Sie schätzen die soziale Qualität kirchlicher Vergemeinschaftung: Hier steht die Gruppe und nicht das Individuum im Vordergrund. Konservativ-bürgerliche Jugendliche schätzen an kirchlichen, insbesondere jugendkirchlichen Vergemeinschaftungkontexten, dass sie dort mit ihrer Sicht auf die Welt, ihren Werthaltungen, ihrer Sinnsuche und ihren Bewältigungsstrategien hinsichtlich gegenwärtiger und erwarteter Unsicherheitserfahrungen eine **Anlaufstelle** haben und eine **intensive Gemeinschaft** erfahren können. Dort können sie mitreden und werden mit ihren (oft ähnlichen) Alltagsproblemen ernst genommen, während sie die Erfahrung machen, dass dies in anderen Szenekontexten oft nicht der Fall ist. Kirchlich organisierte Jugendliche schätzen also nicht nur den Austausch mit anderen Jugendlichen über religiöse und kirchliche, sondern v. a. auch persönliche Themen.

Es kann vermutet werden, dass Konservativ-Bürgerliche auch daraus Selbstbewusstsein schöpfen, dass sie innerhalb der Kirche – v. a. von den hauptamtlichen Erwachsenen – bisweilen als **„Avantgarde"**, „Zukunft der Kirche" oder „Hoffnungsträger der Gemeinden" gesehen werden. In „außerkirchlichen" Alltagszusammenhängen machen sie hingegen die gegensätzliche Erfahrung. Sie gelten gerade wegen ihres kirchlichen Engagements als **„Langweiler"**. Praktizierter Glaube gilt insbesondere in den modernen und postmodernen Lebenswelten als uncool und wird bisweilen konsequent ausgegrenzt.

Nach Konfirmation bzw. Firmung verlieren jedoch auch viele der Konservativ-bürgerlichen Jugendlichen den regelmäßigen Kontakt zur Kirche. Vor allem für die, deren Eltern nicht regelmäßig den Gottesdienst besuchen, gibt es **kaum noch Berührungspunkte**. Die Jugendlichen verweisen jedoch darauf, dass dieser „später" wieder zunehmen wird. Selbstverständlich sieht man die Kirche als wichtigen Bestandteil der zentralen Etappen des weiteren Lebensverlaufs: Man möchte selbstverständlich kirchlich heiraten und die Kinder taufen lassen.

Vor allem dann, **wenn der eigenen Familie etwas zustoßen würde**, kann man sich vorstellen, sich mit diesen Sorgen an die Kirche und ihre Vertreterinnen und Vertreter zu wenden.

Typische Zitate zur Illustration

▶ *„Ich bin schon gläubig eigentlich, ich war jetzt aber nie der, der immer gebetet hat oder sonntags in die Kirche gegangen ist oder so."* (m, 17, evangelisch)

▶ *„Ich bin Christ und gehe auch eigentlich regelmäßig in die Kirche mit meiner Familie."* (m, 14, katholisch)

▶ *„Was im Koran steht, ist für mich Gesetz."* (m, 15, muslimisch)

▶ *„So ein bisschen kann einen Gott ja beschützen, wenn es den denn gibt. Die meisten denken ja, dass es eine Evolution gab, und das glaube ich ja auch, aber es kann ja auch sein, dass es so eine höhere Macht gibt, die einen dann auch beschützt."* (m, 14, katholisch)

▶ „Es gibt in unserer Religion Sachen, die einem nicht passen. Die muss man aber akzeptieren." (m, 15, muslimisch)

▶ „Ich denke mal, dass die meisten wahrscheinlich denken, dass es dumm ist, in die Kirche zu gehen, dass man dann out ist. Weil die meisten denken, dass die Kirche langweilig ist. So ein bisschen stimmt das ja auch, aber es gibt ja auch viele Messdiener, und die haben ja auch viele Freunde." (m, 14, katholisch)

▶ „Viele sind nur auf dem Papier Christ, und viele von denen machen das ei-gentlich nur, um Geld zu kriegen, glaube ich, weil, wenn man halt Christ ist, dann hat man halt auch irgendwann Kommunion und bekommt dann viel Geld geschenkt." (m, 14, katholisch)

▶ „Religion ist etwas, das bestimmt zwar mein Leben, aber es ist halt nicht so extrem, dass ich zum Beispiel gar nichts mehr draußen mache oder so, son-dern das ist halt einfach ein Teil meines Lebens, ein Teil wie Familie, Freunde. So zum Beispiel ich geh raus mit Freunden und mach irgendwas, aber komm dann auch nach Hause und bete dann auch. Es ist nicht so, dass ich etwas mache und das andere vernachlässige ich dann." (m, 15, muslimisch)

▶ „Immer beim CVJM komm ich in Verbindung mit dem Thema Glauben." (m, 17, evangelisch)

▶ „Ich denk, Nächstenliebe ist im Prinzip so das Zentrale, der Markenkern vom Christentum." (m, 17, evangelisch)

4.1.11 Engagement

Konservativ-bürgerlichen Jugendlichen geht es darum, sich in einem beste-henden System so einzurichten, dass man unauffällig durchs Leben kommt, und nicht, sich gegen eine etablierte Ordnung aufzulehnen. **Konservativ-Bürgerliche setzen sich dafür ein, Verhältnisse stabil zu halten.** Es bedarf einiger Überzeugungskraft, sie für Veränderungen, die ins Ungewisse führen und für sie eingeschliffene und bewährte Selbstverständlichkeiten aushebeln könnten, zu gewinnen.

Sie sind eher zu Engagement zu bewegen, wenn sie das Gefühl haben, **sich nicht gegen, sondern für etwas einzusetzen** – insbesondere im eigenen unmittelbaren sozialen Nahraum. Konservativ-bürgerliche Jugendliche erwarten Dankbarkeit für ihr Engagement, würden diese aber nicht offensiv einfordern. Man vertritt die Haltung, dass **Menschen in einer Gemeinschaft für Veränderung sorgen** können und Handlungen Einzelner „eher verpuffen".

Engagement-Angebote sind besonders attraktiv, wenn es **klar abgesteckte Verantwortlichkeiten** gibt. Mit Autoritäten haben sie keine Probleme. Konservativ-Bürgerliche wünschen **strukturierte Führung und Anleitung** und schrecken zurück, wenn sie ins „kalte Wasser geschmissen werden". Wichtig ist daher auch die Einbettung in eine Gruppe, Engagement als „Einzelkämpfer" ist nicht Sache der Konservativ-bürgerlichen Jugendlichen. Im Gegensatz zu den Jugendlichen in den postmodernen Lebenswelten haben Konservativ-Bürgerliche keine grundsätzliche Skepsis in Bezug auf längerfristiges Engagement – im Gegenteil: Viele sind der Meinung, dass nur über **Kontinuität des Engagements** auch Erfolge erzielt werden können.

Generell gilt für Konservativ-bürgerliche Jugendliche: Lasst uns **vernünftig** bleiben. Die aus Wahrnehmung der Konservativ-Bürgerlichen „neumodischen" oder radikalen Protestformen beobachtet man interessiert, aber äußerst skeptisch. Insbesondere wenn der ästhetische Ausdruck des Engagements eine Nähe zu radikalen Gruppen vermuten lässt, werden Konservativ-bürgerliche Jugendliche abgeschreckt (z. B. „schwarze Block", Hausbesetzer, radikale Tierrechtler). Auch für ironische Überhöhungen, Zynismus und Sarkasmus haben Konservativ-Bürgerliche im Rahmen von sozialem oder politischem Engagement nur wenig übrig. So werden beispielsweise Street-Art, Carrot-mobs, Radical Puppetry als „unseriös", „belanglos", „überzogen" und „wirkungslos" kritisiert – sofern diese Formen überhaupt bekannt sind.

Begriffe bzw. **Konzepte wie Rebellion, Subversion, Protest, Utopie wirken auf Konservativ-bürgerliche Jugendliche eher abschreckend und befremdlich**, weil sie mit der Terminologie von „Radikalen", „Unverbesserlichen", „Weltverbesserern" assoziiert werden – Menschen, von denen man sich distanziert und deren Kontakt man scheut. Konservativ-Bürgerlichen ist es wichtig, dass eine Bewegung aus der Mitte der Gesellschaft kommt, nicht von ihren extremen Rändern. Für etablierte Hilfsorganisationen äußern Konservativ-bürgerliche Jugendliche große Sympathien.

Die großen, etablierten Organisationen sozialen Engagements sind weitgehend bekannt, und deren Arbeit wird sehr gelobt (v. a. die der Ehrenamtlichen).

Typische Aussagen zur Illustration

▶ *„Eine Person alleine kann nicht so viel verändern, aber viele zusammen können das."* (m, 14)

▶ *„Ich bin der Meinung, wenn sich da jetzt ein paar gerade in meinem Alter zusammengruppieren und irgendeinen Protest dann anzetteln, dass das nichts bringt und sich dann auch negativ auf meine eigene Persönlichkeit auswirkt, insofern, dass man mit irgendwelchen Gruppierungen in Verbindung gebracht wird, die dann halt sich nicht mehr so ans Gesetz halten."* (w, 17)

▶ *„Eine gute Sache ist, dass es hier in Deutschland mit den Demonstrationen nicht immer so ausartet wie zum Beispiel in Frankreich."* (m, 15)

▶ *„Für die Umwelt insgesamt – da sollte man sich schon einsetzen, weil man ja selber davon profitiert."* (m, 14)

▶ *„Man hat ein Stadtfest, da würd ich zum Beispiel 'nen Stand aufmachen und zum Beispiel den deutschen Bürgern versuchen unsere türkische Kultur zu zeigen, damit die auch uns besser verstehen."* (m, 15)

▶ *„Vor Ehrenamtlern generell sollte man viel Respekt haben. Die machen oftmals mehr als das Jugendamt oder so, die dafür eigentlich zuständig sind."* (m, 17)

▶ *„Ich finde es gut, wenn sich Leute für die Umwelt einsetzen oder für andere Menschen."* (m, 15)

▶ *„Ich kann mir auch vorstellen, später zum Beispiel selbst auch was zu machen in der Politik, Politiker zu werden oder so."* (m, 15)

4 LEBENSWELTEN DER 14- BIS 17-JÄHRIGEN IM DETAIL

4.2 ADAPTIV-PRAGMATISCHE

4.2 ADAPTIV-PRAGMATISCHE

Kurzprofil
Der leistungs- und familienorientierte moderne Mainstream
mit hoher Anpassungsbereitschaft

4.2.1 Wohnbilder

Adaptiv-Pragmatische
Der leistungs- und familienorientierte moderne
Mainstream mit hoher Anpassungsbereitschaft

Abb. 4.2.1

4.2.2 Lebensweltliche Basisorientierungen

Adaptiv-pragmatische Jugendliche kombinieren **die bürgerlichen Grund-werte und Tugenden** wie Ehrlichkeit, Respekt, Vertrauen, Pünktlichkeit und Fleiß mit **modernen und hedonistischen Werten** wie Freiheit, Offenheit, Unvoreingenommenheit, Spaß und Humor.

Anpassungs- und Kompromissbereitschaft sowie Realismus bezeichnen sie als ihre Stärken. **Ideologien** stehen diese Jugendlichen **skeptisch** gegen-über. Ihre Werte und ihr Lebensstil sind der **Maßstab für Normalität**. Sie orientieren sich nicht an Utopien, sondern am Machbaren. Sie basteln keine Entwürfe für eine „bessere Welt", sondern versuchen, ihren **Platz in der Mitte der Gesellschaft** zu finden und mit den Gegebenheiten zurechtzukommen. Sie möchten ein **sicheres und geordnetes Leben**, nehmen gleichzeitig aber wahr, dass ihnen in Zukunft ein **hohes Maß an Flexibilität und Selbstmanagement** abverlangt werden wird. Man klagt aber nicht, sondern findet sich damit ab – es gilt ja für alle anderen Jugendlichen gleichermaßen.

Adaptiv-pragmatische Jugendliche haben **einen Plan für ihr Leben**. Sie wollen eine **gesicherte Zukunft**, ein wohlgeordnetes Leben mit einem **guten Beruf**, einer **netten Familie** und einem **schönen Zuhause**. Im Leben von Adaptiv-pragmatischen Jugendlichen ist es wichtig, **vorausschauende und sinnvolle Entscheidungen** zu treffen. Wer früh aufstehen muss, der muss eben auch früh ins Bett gehen. Man versteht sich als **solide, aber nicht langweilig**. Man ist **heimatverbunden, aber flexibel**, wenn sich dies aus familiären oder beruflichen Gründen ergeben sollte.

Soweit es möglich ist, orientiert sich das Leben der Adaptiv-pragmatischen Jugendlichen an den gültigen **Normen und Regeln**. Wer Regeln verletzt, bekommt eine **gerechte Strafe**. Wer seine Aufgabe besonders gut erfüllt, verdient **Lob und Anerkennung**. Sie bejahen die **gesellschaftliche Ordnung** und schätzen das deutsche Wirtschafts- und Sozialsystem. „So schlecht sieht es doch in Deutschland im Vergleich zu anderen Ländern nicht aus."

Adaptiv-pragmatische Jugendliche legen Wert auf einen **sozial rücksichtsvollen Umgang**. Man gibt sich nett und liebenswürdig, eckt möglichst nicht an, schreit nicht oder verhält sich gar hinterhältig. Ihr Auftreten ist selbstbewusst, aber unaufdringlich. Wenn Adaptiv-Pragmatische aus ihren Routinen ausbrechen und **„mal was Verrücktes machen"**, übertreiben sie es nicht, sondern sind im besten Fall auf „brave Art ein bisschen wild". In keinem Fall würden sie etwas Gesetzeswidriges tun. „Ich hab nix bei der Polizei vorliegen, und das wird auch so bleiben."

Adaptiv-pragmatische Jugendliche sehen sich als **verantwortungsbewusste Bürgerinnen und Bürger**, die künftig pünktlich Steuern zahlen und dem Staat nicht auf der Tasche liegen wollen. Vermittelt über die Tischgespräche zu Hause, nimmt man auf, dass man immer mehr zwischen Eliten („Chefs", „Banker", „Bonzen"), die sich auf Kosten anderer bereichern, und „Leistungserschleichern" eingezwängt ist. Es findet eine **deutliche Abgrenzung gegenüber „faulen Menschen"** statt. Man möchte zu den Menschen gehören, die **im Leben viel erreichen**, sich **Ziele setzen** und diese **konsequent, fleißig und selbstständig** verfolgen. Sie werden versuchen, ihr „Bestes zu geben", und die Hoffnung nie aufgeben. Der Maßstab sind dabei die Etappenziele der bürgerlichen Normalbiografie, d.h. erfolgreicher Einstieg in das Berufsleben, Familiengründung und Aufbau eines Zuhauses. Nicht wenige Adaptiv-pragmatische Jugendliche orientieren sich am amerikanischen Lebenstraum eines selbstbestimmten und modernen Lebens in **Wohlstand und Harmonie**.

Abb. 4.2.2

Werte-Universum der Adaptiv-Pragmatischen

POSTMATERIALISMUS

STABILITÄT

VERÄNDERUNG

Multikulturelle Integration · Gleichheit · Nächstenliebe · Unabhängigkeit · Abenteuer · Spontanität · Toleranz · Einfühlungsvermögen · Solidarität · Mut · Fairness · Gerechtigkeit · Diversity · Selbstverwirklichung · Gemeinwohl · Selbstlosigkeit · Natürlichkeit · Nachhaltigkeit · Individualität · Veränderung · Gemeinschaft · Authentizität · Freiheit · Mobilität · Zusammenhalt · Demokratie · Kreativität · Flexibilität · Fürsorglichkeit · Natur · Bildung · Kunst · Spiritualität · Verantwortung · Selbstständigkeit · Unverfälschtheit · Experimentierfreude · Zugehörigkeit · Anpassungsbereitschaft · Einzigartigkeit · Ekstase · Liebe · Bindung · Vertrauen · Genuss · Eleganz · Freizügigkeit · Ordnung · Sicherheit · Ehrgeiz · Zielstrebigkeit · Spaß · Hipness · Fantasie · Treue · Disziplin · Anerkennung · Prestige · Erfolg · Leistung · Attraktivität · Sexualität · Sparsamkeit · Ehrlichkeit · Coolness · Zuverlässigkeit · Kontrolle · Macht · Fitness · Technologischer Fortschritt · Bodenständigkeit · Ausdauer · Karriere · Kontinuität · Herkunft · Fleiß · Stärke · Zufriedenheit · Glaube · Wirtschaftliches Wachstum · Unverblümtheit · Aggressivität · Gehorsam · Familie · Anstand · Direktheit · Kühnheit · Pflichtbewusstsein · Heimat · Patriotismus · Wohlstand · Widerspenstigkeit · Religiosität · Ehre, Respekt · Vermögen · Berühmtheit · Protest · Bescheidenheit · Komfort · Luxus · Extravaganz · Traditionsbewusstsein · Geld · Materieller Überfluss

MATERIALISMUS

Grüne Einfärbung: Werteaffinität, rote Einfärbung: Wertedistanz

Adaptiv-pragmatische Jugendliche streben nach **Wohlstand**, jedoch nicht nach übertriebenem Luxus, „so Riesenhaus und 'nen Ferrari" brauchen sie nicht. Ausreichend Geld für ein **schönes Leben** ist das Lebensziel. Wünschenswert ist, sowohl heute als auch in der Zukunft einen **angenehmen Rückzugsort** zu haben, an dem man sich von den Herausforderungen des Alltags erholen kann. Der **Besitz von Dingen** – z. B. ein Auto, ein Haus oder eine schöne Wohnungseinrichtung – hat eine hohe Bedeutung. Geiz wird als unsympathisch empfunden. Ihr Konsuminteresse ist durchaus ausgeprägt, unterliegt aber stark rationalen Entscheidungen. Technische Geräte sind immer zuerst ein Gebrauchsgegenstand und erst dann ein Statussymbol. Kleidung soll modisch, muss aber auch funktional sein. Sie machen Trends massentauglich, haben eine hohe Strahlkraft in unterschichtige und traditionellere Lebenswelten.

Die Familie gibt dem Leben Sinn. Die wichtigsten Menschen im Leben sind die Mitglieder der eigenen Familie. Dies gilt auch dann, wenn die Familie durch die Trennung der Eltern oder andere Umstände aktuell nicht zusammenlebt. Zu dieser Familie gehören – insbesondere bei Jugendlichen mit Migrationshintergrund – neben Eltern und Geschwistern auch Großeltern, Tanten und Onkel, Cousins und Cousinen, Nichten und Neffen. Die Familie ist der Ort, wo man **Schutz** erhält, **Unterstützung** bekommt und **Geborgenheit** erfährt. Auch wenn der Abnabelungsprozess von den Eltern beginnt, bleibt Familie ein wichtiger Bezugspunkt, allerdings fordert man von sich selbst dann mehr **Selbstständigkeit und Eigenverantwortung**.

An zweiter Stelle, manchmal fast gleichrangig mit der Familie, kommen die **Freundinnen und Freunde**. In einem überschaubaren Freundeskreis hat man einige beste Freundinnen und Freunde, mit denen man **über alles reden** kann, sich gegenseitig hilft und vertraut, loyal ist und durch **dick und dünn** geht. Ein guter Tag ist ein Tag mit Freunden, denn „wenn's ein schöner Tag mit meinen Freunden war, dann fühl ich mich wohl".

Mann und Frau werden als grundsätzlich **gleichberechtigt** verstanden, trotzdem wird ein gewisses Maß der **Einhaltung der traditionellen Geschlechterrollen** erwartet – z. B.: Mädchen machen keinen Kampfsport, und Jungen interessieren sich eher für Autos als für Mode.

Adaptiv-pragmatische Jugendliche mit Migrationshintergrund zeigen einen **deutlichen Integrationswillen**. Es gibt eine große **Wertschätzung für Deutschland** und seine Vorteile im Bildungs- und Sozialsystem, man sieht die persönlichen Chancen zur Zugehörigkeit und Teilhabe. Ebenso werden aber auch die **Vorteile und Werte der Herkunftskultur** gesehen, z. B. der engere soziale Zusammenhalt, mehr Offenheit unter den Menschen und mehr Lebensfreude. Man erkennt die bi- oder **multikulturellen Wurzeln als Ressourcen** im Hinblick auf Sprache, interkulturelle Kompetenz und beruflichen Erfolg. Eine **doppelte Staatsbürgerschaft** würde man begrüßen, weil sie der eigenen Identität am ehesten entspricht.

Typische Zitate zur Illustration

▶ *„Ich will 'ne gesicherte Zukunft haben, also 'nen Job."* (m, 15)

▶ *„Zukunftswünsche, die ich mir vorstelle: Haus, Familie, genügend Geld. Genügend Geld, um ein angenehmes Leben zu führen, die Kinder müssen ja auch irgendwie bezahlt werden. Oder auch in den Urlaub fahren zu können. So dass man nicht vom Staat leben muss oder so."* (w, 17)

▶ *„Ohne Familie wäre doch leicht depressiv, also ohne Familie wäre das doch schon ziemlich schade auch, keine Ahnung, die sind immer für einen da und helfen einem."* (m, 15)

▶ *„Mit Freunden kann man sich streiten. Freundschaften kommen und gehen, aber mit der Familie ist das so – man kann sich auch streiten, aber man ist trotzdem noch irgendwie verbunden."* (m, 15)

▶ *„Wichtig ist mir eigentlich, dass, zum Beispiel wenn man jemanden trifft, den man eigentlich noch gar nicht kennt, dass man eben respektvoll dem gegenüber ist."* (m, 15)

▶ *„Man darf nicht faul sein, man braucht nicht der klügste Mensch der Welt sein, aber man sollte schon Ahnung von etwas haben und auch Allgemeinwissen."* (w, 15)

▶ *„Integration heißt für mich, dass man sich als Ausländer in Deutschland ein-bringen sollte." (w, 15)*

▶ *„Wir leben in Deutschland in einer Mischkultur, ein bisschen eritreisch, ein bisschen deutsch. Aber ich glaub schon, dass ich integriert bin." (w, 15)*

4.2.3 Das gibt meinem Leben Sinn

Abb. 4.2.3

Adaptiv-Pragmatische
Collage „Das gibt meinem Leben Sinn"

Mädchen, 16

Adaptiv-Pragmatische

Abb. 4.2.4

Collage „Das gibt meinem Leben Sinn"

Mädchen, 17

Junge, 14

Adaptiv-Pragmatische

Collage „Das gibt meinem Leben Sinn"

Junge, 15

Abb. 4.2.5

4.2.4   Kulturelle Orientierung, Freizeit

Adaptiv-pragmatische Jugendliche verbinden mit Kultur in erster Linie **Unterhaltungs-, Erlebnis- und Entspannungsansprüche**. Die **Teilhabe am popkulturellen Geschehen** und der modernen Freizeitkultur ist ihnen wichtig. Eine konzentrierte, intellektuelle Auseinandersetzung mit Kultur ist jedoch die Ausnahme. Weil sie sich nicht vertieft für kulturelle Entwicklungen und Strömungen interessieren, sind für sie **starre kulturelle Dichotomien** wie „Underground versus Mainstream" oder „Hochkultur versus Popkultur" **eher bedeutungslos**. Sie hören die Musik, sie sehen die Sender, und sie schauen die Filme, die scheinbar „alle" sehen, wobei sie auf ein „gewisses Niveau" achten.

Bei **Kino-Filmen** (Action, Liebesfilme, Komödien) und **Fernsehserien** (Vor-abendserien, amerikanische Serien, Comic-Serien) folgen Adaptiv-pragma-tische Jugendliche dem **aktuellen Programmangebot**. Sie sind in der Re-gel durch Rezensionen im Internet oder in der Zeitung **gut informiert** und tauschen sich mit Freundinnen und Freunden darüber aus. Am liebsten geht man mit **der Clique gemeinsam ins Kino**. Wenn viele Freundinnen und Freunde mitgehen, geht man auch mal in einen Film, der sonst vielleicht nicht so interessant gewesen wäre. Es gibt Filme, „die man halt kennen muss, weil alle sie kennen". Multiplex-Kinozentren werden ebenso wenig gegen „kleine Programmkinos" wie Privatsender gegen öffentlich-rechtliche Sender ausge-spielt. **Die Wahl** des Kinos und des Senders **wird pragmatisch vom Ange-bot, von dem Zeitpunkt und dem sozialen Anlass abhängig gemacht**.

Nicht die Location oder der Sender ist entscheidend, sondern **das Ange-bot – es soll vor allem unterhalten und nicht anstrengend** sein. Eher unbeliebt sind problemorientierte, sehr gewaltsame oder komplexe Filme („mit offenem Ende"). Ebenso wird das **Theater eher distanziert betrachtet**, weil es als „übertrieben" und schwer verständlich wahrgenommen wird. Eine beliebte Ausnahme beim Bühnenprogramm bildet das **Musical**, das von vie-len gerne gesehen und gehört wird.

Adaptiv-pragmatische Jugendliche hören den **populären Mainstream**, je-weils individuell angereichert mit Stücken aus den Bereichen Musical, Klas-sik **oder anderen Musikrichtungen, die ihnen besonders gut gefallen**. Man möchte sich nicht in eine Sparte pressen lassen, identifiziert sich auch nicht besonders mit einer Musikrichtung, und ausdrückliche Ablehnung wird höchstens gegenüber Schlager und Volksmusik formuliert.

Musik zu „besitzen" ist für die Adaptiv-pragmatischen Jugendlichen kaum noch von Relevanz. Vieles wird weder gekauft noch getauscht, sondern über den **Livestream und Youtube** konsumiert. Besitz liegt überwiegend in Form von **MP3-Dateien** vor, die man selbst heruntergeladen **oder von Freun-dinnen und Freunden bekommen hat**. Nur der kleinere Teil der Musik wird auf CDs gekauft, obwohl diese immer noch als sicherer gegenüber Datenver-lust gelten als die MP3-Dateien auf der Festplatte.

Hin und wieder werden **Pop-Konzerte, eine Disko oder Partys** besucht, dies hat aber keine besonders hohe Bedeutung und ist begrenzt durch die altersbedingte Immobilität (vor allem auf dem Land), die mangelnden finanziellen Ressourcen und die Regeln der Eltern. Manchmal geht man auch noch gemeinsam mit den Eltern auf ein Konzert zu einer Band, die allen gefällt. Oder man besucht die näher gelegenen Konzerte regionaler Bands im Umkreis.

Die **Mädchen lesen insgesamt deutlich häufiger**, vor allem **Romane, Fantasy-** und andere populäre Bücher, z.B. Twilight, Harry Potter. Jungen lesen nicht so häufig, bei ihnen sind ebenfalls Fantasy-Bücher (Eragon) und **Sachbücher** beliebt. Bücher, sind gut, wenn sie unterhalten oder wenn man „etwas verstehen und lernen kann". **Zeitschriften** werden sowohl von Mädchen (Mode) als auch von Jungen (Auto) gelegentlich durchgeblättert. Die **Zeitung** wird in die Hand genommen, wenn man sich – aus eigenem Interesse oder für die Schule – über das Tagesgeschehen informieren will. An das Schreiben von eigenen Texten (Gedichte, Lieder) wagen sich nur sehr wenige.

Die Adaptiv-pragmatischen Jugendlichen folgen modisch den **aktuellen Trends der großen Modeketten**. Es ist wichtig, **„gut angezogen"** zu sein. Beim Stadtbummel und beim Online-Shopping wird in den entsprechenden Läden, auch online, eingekauft, z.B. H&M, Zalando. Für **Mädchen** gehört Mode zu den häufiger genannten **Interessenschwerpunkten**.

Adaptiv-pragmatische Jugendliche haben häufig **Hobbys**, wobei auch dies bei den Mädchen deutlicher ausgeprägt ist als bei den Jungen: Klavierunterricht, Schlagzeug, Singen, Reiten, Tanzen. Diese Hobbys stehen aber immer nur an zweiter Stelle und werden **im Zweifelsfall zugunsten des Schulerfolges aufgegeben**. In der Regel finden diese Aktivitäten in einem organisierten (Musikschule, Tanzstunde, Chor) oder privaten (eigener Musiklehrer), aber immer im angeleiteten Umfeld statt.

Unter den Hobbys und Freizeitbeschäftigungen spielt **Sport eine besonders wichtige Rolle:** Fitness, Fußball, Leichtathletik, Mannschaftssport, Rudern u.v.m. **Die Motive für den Sport sind vielfältig.** Den einen geht es um die Gesundheit, den anderen um das gute Aussehen, oft wird der Sport nur zum Spaß, vereinzelt aber auch als Leistungssport betrieben. Wenn man

Trendsportarten wie Snowboarden oder Surfen betreibt, beobachtet man die dazugehörigen Szenen und Leitfiguren zwar mit Faszination, aber aus der Distanz. Man selbst hat zumeist weder das Können noch den Ehrgeiz, zum engeren Zirkel einer Szene dazuzugehören. Zum sportlichen Interesse gehört auch der **Besuch von Sportereignissen**, z. B. ein Spiel der heimischen Mannschaft im Fußballstadion oder die Fahrt zu einem Eishockey-Match.

Ihre Freizeit nutzen die Jugendlichen eher selten gezielt für **Bildung**. Zwar ist man der Meinung, immer und überall etwas zu lernen, beispielsweise im Fernsehen („Galileo") oder durch Eltern und Freunde, jedoch kommt es eher selten vor, dass man unabhängig vom „Lernen für Klausuren" oder Hausaufgaben den Unterricht vor- oder nachbereitet oder darüber hinaus versucht, sich weiterzubilden. Für Themengebiete, die Spaß bringen und von denen man sich verspricht, dass diese einem im späteren Leben von Nutzen sein werden, ist man bereit, Freizeit zu opfern (z. B. Einarbeitung in Software wie Photoshop, PowerPoint).

Abb. 4.2.6

Adaptiv-Pragmatische
Wofür interessierst du dich?

- Mode
- Musik
- Sport
- Klavier spielen
- Reiten
- Design

Mädchen, 17

Für meine Hobbys Segeln & Dirtbiken.
Für meine Freunde & Familie die mir am wichtigsten sind.
Für Mädchen.
Für die Arbeit der Polizei weil es mein Traum ist da später zu arbeiten und weil es mich sehr interessiert.
Für Musik.

Junge, 15

Wofür interessierst du dich überhaupt nicht?

Politik, Wirtschaft

Junge, 15

Fußball, Formel 1, Politik,

Junge, 15

Insgesamt haben Adaptiv-pragmatische Jugendliche durch Schule, Familie, Hobbys und Sport viele feste Termine im Wochenablauf und einen **verplanten und vollen Alltag**, in dem die Zeit manchmal knapp wird. Zwar werden auch Pausenzeiten in der Schule oder die Zeit mit der Familie als Freizeit gesehen, Freizeit im Sinne von ungeplanter Zeit beschränkt sich für die meisten Jugendlichen jedoch auf den späten Nachmittag nach den Hausaufgaben, den Abend und die Wochenenden. Diese wird dann mit Freunden, mit Bummeln und Kaffeetrinken, dem Internet, Fernsehen, DVDs, Musikhören oder Spielen zugebracht. Wichtig ist, dass etwas **Interessantes und Lustiges in der Freizeit** passiert. Nur Jugendliche **in ländlichen Regionen** klagen hin und wieder über **mangelnde Freizeitmöglichkeiten**.

Typische Zitate zur Illustration

▶ „Ich bin modern, was Altes von Musik kommt für mich gar nicht in Frage." (w, 15)

▶ „Ich richte mich auch nach anderen. Also wenn jetzt 'n Film kommt, worüber alle reden, dann guck ich mir auch schon mal 'nen Film an, den ich eigentlich schon vom Titel her nicht gucken würde, oder auch bei Klamotten guck ich, dass ich nicht zu auffällig bin. Ja, ich richte mich nach anderen, in einigen Punkten bin ich aber lieber speziell." (w, 15)

▶ „Ich hab nichts gegen klassische Musik, aber, keine Ahnung, ich hör das einfach nicht so oft." (m, 15)

▶ „Ich habe eigentlich so alles, was ich will, ich geh nebenher in der Freizeit noch zum Gesangsunterricht und hab Klavierunterricht." (w, 14)

▶ „Ich fahre auch gerne mal mit meinem Hund Fahrrad, weil, wenn man hier so den Weg hochfährt, dann ist da oben 'ne Bank, und da ist 'n Baum, und der ist ganz rund, da sind halt Bienen und so was drin und Hummeln. Da kann man sich halt auf die Bank setzen und einfach mal die Natur genießen und nachdenken." (w, 15)

▶ [zum Thema Freizeit] *„Manchmal wird's knapp, wenn ich zum Beispiel noch
Schlagzeug hab, oder ich wollte jetzt Freitag auch noch mit Boxen anfangen.
(…) Ja, wenn man dann zum Beispiel zwei Arbeiten schreibt, dann muss man
direkt von der Schule noch zum Schlagzeug, und dann musst du noch irgendwas mit der Familie machen, wo die dich dazu verdonnern, so ‚du musst jetzt
kommen' – keine Ahnung, dass man kaum Zeit für sich hat."* (m, 15)

4.2.5 Vergemeinschaftung

Der **soziale Nahraum** mit Familie und Freundinnen und Freunden bildet den
Mittelpunkt des Alltags der Adaptiv-pragmatischen Jugendlichen. Innerhalb
eines überschaubaren und verlässlichen Umfeldes ist man über Internet und
Handy **gut eingebunden und vernetzt**. Hier sind die Menschen, mit denen
man **auf einer Wellenlänge** ist, die ähnliche Interessen, Ansichten und „die
gleichen Träume" haben.

Freundinnen und Freunde hat man vor allem aus der **Schule**, aus der **Nach-
barschaft** („Sandkastenfreunde") und dem **Vereinsleben**. Eine Handvoll Menschen zählen üblicherweise zum engsten Freundeskreis. Außen herum gibt
es eine größere Anzahl von „Bekannten", die man allerdings deutlich von den
Freundinnen und Freunden unterscheidet. Grundsätzlich möchte man **mit
allen gut auskommen**.

Die Freundeskreise der Adaptiv-Pragmatischen sind meist geschlechterhete-
rogen strukturiert. Während bei Jugendlichen ohne Migrationshintergrund
der Freundeskreis fast nur aus deutschen Jugendlichen besteht, ist dieser bei
Jugendlichen mit Migrationshintergrund eher international angelegt. Dabei
ist es den Jugendlichen wichtig, auch Freunde aus dem gleichen Herkunftsland zu haben („Wir-Russen-Gefühl").

Soweit es der voll geplante Alltag zulässt, sieht man die Freundinnen und
Freunde fast täglich. **Freundschaft hat einen hohen Wert**, der sich darin

zeigt, dass man füreinander da ist, sich hilft und gegenseitig vertraut. Man trifft sich mit der ganzen Clique, gerne auch mal nur zu zweit mit dem besten Freund oder der besten Freundin. Dann chillt man gemeinsam, tauscht Neuigkeiten aus, spielt Brettspiele oder unternimmt etwas miteinander, z.B. Ausflüge, Kinobesuche oder einen Stadtbummel. Auch diese **Aktivitäten werden vorab geplant und organisiert** wie die meisten Dinge im Leben der Adaptiv-pragmatischen Jugendlichen.

Wenn Adaptiv-pragmatische Jugendliche einen festen Freund oder eine feste Freundin haben, wird die **Zweisamkeit gepflegt**. Die Paarbeziehung hat Vorrang vor allen anderen Kontakten. Es wird viel Zeit in die Beziehung investiert. Familie, Freundeskreis und andere Aktivitäten werden dann oft hintenangestellt.

Adaptiv-pragmatische Jugendliche nehmen wahr, dass es **Außenseiter und Mobbing in der Schule** gibt, erzählen von sich selbst jedoch, weder gemobbt zu werden noch selbst am Mobbing beteiligt zu sein. Gemobbt werden ja nur die, „die irgendwie komisch sind. Die verhalten sich anders und sehen anders aus, sind nicht so normal." Adaptiv-pragmatische Jugendliche bezeichnen sich selbst als eher unauffällig, halten sich ausreichend fern von Szenen und sind bemüht, keinen Angriffspunkt für Mobbing zu bieten. Es sind höchstens die Jugendlichen mit Migrationshintergrund, die schon die Erfahrung gemacht haben, „angepöbelt" worden zu sein. Trotzdem formulieren auch sie **keine Angst vor Diskriminierung** und kein Gefühl der Benachteiligung.

Adaptiv-pragmatische Jugendliche grenzen sich betont von **„Asozialen" ab**. Sie thematisieren dabei weniger die niedrige soziale Herkunft, sondern vermeintlich unhöfliche oder aggressive Umgangsformen oder geringere Leistungsbereitschaft. Ebenso werden **„Angeber", „Besserwisser", „arrogante und zickige Leute" abgelehnt**. Man selbst gehört zur guten Mitte, mag „auf keinen Fall oberflächliche Leute" und ebenso wenig „so total aufgedrehte, die den ganzen Tag am Rad drehen".

Typische Zitate zur Illustration

▶ „Bei uns sind alle relativ normal." (w, 16)

▶ „Meine Freunde bauen jetzt auch nicht so viel Scheiß." (w, 15)

▶ „Wenn die so überdreht sind, so künstlich sind, davon gibt es leider viele. Das mag ich überhaupt nicht." (m, 15)

▶ „Wir gehören zu keiner richtigen Gruppe, manche sind Skater, manche fahren Dirtbike, und manche sind auch einfach nur Styler. Das ist halt einfach so ein Trend." (m, 15)

▶ „Nicht so gerne mag ich eigentlich, die so 'n bisschen assig sind. Mit ‚Alta', die halt so reden. Und eigentlich mag ich nicht so gerne, wenn man so aufge-dreht und so verrückt ist und so." (w, 15)

▶ „Mein Freundeskreis ist nicht so groß, aber ich habe sehr enge Freunde, mit denen ich zum Teil schon seit zehn Jahren befreundet bin. Das weiß ich auch zu schätzen." (m, 15)

▶ „Mit guten Freunden kann man eigentlich über alles Mögliche reden." (m, 15)

▶ „Ich fühle mich wohl, wenn ich bei meinen Freunden bin und so sein kann, wie ich bin." (w, 17)

▶ „Ich bin halt nicht so der Mensch, der immer unbedingt viele Leute um sich haben muss. Der viele Bekannte und Kumpels haben muss – das ist man-chen Leuten ja ganz wichtig." (m, 15)

▶ „Ich bin jetzt halt auch viel mit meinem Freund beschäftigt. Der ist oft da, und wir sind eigentlich immer zusammen." (w, 17)

▶ „In der Woche ist Freundetreffen eher selten, weil jeder halt – vor allen Din-gen jetzt auch mit den Kursen – jeder jetzt einen anderen Stundenplan hat, dann hat derjenige mal Nachmittagsunterricht, und dann lohnt sich das fast schon gar nicht mehr, vor allen Dingen wenn man ein bisschen weiter voneinander weg wohnt." (w, 17)

> „Man sollte Freunde haben, die einem wichtig sind und auf die man ver-
> trauen kann, anstatt 400 falsche Freunde zu haben." (w, 16)

4.2.6   Medien

Medien im Alltag

Medien und vor allem neue Medien sind für die Adaptiv-pragmatischen Jugendlichen ein selbstverständlicher Teil des Alltags. Sie sind von den **neuen Medien** nicht überfordert, sondern eignen sich die notwendigen Fähigkeiten nach und nach in der Praxis an.

Zur technischen **Standardausstattung** der Adaptiv-pragmatischen Jugendlichen gehören sowohl ein Laptop oder PC als auch ein **Handy** oder Smartphone. Der **Computer** ist in erster Linie **Internetzugang** für die private Kommunikation und zur Unterhaltung sowie wichtiges **Arbeitsgerät** für die Schule. Ergänzt werden diese durch einen zusätzlichen MP3-Player, Fernseher, Radios und – vor allem bei den Jungs – eine Spielkonsole. Smartphones werden unter den Adaptiv-Pragmatischen nach und nach zum wichtigen Statussymbol. Man muss nicht unbedingt immer die neuesten und auffälligsten Geräte besitzen, aber wenn alle mittlerweile ein iPhone haben, wünscht man sich das auch.

Im Vergleich zum Computer bzw. zum Internet hat das **Fernsehen** eine **etwas geringere Bedeutung**. Interessant sind jedoch nach wie vor Infotainment (Galileo), Nachrichten (N24, n.tv), Klatsch und Tratsch (Taff, Exklusiv), Vorabend-, Comic-, Arzt- und amerikanische Serien (GZSZ, Simpsons, Two and a half man, Scrubs, How I met your mother, Doctor's Diary), manchmal auch noch die wohlvertrauten Kindersendungen und „am Ende eigentlich alles, was mich zum Lachen bringt". Sämtliche TV-Programme werden nicht mehr nur linear über den Fernseher, sondern ebenso zeitversetzt über den PC konsumiert.

Computerspiele halten Adaptiv-pragmatische Jugendliche eher für **Zeitverschwendung**. Wenn man spielt, bevorzugt man oft Strategiespiele (Age of Empires, Anno), Simulationen und Open-World-Spiele (Minecraft).

Für **Informationszwecke** werden Medien, insbesondere das Internet, vor allem dann gezielt genutzt, wenn dies **für die Schule** wichtig ist. Dabei sind sich die Adaptiv-pragmatischen Jugendlichen bewusst, dass man im Internet **nicht jeder Quelle** trauen kann.

Interaktion und Kommunikation in digitalen Räumen

Kommunikation mit Freunden spielt, wie bei fast allen Jugendlichen, eine große Rolle in der Mediennutzung der Adaptiv-Pragmatischen: **Organisation und Terminabsprachen** über das Handy, die sozialen Netzwerke, Instant Messaging und Skype sind alltäglich. E-Mails werden zwar noch geschrieben und gelesen, gelten aber eher schon als eine veraltete und langsame Form der Kommunikation gegenüber dem favorisierten und **intensiven Chatten**.

In der Regel nutzt man ein soziales Netzwerk, „das, das alle haben". Wie bei allen Jugendlichen geht es vorrangig darum, die eigenen Freunde online zu treffen. Man will einerseits die **Neuigkeiten der anderen mitbekommen**, andererseits aber auch nicht „jeden Mist" reinstellen. Mit persönlichen Dingen ist man daher eher zurückhaltend, man postet eher **Sprüche, Links und Videos**. Vorsichtshalber ist man nur mit den Menschen vernetzt, die man auch aus dem **„wirklichen Leben"** kennt.

Es wird klar unterschieden zwischen **„echten Freunden"** und „Freunden bei Facebook". Der Anzahl der Kontakte in den sozialen Netzwerken wird keine besondere Bedeutung zugemessen, aus einer großen Anzahl von „Freunden" entsteht kein Statusgewinn.

Datenschutz, Persönlichkeitsrechte und Urheberrecht

Mit den **Möglichkeiten des Datenschutzes** und den **Community-Kontrollfunktionen** in den sozialen Netzwerken sind Adaptiv-pragmatische Jugendliche **weitgehend zufrieden**. Sie kennen die jeweiligen **technischen Einstellungen zur Privatsphäre** und nutzen diese ihrem Empfinden nach gezielt. Wird ein Netzwerk als zu unsicher eingeschätzt, verzichtet man auf die Mitgliedschaft.

Man achtet darauf, nur **ausgewählte Informationen und Bilder in begrenzter Anzahl** hochzuladen, und möchte auch nicht, dass andere ungefragt Bilder der eigenen Person ins Internet stellen. Man möchte keine „unvorteilhaften" Bilder von sich selbst im Netz wiederfinden. Es ist wie bei fast allen Jugendlichen bekannt, dass auch **zukünftige Arbeitgeber** die Profile im Internet anschauen und man daher vorsichtig sein muss.

Während man für sich selbst das Thema Datenschutz in der eigenen Wahrnehmung „im Griff" hat, beobachtet man, dass andere, v. a. jüngere Jugendliche mit dem Datenschutz nicht so gut zurechtkommen und dann „kleine Kinder irgendwelche Daten reinstellen". Das findet man vor allem im Hinblick auf **„Stalken und Mobben"** bedenklich. Trotz dieser negativen Erscheinungen **überwiegen** aber bei der Bewertung der neuen Medien **die positiven Aspekte**.

Illegale Downloads werden eher selten genutzt, weil sie als „zu gefährlich" eingeschätzt werden und man **Angst vor Strafe** hat. Grundsätzlich werden Geldstrafen für illegale Downloads als gerechtfertigt betrachtet, wenn sie im angemessenen Verhältnis zu anderen Strafen stehen. Auch hier spielt das Thema Gerechtigkeit wieder eine wichtige Rolle. Wenn Musik selbst beschafft wird, greift man, statt illegal runterzuladen, eher auf **kommerzielle** Anbieter zurück. Häufiger ist jedoch das Muster, sich von den Freunden – die dann letztlich doch oftmals illegal heruntergeladene – Musik geben zu lassen.

Annähernd keine Rolle spielt das Urheberrecht bei der Entscheidung, ob man Filme, Musik und TV-Serien kostenlos streamt. Solange die Inhalte ohne Strafe kostenlos zu haben sind, möchte man sein Geld lieber für andere Dinge ausgeben, obwohl man sich bewusst ist, „die Kulturindustrie zu berauben". Entsprechend wird die Möglichkeit, Inhalte online anzuschauen, als sehr praktisch bewertet und häufiger genutzt. Man vermutet, dass die einschlägigen Film- und Serien-Plattformen illegal sind, die genaue rechtliche Lage ist jedoch unklar. Solange man sich relativ sicher sein kann, nicht erwischt oder bestraft werden zu können, spielt dies auch nur eine untergeordnete Rolle.

Orientierung in Medienwelten

Prinzipiell wird **individuellen Beiträgen von Personen, die man für vertrauenswürdig hält, im Internet eher vertraut** als mehr oder weniger an-
onymen Einträgen in Foren. Während man Nachrichtenseiten und „seriöse
Internetseiten" (z. B. der URL einer Universität) sowie Links, die man von Freunden bekommen hat, für glaubwürdig hält, zeigt man sich bezüglich der Nutzung der Online-Enzyklopädie Wikipedia misstrauischer.

Das **Prinzip der Castingshows** haben die Adaptiv-Pragmatischen Jugendlichen weitgehend „durchschaut", gleichwohl das Format sehr beliebt ist. Es
bietet aus Sicht der Jugendlichen abwechslungsreiche Unterhaltung und
ideale „Lästervorlagen". Man positioniert sich jedoch kritisch und gibt sich
abgeklärt. Man ist sich sicher, dass dort nichts dem Zufall überlassen wird.
„Selber mitmachen" würde man da nie, zumal einem die vermeintlichen
Gewinnerinnen und Gewinner auch ein wenig leidtun, da sie kaum zu wah-
rem Ruhm gelangen.

Abb. 4.2.7

Online-Nutzungsaktivitäten Adaptiv-Pragmatischer
Breites Nutzungsspektrum, Ausnahme kreativ-produktive Angebote

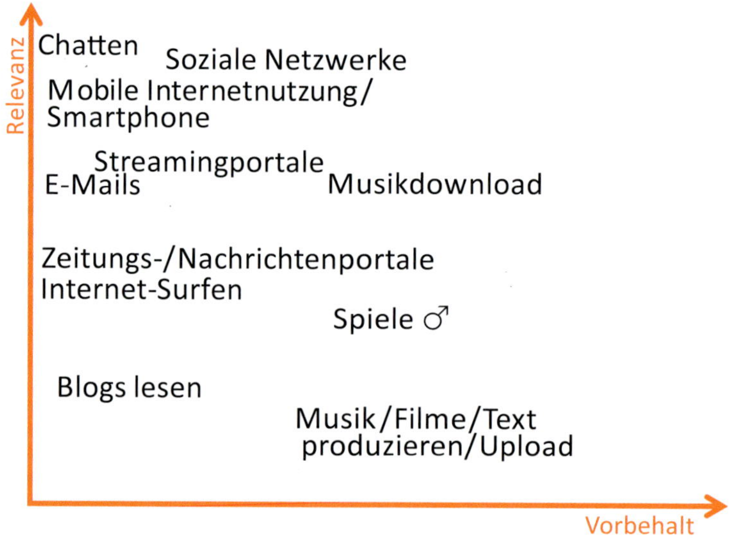

Relevanz

Chatten Soziale Netzwerke
Mobile Internetnutzung/
Smartphone
    Streamingportale
E-Mails   Musikdownload

Zeitungs-/Nachrichtenportale
Internet-Surfen
            Spiele ♂

Blogs lesen
        Musik/Filme/Text
        produzieren/Upload

Vorbehalt

Auch der **Inszenierungsgehalt von Reality-Formaten** ist für die Adaptiv-Pragmatischen erkennbar. Das dargestellte „alltägliche" Leben hat so gar nichts mit dem eigenen Leben gemeinsam, die Probleme erscheinen weit hergeholt und stark überzeichnet. Wichtig ist den Adaptiv-pragmatischen Jugendlichen, sich klar von denen abzugrenzen, die darauf „noch reinfallen".

Typische Zitate zur Illustration

▶ *„Ich guck das* [Grey's Anatomy, Desperate Housewives] *immer mit meiner besten Freundin zusammen, da haben wir unsere geregelten Abläufe."* (w, 15)

▶ *„Fernsehen guck ich nicht so viel, bin da mehr im Internet. Aber ich guck auch im Internet einiges nach, wenn ich's im Fernsehen nicht sehe."* (w, 15)

▶ *„Ich finde, ein soziales Netzwerk reicht!"* (m, 15)

▶ *„Ich hab seit kurzem Facebook, weil alle da sind."* (w, 15)

▶ *„Irgendwann habe ich mich da halt mal angemeldet und hab ich bemerkt, sind schon ein paar da. Also ich war nicht einer der Ersten."* (m, 14)

▶ *„Meist chatten oder hauptsächlich chatten. In irgendwelchen Social Networks. Hauptsächlich Facebook. Ich hab noch andere, aber die nutze ich nicht so."* (m, 14)

▶ [zu Facebook] *„Leute, mit denen ich gar nichts zu tun hab, habe ich auch schon gelöscht."* (w, 17)

▶ *„Wenn man mich hacken würde, würde man nicht viel sehen."* (w, 15)

▶ *„Musik runterladen würde ich mir schon, aber so Filme nicht. Es wäre schon irgendwie cool, wenn man sich legal und kostenlos Filme runterladen kann. Das wäre auch irgendwie besser für die Allgemeinheit."* (m, 15)

▶ *„Im Internet ist alles ziemlich fragwürdig, außer man ist auf der Seite von irgendwelchen Nachrichtensendern."* (m, 15)

▶ *„Eigentlich kann man im Internet wenig vertrauen."* (w, 17)

► *„Da denke ich auch, wenn es da um so 'nen Druck geht bei solchen Sendungen* [GNTM], *dass die teilweise schon vorher wissen, wer gewinnt, manchmal. Also schon vorher, so finde ich, wirkt das manchmal, als wäre es vorher schon klar."* (w, 15)

► *„Bei DSDS, das ist eigentlich zum Teil schon so ein kleiner Betrug. Aber ich find's ganz lustig. (…) Ich weiß nicht, ob es stimmt, es kann auch wieder so ein Klatsch sein, aber da soll schon vorher abgemacht sein, wer da gewinnt."* (m, 15)

► *„Reality, was ist denn das? Das ist doch 'Mitten im Leben' oder so 'n Scheiß?! […] Wer das ernst nimmt, der hat, glaube ich, auch nicht mehr alle. Da steht doch auch, wenn die Sendung vorbei ist: Geschichten wurden nur erfunden. Das sind doch auch bloß Schauspieler. Sieht man doch auch an der schauspielerischen Meisterleistung, die die dort bringen."* (w, 16)

► *„Die unterschreiben dort* [GNTM] *schon die schönen Verträge, damit die mit denen machen können, was sie wollen. Das schau ich mir aber eher wegen den Fotoshootings an. Da sind ja manchmal Leute dabei, da kann man sich ja nur an den Kopf greifen. Das ist ja nicht mehr schön."* (w, 16)

4.2.7 Schule und Lernen

Schule wird eine sehr hohe Bedeutung im Leben zugeschrieben Man möchte zwar nicht mehr Zeit als notwendig dort verbringen und ist froh, wenn man „einen Nachmittag mal nichts für die Schule machen muss", weiß aber, dass die Schule eine **notwendige und entscheidende Etappe** auf dem Weg der angestrebten Normalbiografie darstellt. **Gute Noten** sind wichtig für die Zukunft, weil denn muss man ja „nachher auch vorlegen bei Bewerbungen". Schulischer Erfolg ist also eine **Investition in die Zukunft**. Er ist die Voraussetzung für den zukünftigen beruflichen Aufstieg und trägt dazu bei, **nicht den Anschluss zu verlieren**.

Adaptiv-pragmatische Jugendliche gehen „prinzipiell schon" gerne zur Schule. Schule wird nicht als große Last erlebt, „man hat gelernt, damit zu leben".

Schule ist sowohl ein **Ort des konzentrierten Arbeitens** als auch der Ort, wo man **Freundinnen und Freunde** trifft. Man möchte Teil einer **harmonischen Klassengemeinschaft** sein und hierzu auch aktiv beitragen.

Spaß hat man **an den Schulfächern, in denen man gut ist** und die alltagsbezogen sind. Die anderen Fächer „sitzt man eben ab" – man kommt im Leben ja um vieles aus guten Gründen nicht herum. Von **Schulstress** wird erst **in den höheren Klassenstufen** gesprochen, wenn die Lernanforderungen steigen und die entscheidenden Prüfungen näher rücken. Gymnasiastinnen und Gymnasiasten nehmen **zusätzlichen Druck durch das G8** wahr.

Adaptiv-Pragmatische machen sich viele Gedanken darüber, wie sie sich die besten Startchancen für das Leben nach der Schule verschaffen können. Entsprechend ist der **bevorzugte Schulabschluss das Abitur.** Als Realschülerin oder Realschüler will man die Schule nur mit einem mittleren Schulabschluss verlassen, wenn man einen **zukunftsträchtigen und attraktiven Ausbildungsplatz** sicher hat, ansonsten plant man, das (Fach-)Abitur zu machen. Als Gymnasiastin oder Gymnasiast kommt die Option, vorzeitig von der Schule abzugehen, ebenfalls nur dann in Frage, wenn man einen attraktiven Ausbildungsplatz sicher hat und absehbar ist, dass man mit dem Abitur Schwierigkeiten haben wird. Der Hauptschulabschluss kommt nur für die wenigsten Adaptiv-Pragmatischen in Frage.

Im Wissen um die Bedeutung des Schulabschlusses lernt man pflichtbewusst und sorgfältig. **Trial and Error ist ihre Sache nicht,** stattdessen versuchen sie mit einem **wohldosierten Streben,** das Notwendige zu erreichen. Sie **konzentrieren sich auf das Wichtigste** und setzen sich nur so weit „selber unter Druck", wie es ihnen für ihr angestrebtes Ziel notwendig erscheint. Schulischer Erfolg ist wichtig, man möchte **aber auf keinen Fall ein Streber sein** oder sich vom Schulstress kaputtmachen lassen.

Auf das Wohlbefinden und den Lernerfolg in der Schule haben die **Qualität der Lehrerinnen und Lehrer** und die **persönlichen Beziehungen** zu ihnen einen großen Einfluss. Es lernt sich leichter, wenn die Lehrkräfte als kompetent wahrgenommen werden und die Beziehung stimmt. Wünschenswert wäre, wenn die Lehrerinnen und Lehrer mehr auf die **Bedürfnisse der Jugendlichen** eingehen und ihnen **auf Augenhöhe begegnen, motivieren und helfen**, statt unnötigen Druck zu erzeugen. Von den Lehrpersonen werden **Kompetenz** und Fairness **erwartet**.

Insgesamt sind Adaptiv-pragmatische Jugendliche **eher zufrieden mit ihrer Schule**. Wenn sie Wünsche für die Veränderung der Schule haben, wünschen sie sich eine **architektonisch und technisch modernere Gestaltung**, attraktivere Räume, innovativere und moderne Lehrmittel, Serviceeinrichtungen (z. B. eine Cafeteria), hellere Farben, Spinde, bequemere Stühle und mehr Sauberkeit. Außerdem würden sie es begrüßen, wenn **konsequenter gegen „Störenfriede, Vandalismus und Mobbing"** vorgegangen würde. Es wäre gut, wenn die Lehrer „nicht alles durchgehen lassen würden" und mehr für den Zusammenhalt der Schülergemeinschaft getan würde. Eher selten wird der Wunsch geäußert, dass **persönlich interessante Themen** ausgebaut oder **mehr Entscheidungsmöglichkeiten** für die Schülerinnen und Schüler geschaffen werden.

Zusätzliche Angebote außerhalb des Unterrichts (Arbeitsgemeinschaften, Räume) werden nur genutzt, wenn diese im Hinblick auf den Schulerfolg, den Einstieg ins Berufsleben oder **den Erwerb zusätzlicher Fähigkeiten** sinnvoll erscheinen, z. B. die Mitwirkung in einer Schülerfirma, ein zusätzlicher Sprachkurs oder ein Erste-Hilfe-Kurs. **Reine Freizeitangebote sind eher uninteressant**, die freie Zeit möchte man lieber außerhalb der Schule verbringen.

Man bevorzugt ein **gegliedertes Schulsystem** gegenüber der Gesamtschule, sonst sind „ganz verschiedene Leute auf der Schule", und es gibt zu viele, die die eigenen Lernbemühungen durch ihr Verhalten oder das mangelnde Leistungsniveau bremsen. Die Adaptiv-Pragmatischen gehen davon aus, dass der Druck **auf dem Gymnasium** höher ist, man dort aber auch **„bessere Leute"** kennenlernt.

Adaptiv-Pragmatische
So wünsche ich mir meine Schule

Späterer Schulbeginn und wieder 13 Jahre Schule

Junge, 15

ich finde meine Schule schön. Reymet aber rein.

Junge, 14

Meine Schule ist perfekt so wie sie ist. Beste Schule Deutschlands eben d. Für mich gibt es keine Punkte die ich ändern möchte weil sie mir so gefällt wie sie ist. Das Schüler Lehrer Verhältniss ist sehr gut, verbindlich und schafft ein besseres Klima. Man wird unterstützt wo man es braucht. Die ganze Schule schafft einen angenehmen Platz zum Lernen.

Mädchen, 17

-Hilfsbereite Lehrer
-Das die Schule sauber ist.
-Das man die Dinge versteht die man durchnimmt.
-Nette Mitschüler
-Keine übertriebenen Hausaufgaben.

Junge, 15

Abb. 4.2.8

Lernen bedeutet immer zuerst **Lernen für die Schule** bzw. den Unterricht. **Lernerfolg** bedeutet **gute Noten**. Für viele Jugendliche ist außerdem **Lob von Eltern und Lehrern** Indikator für ihren Erfolg. Erfolg ist ein Ergebnis von **Anstrengung, Anpassung** und **Zielstrebigkeit**. Die eigene **Lernfähigkeit** und **Flexibilität** sind Eigenschaften, die einen von den schlechteren Schülerinnen und Schülern unterscheiden.

Entsprechend ihrer allgemeinen Grundorientierung entwickeln die Adaptiv-pragmatischen Jugendlichen auch beim **Lernen** ein **planvolles Vorgehen** und eine **eigene Struktur**, z. B. mit Karteikarten-Systemen. Man will **immer gut vorbereitet sein** für Fragen oder falls „der Lehrer einen Test angesagt hat". In Fächern, in denen man nicht so gut ist, nimmt man **Nachhilfe** oder nutzt „zur Sicherheit" die Zusatzangebote in der Schule. Notfalls „hämmert" man sich den Stoff in den Kopf.

Gelernt wird lieber allein als in Gruppen. Allein wird man nicht abgelenkt, kann man sich besser konzentrieren und gezielter lernen. Nur in Fächern, in denen man Schwierigkeiten hat, greift man auf die Gruppe zurück, um vom Wissen der anderen zu profitieren. Dann wendet man sich besonders an die Mitschülerinnen und Mitschüler, die im jeweiligen Fach „gut stehen". Man will die **eigenen Potenziale und Chancen** bestmöglich **nutzen** und sich **nicht von Langsameren bremsen lassen.**

Außerschulisches Lernen findet vor allem in **gebundenen, strukturierten, angeleiteten und zielorientierten Situationen** statt, z. B. Musikschul-Unterricht oder Führerscheinprüfung. Es gibt ein geringes Bewusstsein für informelle Bildungsorte. Trotzdem sind Adaptiv-pragmatische Jugendliche natürlich der Meinung, dass man **immer und überall etwas lernen** kann. Hier werden Fernsehen („Galileo"), Freunde und Eltern, Museen, Internet, Bücher und Zeitungen als Lernorte in der Freizeit genannt.

Typische Zitate zur Illustration

▶ *„Eigentlich kriege ich das* [Schule] *so ganz gut hin."* (m, 17)

▶ *„Ich will natürlich immer gute Zensuren haben, und das motiviert mich natürlich auch."* (w, 17)

▶ *„Ich geh zwar nicht so gern in die Schule, aber für mich gehört es einfach dazu, das ist so und das bleibt so die nächsten drei Jahre."* (w, 16)

▶ *„Ich glaub, keine Schule ist richtig cool, aber meine Schule gefällt mir eigentlich schon."* (w, 15)

▶ *„Es gibt viele Störenfriede, Vandalismus und Mobbing. Das ist alles nicht gerade schön, das sollte verhindert werden."* (m, 15)

▶ *„In letzter Zeit bringen unsere Lehrer immer öfter Schaumaterial vorbei, und wir machen Experimente … und Rollenspiele. (…) Ist mal was anderes, als nur 45 Minuten vom Lehrer vollgelabert zu werden."* (w, 15)

▶ *„Meine Schule würde ich besser finden, wenn der Umgang zwischen Lehrern und Schülern vielleicht ein bisschen besser wäre. (…) Die meisten sind ziemlich fies zu einem. Einfach der Umgang, die sind dann so abgehoben – dieses Unfreundliche."* (w, 15)

▶ *„Es ist manchmal mit den Lehrern, wenn du versuchst, besser zu werden, und die ignorieren dich einfach und, keine Ahnung, sagen, nee, du hast dich nicht verbessert, du stehst immer noch auf sechs, und ich so, hä, wieso das denn?"* (m, 15)

4.2.8 Berufliche Orientierung, Zukunft

Adaptiv-pragmatische Jugendliche schmieden **detaillierte Zukunftspläne**, wobei sie – vor allem die Jüngeren – noch mit vielen unbekannten Größen jonglieren. Sie malen sich ihre Zukunft bis in Einzelheiten aus, richten ihre zukünftige Wohnung gedanklich ein oder haben To-do-Listen, was sie bis zu ihrem 18. Geburtstag alles erledigen wollen bzw. müssen. Gedanklich stehen viele Optionen offen, letztendlich lassen sie sich weniger von ihrer Fantasie denn von Vernunft und einem **Nutzenkalkül** leiten. **Sicherheit rangiert vor Selbstverwirklichung**. Man macht sich „richtig Stress" bei der Planung der nächsten Jahre, möchte unbedingt die richtigen Entscheidungen treffen, **nichts dem Zufall überlassen**.

Für die Zukunft wünscht man sich in jedem Fall eine **romantische Beziehung**, ein **schönes Zuhause** und **eigene Kinder**. Die Kinder sind jedoch erst dann vorgesehen, wenn mit einem sicheren Arbeitsplatz und einem ausreichenden Einkommen die notwendigen finanziellen Voraussetzungen geschaffen sind. Man weiß, dass die **Vereinbarkeit von Familie und Beruf eine große Herausforderung** darstellt, will diese aber mit Unterstützung der Familie und einer stabilen Partnerschaft meistern. Frauen und Männer wollen mit Kindern berufstätig sein – „andere schaffen das ja auch".

Das erste Etappenziel nach der Schule ist eine **gute Ausbildung in möglichst krisensicheren Branchen**. Die Gymnasiasten möchten häufig Maschinenbau, Informatik, Medizin oder Grundschul-Lehramt studieren. Die Jugendlichen mit mittlerer Formalbildung planen oft, das Abitur nachzuholen, oder sympathisieren mit kaufmännischen Berufen.

Der Entscheidung für den **richtigen Beruf**, d.h. einen Beruf, den man ein Leben lang ausüben kann und ausüben will, wird große Bedeutung beigemessen. Der Beruf soll zwar auch Spaß machen, in erster Linie jedoch mit einem **guten Einkommen** und einem **sicheren Arbeitsplatz** verbunden sein, er soll **regelmäßige Arbeitszeiten** bieten und im besten Fall **nahe zum Wohnort** liegen. Außerdem soll der Job – familienverträgliche – **Aufstiegsoptionen** bieten.

Für Adaptiv-pragmatische Jugendliche auf dem Weg zum Abitur liegt die Frage der Chancen auf dem Arbeitsmarkt allerdings noch in relativ weiter Entfernung, insbesondere wenn sie erst 14 oder 15 Jahre alt sind. Entsprechend haben sie sich bisher wenig Gedanken gemacht. Die ersten Einschätzungen sind zwiespältig, man ist sich nicht so ganz sicher, ob sich der eigene Berufswunsch in Zukunft realisieren lässt. Auf der einen Seite hat man Sorgen hinsichtlich der Situation auf dem Arbeitsmarkt und ob man den Leistungsanforderungen in Ausbildung und Studium gerecht werden kann. Auf der anderen Seite glaubt man daran, mit **Ehrgeiz und Selbstvertrauen** sehr viel erreichen zu können, man muss eben „seinen Job richtig machen und sich Mühe geben". Auch die eigenen „Kontakte" und die Kontakte der Eltern werden als hilfreich eingestuft. In jedem Fall wird man sich notfalls flexibel zeigen und den Weg gehen, der die meisten Chancen verspricht, auch wenn dies dann ein **bescheidenerer Plan B** wäre. Man versteht das Ergreifen eines Plans B jedoch nicht als Einknicken vor sich selbst, sondern als rational richtige Entscheidung für die „vernünftigere Wahl".

Für die Chancen am Arbeitsmarkt werden ein **guter Schulabschluss**, die eigene **soziale Kompetenz und Sekundärtugenden als Vorteil** eingeschätzt. Man geht davon aus, dass bei den Arbeitgebern die gleichen Werte und Normen gelten wie in der eigenen Lebenswelt, und äußert nicht die Vermutung, dass es notwendig sein könnte, durch ungewöhnliche Fähigkeiten oder Originalität aufzufallen, um einen Arbeitsplatz zu bekommen.

Soweit die Jugendlichen schon vom demografischen Wandel gehört haben, sind sie sich bewusst, dass dies ihre Chancen auf dem Arbeitsmarkt erhöht. Auch haben sie mitbekommen, dass die Jugendarbeitslosigkeit in Deutschland im europäischen Vergleich relativ gering ist. Aber selbst mit diesen Rahmenbedingungen könnte es sein, dass gerade der eigene Traumberuf noch immer sehr gefragt ist, man sollte also lieber nicht in den eigenen Anstrengungen nachlassen.

Obwohl der Übergang in den Beruf für Adaptiv-pragmatische Jugendliche am Gymnasium noch fernliegt, ist das Thema an vielen Schulen sehr präsent. Dies wird jedoch nicht nur positiv erlebt, sondern erzeugt Druck. Vor allem das **Studium ist eher angstbesetzt**. Man weiß nicht, was auf einen zukommt, fühlt sich schlecht informiert und vorbereitet. Man **wünscht sich mehr Zeit und Raum für die eigene Entscheidung**.

Neben der Schule haben vor allem die Familie bzw. das Vorbild der Eltern, Freunde und Bekannte sowie Praktika und der Austausch mit Menschen im Berufsleben Einfluss auf den Berufswunsch. Zur Berufsorientierung werden Praktika, Berufsmessen, das Internet, Eignungstests oder offene Tage an der Universität aktiv genutzt.

Jugendliche mit Migrationshintergrund spielen häufiger mit dem Gedanken, nach der Schule eine längere Reise in ihr Herkunftsland oder eine Weltreise zu unternehmen. Auch **längere Aufenthalte im Ausland für die Ausbildung, zum Studium oder zum Arbeiten** sind für Jugendliche mit Migrationshintergrund eine häufiger genannte Option. Sie wollen ihre

Abb. 4.2.9

Adaptiv-Pragmatische

Wie möchtest du später leben? Was machst du dann?

- erstmal studieren, von zu Hause ausziehen und in einer größeren nördlichen Stadt studieren (und ggf. mit anderen Studenten zusammenleben)
- falls ich weiterhin Medizin studieren möchte, erstmal eine Ausbildung zur Rettungsassistentin machen
  => Wartesemester
- je nach Studium ein Auslandssemester oder Praktikum
- hoffentlich irgendwann heiraten und Kinder haben, arbeiten gehen und in einem Haus in einer kleinen Stadt bzw. in der Nähe bzw. Stadtrand einer größeren Stadt wohnen.

Mädchen, 17

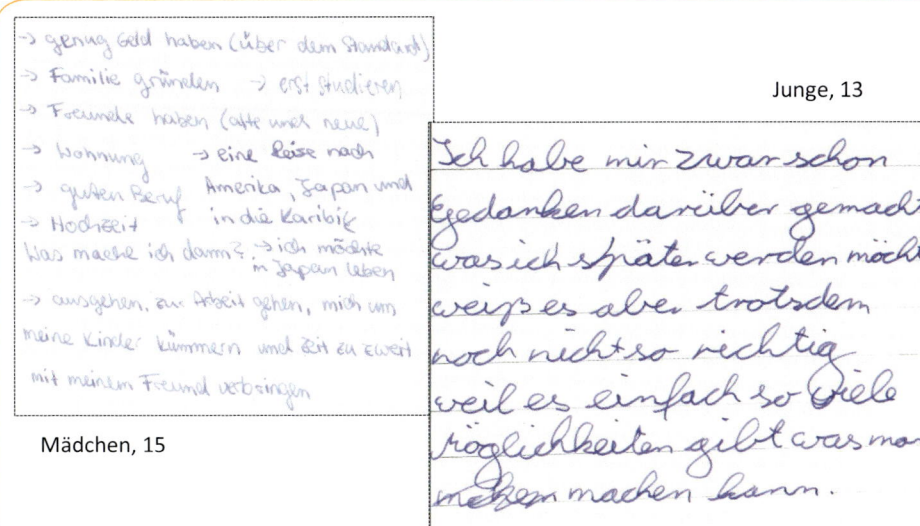

Junge, 13

Mädchen, 15

Abb. 4.2.10

verschiedenen kulturellen und sprachlichen Ressourcen optimal nutzen. Bei Jugendlichen ohne Migrationshintergrund sind Pläne für einen längeren Auslandsaufenthalt seltener, eher an einen Freiwilligendienst oder einen Au-pair-Job gebunden und in jedem Fall dem Einstieg ins Berufsleben in Deutschland untergeordnet. Damit sind die Jugendlichen mit Migrationshintergrund deutlich mobiler und internationaler orientiert als die Adaptiv-pragmatischen Jugendlichen ohne Migrationshintergrund.

Typische Zitate zur Illustration

▶ „Ich möchte auf jeden Fall eine Familie haben und einen Job, der mir Spaß macht und wo ich auch von leben kann – also eigentlich so das simple Bild." (m, 15)

▶ „Als Beamter habe ich auf jeden Fall 'ne gesicherte Zukunft, außer ich bau Mist." (m, 15)

▶ „Ich möchte gut in die Erwachsenengesellschaft aufgenommen werden."
(w, 15)

▶ „Wenn das alles nichts wird, hab ich immer noch den Ausweg, dass ich
Krankenschwester werde." (w, 15)

▶ „Bei der Arbeitsagentur gibt's ja jetzt mittlerweile auch immer so Veranstaltungen über bestimmte Berufe, die dann informieren. Wenn das meinem
Interessensbereich entspricht, dann geh ich da auch immer ganz gerne hin.
Weil ich ja jetzt auch schon in einem Jahr Abi mache und man da schon in
die Zukunft gucken muss." (w, 17)

▶ [zum Thema Berufswahl] „Ich weiß es nicht. Also ich denke, wenn ich jetzt
Lust drauf hätte, das wirklich möchte, dann würd ich's machen. Aber wenn
ich halt eben merke, die werden nicht mehr gesucht, dann würd ich, glaub
ich, was anderes machen." (m, 15)

▶ „Wie viel man verdient ist auch wichtig. Also ich würde lieber einen Job
machen, der mir nicht hundertprozentig Spaß macht, bei dem ich dann
aber mehr verdiene, als einen Job zu machen, wo ich voll hinterstehe und
weniger verdiene. Also kommt natürlich auf die Differenz drauf an." (m, 15)

▶ „Mein Ziel ist es, einen guten Abschluss in der Schule zu haben und damit
auch eine gute Arbeit." (w, 14)

▶ [zu beruflicher Orientierung] „Informationen habe ich mir im Internet ganz
gezielt angeschaut." (w, 14)

▶ [Studium] „Ich hab gar keine Ahnung, wie das ablaufen soll, das erklärt uns
ja auch keiner!" (w, 16)

▶ „Ich mache mir schon manchmal Sorgen – weil ich weiß nicht, ob ich so ein
Studium auf die Reihe kriegen würde." (m, 15)

▶ „Also ich würde jetzt erst mal (nach der Schule) ein Praktikum machen, also
ich weiß noch nicht, ob ich Einzelhandelskauffrau werden soll oder halt
Bürokauffrau." (w, 15)

4.2.9 Politik und Gesellschaft

Adaptiv-pragmatische Jugendliche haben **kein besonderes Interesse an Politik**, lehnen Politik aber auch nicht grundsätzlich ab. Politik hat **keinen Bezug zum eigenen Alltag**. Außerdem fühlen sich die Jugendlichen noch „zu jung", um sich für Politik interessieren zu müssen. Obwohl Politik insgesamt ein eher unattraktives Thema ist, werden über die Titelseiten der Zeitungen, das Fernsehen oder das Internet die **aktuellen Nachrichten** verfolgt. Man möchte **auf dem Laufenden bleiben**, was in Deutschland passiert. Dies gilt insbesondere, wenn dies für die Schule wichtig ist. Oftmals wird die **Auseinandersetzung mit politischen Themen** vor allem über den Unterricht angeregt.

Die aktuellen Debatten – z.B. zur Atompolitik, zu Stuttgart 21 oder zur Eurokrise – sind bekannt, werden hin und wieder auch im Freundeskreis angesprochen, aber nicht weiter vertieft. Darüber hinaus werden Themen des Umwelt- und Tierschutzes, Bildungs- und Schulpolitik, Steuern, Europa, Entwicklungspolitik und kommunalpolitische Jugendthemen genannt. Erhöhte politische Aufmerksamkeit erfährt die Frage, ob **der Staat und das Sozialsystem durch Migranten und Arbeitslose ausgenutzt werden**. Man schätzt die Vorteile des deutschen Sozialsystems und nimmt wahr, dass es trotzdem soziale Schieflagen gibt, z.B. Obdachlose auf der Straße. Trotzdem möchte man nicht durch dieses System finanzielle Nachteile haben, Leistung muss sich lohnen, und Faulheit darf nicht belohnt werden.

Gerechtigkeit ist ein wichtiger Maßstab bei gesellschafts- und sozialpolitischen Themen. Es wird beispielsweise als ungerecht empfunden, dass man nach 25 Jahren Arbeit als Arbeitsloser genauso viel Geld bekommt wie jemand, der sich auf den Transferleistungen ausruht. Niemand soll sich in der **sozialen Hängematte** ausruhen können, gerade weil man die Vorteile des deutschen Sozialstaates schätzt.

Mit **Skepsis** werden die **Themen Integration von Ausländern und sozial Schwachen** beobachtet. Hier werden mehr eigene Anstrengung, Fleiß, Integrationswille und Bereitschaft zur Anpassung erwartet. Dies wird von

Jugendlichen mit Migrationshintergrund ähnlich gesehen, allerdings haben sie einen differenzierteren Blick auf die Situation von Migrantinnen und Migranten und erwarten, dass Deutschland mehr unternimmt für die Integration. Trotz oder gerade wegen dieser Skepsis hinsichtlich der Integration **distanziert** man sich aber auch **gegen rechts**.

Trotz ihrer Kenntnis über die aktuellen Themen haben Adaptiv-pragmatische Jugendliche **kaum konkrete Erwartungen** an die Politik. Über diese Frage denken sie wenig nach und haben auch bisher keine Vorstellung, wie Politik ihr Leben positiv beeinflussen könnte.

Politik wird zuvorderst mit **Parteipolitik** assoziiert, einigen bekannten Bundespolitikerinnen und Bundespolitikern und ihren (nicht gehaltenen) **Wahlversprechen**. Man folgt der **gängigen Kritik am Handeln der Politikerinnen und Politiker**, anerkennt allerdings auch die **Last und Verantwortung**, die politische Entscheidungsträger tragen. Man ist froh, dass diese Verantwortung von jemand anders übernommen wird, weil man selbst kein Interesse hat, ständig öffentlicher Kritik ausgesetzt zu sein. Politikerinnen und Politiker wären glaubhafter, wenn sie **weniger versprechen**, sich realistischere Ziele setzen und **bürgernäher** und lockerer auftreten würden.

Der **Gang zur Wahlurne** wird als **wichtige Bürgerpflicht** verstanden. Man möchte sich daher auch gut über die Parteiprogramme informieren. Das ist bisher noch nicht passiert, entsprechend haben die meisten Jugendlichen auch noch keine feste Parteienpräferenz. Einigkeit herrscht allerdings bei der **Ablehnung radikaler Parteien**. Auch wenn man jetzt noch nicht wählen darf, werden die aktuellen Wahlergebnisse mitverfolgt, wobei das Interesse an überregionalen Wahlen größer ist als an lokalen Wahlen.

Eine **Herabsetzung des Wahlalters ist umstritten**. Einige würden gerne wählen gehen, andere finden Wahl in ihrem Alter uninteressant, und eine dritte Gruppe befürchtet, dass sie selbst und andere Jugendliche überfordert sind.

Adaptiv-Pragmatische
Politisches Themenspektrum

Uninteressant Indifferent **Interessant**

Uninteressant	Indifferent	Interessant
Abschiebung	Gewalt an der Schule	Politischer Extremismus
Anhebung des Rentenalters	**Hartz IV**	Politisches System in Deutschland
Arabischer Frühling	Häusliche Gewalt	Rassismus
Atomausstieg	Historische politische Ereignisse	Reichtumsverteilung, Armutsschere
Ausbildungsplatzsuche	**Integration, Einbürgerung, Staatsbürgerschaft**	Religionsfreiheit
Datenschutz und Datensicherheit im Internet	Internetkriminalität	Restriktionen aufgrund von Minderjährigkeit
Demografischer Wandel	**Islam**	**Schulpolitik, Schulreform**
Demonstrationen	Kapitalismus	**Sozialstaat, Sozialleistungen**
Diskriminierung	Kindergeld	Strafzumessung
Drogenpolitik	Kommunalpolitik	Terrorismus
Einkommen und Absicherung	Kriminalität	**Tierschutz**
Einkommensverteilung	Meinungsfreiheit	**Stuttgart 21**
Eurokrise	**Mobbing**	Unterstützungsleistungen für Familien, Alleinerziehende
Europa	Naturkatastrophen	**Umweltschutz**
Generationengerechtigkeit	Obdachlosigkeit	Verfassung/Grundgesetz/Rechtsstaatlichkeit
Gentrifizierung	Öffentlicher Raum (Überwachung, Regulierung)	Wahlen
Gesetzgebungsprozesse	Parteien	
	Politiker und Politikerinnen	

Abb. 4.2.11

Typische Zitate zur Illustration

▶ *„Weil es mich nicht so interessiert, wusste ich auch nie was über Politik. Jetzt hatte ich es in der Schule, weiß, was da abgeht und na ja. Das, was ich damit zu tun haben muss, das habe ich damit zu tun. Aber mehr interessiert mich da auch nicht dran."* (w, 17)

▶ *„Vielleicht werde ich mich später dafür interessieren, aber jetzt ist das noch nichts so für mich."* (w, 15)

▶ *„Ich bin nicht so gesellschaftlich interessiert, ich mach einfach mein Ding und versuch, durchs Leben zu kommen."* (w, 15)

▶ „Nachrichten und so was gucke ich mir zwar schon an, aber so ein Riesen-interesse ist da nicht. Man denkt mal drüber nach, aber dass ich mir da richtig Gedanken mache, eher nicht." (w, 15)

▶ „Politik ist ja eigentlich alles, was die eigene Regierung macht, was die anderen Regierungen entscheiden, aber auch, was passiert in der Welt." (w, 15)

▶ „Vielleicht sollten Politiker nicht so viel Versprechungen machen und ein oder zwei Punkte verbessern, weil mehr können sie sowieso nicht, dann wär das irgendwie attraktiver." (m, 15)

▶ „Ich finde das schon gut, also irgendjemand muss es ja machen." (m, 15)

▶ „Eigentlich sollte man glücklich sein, dass man hier wohnt. Das Leben in anderen Ländern, da bist du froh, wenn du mal was zu essen hast." (w, 17)

▶ „Die erzählen uns immer: Wir sind die Generation danach, aber wenn man so viel nicht für uns macht, dann ist das auch blöd." (w, 16)

▶ „Mir geht's jetzt gut, aber es gibt andere Leute draußen, die es eben nicht so toll haben, im Krieg zu leben oder so was." (m, 15)

▶ „Hartz IV ist schon gut, aber manche nutzen das aus." (m, 15)

▶ „Die Städte gehen nicht gut mit den Steuergeldern um." (m, 15)

▶ „Ich mag das nicht, wenn andere Kinder andere Kinder mobben oder schlagen. Wenn ich so was sehe, dann muss ich einfach da reingehen und irgendetwas sagen, weil ich kann da nicht zusehen." (w, 14)

▶ „Ich finde halt, dass man, je nachdem wie viele Kinder man hat, auch Geld bekommt. Aber wenn man gar nichts arbeitet und nichts gelernt hat und dann da jemand ist, der sich abrackert und genauso viel Geld hat wie jemand, der Hartz IV hat, dann finde ich das auch nicht fair." (w, 15)

▶ „Ich find's eigentlich schon wichtig, dass man wählt; wenn man nicht wählt, würden nur rechte Parteien oder so was gewählt." (m, 15)

▶ „Doch natürlich würde ich wählen. Bei 'ner Wahl würde ich wählen gehen, also es sei denn, ich weiß nicht, wen ich wählen soll." (m, 14)

4.2.10 Religion, Glaube, Kirche

Adaptiv-pragmatische Jugendliche beschreiben sich als **nicht sehr gläubig und mit geringer Bindung an die Kirche.** Man relativiert die Bedeutung von Glauben und Kirche im eigenen Leben: „Das mag für andere wichtig sein, für mich aber nicht so." Innerhalb der Lebenswelt gibt es jedoch auch aktive und kirchennahe Gläubige wie auch ausgesprochene Agnostiker oder Atheisten. Dabei sind die **gläubigen Jugendlichen eher in den alten Bundesländern**, die Jugendlichen ohne Bezug zum Glauben und zur Kirche eher in den neuen Bundesländern zu finden. Jugendliche mit Migrationshintergrund sind religiös aktiver als Jugendliche ohne Migrationshintergrund.

Glaube, Religion und Kirche sind keine Gesprächsthemen im Alltag. Glaube wird **als etwas Privates betrachtet.** Insbesondere das Thema „Kirche" gilt als uninteressant. Man hat ein rudimentäres Wissen über die **großen Weltreligionen.** Interessanter erscheinen einigen Adaptiv-Pragmatischen spirituelle Angebote. Gelegentlich werden **esoterische Praktiken** (Gläserrücken) ausprobiert, oder man interessiert sich für **Buddhismus, indische Religionen, Schamanismus oder Animismus**, z. B. den Traumfänger, das eigene Karma und Ähnliches. Im Vergleich ist man daran aber weniger interessiert oder aktiv als Sozialökologische oder Expeditive Jugendliche.

Für die christlich getauften Jugendlichen sind kirchliche Zeremonien und Riten **Ankerpunkte einer Normalbiografie**. Kirchenaustritt ist daher nur für die wenigsten ein Thema. Im Alltag wird der Glaube jedoch **kaum praktiziert**. Gängig sind höchstens **kleine religiöse Rituale** im Alltag (Tischgebet, Abendgebet, Hilfsgebete, Kerze anzünden). Der eigene Glaube wird bei „ungerechten" Unglücken und Todesfällen bisweilen angezweifelt.

Bei den katholischen Jugendlichen waren einige in jüngeren Jahren Ministrant oder Ministrantin. In die Bibel hat man schon mal reingeschaut, sie stößt aber auf kein besonderes Interesse. An der **Firmung** hat man in der Regel teilgenommen, allerdings oft weniger aus innerer Überzeugung, sondern weil es von den Eltern oder der Verwandtschaft gefordert wurde. Abgesehen von **Weihnachten** wird der Besuch in einer Kirche für die meisten erst wieder auf den weiten Stationen der Normalbiografie interessant: **Hochzeiten** und **Taufen, Beerdigungen**.

Muslimische Jugendliche der Adaptiv-pragmatischen Lebenswelt fühlen sich in ähnlicher Intensität ihrer Glaubensgemeinschaft zugehörig wie die christlichen Jugendlichen ihrer Kirche. Ihre religiöse Praxis beschränkt sich überwiegend auf die Wertschätzung der religiösen und Familientradition, den Verzicht auf Schweinefleisch und eine mehr oder weniger konsequente Teilnahme am Fastenmonat.

Religiöse Intoleranz wird von Adaptiv-pragmatischen Jugendlichen **abgelehnt**. Jugendliche, die religiös sind, bedauern es, dass andere Jugendliche nicht ebenfalls religiös sind, aber das ist „deren Problem, deren Leben". Es gibt keine missionarischen Ambitionen. Jugendliche, die keiner Glaubensgemeinschaft angehören, sind gegenüber gläubigen Menschen tolerant. Menschen mit einem starken Glauben oder Gottvertrauen wird Respekt entgegengebracht. Auch wenn man es für sich selbst nicht so erlebt, erkennt man, dass **Glauben anderen Menschen Kraft geben** kann und hilft. Wenn sich Menschen jedoch zu stark in ihrem Alltag durch den Glauben „Vorschriften machen lassen", insbesondere strenggläubige **Angehörige des Islam, erzeugen** ihr Auftreten und Aussehen **Unsicherheit**.

Mit der **Institution Kirche** werden vor allem Kirchgang am Sonntagmorgen, Beten, alte Menschen und der Papst assoziiert. Predigten sind unverständlich. **Kirchliche Lehren haben im Alltag keine Bedeutung**, lediglich ganz grundlegende Texte wie die Zehn Gebote sind bekannt. Man kritisiert – vor allem bei der katholischen Kirche – die **mangelnde Veränderungsbereitschaft**. Ihre Positionen zu Gleichberechtigung und Sexualität hält man für lebensfremd und hat sich deswegen auch nicht genauer damit befasst. Man weiß nur, „dass die manchmal auch übertreiben", z. B. bei der Forderung „unter 18 kein Sex". In ähnlicher Weise wünschen sich muslimische Jugendliche eine Lockerung bei den Gebetszeiten oder dem Alkoholverbot. Grundsätzlich auf **Ablehnung** stößt **missionarisches, strafendes oder gar gewalttätiges Auftreten** von Glaubensgemeinschaften.

Positiv bewertet werden Stellungnahmen der Kirche **zu aktuellen Ereignissen**, z. B. bei großen Unglücken und Naturkatastrophen – v. a. dann, wenn es ihr gelingt, **den Menschen Mut zu machen** und Kraft zu geben. Ebenso werden die Gemeinschaft in der Kirche, die christliche Nächstenliebe sowie die Caritas bzw. Diakonie positiv gesehen.

Konfirmanden- oder Firmunterricht ist vor allem interessant, weil man dort „Leute treffen" kann, deshalb macht er „Spaß" und ist „witzig", aber nicht „wirklich wichtig".

Sich bei Problemen an Kirche bzw. Moschee oder ihre Vertreter und Vertreterinnen / den Imam zu wenden, kommt nur für ganz wenige Jugendliche explizit in Frage. Erfahrungen hat damit bislang kaum jemand gemacht. Auch diejenigen, die sich als kirchennah bzw. ihrer Glaubensgemeinschaft nah einordnen und Personen innerhalb der Kirche kennen, würden **dort kaum nach Hilfe** suchen. Für die Altersgruppe typisch werden die Vertrauenspersonen eher in der Peergroup gefunden. Verständigung mit diesen wird generell als gelingender erlebt als mit Erwachsenen, wenn es um alterstypische Probleme geht.

Typische Zitate zur Illustration

▶ *„Ich glaube nicht an Gott, ich glaube nicht, dass es keinen Gott gibt, ich bin mir da nicht so sicher."* (w, 15)

▶ *„Ich glaube an Schicksal, Karma, vielleicht auch Geister und Schutzengel."* (w, 15)

▶ *„Vielleicht nicht supergläubig, aber auf jeden Fall glaube ich an Gott. Manchmal bete ich, wenn ich mehr oder weniger Lust dazu habe."* (m, 14)

▶ *„So direkt an Gott glauben tu ich eigentlich nicht. Ich weiß nicht, ich gehe in den Religionsunterricht, aber direkt an Gott glauben tu ich eigentlich nicht, aber ich kann es nicht beschreiben."* (w, 17)

▶ *„Die einen glauben an diese Religion, die anderen an diese Religion – für mich ist das kein Problem. Hauptsache, ich habe meine eigene Religion, woran ich auch glaube."* (w, 14)

▶ *„Ich bin keine perfekte Christin, weil ich glaub nicht so an die Bibel."* (w, 15)

▶ *„Ich bin jetzt nicht so 'n Mensch, der jetzt zum Beispiel betet und in die Kirche geht."* (w, 16)

▶ *„Ich habe mich schon damit befasst, aber so richtig geglaubt hab ich nie so richtig, also nicht so unbedingt die Gestalt und so Adam und Eva und so."* (m, 15)

▶ *„Ist eigentlich egal, an welchen Gott man glaubt."* (m, 15)

▶ *„Ich kenne jetzt keinen Jugendlichen, der jeden Sonntag in die Kirche geht."* (m, 15)

▶ *„Ich glaube einfach an die normale Erdentstehung."* (m, 15)

▶ *„Ich kann's mir einfach nicht vorstellen, dass Gott die Welt erschaffen hat. Wieso sollte jemand so was tun?"* (m, 14)

▶ *„In der Kirche ist man eigentlich eine Gemeinschaft, das schätze ich."* (m, 15)

▶ *„Und dann meinte der eine auch, wenn es Gott wirklich geben würde, dann würden halt nicht so viele leiden. Und da habe ich mir auch Gedanken darüber gemacht, und das stimmt auch so 'n bisschen, weil, wenn es Gott gäbe, dann würden nicht so viele hungern und leiden."* (w, 15)

▶ *„Dass man die Religion zu seinem Leben macht, also nur noch für die Religion lebt und nur noch damit sich beschäftigt, das finde ich übertrieben."* (w, 15)

▶ *„Die wollen alles so behalten, wie es vor hundert Jahren war. Irgendwann werden gar keine Leute mehr zur Kirche gehen, glaub ich."* (w, 15)

▶ *„Wenn ich an Kirche denke, dann denke ich eigentlich immer an irgend
so was Langweiliges, weil in unserer Kirche der Pfarrer, der gestaltet die
Messe so langweilig, dass man auch irgendwann keine Lust mehr hat."*
(w, 15)

▶ *„Manche Kirchen setzen sich für Obdachlose ein und helfen da wirklich."*
(m, 15)

4.2.11 Engagement

Die **Konzentration** der Adaptiv-pragmatischen Jugendlichen **gilt zunächst
vor allem dem eigenen Vorankommen und dem sozialen Nahraum**.
Für viele Jugendliche gibt es neben dem Alltag und der eigenen Lebensplanung weder die herausragenden Themen, für oder gegen die man sich
engagieren könnte, noch ist dafür ausreichend Zeit vorhanden. Mit Schule,
Familie, Freundeskreis, Paar-Beziehung und Hobbys ist man ausreichend
ausgelastet.

Trotzdem **steht man dem gesellschaftlichen Engagement grundsätzlich
positiv gegenüber**. Man hilft gerne. Für ein bestimmtes Thema würde man
sich allerdings nur dann mit größerem Zeitaufwand engagieren, wenn man
das Gefühl hätte, wirklich etwas bewirken zu können. Wahrgenommen werden aus dieser Perspektive vor allem die großen Organisationen wie Greenpeace oder Ärzte ohne Grenzen, deren Aktivitäten als wirksam angesehen
werden.

Themen, für die man sich eventuell engagieren würde, sind **Umweltschutz**
und – insbesondere bei Mädchen – der Tierschutz und Kinderrechte. Da aber
auch hier aktuell die Zeit und der Anstoß fehlen, verschiebt man das Engagement auf später oder delegiert es an andere. Um trotzdem etwas beizutragen,
ist **Spenden** oder die Teilnahme an einer Benefiz-Veranstaltung (Friedenslauf,
Benefiz-Konzert) eine beliebte und anerkannte Form des Engagements. Hier
lässt sich mit wenig Zeitaufwand Gutes tun.

Auch wenn sich die Adaptiv-pragmatischen Jugendlichen nicht aktiv mit einem größeren Zeitbudget im Kontext großer gesellschaftlicher Themen engagieren, sind sie **als Mitglieder oder mit Funktionen in verschiedenen Organisationen aktiv**. Sie sind dabei in der Schülervertretung, in schulischen Arbeitsgemeinschaften, kulturellen und Sportvereinen oder auch im Team des kirchlichen Jugendtreffs. Sie nehmen Teil an Jugendgruppenleiter-Schulungen und übernehmen die Betreuung auf Kinderfreizeiten und in Zeltlagern. Jugendliche mit Migrationshintergrund sind darüber hinaus in Vereinen und kulturellen Vereinigungen ihrer Herkunftskultur aktiv.

Als **guter Zeitpunkt für gesellschaftliches Engagement gilt die Zeit zwischen Schule und Berufseinstieg**. Nach dem Schulabschuss kann man sich einen Freiwilligendienst oder ein Jahr im Ausland (z. B. als Au-pair) vorstellen. Dies darf aber nicht der übrigen Planung mit der anschließenden Berufsausbildung bzw. dem Studium sowie der Paar-Beziehung im Weg stehen. Außerdem werden damit nicht nur soziale Motive, sondern auch der Erwerb von Sprach- und Schlüsselkompetenzen verbunden.

Typische Zitate zur Illustration

▶ *„Wenn ich Interesse habe, dann würde ich da auch mitmachen."* (w, 17)

▶ *„Zurzeit bin ich jetzt auch für die Fünftklässler Patin, da helfe ich ihnen halt noch so bei den Hausaufgaben, wenn sie Probleme und wenn sie Fragen haben."* (w, 15)

▶ *„Nach dem Abitur möchte ich ein freiwilliges soziales Jahr machen und dann mit dem Medizinstudium anfangen."* (w, 16)

▶ *„Ich versuche, zumindest immer das Licht auszumachen."* (m, 15)

▶ [zum Thema Proteste] *„An sich denk ich mir dabei eigentlich, ob ich mitmache, macht erst mal keinen Unterschied, einer mehr oder weniger. Darf sich natürlich nicht jeder denken. Am Ende kommt keiner mehr."* (m, 14)

▶ *„Wenn ich weiß, dass es Menschen gibt, von denen es mehr abhängt als von mir, dann würde ich mich auch nicht einsetzen."* (w, 17)

▶ *„Vielleicht wird's mir ja nachher helfen, in der Zukunft, dann mach ich da mit."* (w, 17)

4 LEBENSWELTEN DER 14- BIS 17-JÄHRIGEN IM DETAIL

4.3 PREKÄRE

4.3 PREKÄRE

Kurzprofil
Die um Orientierung und
Teilhabe bemühten Prekären
Jugendlichen mit schwierigen
Startvoraussetzungen und
Durchbeißermentalität

4.3.1　Wohnbilder

Prekäre
Die um Orientierung und Teilhabe bemühten Jugendlichen mit schwierigen Startvoraussetzungen und Durchbeißermentalität

Abb. 4.3.1

4.3.2　Lebensweltliche Basisorientierungen

Das französische Wort *précaire* bedeutet übersetzt **„heikel", „unsicher"** und **„widerruflich"** – zentrale Begriffe, mit denen das Lebensgefühl und die Lebenssituation dieser Jugendlichen beschrieben werden können. Ihre Biografie weist schon früh erste Brüche auf (z. B. psychische Krankheiten, Schulverweis, unvollständige, problematische Familienverhältnisse).

Während viele Anzeichen dafür sprechen, dass die meisten dieser Jugendlichen sich dauerhaft in der Prekären Lebenswelt bewegen werden, **weil sich**

bei ihnen verschiedene Risikolagen verschränken (bildungsfernes Eltern-haus, Erwerbslosigkeit der Eltern, Familieneinkommen an oder unterhalb der Armutsgrenze, schlechte Aussichten, einen Schulabschluss zu erreichen), ist bei manchen aber auch vorstellbar, dass es sich nur um eine krisenhafte Durchgangsphase handelt, insbesondere wenn die feste Absicht besteht, „alles zu tun, um hier rauszukommen".

Prekäre Jugendliche haben die **schwierigsten Startvoraussetzungen.** Viele sind sich ihrer sozialen Benachteiligung bewusst und sind bemüht, ihre Situation zu verbessern, sich nicht (weiter) zurückzuziehen und entmutigen zu lassen. Das Gefühl, dass Chancen strukturell verbaut sind, dass man sie sich aber auch selbst verbaut, und die daraus resultierende Angst vor geringen Teilhabemöglichkeiten sind in dieser Lebenswelt dominant.

Familie nimmt im Werteprofil der Prekären Jugendlichen eine zentrale Stel-lung ein. Dass es sich hier um eine **idealisierte Vorstellung von Familie** handelt, die oft kaum etwas mit dem zu tun hat, was die Jugendlichen tat-sächlich erleben, ist bezeichnend. Eine eigene Familie zu gründen, mit viel-leicht „nur zwei" Kindern, „ein Dach über dem Kopf" zu haben und ein harmo-nisches Familienleben zu führen, das bestimmt häufig die Zukunftsträume dieser Jugendlichen.

Man hat den starken Wunsch, **dazuzugehören und „auch mal etwas richtig gut zu schaffen"**, nimmt jedoch wahr, dass das nur schwer gelingt. Gerech-tigkeit und Fairness sieht man in der Gesellschaft kaum verwirklicht. Die sub-jektive Wahrnehmung geringer Aufstiegsperspektiven resultiert bei einigen in dem Gefühl, dass sich Leistung nicht lohnt. Andere haben eher unrealis-tische, fast kindlich-naiv anmutende Zukunftsträume und hoffen, später als Fußballstar, Arzt, Gewinner von „DSDS" o. Ä. Karriere zu machen.

Vor diesem Hintergrund wird die **Frage nach dem leistungsunab-hängigen Wert des Menschen** laut: Ist man denn wegen seiner Bildungs-defizite bzw. schwachen Bildungsaspirationen gar nichts wert? Warum ist „Hauptschüler" für viele ein Schimpfwort? Verstärkt werden solche

Ausgrenzungserfahrungen durch Arbeitslosigkeit der Eltern und Abhängigkeit von staatlichen Leistungen. Viele schämen sich für die soziale Stellung ihrer Familie. Gerade Prekäre Jugendliche bekommen die Distinktionsbemühungen der gesellschaftlichen Mitte drastisch zu spüren: Die Angst der Mittelschicht vor sozialem Abstieg resultiert unter anderem in Stigmatisierung der Unterschicht und macht auch vor den Kindern benachteiligter Familien nicht halt („Spiel nicht mit den Schmuddelkindern").

Prekäre Jugendliche zeigen von allen Befragtengruppen mit Abstand die **deutlichsten Rückzugstendenzen**. Während man in der ebenfalls unterschichtigen Lebenswelt der Materialistischen Hedonisten Teilhabe durch das Tragen von Markenkleidung sicherstellen möchte, haben die Prekären **keine Affinität zum Lifestyle-Markt**. Man gibt zu, kaum über die neusten Trends Bescheid zu wissen, und behauptet, „unauffällig bleiben zu wollen". Sicherlich hängt dies auch mit den stark begrenzten finanziellen Ressourcen zusammen: Man kann sich schlicht die Teilhabe an der jugendlichen Warenwelt nicht leisten. Hierunter leiden Prekäre Jugendliche stark, weil Markenprodukte, insbesondere Markenkleidung und -schuhe, bei vielen Jugendlichen Statusgewinne abwerfen.

Nicht selten wachsen diese Jugendlichen in von ihnen selbst als instabil und **konfliktbeladen bezeichneten Eineltern- und Patchworkfamilien** auf. Viele Prekäre beklagen, dass sie in beengten Wohnverhältnissen leben. Es ist nicht unüblich, dass man mit Geschwistern oder sogar einem Elternteil ein Zimmer teilt. Das Familienleben wird von vielen als belastend wahrgenommen. Die (häufig prekären) Erwerbssituationen der Eltern resultieren nicht nur in einer materiell extrem herausfordernden Haushaltssituation, sondern bergen zudem enormes psychisches Krisenpotenzial, mit dem die Jugendlichen in ihrer Abhängigkeit von den Eltern direkt konfrontiert werden. Armutserfahrungen sind für die Prekären zum größten Teil Realität. Sie berichten daher auch häufiger als die Jugendlichen anderer Lebenswelten von psychischen Belastungen oder Krankheiten. Darüber hinaus sind Prekäre Jugendliche oft **im Haushalt stark eingespannt** (Haushaltspflichten und/oder Versorgung der jüngeren Geschwister), was als zeitliche und emotionale Belastung im Alltag wahrgenommen wird.

Die Schule ist für viele eine wenig konstante Erfahrung (Schulwechsel, Fehl-
zeiten). Auch in Vereine oder andere Angebote der Freizeitgestaltung und
außerschulischen Bildung sind nur die wenigsten eingebunden. Die Prekären
Jugendlichen **beschreiben ihren Alltag daher oft als vergleichsweise
strukturlos**.

Prekäre mit Migrationshintergrund betrachten ihr **Herkunftsland** oft als die
„eigentliche Heimat" und nicht Deutschland. Den deutschen Pass möchten
hingegen nur die wenigsten aufgeben, da die in der „Heimat" wahrgenommenen Nachteile als noch gravierender betrachtet werden, v. a. die geringeren persönlichen Freiheitsgrade sowie die (noch) schlechteren Chancen
auf dem Arbeitsmarkt und die geringe soziale Absicherung.

Abb. 4.3.2

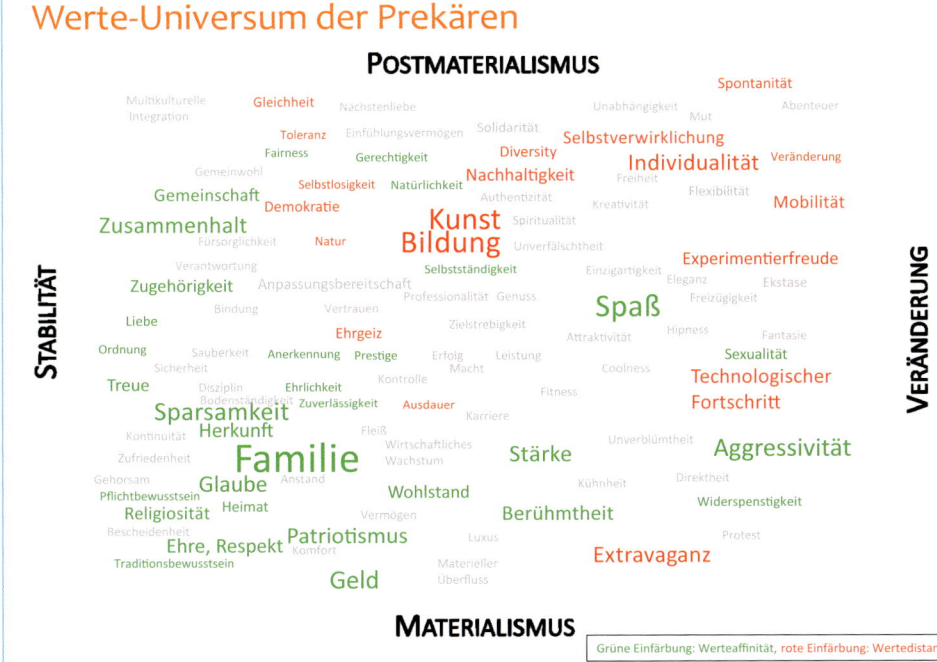

Werte-Universum der Prekären

Grüne Einfärbung: Werteaffinität, rote Einfärbung: Wertedistanz

Multikulturelle Integration ist für diejenigen Prekären Jugendlichen, die in multi-ethnisch geprägten Wohnumfeldern aufwachsen, eine gelebte Selbstverständlichkeit. Jugendliche, die im Alltag selten mit interkultureller Vielfalt in Berührung kommen, zeigen dagegen eine deutliche Distanz bis hin zu einer offenen Ablehnung gegenüber „Ausländern". Hinweise auf spannungsgeladene Verhältnisse Jugendlicher mit Migrationshintergrund untereinander gibt es unter den Prekären Jugendlichen kaum.

Stärke und Mut zu beweisen, ist vor allem (aber nicht ausschließlich) für die männlichen Prekären immens wichtig. Berichte über gewaltsame Auseinandersetzungen, eigenes delinquentes Verhalten oder andere vermeintlich extreme Vorfälle garantieren ein Maß an Anerkennung, das in vielen anderen Bereichen des Alltags (Schule, Arbeitsmarkt, Familie) verwehrt bleibt. „Street Credibility" ist für viele eine wichtige Währung.

Typische Zitate zur Illustration

▶ *„Ich möchte gerne ein Haus oder eine Wohnung, damit ich ein Dach über dem Kopf habe."* (w, 15)

....

▶ *„Ich hab bis jetzt alles selber gemacht, deswegen werd ich's auch alleine schaffen."* (m, 14)

....

▶ *„Manchmal bedrückt mich das, wenn die so streiten oder wenn mein Onkel Probleme hat mit seinen Kindern."* (w, 14)

....

▶ *„Familie am ersten Punkt. Wenn man seine Familie nicht, so Familie braucht Hilfe – dann bin ich lieber da und sag Freunden: Nein, jetzt geht's bei mir nicht. Ich muss erst Familie gucken, wie wir da weiterkommen."* (m, 16)

....

▶ *„Mein Papa hat nach mir noch sechs Kinder – ich habe zu dem gar keinen Kontakt. Der hat sich nur mal jetzt gemeldet, aber ich hab Angst vor dem."* (w, 15)

....

▶ *„Die sagen immer, ich wär respektlos."* (m, 14)

....

▶ „Also ich mach fast immer alles unterschiedlich. Also ich mach fast nie so – wie soll ich sagen – einen Tag mach ich nicht immer so das Gleiche." (m, 14)

▶ „Drogen – ich hab früher selbst verkauft und, ja, Waffen oder so was, falls die was haben wollen. (…) Ja, so Freundeskreis. Einer macht dies, einer konnte das, und dann war ich in der Mitte, ein bisschen davon und ein bisschen davon. (…) Aber heute nicht mehr. Heute wenn einer zum Beispiel einen Schlagstock braucht, sage ich zu dem: Okay, ich bringe dich zu dem, und dann kannst du ihn fragen. Aber selber dealen nicht mehr." (m, 16)

▶ „Ich hab 'nen hohen Blutdruck. Ich bin so ein Typ, der dann unbedingt was machen muss. Es kommt schnell zur Eskalation." (m, 16)

4.3.3 Das gibt meinem Leben Sinn

Abb. 4.3.3

Prekäre
Collage „Das gibt meinem Leben Sinn"

Mädchen, 15

Prekäre
Collage „Das gibt meinem Leben Sinn"

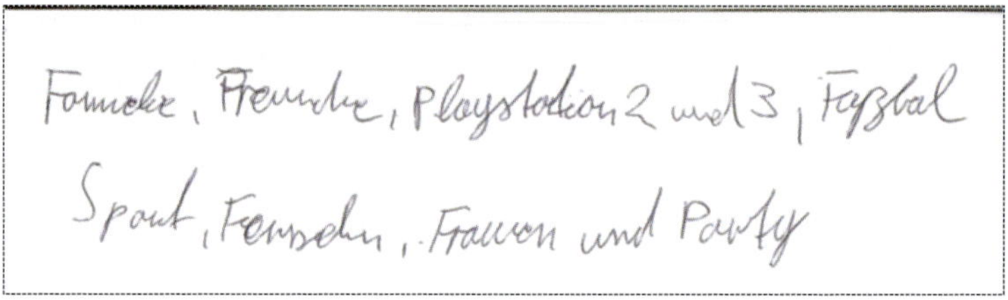

Formel, Freunde, Playstation 2 und 3, Fußball
Sport, Fernsehn, Frauen und Party

Junge, 14

Abb. 4.3.4

4.3.4 Kulturelle Orientierung, Freizeit

Prekäre Jugendliche sind in hohem Maße **popkulturell interessiert**. Hat es Berührungspunkte mit Theater, Oper oder klassischer Musik gegeben, sind diese in schlechter Erinnerung geblieben; die **klassische Hochkultur wirkt befremdlich**, langweilig und überfordert sprachlich bzw. intellektuell. Die Jugendlichen dieser Lebenswelt sind es kaum gewohnt, einer Darbietung über einen längeren Zeitraum ihre ungeteilte Aufmerksamkeit zu widmen.

Die Angebote des **Privatfernsehens** sind der Hauptbezugspunkt zum „kulturellen Überbau". Scripted Reality oder Pseudo-Doku-Soaps stehen hoch im Kurs, weil sich hier die Möglichkeit bietet, die eigene soziale Lage zu relativieren und Familienbeispiele zu sehen, bei denen es entweder „noch viel schlimmer zugeht" oder die ganz ähnliche Probleme im Alltag haben. Castingshows und Daily-Soaps findet man unterhaltsam, weil „es immer was Neues ist" – präsentiert in einem gewohnten Setting, das für viele eine Struktur bietet, die im Familienalltag fehlt.

Insgesamt verfügen die Prekären Jugendlichen über vergleichsweise **wenig kulturelles Kapital**. Wie alle Jugendlichen mögen natürlich auch sie Musik, besitzen jedoch kaum eigene CDs. Während andere Jugendliche Gigabytes an Songs herunterladen, fehlt ihnen hierfür nicht nur oft die notwendige Kompetenz, sondern auch die entsprechenden Abspielgeräte. In aller Regel hört man sich die 20 bis 30 Lieder an, die man von Freunden bekommen und auf dem Handy gespeichert hat. Dabei handelt es sich dann hauptsächlich um Rap, oft deutschen Rap, und R'n'B (Haftbefehl, Bushido, Fard, Deso Dogg, Farid Bang, Rihanna, Massiv, Sido, Nazar). Hip Hop ist eines der wenigen Genres, die die Jugendlichen benennen können und mögen. Vielen bieten die Texte zahlreiche Identifikationspunkte: „Die rappen halt aus ihrem Leben. Dass sie eine schlechte Kindheit hatten, das, was ich auch hatte." Das Interesse regt jedoch selten zur aktiven Suche nach Neuem an, man begnügt sich mit dem, was man kennt.

Lesen ist prinzipiell „nicht so ihr Ding", werden diese Jugendlichen direkt danach gefragt. Nicht selten fällt jedoch auf, dass diejenigen, denen nicht das Lesen selbst Schwierigkeiten bereitet, Leseangebote begeistert angenommen und in guter Erinnerung behalten haben. Die **mangelnde Verfügbarkeit von Büchern** im heimischen Umfeld spielt eine nicht unwesentliche Rolle bei der Einordnung der „Lesefaulheit" in dieser Lebenswelt.

Das Freizeitverhalten der Prekären Jugendlichen oszilliert zwischen Rückzug und Delinquenz. Da sind jene, die „zur Schule, nach Hause, dann schlafen" gehen, und jene, die „eigentlich direkt raus- oder halt direkt nach der Schule" rausgehen. Von Letzteren werden nicht selten auch Erfahrungen mit Drogen(-handel), gewalttätigen Auseinandersetzungen und kleinkriminellen Delikten berichtet. Die Freizeitgestaltung bewegt sich bisweilen am Rande der Legalität oder bereits in der Illegalität.

Diejenigen, die sich eher zurückziehen, haben oftmals bereits seit Jahren massive Mobbingerfahrungen in der Schule und im „Freundeskreis" erlebt und sind zu wenig selbstsicher, um sich „draußen" behaupten zu wollen, oder spüren ganz einfach, dass sie „nicht so richtig dazugehören". Neben der Wohnung wird von diesen Jugendlichen häufig auch die Natur als intakter, harmonischer und sicherer Rückzugsort beschrieben.

Im Vergleich der Lebenswelten sind **Computer- und Konsolenspiele** bei Prekären Jugendlichen am beliebtesten – auch bei den Mädchen. Hier findet man eine Beschäftigung, der man auch allein nachgehen kann. Und ähnlich wie beim Muster des Fernsehkonsums ist hier das Sicherheit gebende Moment der Wiederholung vorhanden. Man bewegt sich auf weitgehend bekanntem Terrain, wird dabei unterhalten, muss sich nicht auf vollkommen neue Strukturen oder Unwägbarkeiten einlassen.

Soweit überhaupt von sportlichen Aktivitäten berichtet wird, steht bei den männlichen Jugendlichen eindeutig Fußball an erster Stelle, sowohl als aktiver Spieler wie auch als Fan und Zuschauer eines bestimmten Vereins. Von Mädchen wird gelegentlich Tanzen oder Fitness-Training genannt.

Jugendliche aus der Prekären Lebenswelt nutzen nicht selten **Angebote der offenen und mobilen Jugendarbeit** oder werden in ihrer Freizeit durch Jugendsozialarbeit begleitet. Diese Angebote werden in der Regel dankbar

Abb. 4.3.5

Prekäre

Wofür interessierst du dich?

Tiere, Nähen, Autoo, Natur, Kinderklub,

Mädchen, 14

eigentlich für nichts
für fittnes und Fußball

Junge, 15

Wofür interessierst du dich überhaupt nicht?

Politik, Wirdschaft !

Mädchen, 14

Nintendo DS, A t w : Krig, Schlägereien und Nachrichten.

Junge, 14

für Barbypuppen
für Opera musik

für Kunst
für Theater

Junge, 15

angenommen, weil sie Freizeitmöglichkeiten eröffnen, die allein nicht zu realisieren wären.

In der freien Zeit nach der Schule und den Hausaufgaben sieht man keinen Raum mehr für weitere Bildungsanstrengungen. Den Unterricht bereitet man nur vor oder nach, wenn es absolut notwendig ist, um die Versetzung nicht zu gefährden. Ansonsten hat man weder Lust dazu, noch sieht man ein, warum man sich in der Freizeit „bilden" sollte, da dies nicht direkt erkennbar belohnt wird und man so bloß seine Zeit „verschwendet".

Typische Zitate zur Illustration

▶ *„Oper und klassische Musik ist ätzend in meinen Ohren, da fühl ich innerliches Weinen."* (m, 14)

▶ *„Ich finde, mit der Zeit wird Theater und so langweilig, weil immer dieselben Kostüme und so das Maskengeschminke und immer das viele Tanzen wie in einem Musical oder so, und ich finde, auf Dauer wird das langweilig."* (w, 14)

▶ *„Wir gehen aber regelmäßig in die (…) auch. Ganz oben ist ein Hip Hop-Projekt. Bloß da gibt's auch manchmal Diskussionen, auch weil man nicht alles aufnehmen darf. Zum Beispiel Dissen oder Battletracks. Da muss man sich ein anderes Studio suchen."* (m, 16)

▶ *„Mama sagt ja, du hast keinen Bock rauszugehen. Habe ich auch nicht, weil ich mich dran gewöhnt habe zwei Jahre, zu Hause zu sitzen."* (w, 15)

▶ *„Der [2Pac] ist nicht so wie die anderen, ja ‚ich fick deine Mutter, (…), du dreckiger Hurensohn, fucking bitch, blabla' – der erzählt, was er erlebt, was er erlebt hat, was alles passiert, mit seiner Mutter zum Beispiel."* (m, 14)

▶ *„Wenn ich bei Freunden bin, auch so Ballerspiele – wenn die die haben."* (m, 14)

▶ *„Also lesen, na ja nicht so oft, nur wenn's sein muss. Es macht mir nicht so Spaß. Welcher Junge in meinem Alter will schon lesen?"* (m, 14)

4.3.5   Vergemeinschaftung

Prekäre Jugendliche machen häufig **Ausgrenzungserfahrungen**, sei es in der Schule, in der Öffentlichkeit oder auch innerfamiliär. Weil Integration im Rahmen der klassischen Institutionen für diese Jugendlichen oft kaum möglich ist, ist die Anerkennung in der Peergroup zentral. Während viele berichten, dass ihre **Freunde „wie Familie"** seien, gibt es mindestens ebenso viele, die als völlige Außenseiter im sozialen Rückzug bleiben. Freunde finden diese Prekären Jugendlichen in den Soaps und Serien der Privatsender – auf die ist Verlass, die „kommen" täglich.

Auseinandersetzungen mit Freunden bzw. im Freundeskreis haben bei vielen einen bleibenden Eindruck hinterlassen, man hat das Gefühl, hier „echt schlechte Erfahrungen" gemacht zu haben. Trotzdem wird die Bedeutung von Freunden **mit idealisierendem Gestus** immer wieder betont.

Bestimmte Jugendszenen üben eine Faszination auf Prekäre Jugendliche aus (vor allem Hip Hop), ein aktives Engagement in diesen ist jedoch eher selten. Man fühlt sich den (medial präsenten) Protagonisten und Protagonistinnen verbunden, bei denen man oft biografische Parallelen erkennt. Die Teilhabemöglichkeiten an solchen Jugendszenen (Kleidung, Technik, Platten auflegen, Texte schreiben und selbst rappen) sind jedoch in materieller und kultureller Hinsicht zumeist beschränkt.

Vergemeinschaftung findet bei Prekären zu einem großen Teil im öffentlichen Raum statt. Im Kontext der elterlichen Herkunftsmilieus wachsen diese Jugendlichen in **schwierigen Wohnumfeldern** auf, oft im Zentrum sogenannter sozialer Brennpunkte. Sich auf der Straße zu behaupten, kostet nicht selten einiges an Mut und Durchsetzungsvermögen. Auch deshalb ist „die Gruppe" so wichtig: Allein kann man nicht viel ausrichten, in der Gruppe fühlt man sich sicher. Vor allem die männlichen Vertreter dieser Lebenswelt haben vergleichsweise häufig bereits **Gewalterfahrungen** gemacht – als Opfer und Täter.

Im Gruppenvergleich ist auffällig, dass – auch bei Jungen – deutlich früher gegengeschlechtliche Beziehungen interessant und „wichtig" sind als in anderen jugendlichen Lebenswelten. Der Wunsch nach Stabilität, der weder in der Familie noch völlig zuverlässig im Freundeskreis eingelöst wird, soll in der **romantisch idealisierten Zweierbeziehung** erfüllt werden. Der Mangel an Halt führt dazu, dass sich Prekäre Jugendliche vergleichsweise früh binden (möchten). Familiengründung kann für die Prekären Jugendlichen darüber hinaus eine Aussicht auf Gelingen beinhalten, die in vielen anderen Bereichen unwahrscheinlicher erscheint.

Typische Zitate zur Illustration

▶ *„Man kann halt den Freunden nicht immer vertrauen."* (m, 14)

▶ *„Wir sind insgesamt zwölf Mädchen. Davon ist eine sitzengeblieben – jetzt sind wir nur noch elf, und jetzt ist das wieder eine ungerade Zahl. Jetzt ist wieder eine alleine. Das bin dann wieder ich."* (w, 15)

▶ *„Ich helfe denen, und als Gegenleistung will ich, dass die mir dann helfen."* (m, 16)

▶ *„Ich hab auch einem Kollegen schon ein Messer ins Bein gestochen, weil es mir nicht gepasst hat, was er gemacht hat."* (m, 16)

▶ *„Ich rede schon mit allen gleich. Also wenn es jetzt zum Beispiel um was geht – also wem muss ich helfen oder so – dann würde ich natürlich schon den besseren Freund nehmen, also den engen. Aber so in der Schule eigentlich nicht, da spiele ich schon mit jedem."* (m, 14)

▶ *„Facebook ist* [für Streit] *besser, weil da kannst du reden. Wenn du zu dem Jungen gehst und mit ihm reden willst, will er vielleicht nicht zuhören und greift dich sofort an, aber im Facebook kann er dich nicht erwürgen."* (m, 14)

▶ *„Ich bin ein Junge halt, das ist immer das Gleiche, wir schlagen uns die Köpfe ein. Mal bekomm ich ein blaues Auge, mal der, das ist normal."* (m, 14)

▶ *„Ich sage, Hunde, die bellen, beißen nicht. Da sind so Leute, die sagen: meine Gruppe, meine Gruppe, und im Endeffekt, wenn die Polizei kommt, verraten die sich gegeneinander."* (m, 14)

> ▶ *„Meine Freunde, die sind nicht so wie die anderen hier, Schlägereien, ich bin der große Macker, wollen immer Aufmerksamkeit auf sich ziehen und so was. Einfach ganz spontan wie ich, ganz locker."* (m, 14)

4.3.6 Medien

Medien im Alltag

Der Schwerpunkt der Medienausstattung der Prekären Jugendlichen liegt im audiovisuellen Entertainmentbereich. **Fernsehen ist eindeutig das „Leitmedium"** in dieser Lebenswelt. Viele Jugendliche verfügen über ein eigenes Gerät (häufig jedoch nicht modernsten Standards, wie es etwa für die Materialistischen Hedonisten typisch ist).

Ein **Handy ist für die meisten unverzichtbar**, viele haben internetfähige Handys. Spiele runterzuladen oder online zu gehen, ist ein willkommener Zeitvertreib, „wenn man irgendwo warten muss". Telefonieren rangiert vor allem bei den Mädchen vor den Internetangeboten Chat und E-Mail.

Den meisten steht ein Computer mit Internetzugang zu Hause zur Verfügung, einen eigenen Rechner haben jedoch die wenigsten. Die Vielfalt und Unübersichtlichkeit des World Wide Web wird von vielen Prekären Jugendlichen als Überforderung wahrgenommen, was nicht selten auch in ein passives Verharren oder eine Abwendung mündet.

Prekäre Jugendliche sind – auch in ihrer Mediennutzung – zuallererst **unterhaltungsorientiert**. Sie wählen aus dem Programm der privaten Sender die Formate, die bei möglichst gleichbleibender Struktur den größten Unterhaltungswert versprechen. Eingelöst wird dies beispielsweise durch Daily Soaps und bekannte Castingshow-Formate.

Interaktion und Kommunikation in digitalen Räumen

Die sozialen Netzwerke haben fast alle Prekären Jugendlichen für sich erschlossen. Man hat üblicherweise ein Profil bei Facebook, früher gelegentlich auch bei StudiVZ. Sich in diesen Netzwerken **online zu inszenieren, liegt**

den Prekären Jugendlichen aber fern. Das Hochladen eigener Bilder ist kaum interessant – teilweise begründet in mangelnder Kompetenz, teilweise durch fehlende technische Möglichkeiten. Die verbale Inszenierung über die Status-Updates würden ein Aktivitätspotenzial erfordern, das für den Mediengebrauch in dieser Lebenswelt eher untypisch ist.

Insgesamt interessieren sich die Prekären Jugendlichen deutlich weniger als Jugendliche anderer Lebenswelten für das Internet. Entsprechend findet weniger Erfahrungslernen statt mit diesem Medium. Eigenständiges Navigieren findet abseits der bekannten Seiten (Youtube, Facebook) kaum statt, weil sich viele von der **Daten- und Informationsfülle schnell überfordert fühlen**.

Die Prekären Jugendlichen haben das starke Bedürfnis, immer erreichbar und auf dem Laufenden zu sein, was in ihrem sozialen Umfeld vorgeht. Das führt stellenweise auch zu Überforderungsgefühlen, vor allem der Zwang zur permanenten Erreichbarkeit über das Handy. Dieses auch einmal auszuschalten, ist jedoch keine Option. Chats und Messages werden als weniger verpflichtende Kommunikation wahrgenommen.

Datenschutz, Persönlichkeitsrechte und Urheberrecht

In ihrem Downloadverhalten sind die Prekären Jugendlichen zurückhaltender als beispielsweise die Materialistischen Hedonisten. Das ist zum einen in der deutlich geringer ausgeprägten Nutzungskompetenz begründet, zum anderen in der **geringeren Verfügbarkeit entsprechender Endgeräte**. Eine wichtige Rolle spielt aber auch das generell eingeschränkte Online-Verhalten dieser Jugendlichen. Insgesamt betrachtet ist ihr **Online-Aktionsradius nicht sonderlich groß**. Die Prekären Jugendlichen besuchen v. a. Seiten, die ihnen bekannt sind. Und das sind deutlich weniger als bei den Jugendlichen moderner Lebenswelten.

Youtube gehört zu den wenigen bekannten und damit auch meistbesuchten Seiten. Einige haben schon den Youtube-Converter entdeckt, genutzt wird er jedoch selten. Musik herunterzuladen, ist kaum interessant. Auch Filme werden kaum heruntergeladen und stattdessen häufiger noch in der Videothek ausgeliehen.

Die meisten der Prekären Jugendlichen kennen „Geschichten" über Urheber-rechtsverletzungen und entsprechende Sanktionierungen, verfügen jedoch kaum über differenzierte Informationen. Viele sind unsicher, was erlaubt und was verboten ist, und lassen daher auch lieber ganz die Finger davon.

Ein **Unrechtsbewusstsein hinsichtlich illegaler Downloads ist tenden-ziell vorhanden**, es bewegt sich jedoch in einem diffusen Raum zwischen Angst, Unwissenheit und Desinteresse. Eigentlich findet man, dass Nicht-wissen schon vor Strafe schützen sollte – schließlich gibt es die entspre-chenden Angebote, und da sollten nicht die bestraft werden, die sie nutzen, sondern die, die das Angebot erstellen. Gleichwohl reflektiert man, dass es für die Kulturindustrie „ja nich' so gut" sei, wenn niemand mehr bezahle. Das tatsächliche Verhalten orientiert sich jedoch oft an schwer nachvollziehbaren Regeln, z. B.: „Musik ist o.k., aber Filme nein."

Abb. 4.3.6

Online-Nutzungsaktivitäten Prekärer

Eher vorbehaltlose Nutzung, Kommunikations- und Unterhaltungsangebote relevant

Relevanz

Spiele ♂
Soziale Netzwerke
Chatten

Internet-Surfen

Streamingportale
Musikdownload

Musik / Filme / Text
E-Mails   Blogs lesen produzieren / Upload
Mobile   Zeitungs- / Nachrichtenportale
Internetnutzung /
Smartphone

Vorbehalt

Datenschutz im Internet heißt für die Prekären Jugendlichen vor allem, sichergehen zu können, dass private Korrespondenzen anderen als den Adressaten nicht zugänglich sind. Insbesondere intime Kommunikation soll „geschützt" bleiben, dafür würde man sich sonst schämen. Das in dieser Lebenswelt verbreitete Verständnis von Datenschutz entspricht in etwa einem „Briefgeheimnis 2.0".

Medien als Orientierungsgeber

Prekäre Jugendliche **distanzieren sich im Vergleich der Lebenswelten am wenigsten von den Castingshow-Formaten**. Für viele liegt der Reiz dieser Formate darin, dass sie eine Legitimation bieten für den plötzlichen Erfolg derer, die eigentlich genauso viel oder wenig können wie man selbst. Man hinterfragt, wie es sein kann, dass andere die Chancen bekommen und man selbst nicht. Viele träumen aber davon, es selbst vielleicht eines Tages auf ähnlichem Wege zu schaffen.

Pseudo-Dokus und Scripted Reality werden als hilfreiche Unterstützung für das Alltagshandeln wahrgenommen, da sie aus Sicht der Prekären Jugendlichen aufzeigen, wie nur allzu bekannte Probleme von anderen verhandelt werden.

Bei Prekären Jugendlichen liegt der sozialisatorische Schwerpunkt im Zusammenspiel von Eltern, Schule, Peers und Massenmedien (v. a. TV). Gerade die Jugendlichen, die sich sozial stark zurückziehen, stranden im Nachmittagsprogramm der privaten Fernsehsender.

Typische Zitate zur Illustration

▶ *„Fernseher macht mir Spaß, den benutz ich viel."* (m, 15)

▶ *„Mal Bilder angucken, aber meistens bin ich gar nicht so lange im Internet, weil es da auch nicht so interessante Sachen gibt."* (w, 14)

▶ *„Ich habe mal gehört, dass in Knuddels, dass da mal ein Mädchen, hat sich mit einer Freundin getroffen, obwohl das nachher ein älterer Mann war, und dann wurde sie vergewaltigt und umgebracht."* (w, 14)

▶ *„Die anderen sind jetzt alle im Facebook, aber das interessiert mich nicht. Ich telefoniere lieber und rede mit den Leuten."* (w, 14)

▶ *„Ja, meine Freunde sagen, ‚ja, meld dich auch mal da an'* [Facebook], *und dann bin ich da auch hingekommen. Und jetzt komme ich gar nicht mehr davon los."* (w, 15)

▶ [Über Facecebook:] *„Ich muss mich ja nicht so preisgeben, ich kann ja auch telefonieren."* (w, 15)

▶ *„*[Datenschutz] *is wichtig. Es wäre mir peinlich, wenn ich zu einem Mädchen geschrieben habe: Ich liebe dich, und dann hackt mich ein Junge und sieht die ganzen Chats."* (m, 14)

▶ *„Warum soll ich da mein Bild ins Internet hochstellen, das macht doch keinen Sinn."* (m, 15)

▶ *„Ich find's nicht gut, wenn die dann die Leute dafür* [illegale Downloads] *einsperren, dann sollten sie das gar nicht erst erfinden oder wieder löschen, dann ist ja klar, dass die das machen."* (w, 15)

▶ *„Der Typ* [Pietro Lombardi] *ist dämlich, der kann kein Englisch, der singt perfekt Englisch, englische Texte. Hat keinen Schulabschluss, Sonderschule, der redet nur Unsinn, dämlich, verrückt, und trotzdem hat er es zu etwas gepackt. Nur durch eine Castingshow."* (m, 14)

▶ *„‚Mitten im Leben' ist so eine Doku, glaub ich, über manche Menschen, wie die leben, manchmal ist das ganz lustig, wie die so leben."* (w, 14)

▶ *„Im Internet vertrau ich Seiten, wo ich meine Adresse nicht angeben muss."* (m, 14)

▶ *„Sexchat oder so im Internet sind schlechte Seiten. Dass Menschen jetzt so tun, als wären sie Mädchen, und dann mit Jungs chatten und dann die Jungs erpressen, dass sie sich treffen sollen, und am Ende sterben dann die Jungs."* (m, 14)

4.3.7   Schule und Lernen

Schule

Prekäre Jugendliche sind **vergleichsweise schulfern**. Schule ist als Lebensort wesentlich durch Misserfolg und zusätzlich oft durch Konflikte geprägt. Erfolgserlebnisse sind selten. Man gehört entweder zu denen, die in jeden Streit in der Klasse verwickelt sind, die immer den Ärger abbekommen, und/oder zu denen, die eigentlich von niemandem beachtet werden. Am liebsten möchte man **möglichst unauffällig und ohne viel Aufwand durch die Schulzeit kommen**, um möglichst schnell die ersehnte „Freiheit" zu erreichen.

In der Wahrnehmung von Schule ist vor allem der Zwang präsent; Schule ist eine Pflichtveranstaltung, der man sich nicht entziehen kann. Fällt unerwartet Unterricht aus, bleibt das als positives Erlebnis in Erinnerung. Man hat in der Regel „wenig Bock auf Lehrer, Schreiben, Frühaufstehen und das alles", fühlt sich von den Lehrkräften nicht nur missverstanden, sondern oft auch provoziert und mitunter auch beleidigt. Wenn die Jugendlichen von den Lehrern offen mit den eigenen Problemen und der eigenen Bedürftigkeit konfrontiert werden, nehmen sie dies als verletzend wahr: Respekt ist ein zentrales, aber knappes Gut in den Prekären Peer-Kontexten. Respekt erfahren aus Sicht der Prekären nur die, die stark sind. Mitleid und „Überkümmerung" oder die Behandlung als „Problemfall" laufen der Forderung nach Anerkennung somit diametral entgegen.

Insbesondere für Jungen gehört „Schreiben" zu einer der größeren Herausforderungen, die man nur sehr ungern annimmt. Dass hier Schwierigkeiten bestehen, lassen auch die Befunde zum kulturellen Interesse vermuten: Lesen ist keine Freizeitbeschäftigung. Informationen und Unterhaltung werden ausschließlich über audiovisuelle Kanäle bezogen. Das wirkt sich entsprechend auch auf die Schreibkompetenz der Jugendlichen aus. Dementsprechend wird (im Kontext Schule) auch eine Präferenz für Mündlichkeit benannt. Es gibt aber auch Lektüre-Erfahrungen in der Schule, die positiv erlebt werden.

Im Unterricht erleben viele Überforderung, fühlen sich abgehängt und resignieren. Schule wird daher als „langweilig" und, wenn das Erreichen des Abschlusses in Frage steht, als „sinnlos" erlebt. **Die Motivation, sich in der Schule anzustrengen, ist vergleichsweise gering** – auch weil das Ziel, für das es sich lohnen würde, die vermeintlichen Strapazen auf sich zu nehmen, für viele nicht erkennbar ist. Hausaufgaben, Vorbereitungen für den Unterricht oder andere Schularbeiten zu Hause bleiben eher selten. Oftmals fehlt den Jugendlichen dafür auch die Unterstützung durch die Eltern. Einen guten Schulabschluss hätte man natürlich schon gerne. Aber solange dieses Ziel ungreifbar ist, gilt für viele, zunächst einmal die nächste Mathestunde „zu überleben". Zu Hause ärgert man sich zwar manchmal, wieder nicht aufgepasst oder „Scheiß gelabert" zu haben, aber eine disziplinierte Unterrichtsbeteiligung scheint für viele einfach nicht möglich zu sein.

Abb. 4.3.7

Prekäre
So wünsche ich mir meine Schule

Möglichst ohne Streit und nette Lehra.

Mädchen, 14

Wie im Forsehn

Junge, 14

Garnicht

Junge, 16

· Eine Schule mit faireren Lehrern.
· Eine Halbtagsschule wäre besser
· Mehr Räume, wo man seine Ruhe haben kann

Junge, 15

Schule wird damit zu einer Quelle der Unzufriedenheit im Alltag: Der Wunsch, es besser zu schaffen, genährt aus dem Wissen, es besser schaffen zu müssen, ist zwar vorhanden. Bei der Frage, wie dieses Ziel erreicht werden kann, sind die meisten jedoch ratlos. **Angebote zusätzlich zum Pflichtprogramm nimmt man nur ungern an.** Man will „da nicht noch mehr Zeit" verbringen. Als positives Erlebnis in der Schule werden vielfach gemeinsame Ausflüge und Klassenfahrten beschrieben. Dabei konnten die Jugendlichen Erfahrungen machen, die in der Familie nicht möglich sind. Insbesondere wenn sie ein Gemeinschaftsgefühl erlebt haben, zeigen sich die Prekären Jugendlichen (die sonst oft zu den Unauffälligen gehören oder Ausgrenzungserfahrungen machen) sehr zufrieden.

Der Frage nach der bevorzugten **Schulform** steht man leidenschaftslos gegenüber. Das vorrangige „Problem" an Schule ist eben nicht, wie viel Zeit dort verbracht wird, sondern dass viele den Anschluss verloren haben, aus dem Klassenverband ausgeschlossen sind, sich von Lehrkräften missverstanden fühlen oder Gewalterfahrungen auf dem Pausenhof machen. Könnte man es sich aussuchen, würde man „natürlich" die Halbtagsschule besuchen.

Lernen

Lernen ist für Prekäre Jugendliche ein sehr **abstraktes, fremdes Konzept**, das man in erster Linie mit Schulunterricht verbindet. Erfolgserlebnisse sind dort jedoch selten. Das implizite Gebot, lernen zu müssen, wird deshalb gefühlsmäßig zurückgewiesen. Die Jugendlichen sind aber kaum in der Lage, selbst zu formulieren, was sie sich in puncto Lernen wünschen würden oder was ihnen fehlt.

Auffallend ist, dass **kaum intrinsische Motivation für Lernen** vorhanden ist: Lernen wird als wichtig bezeichnet, aber „für später". Die heutigen Unterrichtsinhalte sind, so muss angenommen werden, kaum anschlussfähig an die Alltagserfahrungen der Prekären Jugendlichen. Problematisch ist dabei auch, dass viele im Unterricht überfordert sind und dementsprechend das Gefühl haben, nicht zu verstehen, worum es eigentlich geht.

Vielen fehlt für eine längere, konzentrierte Beschäftigung schlicht die Aufmerksamkeit. Selbst wenn man in Einzelfällen viel Zeit investiert, bleibt der Erfolg dann gering. Erfolgserlebnisse beim Lernen hat man eher abseits der Schule, wenn es z. B. darum geht, einen Songtext auswendig zu lernen oder eine Choreografie aus einem Musikvideo wiederzugeben.

Typische Zitate zur Illustration

▶ „Ich kann dir ja mein Zeugnis zeigen – ich hab echt ein richtig schlechtes Zeugnis." (w, 15)

▶ „Ich hab Schule von Anfang an nicht gemocht." (m, 16)

▶ „Immer wenn's Streit gibt, bin ich auch bei allem dabei und misch mich selber immer ein." (m, 14)

▶ „In der Schule konzentrier ich mich überhaupt gar nicht, mir ist langweilig, ich träum dann meistens, warte höchstens auf die 5-Minuten-Pause, um eine zu rauchen." (m, 16)

▶ „Ich denk viel über die Schule nach. So über die Leute, was die so über mich auch denken. Eigentlich könnte mir das scheißegal sein, aber durch dieses Mobbing denke ich halt schon viel darüber nach." (w, 15)

▶ „Ich wünsche mir, dass meine Schule einfacher wäre, was sie aber nicht wird. Aber dafür muss ich viel lernen. Aber es wäre besser, wenn der Lernstoff einfacher wäre, weil wir haben das so schwer. Wir sind alle so eine Klasse, die in Mathe, auf Deutsch gesagt, echt abkackt." (w, 15)

▶ „Ich muss meine Zeit da absitzen. So fühlt sich das manchmal für mich an, ey." (w, 15)

▶ „Die meiste Zeit, die ich am Tag verpenn, ist in der Schule." (m, 14)

▶ „Jeder kennt mich. Alle Lehrer kennen mich von dieser Schule. Ich hab schon sehr viel Scheiße gebaut da auf der Schule." (w, 15)

▶ „Ich mache nicht so intensiv Hausaufgaben. Ich gucke dann dazwischen manchmal Fernsehen." (m, 14)

▶ *„Manchmal denke ich so: Warum bin ich hier? Also ich habe nicht immer so Lust, und dann sitzt man da, muss man zuhören."* (m, 14)

▶ *„Also eigentlich will ich nichts lernen."* (m, 14)

▶ *„Sehr streng, das ist wie im Gefängnis bei uns."* (m, 15)

▶ *„Zu Hause guck ich mir Videos an auf Youtube und versuch, die zu lernen."* (w, 15)

▶ *„Dann bin ich halt ganztags gegangen, aber das ist Scheiße. Zeitverschwendung. Ja, essen, Hausaufgaben machen kann ich zu Hause."* (m, 15)

▶ *„Ich hab 'nen Fehler gemacht. Ich hab nie gelernt und hab jetzt ein schlechtes Zeugnis. Aber das wird sich in Zukunft ändern."* (m, 15)

▶ *„Ich weiß nicht ganz genau so, nicht gut. Ich bin nicht so ein Typ, der so übt oder mit Schule oder so was. Ist nicht mein Ding, deswegen wird's schwer."* (m, 16)

4.3.8 Berufliche Orientierung, Zukunft

Die **Wahrnehmung von Armut(sgefährdung)** in der Familie, die oft mit den Eltern geteilten Erfahrungen eigener Überflüssigkeit und Nutzlosigkeit behindern die Entwicklung von Selbstvertrauen, Selbstwirksamkeit und Stärke – wodurch der weitere Lebensweg negativ beeinflusst wird. Andererseits wird gerade von den Prekären Jugendlichen – quasi in einer kompensatorischen Reflexion auf die eigene Schwäche – betont, dass man selbst für die eigene Zukunft verantwortlich sei und „schlau" sein müsse.

Wenn sich Jugendliche aus anderen Lebenswelten die Frage stellen: „Was wird aus mir?", so haben sie zumindest eine vage Vorstellung davon, welche beruflichen Optionen die wahrscheinlich erzielten Schulabschlüsse ermöglichen. Den Prekären Jugendlichen fehlt in der Regel dieses Orientierungswissen. So zeigen sie **sich teils sehr pessimistisch hinsichtlich ihrer Ausbildungsperspektiven**, teils jedoch auch **unrealistisch optimistisch** und aufstiegsorientiert. Die gesamten Traumberufe verweisen auf ein klares Dilemma zwischen Wunsch und Wirklichkeit: Ingenieur, Fußballprofi, Arzt, Anwalt oder Star würde man gerne werden. Wie eine Ausbildung zu einem solchen Beruf verläuft, welche Voraussetzungen dafür notwendig sind oder wie genau das Berufsbild aussieht, wissen die wenigsten. Erkannt haben diese Jugendlichen jedoch, dass solche Berufe zum einen ausreichend Geld und zum anderen Prestige abwerfen. Sollte es mit dem Traumberuf nichts werden, dann will man „wenigstens nicht auf Hartz IV sein".

Wie die meisten Jugendlichen in ihrem Alter **wissen die Prekären, dass sozialer Aufstieg eng an Bildungserfolge gekoppelt ist**, dass man also ohne Schulabschluss und Ausbildung kaum eine Chance hat. Gleichzeitig bekommen sie von älteren Freunden zurückgespiegelt, dass selbst mit einem Schulabschluss der Ausbildungsplatz nicht sicher und sogar mit einer abgeschlossenen Ausbildung eine Festanstellung nicht garantiert ist. Das verunsichert massiv und führt bei manchen zu der resignativen Frage: Warum denn dann eigentlich?

Wenige der Prekären Jugendlichen nehmen Angebote zur beruflichen Orientierung wahr: Man weiß nicht, wo, auch nicht so recht, warum, und vor allem möchte man nicht selbst um Hilfe bitten. Dagegen bieten massenmediale Repräsentationen von Berufen (Fußballstar, Anwalt, Polizist, Arzt etc.) scheinbar Orientierung. Vor allem die Jungen zeigen sich sehr empfänglich für die medial präsentierten männlichen Vorbilder.

Wichtigstes Kriterium bei der Berufswahl ist für die Jungen, „gut verdienen zu können". Anders für die Mädchen: Einkommenschancen spielen im Rahmen ihrer beruflichen Orientierung fast keine Rolle. Wichtiger ist, etwas zu finden, was Spaß macht und den eigenen Möglichkeiten entspricht – d. h. in keinem Fall überfordert. **Tradierte Geschlechterrollenvorstellungen** sind eine wichtige Ursache für diese Unterschiede: Mädchen sehen sich, wenn überhaupt, als Zuverdienerin, die Verantwortung für das Haushaltseinkommen bleibt bei den Jungen bzw. Männern. Die Jungen entsprechen diesen Vorstellungen in ihren Perspektiven und Projektionen.

Dass man selbst eine Familie gründen will, steht außer Frage. Man wünscht sich (nicht zu viele) Kinder und hofft, für diese gut sorgen zu können, ihnen auch einmal etwas Besseres bieten zu können. Letztlich ist die Familiengründung auch ein Feld, in dem die Aussichten auf Erfolg vielversprechender sind als beispielsweise in der Erwerbswelt. Die Chance, hier auch einmal weiter zu sein als andere, bestimmte Etappen früher zu erreichen, ist reizvoll.

Abb. 4.3.8

Prekäre

Wie möchtest du später leben? Und was machst du dann?

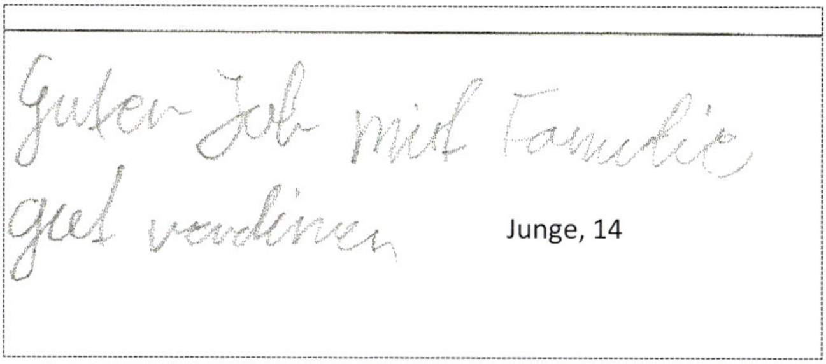

Guter Job mit Familie gut verdienen

Junge, 14

Junge, 14

Ich möchte später Jura studieren und Anwald werden.

Typische Zitate zur Illustration

▶ „Also ich möchte nicht in Armut leben. Auch nicht von Hartz IV – auf keinen Fall." (w, 15)

▶ „Nicht Angst, aber ich mach mir Sorgen so, halt zum Beispiel, wenn ich so nicht 'nen guten Job bekomme. Auch wenn's nicht Arzt wäre, aber einen anderen guten Job. Das wäre auch nicht gerade schlimm. Aber so wie manche anderen Hartz IV – das wäre nicht gut." (m, 14)

▶ „Ich weiß, dass ich nicht jeden Job haben kann, weil ich ja Hauptschulabschluss habe." (w, 14)

▶ „Mir hat jemand gesagt, ich soll am besten mein Abi machen. Oder Erzieherin würde ich auch machen. Oder irgendwas mit Musik. Also so was, dass man in die Charts kommt. Also mir sagen voll viele, du kannst voll gut singen und so. Aber ich find das selber nicht – das ist aber immer so." (w, 15)

▶ „Ich glaube, es wäre besser, nach Köln oder in die Türkei zu ziehen, weil es ist jetzt so geworden, überall findet man keine Arbeit mehr. Mein Vater ist ja selbst arbeitslos, nicht aus Langeweile, er will arbeiten, aber es gibt kein Platz. Es wandern von Tag zu Tag mehr Leute nach Berlin, aus Bulgarien oder so, weil die auch zur EU gehören." (m, 14)

▶ [zu Berufsorientierung] „Ich weiß das auch noch gar nicht. Weil bei uns an der Schule gibt es auch nicht viel, wo man sich informieren könnte." (w, 15)

▶ [zu Berufsorientierung] „Wenn jemand jetzt kommen würde und fragen würde: Brauchst du Hilfe? dann würde ich vielleicht schon ja sagen. Aber ich würde jetzt nicht irgendwo hingehen und sagen: Ich brauch Hilfe." (m, 14)

▶ „Jetzt wollt' ich eigentlich Firmenleiter werden. Sparkasse Aachen." (m, 14)

▶ „Oder Fußballer wäre noch besser. Zwar hart trainieren und so, aber dafür verdient man sehr viel Geld." (m, 14)

▶ „25.000 im Monat, können die 3-Zimmer-Wohnung kaufen oder 'nen Escalade direkt – im Monat!" (m, 14)

▶ „Ich möchte gerne ein Haus haben, mit vielen Haustieren, außerhalb meiner Heimatstadt und verheiratet mit zwei Kindern, weil ich finde, zwei Kinder reichen." (w, 14)

▶ „Eine Familie haben, arbeiten gehen und die versorgen." (m, 16)

4.3.9 Politik und Gesellschaft

Für die meisten Prekären Jugendlichen ist **Politik schlicht „langweilig".** Kommt man auf das Thema Politik zu sprechen, so entgegnen sie sofort, keinerlei Interesse daran zu haben, und sind **schnell überfordert und unaufmerksam**. Sie besitzen keinerlei Wissen über institutionalisierte Politik und können sich auch unter dem klassischen Politikbegriff nicht viel vorstellen. Für sie ist Politik, wie sie medial vermittelt bei ihnen ankommt, „so über Deutschland und andere Länder entscheiden und so". Unter „politischen" Themen stellen sich die Jugendlichen „Geld", „Macht" und „Krieg" vor. Von Interesse sind diese Themen jedoch kaum, da sie als „zu kompliziert" gelten.

Soziale Missstände erkennen die Prekären Jugendlichen allerdings sehr deutlich. Ihre Wahrnehmung dessen, was „in Deutschland nicht so gut läuft", speist sich zuallererst aus den eigenen Erfahrungen. Die Arbeitsmarktsituation oder Hartz IV sind oft Thema im Alltag. Dabei wird die Forderung nach besseren Möglichkeiten für die (vergleichsweise häufig prekär oder gar nicht beschäftigten) Eltern laut, aber auch die zukünftigen eigenen Chancen werden hinterfragt. Im Vordergrund steht dabei der Blick auf die konkreten Probleme des Alltags, wie beispielsweise Lebensmittelpreise oder auch Kleinkriminalität und Gewalt: häusliche Gewalt, Gewalt im Zusammenhang mit Drogenkonsum oder -handel, Gewalt in der Schule und im Sport. Aggressives Verhalten und Bedrohungen – auch von Seiten Erwachsener und öffentlicher Stellen – sind in dieser Lebenswelt seltener die Ausnahme als die Regel. Es überrascht deshalb nicht, dass viele Prekäre härteres Vorgehen gegen Gewaltverbrechen fordern. In Verbindung mit der doch teilweise recht kindlichen Einstellung gegenüber Politik kann dies teils drastisch an rechtspopulistische Diskurse erinnernde Formen annehmen, indem bspw. für die Bestrafung von „Mördern" und „Kinderschändern" die Einführung der Todesstrafe verlangt wird.

Obwohl die Prekären Jugendlichen von sich sagen, keinerlei Interesse an Politik zu haben, nennen sie eine **Vielzahl genuin politischer Themen, mit denen sie sich beschäftigen** – meist Themen, die ihre unmittelbaren Lebenszusammenhänge betreffen: z.B. Armuts- und Reichtumsverteilung, Hartz IV,

Arbeitsmarktsituation, Lebenshaltungskosten, Gewalt. Offenkundig besteht aber kein Verständnis für die politische Dimension dieser Themen. Zugespitzt formuliert: Die Prekären sind politisch und gesellschaftlich interessiert, ohne sich darüber im Klaren zu sein.

Prekäre Jugendliche mit Migrationshintergrund verfolgen häufig sehr aufmerksam die **Diskussionen um Integration** (Sarrazin-Debatte) und das politische Geschehen im Herkunftsland (der Eltern). Entsprechende Medienberichte sind nicht nur im Familien-, sondern gelegentlich auch im Freundeskreis Gesprächsthema.

Werden Menschen aus dem etablierten Politikbetrieb überhaupt wahrgenommen, wirken diese auf die Jugendlichen häufig übermächtig, rigoros, egoistisch, heuchlerisch oder unaufrichtig. Prekäre Jugendliche **verspüren eine extreme Distanz der politischen Klasse zum Rest der Gesellschaft.**

Abb. 4.3.9

Prekäre
Politisches Themenspektrum

Uninteressant Indifferent Interessant

Abschiebung	Gewalt an der Schule	Politiker und Politikerinnen
Anhebung des Rentenalters	Hartz IV	Politischer Extremismus
Arabischer Frühling	Häusliche Gewalt	Politisches System in Deutschland
Atomausstieg	Historische politische Ereignisse	Rassismus
Ausbildungsplatzsuche	Integration, Einbürgerung, Staatsbürgerschaft	Reichtumsverteilung, Armutsschere
Datenschutz und Datensicherheit im Internet	Internetkriminalität	Religionsfreiheit
Demografischer Wandel	Islam	Restriktionen aufgrund von Minderjährigkeit
Demonstrationen	Kapitalismus	Schulpolitik, Schulreform
Diskriminierung	Kindergeld	Sozialstaat, Sozialleistungen
Drogenpolitik	Kommunalpolitik	Strafzumessung
Einkommen und Absicherung	Kriminalität	Terrorismus
Einkommensverteilung	Meinungsfreiheit	Tierschutz
Eurokrise	Mobbing	Stuttgart 21
Europa	Naturkatastrophen	Unterstützungsleistungen für Familien, Alleinerziehende
Generationengerechtigkeit	Obdachlosigkeit	Umweltschutz
Gentrifizierung	Öffentlicher Raum (Überwachung, Regulierung)	Verfassung/Grundgesetz/Rechtsstaatlichkeit
Gesetzgebungsprozesse	Parteien	Wahlen

„Die da oben" werden als unfassbare Gruppe eigennützig agierender Akteure, weit weg von den Problemen und Sorgen der Menschen und vor allem der Jugendlichen, beschrieben. **Politikerinnen und Politiker taugen für diese Jugendlichen weder als wirkliches Feindbild noch als Hoffnungsträger**. Ihre Relevanz ist dafür schlicht zu gering. Interesse an Politikern hat man allenfalls dann, wenn man Informationen aus deren Privatleben durch die Boulevardmedien vermittelt bekommt („Berlusconi und die Frauen").

In Bezug auf Wahlen ist in dieser Lebenswelt eine desinteressierte bis fatalistische Haltung erkennbar. Man hat das Gefühl, mit seiner Stimme nicht wirklich etwas bewirken zu können. Die Politik, über die in Wahlen entschieden wird, wird als diffuses, weit von der eigenen Lebenswelt entferntes Etwas aufgefasst.

Grundsätzlich ist man Abstimmungen gegenüber nicht abgeneigt, jedoch müssen diese das eigene Interesse wecken. Bei allem, was unter dem Verdacht steht, „politisch" zu sein, ist dies jedoch nicht der Fall. So haben viele Prekäre Jugendliche bereits an Abstimmungen zu Castingshows oder Produktvergleichen teilgenommen und diese auch aufmerksam beobachtet, **politische Wahlen verfolgt man hingegen nicht**.

Generell ist in der Prekären Lebenswelt die Ansicht weit verbreitet, dass es ungerecht sei, wenn in Deutschland lebende Migranten ohne deutschen Pass nicht wählen dürfen. Diese als „Ausgrenzung" empfundene Ungleichbehandlung zeigt die Sensibilität der Jugendlichen dieser Lebenswelt für Integrationsprobleme.

Typische Zitate zur Illustration

▶ *„Bei Politik geht mir gar nichts durch den Kopf."* (w, 15)

▶ *„Politik ist langweilig. Die Reden über Geld und alles, das ist alles kompliziert."* (m, 14)

▶ *„Politiker können mich mit einem Stift vernichten."* (m, 14)

▶ „Die Politiker sollen nicht so viel Lügen erzählen." (m, 16)

▶ „Probleme sehe ich bei den Jobs, mit dem Geld und arbeitslos, wo nix haben. Wenn ich Penner auf der Straße sehe, tut mir schon leid. Dann haben die gar nix und so." (m, 15)

▶ „Billiger machen. So Sachen, also Essen und alles. Also billiger." (m, 14)

▶ „Krieg generell, das interessiert mich nicht, wenn die irgendwo da hinten Krieg machen. Ich find Krieg unnötig. (…) Ballerspiele auf der Playstation, das ist was anderes." (m, 14)

▶ „Dass die Straßen immer dreckiger werden. Überall, jede Ecke, sind immer Heroinspritzen oder so was. Und Gras verkaufen, mieft überall, wenn die kiffen und so was, bäh." (m, 14)

▶ „Die Gesetze sind gut, aber ich finde so zum Beispiel, halt, ähm, die Kinderschänder zum Beispiel, wenn ich Bürgermeister wäre, dann würde ich die sofort umbringen und nicht fünf oder sechs Jahre Gefängnis. Oder den Mann in Oslo – einfach umbringen!" (m, 14)

▶ „Ganz viele Leute schimpfen ja immer – vor allem die Älteren: Ja, die kommen aus ihren Ländern nach Deutschland und liegen uns auf den Taschen und so. Ja, aber so, eigentlich so jeder herzlich willkommen, so. Ist ja so, wenn die die hierhin lassen. Dann sollen die aber auch nicht darüber meckern." (w, 15)

▶ „[Abschiebung] finde ich einerseits gut, aber nicht immer. Weil manchmal hat man selber Schuld, aber nicht immer. Zum Beispiel die Leute so von Afrika. Wenn die hierhin fliehen, dann können die ja nichts dafür. Die würden da ja eigentlich sterben da. Dann würde ich die eigentlich hier leben lassen, anstatt die dann wieder dahin zu schicken." (m, 14)

▶ „Wenn ich keine deutsche Staatsbürgerschaft hätte, aber hier trotzdem leben würde, fänd ich das ungerecht, nicht wählen zu dürfen. Nur weil man in Deutschland lebt und keinen deutschen Pass hat, wird man nicht beachtet." (m, 14)

▶ *„Wenn's was mit Muslimen zu tun hat, mit unserer Religion oder mit uns, dann reden wir über Politik."* (m, 14)

▶ *„Wenn die Wahlen da sind, dann hört man ja auch schon, was alle anbieten. (…) Wir können nicht entscheiden. Die anderen entscheiden für uns. Also unsere Entscheidung ist denen egal, von den Jugendlichen halt."* (m, 14)

▶ *„Was soll eine Stimme mehr oder weniger anstellen?, frage ich mich dann auch."* (w, 15)

4.3.10 Religion, Glaube, Kirche

Obwohl konfessionell gebundene Prekäre Jugendliche die persönliche Bedeutung ihrer Religion immer wieder betonen, praktizieren die meisten ihren Glauben nicht. Glaube ist für diese Jugendlichen oft eine Frage der „Ehre" und des „Respekts". Dies gilt für muslimische Jugendliche ebenso wie für Jugendliche christlichen Glaubens – vorrangig jedoch für Jungen.

Vor allem muslimische Jugendliche betonen, die klaren Regeln zu schätzen, die ihnen ihre Religion vorgibt. Eine strenge Einhaltung ist dennoch selten oder wird sogar abgelehnt. Weder regelmäßige Gebete noch Moscheebesuche sind typisch. Zumindest wird in ihrer Wahrnehmung der Religion im Freundeskreis eine hohe Bedeutung zugeschrieben. Aber auch für christliche Jugendliche fungiert Religion zum Teil als Strukturgeber in einem instabilen Alltagssetting. Auch hier verweist man teilweise auf eine hohe Wertschätzung der Religion im Freundeskreis.

In dieser Lebenswelt trägt man Religion und Glauben eher als Schild vor sich her, als sie zu verinnerlichen und zu leben. Häufig geht es nicht um eine gemeinsame Ausübung des Glaubens, sondern um die Verfügbarkeit eines gemeinsamen, identitätsstiftenden Merkmals, das nicht mit Versagen, Misserfolg und Außenseitertum konnotiert ist. Während Glauben und Religion als gruppenspezifische Ideologie positiv besetzt sind, machen (vor allem christliche) Jugendliche entgegengesetzte Erfahrungen mit Kirche.

Prekäre Jugendliche, die Mitglied einer christlichen Kirche sind, haben oft auch dort Ausgrenzung erlebt. Im Konfirmanden- oder Firmunterricht hat man sich beispielsweise gefühlt, als gehöre man „nicht so richtig dazu". Inhaltlich werden diese Angebote von den bildungsfernen Jugendlichen ohnehin schnell als überfordernd wahrgenommen. Auch das kirchliche Personal vermag es oft nicht, die gefühlte Distanz zu überbrücken.

Prekäre Jugendliche können sich kaum vorstellen, Vertreter von Kirche oder Moschee als Ansprechpersonen in schwierigen Situationen zu konsultieren. Diese Option wird gar nicht erst gesehen, weil man mit Kirchenleuten im Alltag nicht in Berührung kommt bzw. weil man grundsätzlich kein Vertrauen in sie setzt. Konkrete Erfahrungen mit Kirche sind für diese Jugendlichen eher durch Pflicht und Zwang geprägt und nicht durch Offenheit und Anerkennung. In besonders schwierigen Situationen (z. B. vor Klassenarbeiten) ist es jedoch nicht unüblich zu beten.

Für die eigene Lebensplanung spielt Kirche keine signifikante Rolle. Christliche Mädchen wollen bei der Hochzeit ihren „Mädchentraum in Weiß" realisieren, was danach passiert, ist mehr oder weniger egal.

Unterschiede zwischen den Religionen machen die Prekären Jugendlichen hauptsächlich entlang der Gebote oder Feste aus: „Die dürfen kein Schwein essen", „die haben Weihnachten". Sie besitzen wenig religiöses Wissen und können zwischen verschiedenen Religionen nur oberflächlich differenzieren.

Typische Zitate zur Illustration

▶ *„Wenn ich Scheiße gebaut habe und will, dass die nicht rauskommt, dann bete ich und sage: Bitte, Allah, verschone mich."* (m, 14, muslimisch)

▶ *„Terror, wo ich noch Konfirmation machen musste, musste ich jeden Sonntag um neun Uhr aufstehen, Konfirmationsunterricht gehen. Dann in der Kirche, das dauert mir zu lange – der Priester oder der Pastor ... zu viel am Beten, ich mach ja nie mit – das langweilt mich immer so."* (m, 16, evangelisch)

▶ *„Christen sind ja fast so wie Muslime."* (m, 14, muslimisch)

▶ *„Aber so abergläubig bin ich eigentlich schon. Man sagt ja so, Eierschalen im Aschenbecher bringt Unglück und so."* (w, 15, evangelisch)

▶ *„Ich geh zwar nicht zur Kirche, aber wenn man meinen Glauben beleidigt (…)."* (m, 14, katholisch)

▶ *„Mir ist aufgefallen, Jugendliche, die in die Kirche gehen, gehen nur dahin, weil ihre Eltern dahin gehen. Dann ist das jetzt Alltag geworden, dann gehen die da auch selber hin."* (m, 14, katholisch)

▶ *„Also halt, also ich glaube an Gott und ja so. (…) also kein Schwein essen. Also beten mache ich nicht – kann ich noch nicht. Aber ich will's gerne."* (m, 14, muslimisch)

▶ *„In unserem Glauben steht, dass wir die anderen Religionen respektieren sollen."* (m, 14, muslimisch)

▶ *„Meistens halt ich mich an die Regeln, Cheeseburger und so essen tu ich auch."* (m, 14, muslimisch)

▶ *„Ich schätze an Religion, dass ich weiter sauber bleibe."* (m, 14, muslimisch)

▶ *„Ich persönlich glaube zwar daran, aber ich mache jetzt nicht so, ja, vor der Hochzeit noch kein Sex oder so, das finde ich ein bisschen überbewertet."* (w, 14, konfessionslos)

4.3.11 Engagement

Die Frage nach gesellschaftlichem und politischem Engagement ist Prekären Jugendlichen eher fremd. Der **Blick ist vor allem auf das eigene Schicksal gerichtet**. Man fühlt sich oft im Stich gelassen von den Eltern, der Schule oder den Lehrkräften, ja, sogar von den Freunden. Die eigenen Probleme und Herausforderungen des Alltags erfordern bei vielen so viel Aufmerksamkeit und Kraft, dass wenig Energie und Raum für anderes bleiben. Außerdem sind Prekären Jugendlichen **die Organisationen zivilen Engagements weitgehend unbekannt**.

Trotzdem spielt „Helfen" eine wichtige Rolle im Leben dieser Jugendlichen – Schwächeren, Jüngeren und Freunden muss man helfen. **Helfen basiert dabei auf Gegenseitigkeit**: Wer hilft, dem wird auch geholfen. Insofern kann bei den Prekären Jugendlichen durchaus von sozialem Engagement gesprochen werden. Dieses Engagement zeigt sich in vielen Alltagssituationen; es erfolgt dabei **spontan** und **zielgerichtet**. Von der eigenen Hilfe erhofft man sich einen unmittelbaren positiven Effekt.

Die Jugendlichen selbst würden ihre Hilfeleistungen oder ihr Beistehen jedoch nicht als Engagement bezeichnen. „Engagement" ist für sie begrenzt auf (aus dem Fernsehen bekannte) Partizipationsformen wie Spenden oder Demonstrieren. Während man Spenden als sinnvolle und für sich selbst realistische Möglichkeit des Engagements (Helfens!) betrachtet, hält man Demonstrationen oft für Versammlungen von „Spinnern" – v. a. weil die Sprache, Ästhetik und thematischen Anliegen der Demonstranten den Jugendlichen dieser Lebenswelt meist fremd sind.

Typische Zitate zur Illustration

▶ *„Red Nose kenn ich aus dem Fernsehen. Dass die Stars nicht nur ans Geld denken, weil Geld macht ja blind, sondern auch was für andere Menschen tun, find ich super."* (m, 14)

▶ *„Ich will, also ich hab geschworen, wenn ich mal arbeite oder so, will ich erst mal das Geld an Afrika spenden, weil die tun mir einfach leid. Wenn ich so dran denke, wir haben des und des, und die haben das nicht, dann macht mich das schon traurig."* (w, 15)

▶ *„Weiß nicht, voll peinlich. (...) Wenn man durch die Stadt läuft, ‚wääh, bääh! Genauso wie das, Atomkraftwerk, laufen die in der Stadt rum. Voll peinlich, jeder guckt die* [Demonstranten] *an."* (m, 15)

▶ *„Was heißt einsetzen?! Wenn ich sehe, wie eine Freundin oder so ihr Kaugummipapier wegwirft, dann sag ich: ‚Mäuschen, heb das mal wieder auf' oder so, oder wenn ich sehe, dass Kinder mit 'nem Feuerzeug rumspielen und irgendwelche Büsche anzünden, dann sag ich ‚nee' oder mach was dagegen."* (w, 14)

▶ „Ich kenn sehr schlimme Leute, und wenn ich seh, jemand schlägt sich, dann geh ich gleich hin und nicht so wie andere, die sagen: Mach weiter, mach weiter." (w, 15)

▶ „Dass die Kinder mehr Unterstützung kriegen, weil es viele Kinder gibt, die gehänselt werden, weil sie nicht die neusten Klamotten haben. Ich finde, dass das mehr unterstützt werden sollte." (w, 14)

▶ „Was soll ich ändern? Weiß ich nicht, darüber habe ich mir noch nie Gedanken gemacht." (m, 16)

▶ „Ich würde vieles ändern, aber ich habe jetzt kein Beispiel dafür." (w, 15)

4 LEBENSWELTEN DER 14- BIS 17-JÄHRIGEN IM DETAIL

4.4 MATERIALISTISCHE HEDONISTEN

4.4   MATERIALISTISCHE HEDONISTEN

Kurzprofil
Die freizeit- und familienorientierte Unterschicht
mit ausgeprägten marken-
bewussten Konsumwünschen

4.4.1 Wohnbilder

Materialistische Hedonisten

Die freizeit- und familienorientierte Unterschicht mit ausgeprägten
markenbewussten Konsumwünschen

Abb. 4.4.1

4.4.2 Lebensweltliche Basisorientierungen

Materialistische Hedonisten legen großen Wert auf die Repräsentation von
(angestrebtem) Status: **Konsum kommt klar vor Sparsamkeit**. Bescheidenheit liegt ihnen fern ("Lieber klotzen statt kleckern"). Der Umgang mit Geld
ist überwiegend unkontrolliert. Kurzfristige Konsumziele haben einen hohen
Stellenwert – neue, moderne Kleidung und Schuhe sowie Modeschmuck
sind ihnen äußerst wichtig. **Mit Äußerlichkeiten Eindruck zu hinterlassen,
bezeichnen sie als eigene Stärke**.

Die Konsumwünsche sind von einer starken **Markenorientierung** geprägt, weil Marken in ihren Peer-Kontexten Anerkennung abwerfen. Sie haben ein feines Gespür dafür, welche **Marken** derzeit „angesagt" sind und „wo man auf keinen Fall beim Shoppen angetroffen werden darf". Markenlogos müssen auffällig positioniert sein, sonst erfüllen sie ihren Zweck nicht: das Kommunizieren der Botschaft „Schaut her, was ich mir leiste". Materialistische Hedonisten fühlen sich auf den großen Shopping-Meilen wohl, weil sie dort „ihre" Läden finden: z.B. Streetstyle-Stores, Pimkie, New Yorker, H&M, Orsay, Bijou Brigitte, Nike. Besonders wichtig ist es ihnen, immer mal wieder ganz besondere Teile aus dem Luxusgüter-Bereich zu ergattern (Dolce & Gabbana, Gucci, Armani), z.B. über Ebay oder „Sachen, die vom Laster gefallen sind". Sie wissen auch darüber Bescheid, wo man Schnäppchen schlagen kann, Restpostenläden, Outlets etc. Auch Fake-Produkte (wenn sie „gut gefälscht" sind) stehen in der Gunst (z.B. Louis-Vuitton-Handtaschen) ganz oben.

Für Materialistische Hedonisten sind **Shoppen, Party und Urlaub** die coolsten Sachen der Welt. **Man möchte Spaß und ein „gechilltes Leben" haben.** Sie beklagen **keinen Mangel an Freizeit** im Sinn von freier Zeit, sondern bemängeln eher hin und wieder die **Langeweile des Alltags**.

Materialistische Hedonisten **erzielen meist niedrige formale Bildungsabschlüsse**. Darunter leiden sie. Insbesondere die Hauptschüler berichten davon, dass die Hauptschule in der Öffentlichkeit einen schlechten Ruf genießt und man deswegen **„komisch angesehen"** wird. Auch bei Bewerbungen machen sie oft die Erfahrung, dass ihre Abschlüsse „eigentlich nichts wert sind". Eine weiterführende Schule zu besuchen, kommt aber dennoch kaum in Betracht, da zum einen wichtig ist, möglichst schnell eigenes Geld zu verdienen, und zum anderen die Kontakte zum angestammten Freundeskreis gefährdet wären. Nur wenn man keinen Ausbildungsplatz findet, kann dies eine gute Übergangslösung sein. Zu Bildung im Sinne von schulischem Lernen hat man eine geringe Affinität. Viele setzen darauf, ihre Bildungsdefizite durch Fleiß bei der Arbeit wettzumachen.

Auch wenn man mehr Zeit mit der Schule und dem Freundeskreis verbringt, stellen **Eltern und Familie**, inklusive Großeltern und Verwandtenkreis, den

zentralen Bezugspunkt im Leben dar. Gemeinsame Mahlzeiten, zusammen fernsehen oder ins Kino gehen, Ausflüge an erlebnisreiche Orte wie Centerparks, Väter-und-Söhne-Ausflüge und ähnliche Aktivitäten gehören zum Familien-Programm. Das häufig **traditionelle Familienmodell** der Eltern dient vielen als Vorbild. Entsprechend werden im familiären Umfeld – und mit Blick auf eine eigene Partnerschaft bzw. Familie – traditionelle Werte wie Harmonie, Zusammenhalt, Treue, Hilfsbereitschaft, Ehrlichkeit und Anstand als bedeutsam erachtet, da sie stellvertretend für einen respektvollen Umgang miteinander stehen.

Während die Familie Geborgenheit und Sicherheit gibt, steht der **Freundeskreis für Fun und Action**. Es gehört fest zum täglichen Rhythmus, **mit den Freundinnen und Freunden rauszugehen und abzuhängen**, über

Abb. 4.4.2

Werte-Universum der Materialistischen Hedonisten

Grüne Einfärbung: Werteaffinität, rote Einfärbung: Wertedistanz

andere zu lästern **und etwas zu erleben**. Dazu nutzt man gelegentlich auch das Raumangebot der mobilen oder offenen Jugendarbeit.

Einerseits lehnt man **Vandalismus, Aggressivität, illegale Drogen** und sinnloses Saufen u. Ä. demonstrativ ab. Andererseits gehören die (aggressive) Verteidigung der eigenen Rechte und exzessives Feiern zum Lebensstil. Materialistische Hedonisten zeigen tendenziell eine **Ablehnung gegenüber Kontroll- und Autoritätswerten**. Rigide Regeln werden von diesen Jugendlichen deutlicher als begrenzend, entmündigend und abstrafend erlebt als in den anderen Lebenswelten.

Jugendliche mit Migrationshintergrund schwärmen von dem Land, aus dem ihre Eltern kommen, betonen aber, dass das Leben in Deutschland viele Vorteile hat. Bei ihnen wiegt **Identifikation mit der Herkunftskultur in der Regel gleich stark oder stärker** als die Identität als Deutsche oder Deutscher. Deutschland ist das Land für den Alltag und zum Arbeiten, das Herkunftsland ist das Land für Lebensqualität, Urlaub und Genuss.

Typische Zitate zur Illustration

▶ *„Geld macht jeden glücklich, Spaß natürlich auch. Es ist cool, wenn man Spaß hat. Und natürlich hübsche Männer, was soll ich dazu sagen?"* (w, 15)

▶ *„Das Leben leben. Weil, wenn man den ganzen Tag zu Hause sitzt oder nur spart, das kann ich auch nicht so haben. Weil, was bringt's, wenn man das ganze Leben spart und dann doch irgendwann stirbt und du hast nichts von deinem Geld gehabt?"* (w, 14)

▶ *„Mein Großcousin hatte mal ein übelst geil getuntes Auto, das fand ich richtig geil."* (m, 15)

▶ *„Wenn mich ein Mann fragt, wie viele Paar Schuhe ich habe, dann sag ich immer 60 Paar, weil das gut rüberkommt. Dabei hab ich gar nicht so viele."* (w, 16)

▶ „Ich freue mich, wenn wir uns in der Familie nicht streiten. Weil wir streiten uns auch oft. Weil ich und meine kleine Schwester streiten uns sehr oft, und da bekomme ich auch Ärger meistens. Und da bin ich nicht so glücklich. Aber ich mag es, wenn die Familie so zusammenhält und wir alle so zufrieden sind. Meine Familie bedeutet mir eigentlich – das ist eigentlich alles, was ich habe. Also meine Familie ist eigentlich das Wichtigste in meinem Leben." (w, 14)

▶ „Weil alle bewundern das eigentlich, wenn ich sag, ich bin Halbitalienerin und Halbtürkin. Weil die meinen, das ist so eine komische Mischung, und das hören die eigentlich kaum, deswegen finde ich das gut. Alle bewundern das dann immer mit den Sprachen, und ich find das gut." (w, 14)

▶ „Was ist das überhaupt, Integration? Ich weiß es gar nicht." (w, 15, Italienerin)

▶ „Ich bin halt so ein Mensch, ich sage einfach das, was ich sagen will, also genau aufs Gesicht. Nicht, dass ich später sage: Oh, wieso habe ich das nicht gesagt." (w, 14)

4.4.3 Das gibt meinem Leben Sinn

Abb. 4.4.3

Materialistische Hedonisten
Collage „Das gibt meinem Leben Sinn"

Mädchen, 15

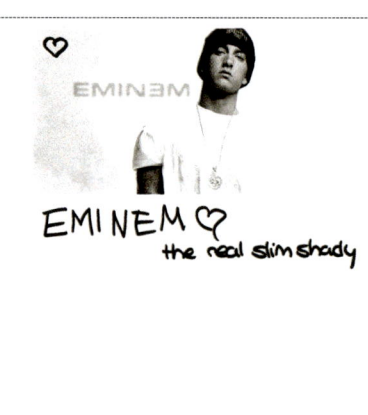

Abb. 4.4.4

Materialistische Hedonisten

Collage „Das gibt meinem Leben Sinn"

Mädchen, 14

Junge, 15

Materialistische Hedonisten
Collage „Das gibt meinem Leben Sinn"

Junge, 15

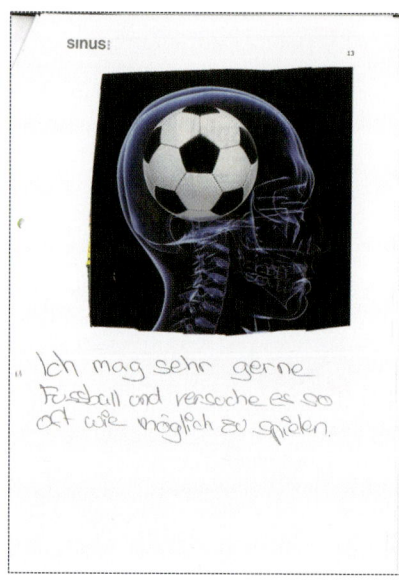

„ Ich mag sehr gerne Fußball und versuche es so oft wie möglich zu spielen.

Ich interessiere mich sehr für gute Fußballspieler und bewundere das Können dieser.

Abb. 4.4.5

4.4.4 Kulturelle Orientierung, Freizeit

Man geht oft und viel aus, gerne in Diskotheken und kommt dann erst spät in der Nacht nach Hause. **Alkohol** gehört zum Feiern „irgendwie dazu, damit man locker wird", „übertriebenes Saufen" wird aber abgelehnt.

Von großem Interesse sind die aktuellsten **Neuigkeiten aus dem sozialen Nahumfeld**. Via Handy und teilweise über soziale Netzwerke werden top-aktuelle Informationen über die Aktivitäten der Clique oder Ereignisse im Wohnumfeld bezogen und weitergegeben.

Typische Freizeitaktivitäten der Materialistischen Hedonisten sind Freundinnen und Freunde treffen, abends weggehen, chillen, Public Viewing und
Stadionbesuche, etwas trinken, DVD schauen, PC und Internet, schwimmen
gehen. Die Jungen fahren hin und wieder mal Kart oder spielen Soft Air. Die
Mädchen malen oder kochen ein wenig. Gemeinsam gehen sie in den Ferien
zelten oder einen Freizeitpark besuchen.

Das Leben von Stars und Sternchen begleitet vor allem die Mädchen durch
ihren Alltag (Schwärmereien). Mit Fernsehen, Internet und Zeitschriften hält
man sich auf dem Laufenden und tauscht sich untereinander aus.

Mit dem Begriff „Hobby" können die wenigsten etwas anfangen. Wenn es
eine regelmäßige Teilnahme an vereinsmäßig organisierten Angeboten gibt,
dann im Bereich Sport. Anders als in der Schule machen die Jugendlichen
hier oft die Erfahrung, zu den Besten zu gehören. Vor allem Jungen sind in
Mannschaftssportarten – insbesondere Fußball – aktiv und genießen die **Anerkennung** aus Turniersiegen und Medaillen. Materialistische Hedonisten
sind offen, neue Freizeitaktivitäten auszuprobieren. Für eine längere Zeit und
mit gewisser Regelmäßigkeit bei einer Sache zu bleiben, fällt den meisten
schwer bzw. ist langweilig. Sportlichen Aktivitäten gehen viele auch abseits
von Vereinen nach. Einen „guten" Körper zu bekommen („Body-Tuning"), spielt
dabei eine wichtige Rolle.

Materialistische Hedonisten stehen **der Hochkultur sehr distanziert gegenüber**; sie haben hiermit in ihrem Alltag in der Regel kaum Berührungspunkte.
Die wenigen Jugendlichen, die mit „hoher Kunst" in Berührung kommen, verstehen nicht, „wie man so was gut finden kann" – zu langweilig (klassische
Musik) und zu altbacken (Gemälde).

Materialistische Hedonisten orientieren sich musikalisch klar am **Mainstream**.
Es ist ihnen nicht wichtig, sich einen besonders exklusiven Geschmack zu
attestieren. Im Gegenteil: Man findet in der Regel das gut, was die anderen gut
finden, und will auf dem Laufenden sein, ist aber trotzdem der Überzeugung,
dass der bevorzugte Star etwas ganz Besonderes ist. Jungen und Mädchen

hören beispielsweise häufig die neuesten **Hits der internationalen und regionalen Stars, Hip Hop und R'n'B** aus dem Radio, auf Viva, auf Youtube oder vom MP3-Player oder Handy. Texte über Liebe und Themen aus dem eigenen Alltag sind gut, deutsche Texte sind besser zu verstehen als englische Texte. Wichtig ist **Glaubwürdigkeit**, wer über den „Knast" rappt, sollte diese Erfahrung auch real bzw. glaubhaft vorweisen können. Die Jugendlichen bewundern, dass die Stars der Szene „ihren Schmerz runterschreiben". Das **öffentliche Verhandeln scheinbar privater, „extremer" Erlebnisse** wird als produktiver Umgang mit gesellschaftlichen Benachteiligungen, deviantem Verhalten und persönlichen Krisen wahrgenommen. Rapper, die „mit nichts aufgewachsen sind und dennoch etwas aus sich gemacht haben", verdienen Respekt – haben sie doch trotz und vielleicht sogar gerade wegen der vermeintlich ungünstigen Ausgangsbedingungen Reichtum und Berühmtheit erlangt. Für viele Jugendliche liefern diese Schicksale eine Identifikationsfläche.

Materialistische Hedonisten sorgen dafür, dass sie **„coole", aktuelle Klamotten** im Schrank haben. Bei den Jungs geht dies häufig in Richtung Hip Hop-Style, wobei die Stars des deutschen Gangsta-Rap (wie z.B. Bushido) oder aktuell erfolgreiche Fußballer als Vorbilder dienen. „Ghetto-Style" und „Blingbling" sind angesagt: sportlich bis schick, die Kleidung muss immer sauber und faltenfrei sei, auch die Schuhe müssen immer sauber sein, Jungen wie Mädchen mögen Mode-Schmuck und auffällige Parfüms. Hygiene spielt eine sehr große Rolle (Deodorants und bei jenen, die bereits Bartwuchs haben, in jedem Fall frische und teilweise recht aufwendige Rasuren). Trägt man nicht gerade ein Cap, werden die Haarschnitte „perfekt" gestylt.

Bei den Mädchen gehören High Heels, **Hair- und Bodystyling**, Make-up, Schmuck und andere Accessoires zur täglichen Routine bzw. Ausstattung. Bevorzugt wird körperbetonte Kleidung in oft auffälligen Farben. Weil man der **Vorstellung von perfekter Schönheit**, die die gerne gelesenen Hochglanzmagazine wie „Glamour" und „In Style" transportieren, kaum entsprechen kann, wünscht man sich Toleranz gegenüber denen, die nicht „so cool" aussehen. Sie verweisen darauf, „auch nicht jeden Tag an sich rummeckern" zu wollen.

Computer- und Konsolenspiele finden die Mädchen weit weniger interessant als die Jungen. Letztere verbringen teilweise viele Stunden mit Egoshootern, Actionspielen und Autorennen online und offline am PC oder mit der Spielkonsole. In der Nacht vernetzt man sich mit Freunden, telefoniert (über Skype) und liefert sich ausführliche Kämpfe in virtuellen Welten. Viele Jungen sehen sich aufgrund dieser Erfahrungen als **Experten für Computer.**

Mädchen mögen lustige und romantische **Filme** und haben dabei ein besonderes Faible für Filme, in denen „Jungs auch ganz anders sein können": zärtlich, romantisch, fürsorglich. Jungs mögen Lustiges und Action. Filme werden aus Kostengründen v. a. im TV und im Internet geschaut. Kinobesuche mit der Clique sind zwar beliebt, werden aber wie DVDs als zu teuer eingestuft.

Talk- und Reality-Formate sind ebenso angesagt wie **Serien** (Sitcoms, Zeichentrick), **Soaps, Castingshows** (DSDS) und **Infotainment-Sendungen** sowie **Spielfilme** und vereinzelt auch **Nachrichten** (RTL, n.tv), vor allem dann, wenn sie einen Sensationsgehalt aufweisen können („extreme Situationen", „so Oslo, wer das war").

Materialistische Hedonisten lesen nur sehr vereinzelt Bücher, meistens für die Schule. Aber sie blättern gerne mal beim Friseur oder im Wartezimmer in **Zeitschriften** über Stars, Mode, Autos oder Computerspiele.

In der Freizeit von Materialistischen Hedonisten ist **kein Platz für weiterführende Bildung**. Freiwillige Vor- und Nachbereitung des Unterrichts kommt nur dann in Frage, wenn dies „versetzungsnotwendig" ist. Selbst wenn man an einem Thema in der Schule interessiert ist, so würde man sein Wissen darüber kaum in seiner Freizeit vertiefen, da das Fernsehen oder Facebook reizvoller sind und man außerdem nicht als „Streber" gelten möchte.

Für viele gehört das **Jobben** als ZeitungsausträgerIn, im Fitness-Studio oder im Betrieb der Eltern dazu, um die Freizeitaktivitäten zu finanzieren.

Abb. 4.4.6

Materialistische Hedonisten

Was schaust du dir gerne im Fernsehen an?

> meine lieblings sender
> sind RTL VoX Sat1
> Kabel1 und meine
> Serien familien im
> Brennpunkt verdachts
> Velle und die schul-
> ermittler und Punkt 12

Mädchen, 14

> Am Liebsten schau ich gerne
> Soap's an und Reality shows

Mädchen, 15

> Pro 7   (alle Sender)

Junge, 15

Wofür interessierst du dich?

> Sport, Freunde, Familie, Musik, Gitarre, Tiere,
> (Reptilien), Computer, Schule

Junge, 16

> Autos, Handys, Häuser

Junge, 17

> Geld und Spaß.
> und hübsche Männer

Mädchen, 16

Wofür interessierst du dich überhaupt nicht?

> Politik

Junge, 16

> Hausaufgaben, Bücher

Junge, 17

Typische Zitate zur Illustration

▶ *„Also ich geh gerne Party machen, mit Freundinnen feiern vor allem." (w, 16)*

▶ *„Ja, raus, chillen. (…) Ja, auf der Bank so, zum Beispiel Spaß-Kämpfe, manche machen das so, hauen sich gegenseitig oder so oder reden so, auf der Bank sitzen." (w, 14)*

▶ *„Fußball hatt' ich mal, Basketball wollt' ich auch mal Probetraining. Also, ich wollt' mal alles ausprobieren. Aber dann auch nicht weiter hin." (m, 15)*

▶ *„Also wir reden eigentlich meistens über Jungs so, was die meistens denken, wenn die so Mädchen sehen, die so voll aufgepeppt vorbeikommen… Dann denken wir: Was denken die jetzt wohl?" (w, 14)*

▶ *„Ich würd mal gern …, wie soll ich sagen, mehr über die Stars, wie sie privat sind, zum Beispiel Pietro Lombardi, was sie machen jeden Tag." (w, 14)*

▶ *„Zum Beispiel ‚Der Besuch der alten Dame', auch so 'n Krimi-Buch. Das hat echt keinen Spaß gemacht. Das waren so viele Seiten. Und das wird auch langweilig. Ich sag, o. k., ich lese dieses Buch, aber das ist dann zu langweilig, dann hör ich auf mittendrin. Ich kann das nicht." (w, 15)*

▶ *„Ich les allgemein nicht gerne. Ich mag das nicht. (…) Na, das ist langweilig, weil jetzt beim Sitzen einfach zu lesen, das ist, find ich, nicht so gut." (m, 17)*

▶ *„Was er [Eminem] selber schon erlebt hat, das ist schon extrem. Dann ist es ja auch gut, dass er seinen Schmerz sozusagen runterschreibt." (m, 15)*

▶ *„Manchmal finde ich sogar Bushido gut, weil der halt manchmal so wahre Texte hat, die auch in meinem Leben vorkommen." (w, 16)*

▶ *„Dann verliebt man sich so ein bisschen in die, hört dann auch gerne die Musik von denen und hängt dann auch so Poster ins Zimmer." (w, 16)*

▶ *„Oh nein, danke. Klassische Musik, kann ich mich aufhängen. Nein, nein." (w, 14)*

4.4.5   Vergemeinschaftung

Wie auch Jugendliche anderer Lebenswelten legen die Materialistischen Hedonisten Wert auf einen **soziokulturell homogenen Freundeskreis**: Freunde sollten sich für die gleichen Themen interessieren, die gleiche Musik hören, die gleichen Drinks trinken und dieselben Klamotten und Frisuren haben.

Materialistischen Hedonisten ist es wichtig, einen **großen Freundeskreis** zu haben. Man ist nur sehr ungern allein, beschäftigt sich nicht gerne mit sich selbst. Im Kreis der Freunde, in Gruppen von mehreren Personen fühlen sie sich am wohlsten und aufgehoben. Cool ist, wenn man bei allen bekannt und beliebt ist. Dieser Anspruch setzt unter **Druck**: Um den Erwartungshaltungen der Peers gerecht zu werden, muss man v. a. modisch up to date sein und die Gerüchteküche kennen. Trotz bzw. gerade wegen des hohen Peerdrucks werden die besten Freunde auch als „Brüder" und „Schwestern" bezeichnet. Ist das physische Zusammensein nicht möglich, wird die räumliche Distanz über Online-Netzwerke, Chat, SMS und Telefonate verkürzt und so die Teilhabe am Geschehen gesichert.

Ein bis zwei Handvoll **„richtige" Freundinnen und Freunde** trifft man täglich. Mit ihnen kann man etwas unternehmen, sie sind lustig, gut drauf, für die Freunde da, man hat Spaß und macht Blödsinn. So wichtig Freunde sind, so unsicher ist man sich manchmal jedoch hinsichtlich der Zuverlässigkeit und Beständigkeit der Freundschaften. Einige haben die Erfahrung gemacht, dass ein Streit eine unüberwindbare Hürde sein kann und Konflikte schnell das Ende einer Freundschaft bedeuten können. Aggressives Konfliktverhalten und Machtkämpfe sind nicht selten innerhalb des **oft stark hierarchisch strukturierten Freundeskreises**.

„Schlampen", die vergebene Jungs in der Disko abschleppen, „Schlägerweiber" oder aggressive und **pöbelnde Jugendliche** und **„Asoziale"** werden ausdrücklich abgelehnt. **Jugendszenen**, insbesondere wenn ihr Style stark vom Mainstream abweicht, sind ihnen meist suspekt. Man mag keine „eingebildeten" oder „arroganten" Menschen, die „mit anderen Wörtern" reden. Abgrenzung findet sowohl nach unten ("Sozialschmarotzer", "Dauer-Hartzer") als auch nach oben statt ("Bonzen").

Im Vergleich der Lebenswelten berichten die Materialistischen Hedonisten am häufigsten und selbstverständlichsten von **ethnisch heterogenen Freundeskreisen**. Teilweise gibt es gegen **Jugendliche mit Migrationshintergrund** jedoch Vorbehalte – sogar wenn man selbst einen Migrationshintergrund hat –, wenn die "so ganz anders" oder "aufdringlich" sind.

Eine tolle Freundin oder einen tollen Freund "zu bekommen", ist wichtig und steigert das eigene Ansehen im Freundeskreis. Die **aktuelle Paar-Beziehung hat eine sehr hohe Bedeutung**: Ein Großteil der Freizeit wird gemeinsam verbracht, die Erwartungen des anderen sind Orientierungs-geber, und er bzw. sie ist wichtiges Gesprächsthema unter Freundinnen und Freunden.

Auch wenn die Mädchen sich wünschen, dass die Jungen ein wenig roman-tischer und zärtlicher sein könnten, orientieren sich die Materialistisch-hedo-nistischen Jugendlichen an stereotypen **Geschlechterrollenvorstellungen**: Jungen geben sich betont hart, stark und furchtlos ("Weicheier nehmen Waffen, echte Männer kämpfen mit der Faust"). Vergleichsweise groß ist auch die Affinität zu Kampfsportarten und Fitness-Studios ("pumpen gehen in der Mucki-Bude").

Insbesondere die Materialistischen Hedonisten, die in einer Großstadt leben, rekrutieren ihren Freundeskreis über das **unmittelbare Wohnumfeld**. Treff-punkte liegen oft im eigenen Viertel. Vielen ist es wichtig, dass Jugendliche aus dem gleichen Stadtteil kommen wie sie selbst. Bisweilen wird Jugend-lichen aus anderen Stadtteilen mit großem Misstrauen begegnet ("Man muss wissen, wo man hingehört").

Sie treffen sich auch gerne auf den großen Einkaufsstraßen, in Shopping-Centern, Jugendhäusern, auf öffentlichen (Spiel-)Plätzen, vor Multiplex-Kino-zentren und im Sportverein. Sie haben keine Affinität zu subkulturellen oder "exotischen" Lokalitäten: Dort hängen nur die "Freaks und Spinner" ab; ge-meint sind hier oft Punker, Emos, Goths.

Typische Zitate zur Illustration

▶ „Ich bin eigentlich mit der ganzen Schule befreundet. Ich habe Kontakt mit jedem." (w, 14)

▶ „Hauptsache, ich habe zwei, drei Freunde, die auf meiner Seite sind und bei mir stehen." (w, 14)

▶ „Bei Facebook nur so fünfhundert noch was [Freunde], das hab ich noch nicht so lang." (w, 14)

▶ „Wir sind eigentlich hier in der Nähe, meistens auf Spielplätzen. (…) Oft fallen Freunde von mir hin, also auch ich, und dann lachen wir. Wir machen Witze. (…) Oder wir erzählen uns Geschichten von damals, also von der Klasse fünf, sechs. Und das macht halt Spaß, weil wir reden, erzählen uns Sachen." (w, 15)

▶ „Ich meine Freunde, wenn du irgendwann in Schwierigkeiten bist und auf der Straße sitzt, wahrscheinlich schämen die sich dann und gehen auch an dir vorbei. Freunde, man weiß nie, ob man die immer haben wird." (w, 14)

▶ „Ich bin auch glücklich, wenn ich mich mit meinen Freunden verstehe und die nicht also zum Beispiel ablästern über mich oder über meine anderen Freunde." (w, 14)

▶ „Also solche Leute, die so voll eingebildet sind, (…) wenn die voll so von oben nach unten gucken. Mag ich nicht." (w, 15)

▶ „Dann so Asoziale. Ich weiß nicht, das sind so Mädchen, die, öh, so: Ich schwör, Alter. Keine Ahnung, so was. Das pack ich nicht. Das sind meistens Leute aus der Assi-Gegend." (w, 16)

▶ „Andere Leute anmucken, so. Das finde ich peinlich, das gehört sich einfach nicht!" (m, 15)

4.4.6   Medien

Medien im Alltag

Das **Handy ist Kommunikationszentrale und Statussymbol**. Die Möglichkeit, sich ständig mit Familie und Peers austauschen zu können, wird als enorm wichtig betrachtet. Man möchte immer informiert und ständig up to date sein, was das Geschehen im sozialen Nahumfeld angeht. Dass das Handy blinkt, glänzt und teuer aussieht, ist vielen dabei wichtiger als die Funktionalität.

Vor allem bei den weiblichen Materialistischen Hedonisten ist das **Handy unverzichtbare Verbindung zum Leben – Nabelschnur zur Welt**. Mit verschiedenen Techniken wie Schal über dem Ohr, SMS in der Handtasche oder Kopfhörer unter offenen Haaren wird das Handy nicht selten auch während des Schulunterrichts verwendet. Negativ bewertet wird nur die Kontrolle, die Eltern über das Handy ausüben können (z. B. Anrufe, wann man nach Hause kommen soll, wo man gerade steckt).

Der Computer und das Internet dienen in der Regel der **Kommunikation und Unterhaltung**: soziale Netzwerke, Instant Messaging, Internet-Telefonie, Download und Streaming von Musik und Filmen. Materialistische Hedonisten bewegen sich fast ausschließlich **als KonsumentInnen durch das World Wide Web**. Partizipations- und Kontributionsangebote abseits der Online-Netzwerke werden kaum genutzt, die entsprechenden Möglichkeiten sind meistens auch nicht bekannt. Wird man in der Schule oder im Jugendhaus an kreativ-produktive Computertätigkeiten herangeführt, findet man durchaus Gefallen daran und „kniet sich rein" – insbesondere wenn es um Musik oder Tanz geht.

Man besitzt einen **MP3-Player** oder ein Handy mit integriertem MP3-Player, vereinzelt **CDs** und hört Musik auch im **Radio**. Musik zu kaufen, ist für die meisten eine eher abwegige Vorstellung. Alles, was man gerne mag und braucht, ist online oder über Freunde „für umme" verfügbar. Auch Youtube ist eine wichtige Quelle für Musikrezeption.

Materialistische Hedonisten sehen **viel und häufig Fernsehen**. Nach der
Schule wird das Gerät – in den meisten Fällen steht ein eigener Flachbild-
schirmfernseher im Zimmer zur Verfügung – eingeschaltet und begleitet
Mittagessen, Hausaufgaben und andere Alltagsaktivitäten, fungiert also als
klassisches Nebenbei-Medium. Man interessiert sich fast ausschließlich für
die Angebote der **privaten Sender**.

Man könnte auf das eine oder andere Medium eventuell zeitweise verzichten,
zumindest ein Medium (Fernseher oder Internet) muss aber immer zur Verfügung stehen. Der **Verzichtsvorstellung wird jedoch kaum etwas Positives
abgewonnen**, vor allem wenn es um das Handy geht: Eigentlich „wär das
schrecklich". Ständig telefonisch erreichbar zu sein, wird als Selbstverständlichkeit betrachtet und stellt keine Belastung dar.

Interaktion und Kommunikation in digitalen Räumen

Auf **Facebook** (und in regionaler Abhängigkeit in anderen Netzwerken) werden von einigen Jugendlichen möglichst viele Freundinnen und Freunde
gesammelt. **Mehrere Hundert Kontakte** sind dabei keine Seltenheit. Die
Anzahl der Kontakte ist **Gradmesser für die eigene Beliebtheit und Promi-
nenz**. „Freunde" können diejenigen werden, die man kennt, die man schon
mal gesehen hat oder die man kennenlernen will, weil sie attraktiv sind. Materialistische Hedonisten gehören zu den Jugendlichen, die sich am offensten
zeigen, auch neue Kontakte online zu erschließen. Wollen andere sich virtuell
befreunden, wird dies prinzipiell immer auch als Bestätigung und Anerkennung erlebt; man fühlt sich in einer überlegenen Position, wenn man selbst
darüber entscheiden kann, ob man eine „Bewerbung" akzeptiert.

In den sozialen Netzwerken wird gerne **gechattet**, es werden Treffen geplant
sowie Texte, Fotos und Musikvideos gepostet. Die eigenen Posts sollen dabei
nicht selten auch über **das derzeitige Gefühlsleben Auskunft geben**.

Die Online-Netzwerke sind „Spielwiese" der Materialistischen Hedonisten.
Hier bietet sich ihnen eine Inszenierungsfläche, die nachvollziehbar und
überprüfbar bleibt, die die Reaktionen der anderen sichtbar werden lässt und

die Utopie des Berühmtseins suggeriert: Ähnlich wie bei den Stars werden Bilder der eigenen Person öffentlich, Hunderte „Freunde" kommentieren Status-Posts und lassen wissen, was ihnen gefällt. Das **Mitteilungsbedürfnis ist hoch**. Man möchte durch die Posts in die Runde kommunizieren: Ich bin da! Ich bekomme mit, was abgeht! Ich habe eine Meinung!

Soziale Netzwerke werden auch zur **sozialen Kontrolle** genutzt. Für Mädchen ist es beispielsweise nicht ungewöhnlich, auf dem Profil des Freundes zu „checken, was er mit anderen Mädchen treibt", und erhält man länger keine Message, prüft man, ob „er" zwischenzeitlich nicht doch online war. Die Kontrolle nimmt jedoch auch viel subtilere Formen an: Wer ist nun mit wem befreundet? Wann hat X was bei Y auf die Wand gepostet? Welche Fotos hat „sie" nun wieder von sich hochgeladen, und wie sieht sie darauf eigentlich aus? Netzwerk-„Stalking" ist eine beliebte Beschäftigung für Jugendliche geworden. Materialistische Hedonisten spielen diesbezüglich ganz vorn mit.

Für Jugendliche mit Migrationshintergrund spielen die sozialen Netzwerke eine besondere Rolle, um mit der **Familie im Herkunftsland Kontakt halten zu können**.

Datenschutz, Persönlichkeitsrechte und Urheberrecht

In der Tendenz wird die Praxis illegaler Downloads aufgrund ihrer weiten Verbreitung als unproblematisch betrachtet. Illegale Downloads sind aus Sicht der Materialistischen Hedonisten nicht gleichzusetzen mit Diebstahl in realen Räumen (im Einzelhandel beispielsweise). Musik wird in Form von **MP3-Dateien häufig mit Freundinnen und Freunden getauscht**, gerne auch via Bluetooth mit dem Handy. Wenn man selbst zu ängstlich ist, illegal Musik aus dem Internet herunterzuladen, schaut man **Musikvideos auf Youtube** oder nutzt die Möglichkeit von **Prepaid-Karten für Downloadportale** (z. B. iTunes).

Das Unrechtsverständnis der Materialistischen Hedonisten in Bezug auf **Urheberrechtsverletzungen** kreist in erster Linie um die möglichen Strafen der User. Geldstrafen schrecken ab. Der Schaden für die KulturproduzentInnen wird nicht thematisiert. Dass bestimmte Online-Praktiken illegal sind, wird meist erst dann zur Kenntnis genommen, wenn über Sanktionierungen berichtet wird. Das Fernsehen ist hier die Hauptinformationsquelle. Insbesondere die Schließung des populären Film-Portals kino.to hat bei vielen Jugendlichen einen starken Eindruck hinterlassen. Fragen des Schutzes der persönlichen Daten kreisen ausschließlich um die eigene Reputation. Es wird davon ausgegangen, dass auch zukünftige Arbeitgeber Einsicht gewinnen können. Dass persönliche Daten für Werbung und Marketing verwendet werden können, entzieht sich der Kenntnis der Jugendlichen fast vollständig und ist auch nicht relevant, da man dies nicht als mögliches Problem empfindet.

Die Materialistischen Hedonisten verweisen darauf, die **Einstellungen zur Privatsphäre** in Online-Netzwerken zu kennen und zu nutzen. Auch über

Abb. 4.4.7

Online-Nutzungsaktivitäten Materialistischer Hedonisten
Unbedarfte Nutzung, Entertainment und Vernetzung relevant

Relevanz / Vorbehalt

Soziale Netzwerke
Chatten
Mobiles Internet/ Smartphone
Spiele ♂
Streamingportale
Internet-Surfen
Musikdownload

E-Mails
Zeitungs-/Nachrichtenportale
Musik/Filme/Text produzieren/Upload
Blogs lesen

Gefahren des Internets fühlt man sich aus dem Fernsehen gut informiert. Man will weder private Informationen noch Details aus dem Familienleben oder Nacktfotos von sich im Internet finden. Die Angst, dass Arbeitgeber unangenehme Sachen sehen könnten, schreckt ab. Dennoch erscheinen die Materialistischen Hedonisten als die „Inszenierungswütigsten". Besonders schöne, auch freizügige Fotos für das eigene Profil auszuwählen, um sich dafür dann bewundern zu lassen, ist nicht untypisch.

Häufig wird im Freundeskreis die Erfahrung gemacht, dass Bilder gepostet werden, auf denen man sich nicht gefällt oder die Situationen erkennen lassen, die man nicht für „öffentlichkeitstauglich" hält. Viele Jugendliche berichten davon, Absprachen getroffen zu haben, die das Vorgehen regeln, wenn ein solches Bild online auftaucht. Bei anderen hat sich die Praxis durchgesetzt, vorher das Einverständnis derer einzuholen, die abgebildet sind. Sie sind **sehr darauf bedacht, keine „unvorteilhaften" Bilder von sich im Netz zu finden**. Die Angst, dass gelästert werden könnte, führt mit dazu, dass diese Jugendlichen ihre Profile kontinuierlich überprüfen und aktualisieren.

Medien als Orientierungsgeber
Neben den Eltern, der Schule und den Peers dienen v. a. Medien den Materialistisch-hedonistischen Jugendlichen zur Orientierung im Alltag. Das **Fernsehen ist die Informationsquelle Nummer eins** und rangiert deutlich vor dem Internet. Das bedeutet auch, dass die Informationsbeschaffung eher wenig gezielt und normalerweise zufällig stattfindet. Für den **Inszenierungsgehalt** von Fernsehbeiträgen besteht wenig Sensibilität – was man oft im Fernsehen gesehen hat, dem wird ein hoher Wahrheitsgehalt zugeschrieben. Dass **Reality-Formate** „irgendwie auch gespielt" sind, ist den meisten bewusst. Dennoch geht man davon aus, dass dort „mehr oder weniger gezeigt wird, wie andere Menschen leben" – und das wird als interessant bewertet, weil man auch **etwas für das eigene Leben lernen kann**. Man findet in diesen Formaten Themen mit einer hohen Relevanz für den eigenen Alltag, z. B. Streit im Freundeskreis, Beziehungskonflikte, der Verdacht, betrogen zu werden. Ebenso sehen sie, dass aus Shows wie DSDS keine echten Stars hervorgehen, lassen sich deswegen aber den Spaß daran nicht nehmen.

Nachrichtensendungen und -angebote sind lediglich dann interessant, wenn sie einen gewissen **Sensationsgehalt** versprechen. Das trifft sowohl thematisch als auch im Hinblick auf die Formate zu. „Wenn Werbung kommt", wird schon mal newstime (Pro7) oder Punkt 6 (RTL) verfolgt. Auch die Bild-Zeitung gilt (off- wie online) als legitime, weil aus dem eigenen familiären Umfeld sehr bekannte Informationsquelle.

In Sachen Internet geht man davon aus, dass Seiten mit professioneller Aufmachung, die zudem von vielen genutzt werden, auch professionelle Inhalte bieten. **Wikipedia** wird als bequeme, fruchtbare Informationsquelle betrachtet und auch für die Hausaufgaben genutzt. Der **Informations- und Wahrheitsgehalt wird selten in Frage gestellt**. Über das Zustandekommen der Einträge sind nur wenige informiert. Das Erscheinungsbild der Seite vermittelt einen seriösen Eindruck.

Typische Zitate zur Illustration

▶ „Wenn ich von der Schule komme, mit dem Mittagessen, dann setz ich mich hier hin, schalt den Fernseher an. Wenn ich fertig bin, mach ich meistens was anderes, häng mich an die Konsole oder so." (m, 15)

▶ „Das Handy kommt überall mit. Damit ich halt überall erreichbar bin." (w, 16)

▶ „Der Computer ist die ganze Zeit an, weil ich muss ja die ganze Zeit erreichbar sein." (m, 16)

▶ „Wenn ich jetzt keinen Laptop hätt', ich denk, dann würd' ich halt Fernsehen gucken oder telefonieren. So schlimm wär es nicht. Aber ich glaub, wenn ich telefonier und derjenige am Laptop ist, dann muss ich da auch dran. Also, es ist jetzt nicht so, dass ich jetzt süchtig bin, aber ich muss schon mindestens 'ne halbe Stunde dran." (w, 14)

▶ „Es reizt mich, dass ich mich unterhalten kann mit meiner Familie, die in Italien ist oder in der Türkei. Das finde ich wichtig." (w, 14)

▶ „Ich hab da [Facebook-Profil] halt so ein ziemlich schönes Foto drin – ja gut, manche sagen, das ist zu sexy, das ist halt so mit Strumpfhose und Oberteil – und da bekomme ich schon viele Anfragen. Einfach Leute, die ich nicht kenn: Männer oder Jungs, die einfach auch nicht gut ausschauen, die nehme ich nicht an." (w, 16)

▶ „Ja, klar, das [kino.to und ähnliche Seiten] ist ja alles illegal. Das weiß ich ja. Da ist ja nichts legal. Aber – wenn es kostenlos ist …" (w, 15)

▶ „Oder so Unterhaltungssendungen wie Britt, Zwei bei Kalwass oder Familie im Brennpunkt oder so was. Das ist immer lustig, und ich finde es auch interessant, wie andere Menschen leben, jetzt bei diesen Unterhaltungssendungen. Also, das ist ja eigentlich nur gespielt, aber auch so zu denen zu kommen, das bindet halt dann immer an den Fernseher, weil man wissen will, wie es ausgeht." (w, 16)

▶ „Manchmal ist es so, dass manche halt genau die Probleme haben in der Familie – was die halt gerade vorspielen da – dass man dann vielleicht besser 'ne Lösung findet." (w, 16)

▶ „ARD und ZDF sind so alte Sender, so: Was passiert in der Welt? Das brauch ich mir nicht jeden Tag angucken, weil es ist schlimm, was alles in der Welt passiert, aber das muss ich mir nicht jeden Tag angucken, das will ich dann gar nicht wissen. Da schau ich mir lieber Sachen an, die Freude machen, um abzuschalten." (w, 16)

▶ „Ich hab eigentlich nur Pro7 an, weil da kommt das Beste eigentlich." (m, 14)

▶ „Und Polizei habe ich eigentlich schon immer so ein bisschen im Kopf gehabt [bei der Berufsorientierung]. Und durch die Serien hab ich dann gedacht, das wäre eigentlich schon interessant, wenn ich das mit diesen Leichen mach." (w, 16)

4.4.7 Schule und Lernen

Die Schule nimmt mit Unterricht, Hausaufgaben und Prüfungsvorbereitung aus Sicht der Materialistischen Hedonisten **zu viel Zeit** im Leben ein, deswegen legt man besonderen Wert auf ein freies Wochenende. Man konzentriert sich auf die Fächer, die man mag, und macht die Hausaufgaben in der Regel, wenn man gerade Lust dazu hat.

Man schätzt einen **strukturierten Tagesablauf, liebe Mitschüler, „unstressige" Lehrer** und **mit guten Noten dokumentierte Lernerfolge**. Gemeinschaftserlebnisse wie Ausflüge, Schullandheim oder Eisessen werden besonders positiv bewertet.

Unterricht soll möglichst **unterhaltsam, locker und spielerisch** sein – und „darf gerne auch mal ausfallen".

Es gefällt und imponiert den Jugendlichen, wenn man **von den Lehrerinnen und Lehrern ernst genommen** wird. Man ist der Ansicht, sehr genau einordnen zu können, wie kompetent die Lehrerschaft ist. Es ist wichtig, dass die Lehrkräfte „einem etwas zutrauen" und „einen unterstützen" und ein merkliches Interesse daran vermitteln, dass ihre Schülerinnen und Schüler Erfolge erzielen.

Wohl fühlen sich die Jugendlichen dort, wo das pädagogische Konzept die **Berücksichtigung unterschiedlicher Leistungsniveaus** vorsieht (z. B. Kompetenzraster) und so individuelle Fortschritte anerkannt werden können. Dies eröffnet auch für Leistungsschwächere die Hoffnung auf Erfolgserlebnisse.

Schule ist für alle Jugendlichen, aber insbesondere für die Materialistischen Hedonisten ein **wichtiger Sozialraum**: Hier trifft man täglich einen großen Teil des Freundeskreises („Das ist das Beste an der Schule"). Weil Schule die zukünftigen Chancen wesentlich bestimmt, ist Schule natürlich auch wichtig; wirklich Spaß hat man jedoch in den Pausen mit „den ganzen Leuten".

Angebote am Nachmittag werden als Zusatz zum Pflichtprogramm wahrgenommen und als verlängerter Unterricht begriffen – daran besteht wenig Interesse. Auch hier wird in der Wahrnehmung der Jugendlichen „vorgeschrieben", was zu tun ist. Eventuell interessant wären **Sport-Angebote**. Mädchen interessieren sich darüber hinaus für **kreative Angebote und Tanz**.

Abb. 4.4.8

Materialistische Hedonisten
So wünsche ich mir meine Schule

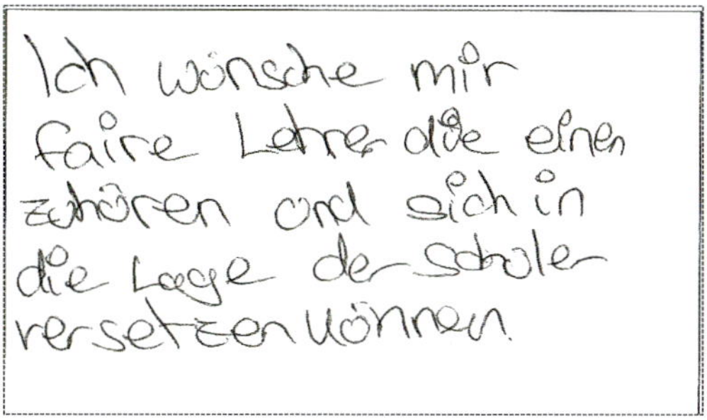

Ich wünsche mir faire Lehrer die einen zuhören und sich in die Lage der Schüler versetzen können.

Mädchen, 14

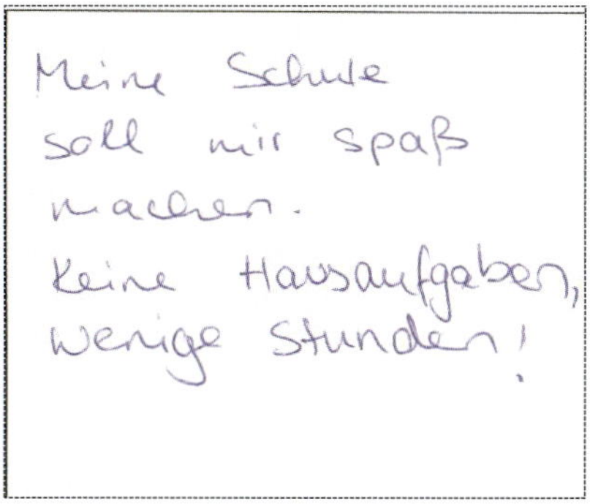

Meine Schule soll mir spaß machen. Keine Hausaufgaben, wenige Stunden!

Junge, 15

Gute Noten sind eine wichtige Motivation für das Lernen. Sie zeigen, dass sich der eigene Einsatz gelohnt hat. Monetäre **Belohnung von Eltern** oder Großeltern wird als legitimes Anreizsystem betrachtet und gerne in Anspruch genommen.

Ein subjektiv **wichtiger „Lernanlass"** sind Klassenarbeiten in den „Hauptfächern". Hier gute Noten zu erzielen, ist den Materialistischen Hedonisten wichtig, auch wenn man sich eingesteht, dass einem oft die Lerndisziplin fehlt.

Sie verstehen schulisches Lernen als Vehikel; es geht weniger um die Lerninhalte als die Bewertung der Leistung, die über ihre Zukunft entscheidet.

Zu Hause lernt man meist allein, ohne Hilfe von Eltern, nur selten mit Nachhilfe. Die Motivation ist dabei eher gering. Es lernt sich leichter, wenn man den **Stoff erklärt** bekommt, das geht auch mal per Skype mit Freunden. **Lernen in der Gruppe ist beliebt**. Lernen mit Büchern fällt den meisten eher schwer. Das Buch ist daher auch das Medium, das am geringsten genutzt wird – still sitzen und lesen macht keinen Spaß.

Ganz allgemein lernt man in der subjektiven Wahrnehmung auch etwas von den Eltern, z. B. handwerkliche Fähigkeiten vom Vater, beim Fernsehen, beim Lesen der Nachrichten auf bild.de oder beim Computerspielen.

Typische Zitate zur Illustration

▶ *„Freilich wird man als dumm hingestellt, wenn man auf die Hauptschule geht. Aber das muss einem links reingehen und rechts rausgehen."* (w, 16)

▶ *„Die Lehrer sind nett, die helfen dir auch bei Problemen. Auch die Sozialarbeiter sind da, die dir helfen."* (w, 15)

▶ *„Es gibt echt Tage, wo wir sagen, o. k., lernen nur. Aber es gibt auch Tage, wo wir sagen, wir haben keine Lust."* (w, 15)

▶ *„Wir machen immer alles zusammen. Hat einer die Lösung, hat der andere die gleiche Lösung."* (w, 15)

▶ *„Hausaufgaben – ich mag das nicht. Zu Hause sitzen, lernen und so. Das kann ich nicht. Kann ich zwar schon, will ich aber nicht."* (m, 17)

▶ *„Die Schule, die macht Spaß. Also, mehr als Arbeit, deswegen. Ich weiß schon, wie arbeiten anstrengend ist. Ich weiß auch, wie locker die Schule ist. Deswegen geh ich schon gern zur Schule."* (m, 17)

▶ *„Früher in der alten Schule von der Ersten bis zur Vierten fand ich es besser, weil da hatten wir auch immer um eins Schluss, und die meisten Schulen haben auch um halb drei Schluss, und ich find das viel besser."* (w, 14)

▶ *„Niemand hat so richtig Lust auf Schule, aber man kann es so gut gestalten, wie es geht. Weil, wenn man mehr Spaß hat, dann lernt man ja auch mehr. Weil man dann auch besser aufpasst."* (m, 15)

▶ *„Bei Arbeiten zum Beispiel. Da 'ne gute Note zu schreiben, ist schon so 'n Erfolgserlebnis."* (m, 17)

▶ *„Das hat mich schon immer gestört. Zu sagen, dass man auf der Hauptschule ist, und dann schauen einen alle gleich komisch an."* (w, 16)

▶ [cooler Lehrer] *„Wenn er nicht streng ist. Also wenn er ein bisschen cooler ist und Spaß versteht und mit dem der Unterricht halt Spaß macht. Wo man nicht 'ne Stunde dasitzen muss und leise sein und so."* (w, 14)

▶ *„Die älteren Lehrer, die nehmen uns manchmal nicht so ernst. Du sagst halt was, was deine Meinung ist, und die Lehrer lachen dann darüber, weil die das nicht nachvollziehen können."* (m, 15)

4.4.8 Berufliche Orientierung, Zukunft

Die Materialistischen Hedonisten folgen dem **(klein-)bürgerlichen Lebenstraum** von Beruf, Ehe, Kindern, schönem Zuhause und dann **„irgendwie glücklich werden"**. Diesen Traum will man in der Nähe zum bisherigen Heimatort, gerne in einem **Neubaugebiet** realisieren. Aus der Erfahrung, dass es unter Jugendlichen soziale Probleme, Gewalt und Drogen gibt, möchte man den eigenen Kindern ein **besseres Umfeld** bieten. Eine **liebevolle Erziehung** und eine schöne Kindheit für die eigenen Kinder sind wichtige Zukunftsvorstellungen. Insgesamt ist **sozialer Aufstieg über einen guten Beruf** ein wichtiges Lebensziel für Materialistische Hedonisten.

Schnell „das eigene Geld verdienen" lautet die Maxime. Man strebt einen **sicheren Ausbildungsberuf** an, der ein **gutes Einkommen** und – vor allem bei Mädchen – **Kontakt mit Menschen** bietet. Mit **Anstrengung** und einem **offenen und engagierten Auftreten** im Bewerbungsgespräch rechnet man sich **gute Chancen auf dem Arbeitsmarkt** aus. Man befürchtet allerdings, eventuell nicht gut genug zu sein oder dass die interessanten Jobs schon weg sind. Das schlimmste Szenario ist „auf der Straße" zu landen oder „Hartz IV zu werden".

Für Materialistische Hedonisten bleibt der **Traumberuf** ganz klar ein „Traum". Fußballer oder Musiker zu werden, stellen sich die Jungen gerne vor, verweisen aber gleichzeitig darauf, dass die Chancen vermutlich eher schlecht stünden und man daher auch einen realistischen Plan verfolge.

Sie orientieren sich an einem **traditionellen Arbeitsethos** und möchten die ihnen zugetragenen Aufgaben ordentlich und pflichtbewusst erledigen und dafür gerecht und pünktlich entlohnt werden. Jobs in Führungspositionen werden kaum thematisiert.

Im Unterschied zu den Prekären Jugendlichen kennen und nutzen Materialistische Hedonisten die vielfältigen beruflichen Orientierungsangebote: Vor allem **Praktika** werden als sehr hilfreich erachtet. Hier kann man prüfen, welcher Beruf Spaß macht, und Kontakte zu den Lehrbetrieben knüpfen. Auch Veranstaltungen wie der „Girls' Day" und der „Boys' Day" werden positiv hervorgehoben. Außerdem sind die **Eltern** gefragte Berater, wenn auch die **endgültige Entscheidung selbstständig** getroffen wird. Wichtig sind darüber hinaus die Anleitung in der Schule, die Ausflüge zur Arbeitsagentur oder Berufsberatung an der Schule sowie die Unterstützung durch die mobile Jugendarbeit. Materialistische Hedonisten besitzen eine **hohe Ausdauer beim Schreiben von Bewerbungen**.

Sorgen und Ängste kreisen darum, keinen Ausbildungsplatz zu bekommen, damit den gesellschaftlichen und selbst gesteckten Anforderungen nicht gerecht zu werden, dem Druck der Leistungsgesellschaft nicht standzuhalten. Man fürchtet auch, dass der eigene Abschluss mit der Zeit nichts mehr wert ist. **Lebenslanges formales Lernen ist keine attraktive Vorstellung.**

Unsicherheit entsteht auch dann, wenn mit der Ausbildung **neue und fremde Herausforderungen** verbunden sind, denen man sich nicht sicher gewachsen fühlt, z. B. eine längere Abwesenheit vom vertrauten Umfeld.

Materialistische Hedonisten

Wie möchtest du später leben?

Abb. 4.4.9

Später möchte ich in einem
Familien haus wohnen mit
meinem Mann und meinen Kindern.
und möchte einen gut bezahlten
~~gesellten~~ Job haben.

Mädchen, 15

Mit einer Frau und Kindern
um die Familie kümmern

Junge, 15

Wenn ich meinen Ab-
Schluss gemacht habe
Möchte ich zur abenschule
gehen und einen Realabschluss
Machen und danach eine
Ausbildung dann Arbeiten
danach Möchte ich Heiraten
und kinder kriegen und
wenn sie alt genug sind
Möchte ich wieder ~~arbeiten~~
gehen

Mädchen, 14

Reich und Gesund.

Arbeiten und Geld verdienen

Junge, 17

Typische Zitate zur Illustration

▶ *„Frau und Kinder und dann um die Familie kümmern." (m, 15)*

▶ *„Ja, das ist wichtig für meine Zukunft. Weil ich muss mal mit meinem Beruf leben, von dem Beruf. Ich muss meine Kinder ernähren können, ich muss eine Miete zahlen können, ich muss Essen kaufen können, ich muss meinen Kindern etwas bieten können. Das ist richtig wichtig." (w, 15)*

▶ *„Ich hab immer gemeint, dass ich nicht auf den Taschen von meinen Eltern sitzen will. Ich schau, dass ich ganz schnell fertig bin und dass ich mein eigenes Geld verdiene." (w, 16)*

▶ *„Ausbildung ist mir schon wichtig, weil, wenn man Kinder kriegt, dann kann man auch immer sagen: Ich hab was gelernt, ich kann was arbeiten gehen, mein eigenes Geld verdienen. Man kann den Kindern dann auch später was bieten." (w, 14)*

▶ *„Ich will halt später einfach mal zufrieden sein. Ich will schon genug Geld haben. Aber das will, glaub ich, jeder. Ich mach auch was dafür. Ich will mal hart arbeiten und nicht faul sein." (w, 16)*

▶ *„Freilich, es gibt diese Krise und so. Man muss sich halt immer dafür anstrengen. Man muss halt den Leuten wirklich was bieten. Zeigen, dass man den Job will und dass man das erreichen will." (w, 16)*

▶ *„Traumjob von mir wäre eigentlich Fußballer, weil die verdienen sehr gut, haben auch Spaß an ihrem Job. Joa. Aber jetzt bis dorthin zu kommen, könnte noch ein bisschen lange dauern." (m, 17)*

▶ *„Mit Realschulabschluss hat man mehr Chancen, irgendwo aufgenommen zu werden, als mit einem Hauptschulabschluss." (m, 17)*

▶ *„Ich hab da halt 'n Praktikum gemacht, und dann haben die halt gesagt, aus der M-Klasse [mittlere Reife auf der Hauptschule] nehmen sie überhaupt keinen. Die Mappen schauen sie sich gar nicht mehr an." (w, 16)*

4.4.9   Politik und Gesellschaft

Alles, was mit dem Begriff Politik, insbesondere institutionalisierter Politik, zu tun hat, wird (zunächst) demonstrativ abgelehnt. Das Wissen über Parteien, Politikerinnen und Politiker ist äußerst gering. Trotz dieser Ablehnung von Politik und des eher geringen Interesses an Nachrichten sind die Materialistischen Hedonisten **über die großen politischen Ereignisse**, z. B. Demonstrationen in Ägypten oder Krawalle in London, **zumindest teilweise informiert,** vor allem dann, wenn sie medial spannend und „actionreich" inszeniert sind.

Man interessiert sich dafür, **was sich im näheren sozialen Umfeld tut**: Besorgt verfolgt man Gewalt in der Schule, Drogenkonsum und familiäre Probleme im Freundes- und Bekanntenkreis, kritisiert Benachteiligung aufgrund von Herkunft oder Ethnie, findet den Müll im eigenen Viertel abstoßend, stellt sich die Frage, wie die Teilnahme an der Klassenfahrt oder an Ausflügen auch für Jugendliche „mit Hartz IV" realisiert werden kann.

Hohe Bedeutung wird dem Thema **Gerechtigkeit und angemessene Strafen** zugemessen. Als ungerecht wird wahrgenommen, wenn „faule Arbeitslose zu viel Geld bekommen", eine lebenslange Haftstrafe „schon nach 15 Jahren" endet oder Menschen in Afrika kein Essen haben, obwohl in Deutschland Lebensmittel weggeworfen werden.

Die Forderungen, die an die Politik gestellt werden, betreffen zuvorderst den eigenen Alltag: mehr Freizeitangebote für Jugendliche, Jugendlichen in sozialen Schwierigkeiten helfen, besserer öffentlicher Nahverkehr in der Nacht, späterer Schulbeginn am Morgen, Lebenshaltungskosten senken oder ein Verbot „unwahrer Berichte" über den eigenen Fußballverein. Man hat jedoch keine Idee, wie man sich bei der Politik mit den eigenen Anliegen Gehör verschaffen könnte, und geht davon aus, dass sich die Politikerinnen und Politiker ohnehin nicht für die eigenen Themen interessieren. Generell herrscht der Eindruck, dass „Politiker viel reden und wenig umsetzen".

Jugendliche mit migrationsbiografischen Erfahrungen, die Kontakte in das Herkunftsland (der Eltern) haben, beurteilen die gesellschaftliche Situation in Deutschland tendenziell positiver. Sie vergleichen die Umstände mit ihren eigenen Erfahrungen und den Erzählungen der Eltern.

Wahlen sind in der Regel kein interessantes Thema. Man ist sich daher auch noch unsicher, ob man mit Erreichen der Volljährigkeit das Wahlrecht nutzen möchte. Einer **Herabsetzung des Wahlalters** steht man indifferent gegenüber. Soweit es die Möglichkeit zur Teilnahme **an Jugendwahlen** gibt, z. B. für einen Jugendgemeinderat, **ist das Interesse ebenfalls gering**. Die Materialistischen Hedonisten bezweifeln, dass die Jugendvertreter wirklich etwas bewegen können. Bei „Deutschland sucht den Superstar" und anderen Fernsehshows haben viele hingegen schon mal ihre Stimme abgegeben. Hier hat der Slogan „Jede Stimme zählt!" gewirkt.

Abb. 4.4.9

Materialistische Hedonisten
Politisches Themenspektrum

Uninteressant Indifferent **Interessant**

Abschiebung
Anhebung des Rentenalters
Arabischer Frühling
Atomausstieg
Ausbildungsplatzsuche
Datenschutz und Datensicherheit im Internet
Demografischer Wandel
Demonstrationen
Diskriminierung
Drogenpolitik
Einkommen und Absicherung
Einkommensverteilung
Eurokrise
Europa
Generationengerechtigkeit
Gentrifizierung
Gesetzgebungsprozesse
Gewalt an der Schule

Hartz IV
Häusliche Gewalt
Historische politische Ereignisse
Integration, Einbürgerung, Staatsbürgerschaft
Internetkriminalität
Islam
Kapitalismus
Kindergeld
Kommunalpolitik
Kriminalität
Meinungsfreiheit
Mobbing
Naturkatastrophen
Obdachlosigkeit
Öffentlicher Raum (Überwachung, Regulierung)
Parteien

Politiker und Politikerinnen
Politischer Extremismus
Politisches System in Deutschland
Rassismus
Reichtumsverteilung, Armutsschere
Religionsfreiheit
Restriktionen aufgrund von Minderjährigkeit
Schulpolitik, Schulreform
Sozialstaat, Sozialleistungen
Strafzumessung
Terrorismus
Tierschutz
Stuttgart 21
Unterstützungsleistungen für Familien, Alleinerziehende
Umweltschutz
Verfassung/Grundgesetz/Rechtsstaatlichkeit
Wahlen

Typische Zitate zur Illustration

▶ *„Politik ist No-Go (…) Boah, Politik, nee, danke!"* (w, 14)

▶ *„Ich denk nicht so viel über Deutschland nach. Eher darüber, was ich heute mach."* (w, 16)

▶ *„Ich weiß nicht, das interessiert uns gar nicht so. Das sollen die Politiker unter sich klären."* (w, 15)

▶ *„Wichtig ist es schon, aber interessant für mich nicht."* (m, 15)

▶ *„Langeweile, das geht mir wirklich durch den Kopf, wenn ich an Politik denke."* (m, 17)

▶ *„Ich mag Politik überhaupt nicht. Das ist mir einfach zu kompliziert mit dem: Wer ist der Bundeskanzler? Und: Wer ist der Bundespräsident? Und diese ganzen Sachen."* (m, 16)

▶ *„Der Obama hat doch auch irgendwas mit Politik zu tun, oder?"* (w, 14)

▶ *„Ich lese halt Nachrichten, aber mehr nicht. Auf bilde.de, jeden Tag. Ich gucke kurz drauf und geh dann auch wieder raus."* (w, 15)

▶ *„Ich krieg schon ein paar Sachen mit. Es interessiert mich schon, was in Deutschland so passiert."* (m, 15)

▶ *„Interessant ist die Sache mit den Polizisten, dass die nicht so streng sind mit allem."* (w, 14)

▶ *„Hartz IV, das ist mir eigentlich total egal. Ich werde das eh niemals verdienen, ich werde immer hoffentlich irgend'nen Job haben und darauf niemals Anspruch nehmen müssen."* (m, 17)

▶ *„Deutschland ist schon eins der besseren Länder, entweder nach Amerika oder vor Amerika."* (m, 17, türkischer MH)

▶ *„Wir haben auch ein paar Türken in der Klasse und so, und wir sind immer so die, die anscheinend immer alles irgendwie machen und immer irgendwie Ärger bekommen, obwohl wir wirklich gar nichts machen."* (w, 14)

▶ *„Wahlen ist ja Politik, deswegen können die ja auch nix verändern."* (w, 14)

4.4.10 Religion, Glaube, Kirche

Persönlicher Glaube hat für viele Materialistische Hedonisten wenig mit den Vorgaben der Kirche zu tun. **Glaube ist für sie eher etwas Individuelles**, das man mit Hoffnung und speziellen Wünschen an eine Macht „da oben" verbindet. Christlichen Jugendlichen erscheinen **andere Religionen** – wobei in erster Linie an den Islam gedacht wird – manchmal „übertrieben". Man hält es für falsch, dass Gott oder Allah angeblich konkrete Verhaltensregeln, z. B. Beschneidung, Schleier und Kopftuch, vorgibt, und möchte auch nicht mehr Moscheen als Kirchen sehen, „weil wir sind hier in Deutschland". Die meisten Materialistisch-hedonistischen Jugendlichen geben sich jedoch gleichgültig: „Soll doch jeder glauben, was er denkt."

Materialistische Hedonisten **aus den neuen Bundesländern** glauben nicht an Gott, haben auch keine Freundinnen und Freunde, die gläubig sind, und vermuten, dass die meisten Jugendlichen keinen Glauben haben. Vorstellbar ist, dass Glaube manchen Menschen Kraft gibt – „viele Leute können sich viel einreden" –, man erlebt das persönlich aber nicht so. In der institutionalisierten Kirche vermutet man viel Zwang. Nur die Geld-Geschenke zur Konfirmation können einen gewissen Neid auslösen.

Kirche spielt im Alltag der Materialistischen Hedonisten keine wichtige Rolle. Die **gläubigen Christen** dieser Lebenswelt gehen zu den „Standardterminen" (Weihnachten, Hochzeiten, Taufen etc.). An der **Konfirmation oder Firmung** hat man im Rückblick **eher aus Pflicht** denn aus Überzeugung teilgenommen. Sonntags aufstehen, um in die Kirche zu gehen, war nervend.

Den Regeln und Regelmäßigkeiten der Kirche möchte man sich nicht unterordnen, sondern – wenn man Mitglied einer Kirche ist – aus den Angeboten frei wählen. Die Kirche ist ein Dienstleister, und als Mitglied hat man bestimmte Ansprüche erworben. Ein **Kirchenaustritt ist daher nicht geplant**, weil man später auch kirchlich heiraten, die eigenen Kinder taufen lassen und mit ihnen an Weihnachten in die Kirche gehen möchte.

Die christlichen Kirchen und auch die Moscheen werden eher selten als Anlaufstelle für Probleme genannt. Das liegt auch daran, dass zu den kirchlichen Vertretern und Vertreterinnen bzw. Imamen teilweise eine recht große Distanz wahrgenommen wird. In die Kirche zu gehen, um dort zu beten in schwierigen Situationen wie beispielsweise dem Tod von Angehörigen, kann man sich allerdings vorstellen. Man wendet sich an Gott bzw. Allah und trägt ihm die eigenen Wünsche vor, danach geht es einem besser. Man kann aber auch gut nachvollziehen, wenn Menschen sich von Gott abwenden, weil ihre Gebete nicht erhört wurden. Andererseits glaubt man auch nicht daran, dass regelmäßige Kirch- oder Moscheebesuche die Chancen erhöhen, in den Himmel zu kommen.

Typische Zitate zur Illustration

▶ *„Ich finde es schon wichtig, generell an etwas zu glauben."* (m, 15, katholisch)

▶ *„Irgendwas muss es ja da oben geben. Und ich will auch irgendwie daran glauben, damit man keine Angst vor dem Tod hat."* (w, 16, katholisch)

▶ *„Mir ist wichtig z. B., dass ich auch ein Gebet mache oder so, wenn irgendwas Schlimmes passiert ist. Oder manchmal auch abends für die Leute, z. B. ärmere Leute in Afrika, dann wünsche ich denen, dass von uns was genommen wird und an die gegeben wird und so, dass alle gerecht leben sollten und die, die keine Familie haben, eine Familie finden sollen und so."* (w, 14, katholisch)

▶ *„Bibel hab ich nie gelesen, will ich auch nicht lesen, viel zu lang, das Buch."* (m, 15, konfessionslos)

▶ *„Leute gehen sinnlos in die Kirche jeden Sonntag, stehen verdammt früh auf, nur um da zu so einem Gottesdienst zu gehen, also ich fänd das alles Zeitverschwendung."* (m, 15, konfessionslos)

▶ *„Ich habe muslimische Freunde, die glauben richtig an ihren Gott. Die essen auch kein Schwein. O. k., manche essen Schwein, manche aber sind wirklich richtig muslimisch. Ich habe auch eine Freundin, die trägt ein Kopftuch."* (w, 15, katholisch)

▶ *„Trinken ist für Muslime eigentlich ganz tabu. Aber das finde ich jetzt unnötig. Weil, ein paar Türken trinken und sind trotzdem noch Muslime."* (m, 17, muslimisch)

▶ *„Kirchenvertreter? Alles Spießer."* (w, 14, katholisch)

4.4.11 Engagement

Materialistische Hedonisten sind skeptisch, ob sich durch persönliches Engagement in einer Gesellschaft wirklich etwas verändern lässt. Sie haben den Eindruck, dass die einen „oben sind und entscheiden dürfen" und die anderen „unten sind und nichts dagegen machen können" (**Ohnmachtsgefühl**). Spontan fallen ihnen keine interessanten Themen ein, für die man sich engagieren würde, und es wäre ihnen auch **zu aufwendig**. Materialistische Hedonisten möchten in ihrer Freizeit Spaß haben – Engagement hingegen wird als **zu ernste Angelegenheit** betrachtet, als Spaßbremse. Zudem bedeutet Engagement in ihrem Verständnis, sich in einer (zunächst fremden) Gemeinschaft integrieren und damit neu behaupten zu müssen.

Gerne und selbstverständlich hilft man jedoch im **Freundeskreis** und im unmittelbaren **persönlichen Umfeld**. Diese Unterstützungsleistungen sind auch eine **Quelle für Erfolgserlebnisse**. Dabei rangiert das Engagement von Beratung (Shoppen, Body-Tuning) bis zu Unterstützung bei Diskriminierung und Mobbing. Die Freunde will man in jedem Fall verteidigen, wenn sie in Schwierigkeiten kommen, notfalls auch mit physischer Gewalt.

Wenn es Erfahrungen mit Vereinen gibt – in der Regel sind das Sportvereine –, schätzt man die Gemeinschaft und Zusammenarbeit. Hier würde man auch mithelfen, wenn man gefragt würde. Im Vordergrund steht jedoch die sportliche Erfahrung.

Um Angebote wie das freiwillige soziale Jahr wissen nur die wenigsten. Angebote, die eine Verbindlichkeit für längere Zeiträume vorsehen und dadurch womöglich verhindern, schnell eigenes Geld zu verdienen, gelten als unattraktiv.

Typische Zitate zur Illustration

▶ „*Ich mach das* [sich für etwas engagieren] *nicht so, in Gruppen für irgendwas so.*" (w, 14)

....

▶ „*Ich find Atom blöd, aber setz mich da jetzt nicht ein. Ich kann da ja eh so gut wie nichts machen.*" (m, 15)

....

▶ „*Das sind Sachen so, für die interessiere ich mich gar nicht. Und dann, auch wenn sie mir drei Millionen bieten würden, ich würde nein sagen, weil's mich nicht interessiert. Und ich mache nicht Sachen, die mich nicht interessieren.*" (w, 15)

....

▶ „*Ich würd' versuchen, das zu ändern mit der Kriminalität und so, dass nicht mehr so viel Kriminalität und so herrscht.*" (w, 14)

....

4 LEBENSWELTEN DER 14- BIS 17-JÄHRIGEN IM DETAIL

4.5 EXPERIMENTALISTISCHE HEDONISTEN

4.5 EXPERIMENTALISTISCHE HEDONISTEN

Kurzprofil

Die spaß- und szeneorientierten Nonkonformisten mit Fokus auf Leben im Hier und Jetzt

4.5.1 Wohnbilder

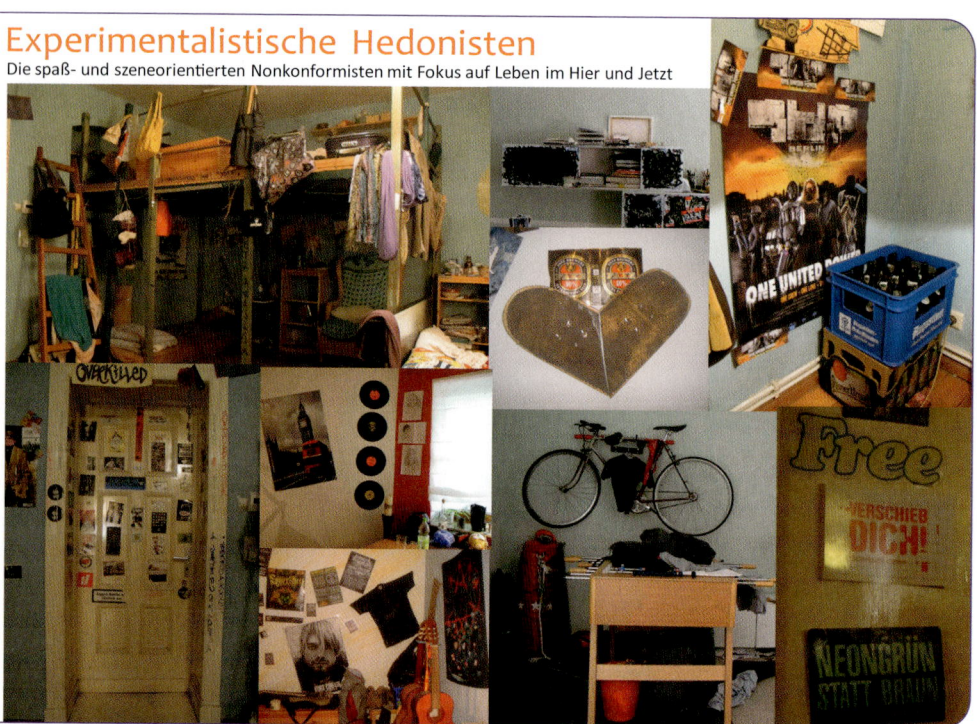

Experimentalistische Hedonisten
Die spaß- und szeneorientierten Nonkonformisten mit Fokus auf Leben im Hier und Jetzt

Abb. 4.5.1

4.5.2 Lebensweltliche Basisorientierungen

Freiheit, Selbstverwirklichung, Spontanität, Kreativität, Risikobereitschaft, Spaß, Genuss und Abenteuer sind Ankerwerte der Experimentalistischen Hedonisten. Sie sind bemüht, das **Leben in vollen Zügen zu genießen** und – wenn irgend möglich – sich den Ernst des Lebens möglichst lange vom Hals zu halten. Man lebt vor allem im **Hier und Jetzt** und mag es gar nicht, wenn das Leben nur aus Vorschriften besteht. Der **Wunsch nach ungehinderter Selbstentfaltung** ist groß. Selbstdisziplin und Selbstkontrolle von sich einzufordern, liegt Experimentalistischen Hedonisten oft fern. Dass sie für „aufsässig" gehalten werden, zeigt ihnen, dass sie auf dem richtigen Weg sind.

Zu typisch bürgerlichen Werten wie Bodenständigkeit, Bescheidenheit, Gewissenhaftigkeit, Gehorsam, Disziplin, Pflichtbewusstsein, Pünktlichkeit, Ordnung, Sauberkeit haben die Experimentalistischen Hedonisten im Vergleich der Lebenswelten die geringste Affinität. Soweit es ihnen möglich ist, versuchen sie, sich von der aus ihrer Sicht **Langeweile des Mainstreams zu distanzieren** und sich immer weiter auch von den Vorstellungen einer bürgerlichen Normalperspektive zu emanzipieren. Jugendlichen in der Stadt fällt dies dabei leichter als Jugendlichen auf dem Land. Ältere formulieren ihren Anspruch auf Andersartigkeit deutlicher als Jüngere. Das Vorhandensein alternativer Lebensentwürfe im Sozialisationsumfeld bedingt hier wesentlich, wie selbstbewusst die Jugendlichen ihre Vorstellungen von einem „anderen Leben" formulieren.

Experimentalistische Hedonisten **ecken mit ihrer Werthaltung oft an** bzw. wollen bewusst anecken. So gibt es z. B. bisweilen Ärger sowohl mit Lehrerinnen und Lehrern als auch mit anderen Jugendlichen. Es ist ihnen wichtig, sich durch eigenes, oft kreatives Schaffen abzuheben, zusammen mit anderen etwas auf die Beine zu stellen und dabei einen eigenen bzw. szenespezifischen Stil zu verfolgen – „selber machen statt nur blöd konsumieren". Sie legen großen Wert auf **kreative Gestaltungsmöglichkeiten**. Sie sind oft fantasievoll, originell, provokant.

Im Vergleich aller Lebenswelten orientieren sich die Experimentalistischen Hedonisten am stärksten an allem **Subkulturellen, „Undergroundigen", Abseitigen**. Das Spießbürgerliche, Normale, Karrieristische, Konventionelle langweilt Experimentalistische Hedonisten. Man möchte „anders sein", „auffallen", „dem Einheitsbrei der Gesellschaft etwas entgegenstellen", **„aus der Masse hervorstechen"**. In dieser Lebenswelt ist die Affinität zu Jugendszenen daher auch am höchsten. Einige spielen mit bewusst eingesetzter „Hässlichkeit" als Provokationsmittel. Auffällige Kleidung und Accessoires sind ihnen wichtig. Auch sympathisieren einige bereits mit Körpermodifikationen (Tattoos, Piercings, Ohr-Tunnel).

Werte-Universum der Experimentalistischen Hedonisten

POSTMATERIALISMUS

Multikulturelle Integration · Gleichheit · Nächstenliebe · Spontanität · **Abenteuer**

Toleranz · Einfühlungsvermögen · Solidarität · **Unabhängigkeit**

Fairness · Gerechtigkeit · Diversity · Selbstverwirklichung · **Mut** · Veränderung

Gemeinwohl · Nachhaltigkeit · Individualität

Selbstlosigkeit · Gemeinschaft · Natürlichkeit · Authentizität · **Freiheit** · Mobilität

Zusammenhalt · Demokratie · Spiritualität · **Kreativität**

Fürsorglichkeit · Bildung · Kunst · Flexibilität

Natur · Unverfälschtheit · Experimentierfreude

Verantwortung · Anpassungsbereitschaft · **Selbstständigkeit** · **Einzigartigkeit**

Zugehörigkeit · Professionalität · Eleganz · **Freizügigkeit** · **Ekstase**

Bindung · Vertrauen · **Genuss** · Hipness

Liebe · Sauberkeit · Zielstrebigkeit · Attraktivität · **Spaß** · **Fantasie**

Ordnung · Ehrgeiz · Erfolg · Leistung · Sexualität

Sicherheit · Anerkennung · Prestige · Macht · Technologischer Fortschritt

Treue · **Kontrolle** · Fitness · **Coolness**

Disziplin · Ehrlichkeit

Sparsamkeit · Zuverlässigkeit · Ausdauer · Karriere

Herkunft · **Bodenständigkeit** · Fleiß · Stärke

Kontinuität · Anstand · Wirtschaftliches Wachstum

Zufriedenheit · Familie · **Unverblümtheit** · Aggressivität

Gehorsam · **Glaube** · Kühnheit · Direktheit

Pflichtbewusstsein · Wohlstand · **Widerspenstigkeit**

Heimat · Patriotismus · Vermögen · Berühmtheit

Religiosität

Bescheidenheit · Komfort · Luxus · Extravaganz · **Protest**

Traditionsbewusstsein · Ehre, Respekt · Geld · Materieller Überfluss

MATERIALISMUS

STABILITÄT — **VERÄNDERUNG**

Grüne Einfärbung: Werteaffinität, rote Einfärbung: Wertedistanz

Abb. 4.5.2

Extreme Positionen einzunehmen, finden Experimentalistische Hedonisten spannend. Beispielsweise berichten einige nicht ohne Stolz, dass sie bereits unter 16 Jahren Alkohol trinken, rauchen und weiche Drogen (v. a. Marihuana) probiert haben, für andere wiederum ist der Konsum von Genuss- und Rauschmitteln ein **jugendtypisches Verhalten (und somit Mainstream), von dem man sich abgrenzen möchte**. Während einige Experimentalistische Hedonisten sich für subkulturelles Nightlife interessieren bzw. beginnen zu interessieren, verurteilen andere Diskos pauschal als „Popper-Gaststätten" und suchen sich andere Hangouts.

Typisch für Experimentalistische Hedonisten ist eine sehr **geringe Routine-orientierung**. Sie betonen, wie langweilig sie es finden, dass Menschen immer auf Nummer sicher gehen möchten, sich am Bewährten orientieren und so wenig offen für Veränderung sind. Für die ländlichen Jugendlichen dieser Lebenswelt ist jedoch auffällig, dass sie gleichzeitig – trotz Distanz zu weiten Teilen des bürgerlichen Wertekatalogs – nach Sicherheit streben.

Zwar rebellieren die Experimentalistischen Hedonisten (am stärksten) gegen „spießbürgerliche" Normalität, die eigenen Eltern entsprechen diesem Bild jedoch nur noch selten. Bei aller Wertschätzung von Familie – **Familie wird oft als langweiliger Alltag verstanden**; immer gleiche Routinen, alle kennen sich etc. – ist man daher bereits früh bemüht, sich immer mehr Freiräume von den Eltern zu „erkämpfen" und v. a. die Freizeit möglichst unabhängig von den Eltern zu gestalten.

Typische Zitate zur Illustration

▶ „Ich lasse mir von niemandem sagen, wie ich mein Leben leben soll, bisher hat es auch ganz gut geklappt." (m, 17)

....

▶ „Ich will auf jeden Fall nicht dauerhaft für was verpflichtet sein, worauf ich keinen Bock hab. Ich will auf jeden Fall einen gewissen Grad an Freiheit behalten." (w, 16)

....

▶ „Heiraten und so, glaube ich eher nicht." (w, 14)

....

▶ „Ich mag zum Beispiel auch die VW-Busse, wie die Hippies früher immer mit gefahren sind. Ich mag halt diese Freiheit bei den Hippies. Die leben halt, wie sie leben wollen, und wenn sie was machen wollen, dann machen sie das einfach." (w, 16)

....

▶ „Ich guck alles, was mit Japan zu tun hat, ich bin da so ein richtiger Freak." (w, 14)

....

▶ „Ich sag mir immer so, man sollte nicht alle Leute in einen Topf werfen." (w, 14)

....

▶ *„Oder wenn man sich das Geld hart erarbeitet hat und dann (…) Freunden einfach mal was ausgeben kann. Weil, das ist so ein befreiendes Gefühl: Ich spendier euch jetzt mal was. Ich weiß nicht, wie ich das beschreiben kann. Ich find das einfach gut, wie das Gefühl ist."* (w, 16)

▶ *„Das* [Taggen – illegales Malen] *hat zwar eigentlich was Schlechtes, ist aber auch irgendwie lustig. Weil man halt auch immer aufpassen muss, da wächst man dann auch zusammen mit seinen Leuten."* (m, 15)

4.5.3 Das gibt meinem Leben Sinn

Abb. 4.5.3

Experimentalistische Hedonisten
Collage „Das gibt meinem Leben Sinn"

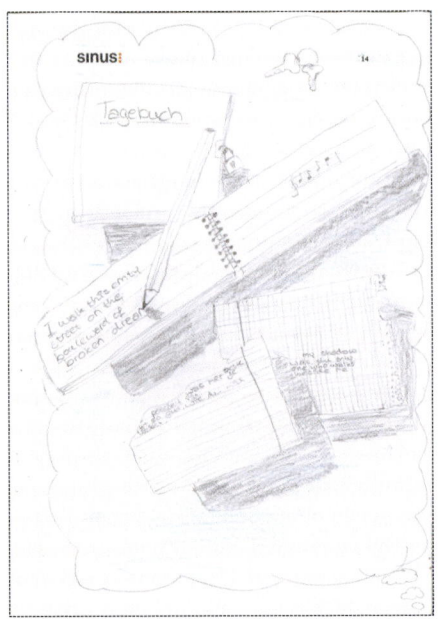

Mädchen, 16

Experimentalistische Hedonisten

Abb. 4.5.4

Collage „Das gibt meinem Leben Sinn"

Mädchen, 16

Mädchen, 16

4.5.4 Kulturelle Orientierung, Freizeit

In der Freizeit möchten Experimentalistische Hedonisten **das eigene Ding machen**, ihre **Grenzen austesten**, auch mal bis ans Äußerste gehen, um einen „Kick" zu bekommen. Man möchte unentdeckte Orte für sich erschließen.

Freizeitaktivitäten werden oft als „Druckventil" beschrieben, um sich von Problemen, Frustrationen und Langeweile frei zu machen – sei es „auf Konzerten moshen und abgehen", „einen Skatespot killen", nächtelang mit Freunden „Games zocken".

Freizeit ist für diese Jugendlichen Raum kreativer Selbstverwirklichung: Erlernen neuer Skateboard-Tricks, Spielen in einer Band, Nähen von eigenen Klamotten, Fotografieren, Zeichnen und Malen (z. B. im Rahmen einer Manga- oder Graffiti-Szene), sich selbst ein Musikinstrument beibringen, Video- und Bildbearbeitung für Material, das sie im Internet veröffentlichen wollen. In ihren Freizeitaktivitäten zeigen sie einige Eigenschaften, von denen Experimentalistische Hedonisten behaupten, dass sie ihnen im schulischen Alltag abgehen: Ausdauer, Ehrgeiz, Zielstrebigkeit und auch Disziplin. Sobald sie eine Passion für eine Sache entdecken, sind sie mit Herzblut dabei.

Diese Jugendlichen sind **stolz auf ihr Expertenwissen**, *ihr* kulturelles Kapital, das seinen Wert durch die Distanz zur „legitimen" Kultur schöpft. Sie wissen, dass Erwachsene und viele Gleichaltrige gleichermaßen von ihren Ausdrucksformen und kulturellen Vorlieben nichts verstehen können, weil die Aneignung der entsprechenden ästhetischen Codes und Wissensbestände abseits klassischer Bildungseinrichtungen stattfindet. Man ist **froh, kulturelle Freiräume zu haben**, von denen die – oft sehr verständnisvollen – Eltern keine Ahnung haben; hier spielt auch das Internet als Raum, in dem sich die Eltern nicht auskennen, eine wichtige Rolle.

Experimentalistische Hedonisten beginnen, sich für **subkulturelle Nischen und den Reiz des Verbotenen** zu begeistern. Unter ihnen finden sich viele

Jugendliche mit einer großen **Lust am Abseitigen, am Trash, am Schockie-renden, am Kultigen, am Exzentrischen und bisweilen Plakativ-Geist-losen** (z. B. B-Movies). Mit dem Massentauglichen und Domestizierten fangen Experimentalistische Hedonisten kaum etwas an. Von „Kommerz-Mucke", „Hollywood-Blockbustern", „Titten-Heftchen", „Boulevard-Scheiß" „bekommt man das große Kotzen". Experimentalistische Hedonisten sind stark auf Abgrenzung von den „Normalos" und Jugendlichen in anderen Szenen bedacht. Bei der Beschreibung von Lifestyles, mit denen man gar nichts anfangen kann, nehmen sie kein Blatt vor den Mund.

Die kulturellen Interessen sowie der eigene Style haben häufig einen klaren **Szenebezug**. Dabei ist ihnen wichtig, dass sie tief in die Szenen eintauchen, also „nicht nur konsumieren", sondern auch die szenespezifischen Lebenseinstellungen für sich erproben. So hört eine Experimentalistische Hedonistin, die eine Vorliebe für Mangas hat, auch vorwiegend japanischen oder koreanischen Rock und Pop und schaut sich asiatische Spielfilme an und versucht sich am Zeichnen eigener Mangas.

Experimentalistische Hedonisten verfügen über ein **hohes Maß an szenebezogenem Expertenwissen im Besonderen und Popkultur im Allgemeinen**. Dieses Wissen vertiefen sie durch Recherche im Internet oder Lesen von „Szeneliteratur". So besitzen Graffitibegeisterte Bücher und Filme über die Graffitikunst oder berühmte Künstler (Banksy), Japan- und Koreafans verschiedenste Mangas und Bücher über und aus den jeweiligen Ländern. Skateboarder lesen szenespezifische Magazine (Limited, Place) oder Blogs kleinerer „Companies", schauen sich auf den Facebook-Profilen ihrer „Homies" deren Tricks an und fachsimpeln in den Kommentaren.

Von der klassischen Hochkultur und deren Einrichtungen (klassische Oper, Theater, Museen) distanzieren sich Experimentalistische Hedonisten deutlich („Mozart und so"). Im Hinblick auf ihre kulturelle Orientierung nehmen diese Jugendlichen eine sehr klare Position ein. Es werden strikte Grenzen gezogen, die kaum verhandelbar sind. Man hat einen sensiblen Blick auf den Lifestyle anderer Jugendlicher.

Im Vergleich der Lebenswelten gehören die Experimentalistischen Hedonisten zu jenen, die bereits einen **differenzierten Musikgeschmack** entwickelt haben. Sie benennen verschiedene Genres, **suchen gezielt nach neuer Musik**. Sie wissen, welche Musik sie nicht mögen, und können das auch begründen.

Für **schulische Bildung** bleibt in der freien Zeit (nach Hausaufgaben und Schule) wenig Platz. Allerdings nimmt man „ab und zu" eine Zeitung zur Hand, um sich mit den neuesten Nachrichten zu versorgen, die dann oft auch im Internet genauer recherchiert werden.

Experimentalistische Hedonisten lieben die (urbane) **Club-, Konzert- und Festivalkultur**. Mit Freunden und Freundinnen unterwegs zu sein, laute Musik zu hören und zu tanzen bedeutet, Spaß zu haben. Dazu gehört auch, die Nacht „durchzumachen", und bei einigen der Konsum weicher Drogen.

Abb. 4.5.5

Experimentalistische Hedonisten
Wofür interessierst du dich?

> Ich intressiere mich sehr für Japan und seine Uultur und natürlich ihre Musik. Ansonsten intressieren mich noch die asiatischen Länder Vietnam und Uorea. Die Manga Zeichnung ist ebenfalls toll.

Mädchen, 14

> Für Tanzen im Jugendhaus, Basketball bei MTU? , Familie, Freunde, Musik (Klavier mein Hund; meine Zukunft, Internet

Mädchen, 14

> Musik hören , Musik machen , Skaten , M.M.A

Junge, 17

Experimentalistische Hedonisten

Wofür interessierst du dich überhaupt nicht?

Musik wie Hip-Hop oder Rechtsrock.
Intoleranz!
Menschen die ständig vorurteilen.

Mädchen, 14

Autos, Politik, Religion

Mädchen, 14

Zur Zeit für meine Zukunft, Holly-
wood, den Rest von Deutschland,
Mathematik..

Mädchen, 16

fernsehen, marken klamotten mainstream musik.

Junge, 15

Abb. 4.5.6

Typische Zitate zur Illustration

▶ „Skaten, weil es mir einfach Spaß macht. Und es sieht cool aus." (m, 17)

▶ „Graffiti macht halt nicht jeder, das ist mir schon wichtig. Das ist illegal und so ein bisschen aus dem Untergrund. Wäre es legal, würden es nicht so viele machen." (m, 15)

▶ „Fotos machen oder in der Nacht irgendwo im Gras liegen oder auf der Straße, wo keine Autos fahren, und Sterne gucken. Also heute bin ich zum Beispiel mit dem Fahrrad nach Hause gefahren und habe so das Licht durch die Bäume glitzern sehen und dachte: Das muss ich jetzt einfach mal festhalten." (w, 16)

▶ „Alles in allem vielleicht knapp ein Terrabyte, also wenn ich Filme, Musik, alles zusammennehme." (m, 17)

▶ *„Also normales Radio höre ich gar nicht. Finde ich einfach schrecklich, kriege ich Ohrenbluten von."* (w, 16)

....

▶ *„Nach der Schule höre ich dann meistens Musik, da kann ich dann abschalten – auch einfach mal für mich sein."* (w, 14)

....

▶ *„Die Fusion* [Open-Air-Musikfestival bei Berlin] *ist ganz cool. Ganz schön viele Druffies halt."* (m, 15)

....

▶ [zur Bedeutung von Bildermalen] *„Ich mag's total gerne, alles bunt und so. Es gibt so viele Farben, und man kann dann so seine Gefühle damit zeigen."* (w, 16)

....

4.5.5   Vergemeinschaftung

Aufgrund ihrer hohen Anbindung an Jugendszenen verfügen Experimentalistische Hedonisten oft über einen **großen Freundes- und Bekanntenkreis**.

Die eigenen „Leute" werden als **„verschworene Gemeinschaft"** bezeichnet, in der die meisten die gleichen Interessen und Vorlieben haben. Für „Streber" ist hier kein Platz. Im Freundeskreis finden sich „durchgeknallte Jugendliche", die „für jeden Spaß zu haben sind", „sich auch nicht darum scheren, was andere über einen denken".

Experimentalistische Hedonisten haben oft typische „Hangouts" – Orte, wo sie mit hoher Wahrscheinlichkeit Gleichgesinnte treffen können. Sie vergemeinschaften sich dabei oft im **öffentlichen Raum**, weil man auffallen möchte. Auch **Jugendhäuser** stehen hoch in der Gunst, obwohl die „Mitarbeiter dort ganz schön nerven können". An Jugendhäusern schätzt man die Gemeinschaft und die Möglichkeit, sich mit den oft **eigensinnigen und eigenwilligen Projekten einbringen** zu können und ernst genommen zu werden. Experimentalistische Hedonisten finden es jedoch langweilig, die eigene Freizeit immer am gleichen Ort zu verbringen. Abwechslung und Bewegung sind ihnen wichtig. So zieht man gerne einfach durch die Gegend, lässt sich treiben.

Insbesondere die Jugendlichen, die sich in einer Szene vergemeinschaften, zeichnen sich durch ein **hohes Maß an Binnenkommunikation** aus. Man ist innerhalb der Szene sehr gut vernetzt und nutzt sämtliche Kanäle, um Kontakt zu halten. Gerade Jugendliche, die in ländlichen Gegenden leben und spezifischen Szenen angehören, kommunizieren online über die gängigen und szenespezifischen Plattformen. Wichtig ist, sich mit Jugendlichen auszutauschen, „die einen verstehen", die die eigenen Ansichten teilen, die wissen, „warum man eine bestimmte Mütze auf eine ganz bestimmte Art und Weise trägt" – also mit Jugendlichen, die die Codes der Szene kennen.

Im Vergleich der Lebenswelten betonen die Experimentalistischen Hedonisten mit am deutlichsten, dass sie auch **in einer Partnerschaft unabhängig sein** möchten. Sich den Wünschen und Geboten ihres „Freundes" anzupassen, ist für die Mädchen dieser Lebenswelt in weit geringerem Maße vorstellbar als z. B. für die Adaptiv-pragmatischen Altersgenossinnen. Bei aller Verliebtheit gilt es, den eigenen Freundeskreis nicht zu vernachlässigen. Von gemeinsamer Lebens- und Zukunftsplanung sind die Experimentalistischen Hedonisten noch weit entfernt: Sie genießen die gemeinsamen Momente, sehen die „Beziehung" eher als „Phase".

Typische Zitate zur Illustration

▶ *„Na ja, meine Freunde sind schon ziemliche Chaoten, die machen schon das, worauf sie Lust haben. Aber auf jeden Fall auch nett, hilfsbereit und lustig."* (m, 15)

▶ *„Alle so durchgeknallt wie ich halt auch. Alle so eigentlich ziemlich derselbe Standpunkt. Wir machen halt alle jeden Scheiß mit. Das sollen nicht so verklemmte Kerle sein."* (m, 17)

▶ *„Es gibt halt übelst viele Fans durch die Musik. Weil die, die die Musik machen, haben ja verschiedene Stylings: Oshare Kei, Decora Kei, Visual Kei, so verschiedene, und die Fans wollen sich dann auch so kleiden und zeigen: Ja, diese Musik, die sehen so aus, und ich höre diese Musik gerne. Dann weiß man das schon."* (w, 14)

▶ *„Im Sommer ist alles total planlos, da braucht man keinen Plan. Da kann man einfach draußen sein."* (w, 16)

▶ *„Auf SchülerVZ habe ich 1500 Freunde auf meiner Freundesliste, mit 10 Stück schreibe ich sehr viel."* (w, 14)

▶ *„Ich würd' schon gern immer mit meinem Freund zusammen sein, aber es ist halt schon wichtig, dass man auch Sachen alleine macht, mit seinen anderen Freunden."* (w, 16)

▶ *„Ja, viele haben mir halt 'ne Freundschaftsanfrage geschickt, und dann habe ich so gefragt: Warum? Wie kam's? Und dann haben die gesagt: Ich würde dich gern kennenlernen, weil du magst auch das, und da würde ich mich gerne mit dir unterhalten, und da habe ich mir so gedacht: Okay."* (w, 14)

▶ *„Man merkt halt auch vom Äußeren her, dass die nicht dazugehören, wenn man das jetzt danebenstellen würde."* (w, 14)

▶ *„Leute, die ich gar nicht mag, sind meistens so 'ne mit iPhone und 'ner Spaghettihose. Leute, die sagen: Oh ja, ich will immer das Neueste und Tollste haben. Die meinen: Wir sind so toll, weil wir so viel Geld haben. Die gehen mir schon auf'n Sack."* (m, 15)

▶ *„Die ich nicht mag, ja, die achten halt aufs Äußerliche, posten alles bei Facebook, was sie gerade machen."* (w, 16)

4.5.6 Medien

Medien im Alltag

Die **Medien- und Technikaffinität** fällt bei den Experimentalistischen Hedonisten **durchschnittlich** aus. Geräte als Statussymbole zu nutzen, immer die neuesten Standards und Designs haben zu müssen, ist ihnen nicht wichtig. Sie grenzen sich bisweilen sogar demonstrativ von der Hightechwelt ab, indem z. B. bewusst ein altes Handy oder ein Vintage-Kassetten-Walkman oder alte Kopfhörer benutzt werden.

Entertainment spielt im Leben der Experimentalistischen Hedonisten eine wesentliche Rolle: hin und wieder mal eine „Serie" zum Abschalten oder „sich berieseln" lassen, einfach mal im Fernsehen durchzappen. Amerikanische Comedy- und Sitcom-Formate stehen hoch im Kurs („Simpsons" zählen zu den „All-Time-Favourites", „How I met your mother" und „Two and a half man" sind beliebt). Serien und Filme sieht man meist online, weil man sich nicht nach den Ausstrahlungszeiten richten möchte.

Experimentalistische Jugendliche haben Spaß an eigenen kleinen **Medienproduktionen**. Häufig handelt es sich dabei um eng mit der jeweiligen Szene verwobene Praxen: Tonaufnahmen der Band, Videoaufnahmen vom Skatetrick, Fotografieren auf Konzerten.

Interaktion und Kommunikation in digitalen Räumen

Online-Netzwerke sind selbstverständlich in das kommunikative Alltagshandeln integriert (wie bei fast allen Jugendlichen). Sie werden als gute Möglichkeit betrachtet, neue Kontakte (nur) locker zu pflegen oder zu intensivieren – je nach Interesse. Freundesanfragen von Menschen, die man „gar nicht kennt", „noch nie gesehen hat", steht man jedoch skeptisch gegenüber. Der **Offline-Interaktion wird eine höhere Bedeutung zugeschrieben**, weil man dort viel besser erkennen kann, ob man miteinander „klarkommt". Online-Aktivitäten sind ihnen wichtig und machen Spaß. Aber als schöner gilt es, „wirklich" etwas zu machen: zu malen oder zu zeichnen, ein Instrument zu spielen, neue „Spots" zum Skaten zu finden, etwas zu nähen, einen „geilen Abend" mit den „Atzen" zu haben oder mit allen auf ein Festival zu fahren.

Der **Selbstinszenierung in sozialen Netzwerken** steht man insgesamt eher skeptisch gegenüber. Mit Informationen über die eigene Person geht man sparsam um. Man distanziert sich von jenen, die „ihr ganzes Leben" und „jeden Pups" posten. Das findet man „albern" und „überflüssig".

Da die Kommunikation mit den Freundinnen und Freunden, mit denen man auch offline seine Zeit verbringt, im Vordergrund steht, werden (bei Facebook) häufiger die Funktionen genutzt, die **Kommunikation im „Verborgenen" erlauben:** z.B. Chats oder Messages. Wird etwas gepostet, handelt es sich meist um „lustige oder krasse" Videos oder Musik, seltener um persönlichkeitssensible Daten.

Datenschutz, Persönlichkeitsrechte und Urheberrecht

In Bezug auf Datenschutz zeigen sich die Experimentalistischen Hedonisten **relativ abgeklärt.** Man ist sich sicher, die wichtigsten Privatsphäre-Einstellungen der sozialen Online-Netzwerke zu kennen und auch zu nutzen. Dass das Recht am eigenen Bild in Zeiten digitaler sozialer Netzwerke und Foto-Communitys herausgefordert wird, nimmt man wahr und zeigt sich auch für die kritischen Implikationen sensibilisiert, ein Aufschrei bleibt jedoch aus. Sie vertreten die Meinung, dass sich die User selbst um den Schutz ihrer Daten kümmern müssen.

Die Experimentalistischen Hedonisten haben ein **ausgeprägtes Bewusstsein für den Wert kultureller Güter.** Bei Musik ist die Sensibilität für Urheberrechtsverletzungen dabei deutlicher vorhanden als bei Kinofilmen und Fernsehserien, da ihnen die Produktionszusammenhänge und Karrieren in der Musikbranche transparenter sind. Dennoch wird die kostenlose Verfügbarkeit von Musik als quasidemokratisches Moment gewertet und genutzt: „Musik für alle und umsonst".

Den Experimentalistischen Hedonisten sind Underground-Musiker sympathisch, die ihre selbst finanzierten Videos bei Youtube kostenlos zur Verfügung stellen. Die Lieblingskünstler unterstützt man durch „I like"-Clicks, Abgabe von guten Bewertungen sowie den Kauf von Merchandise und Konzert- und Festivaltickets.

Bei **audiovisuellen Produkten** ist kaum ein Bewusstsein für Urheberrechtsverletzungen erkennbar: Man streamt recht sorgenfrei Filme und Serien abseits der Plattformen der Fernsehsender, auch wenn man nach den Vorfällen um kino.to aufgerüttelt ist. In Bezug auf die konkreten rechtlichen Hintergründe herrscht unter den Jugendlichen „entspannte Unsicherheit": Man weiß „nicht so genau, wer genau da eigentlich welches Gesetz bricht, aber passieren wird schon nichts, denn es machen ja letztlich doch alle", und man meint auch, gehört zu haben, dass man sich in einer „rechtlichen Grauzone" befindet.

Orientierung in Medienwelten

Die Anbindung an Szenen bringt es mit sich, dass Experimentalistische Hedonisten zum Teil zwischen „uncoolen" **Massenmedien** („Scheiß-Bild-Zeitung") und „ihren" Nischenmedien („Ich lese Japan-Blogs, die nur wenige kennen") unterscheiden.

Die **Spannweite der online erschlossenen Sphären** bewegt sich im Vergleich mit Jugendlichen anderer Lebenswelten im oberen Mittelfeld. Extensives „Surfen" im Internet findet abseits szenespezifischer Recherchen allerdings kaum statt. Neben Facebook und Youtube sind Informationsangebote zu Musik, szenespezifischen Publikationen oder auch Blogs interessante Angebote.

Wie auch (fast) alle anderen Jugendlichen nutzen die Experimentalistischen Hedonisten **Wikipedia** für Hausaufgaben, für von Lehrkräften initiierte Recherchen und Referatsvorbereitungen. Sie schätzen den geringen Aufwand, der damit anfällt. Man weiß nicht und interessiert sich wenig dafür, wer dort schreibt und wie die Einträge „geprüft" werden.

Abb. 4.5.7

Online-Nutzungsaktivitäten Experimentalistischer Hedonisten

Kreativ-produktive und unterhaltungsorientierte Nutzung,
ambivalente Haltung gegenüber sozialen Online-Netzwerken

Relevanz

Soziale Netzwerke

Chatten
Spiele ♂
Musikdownload
Streamingportale

Internet-Surfen Musik/Filme/Text
produzieren/Upload

Mobiles Internet
Smartphone
Blogs lesen Zeitungs-/Nachrichtenportale

E-Mails

Vorbehalt

Scripted-Reality-Formate gelten in dieser Lebenswelt als wenig spannend und realitätsfern. Die Häufung der dargestellten Problemlagen erscheint vielen unglaubwürdig.

Typische Zitate zur Illustration

▶ *„Weil es halt irgendwie langweilig ist, die ganze Zeit in so 'ner anderen Welt rumzurennen, wenn ich auch hier was machen kann. Ich mein', mit seinen Leuten irgendwas machen macht schon wesentlich mehr Spaß, als in irgend 'n Level aufzusteigen bei World of Warcraft oder so."* (m, 15)

....

▶ *„Wenn ich auf die Seite von jemandem gehe, dann sehe ich: Gut, der hat die und die Hobbys, aber ich wüsste ja trotzdem nicht, ob ich mich gut mit dem verstehe. (…) Da müsste man halt mal was zusammen machen, malen gehen oder so."* (m, 15)

....

▶ *„Es ist halt schon so eine Sucht, jeden Tag mal so da [Facebook] reinzugucken, was es Neues gibt. Aber ich find es auch so ein bisschen überflüssig, wenn die Leute dann so: Ja, ich esse jetzt 'ne Pizza, oder: Draußen Gewitter, die Welt geht unter. Schreiben alle das Gleiche, aber trotzdem klickt jeder: Gefällt mir, oder schreiben alle was drunter. Das finde ich ein bisschen überflüssig. (…) Ich sträube mich da so ein bisschen gegen."* (w, 16)

....

▶ *„Wenn ich die Leute kenne oder deren Namen schon mal gehört habe, dann ja. Aber wenn mich irgendwer aus Hamburg oder so added oder schreibt mich an: Dein Bild ist süß. Dann denke ich: Oh Mann, was ist das denn für ein Vogel. Und ignoriere gleich die Anfrage. (…) Das ist jetzt schon weniger geworden, weil ich auch dann die Einstellung vorgenommen habe, dass keiner meine Seite sehen kann."* (w, 16)

....

▶ *„Ich hab nichts bei Facebook, für das ich mich schämen müsste. Dann sind die Leute dumm, die dann irgendwas zu Facebook tun und dann rumheulen, wenn wieder ein Datenschutzskandal war. Dann denk ich mir, ja dann tu's nicht zu Facebook. Es ist ein ungeschriebenes Gesetz, dass die Sachen da nicht ganz sicher sind."* (w, 16)

....

▶ „Ich hätte 'n schlechtes Gewissen, würde ich mir jetzt von Leuten, die sich halt Mühe geben und trotzdem wenig verkaufen, weil sie noch am Anfang sind, weil sie noch jung sind. Würde ich mir von denen die ganze Zeit was runterladen, obwohl sie auch so viel verschenken, da hätte ich 'n schlechtes Gewissen." (m, 15)

▶ „Ich find's halt ziemlich cool, dass Leute ihre Musik für andere Leute freistellen. Dann muss man halt kein Geld dafür bezahlen." (w, 16)

▶ „Ich unterstütz halt keine Leute, die schon Geld haben, mit noch mehr Geld. Weil es einfach genug Leute gibt, oder keine Ahnung, ich hab auch nicht so viel Geld, warum sollte ich dann, keine Ahnung, Leuten, die schon so überviel Geld haben, noch mehr Geld geben?" (m, 15)

▶ „Bis jetzt hatte ich noch keinen gefährlichen Anruf oder so. Ich denk mal, für mich ist das [Nutzung der Seite kino.to] eher nicht so gefährlich, weil ich da auch nicht so oft bin auf der Seite. Höchstens mal am Wochenende oder in den Ferien." (w, 16)

▶ „Wenn was in den Zeitungen steht über Maler, dann steht da nur: Die bösen Maler haben wieder übelst viel Sachschaden gemacht." (m, 15)

▶ „Wenn es so von Wikipedia ist, dann ist das eigentlich schon verlässlich. Ich find, die Seite ist für mich seriös. Die benutzen halt auch alle (…), und das erscheint ja auch als Erstes bei Google, wenn man da irgendeinen Begriff eingibt." (w, 16)

▶ „Das ist total gespielt, man merkt das auch, die Schauspieler sind schlecht. Ich würd' auch am liebsten weiterschalten, aber irgendwie hält es einen ja doch fest, und man will wissen, was passiert. (…) So die Geschichte, wie die Leute mit den Problemen umgehen." (w, 16)

▶ „Ich würd' mich nicht auf meinem täglichen Lebenshorrortrip mit 'ner Kamera auf RTL begleiten lassen, auf gar keinen Fall." (w, 16)

4.5.7 Schule und Lernen

Die Experimentalistischen Hedonisten haben keinen Schwerpunkt bei den angestrebten Bildungsabschlüssen. Dennoch lassen sich in Bezug auf Schule und Lernen recht deutliche schulformübergreifende Muster erkennen: Sie **schätzen Lernumfelder, die von Leistungsdruck weitgehend befreit** sind. Das bedeutet nicht, dass man die Auseinandersetzung mit den eigenen Stärken und Schwächen scheut. Sie kritisieren, dass Menschen auf das begrenzte Ergebnis einer Leistungskontrolle reduziert werden. Sie legen besonderen Wert darauf, ganzheitlich betrachtet zu werden.

Schulischer Erfolg ist den Experimentalistischen Hedonisten wichtig, aber nicht um jeden Preis. Man sieht keinen Sinn darin, für Schulfächer, in denen man wenig Erfolge erlebt, deren Alltagsnutzen schwer erkennbar ist oder die aufgrund der Lehrenden zum Einschlafen langweilig sind, stundenlang zu lernen. Anders als bei den Adaptiv-Pragmatischen und Konservativ-Bürgerlichen ist die Aussicht auf eine gute Note allein für die meisten kein Lernanreiz. Es gibt wichtigere Dinge, die zu vernachlässigen man wenig Lust verspürt.

Man weiß um seine **Talente im Freizeitbereich** und ist motiviert, sich kontinuierlich und mit Ausdauer um deren Entwicklung zu kümmern. Auch die Aussicht auf ein ereignisreiches Wochenende mit den „Atzen" ist verlockender als die Stunden am Schreibtisch, die eine adäquate Vorbereitung auf Klassenarbeiten eigentlich erfordern würde. Dass man die Prioritäten nicht immer im Hinblick auf die eigene Beschäftigungsfähigkeit setzt, ist den Experimentalistischen Hedonisten durchaus bewusst. Da man aber sowieso keine **Karriere im klassischen Sinne anstrebt**, muss man sich auch „weniger Stress machen, einen superguten Schulabschluss zu erzielen".

In **Teams bzw. Gruppen arbeiten** zu können, sich Wege selbst erschließen zu dürfen und bei der Erledigung von Aufgaben **Gestaltungsspielräume** zu erhalten, entspricht den eigenen Bedürfnissen. Sie nehmen aufmerksam wahr, wenn Lehrkräfte „mal was anders machen": Strafarbeiten in kreative Herausforderungen verwandeln, vermeintlich neue Unterrichtsmethoden abseits des Frontalunterrichts anwenden oder die szenespezifischen Interessen der Jugendlichen anerkennen und berücksichtigen, ohne sie jedoch zu instrumentalisieren. Möglich wird Letzteres, wenn die Jugendlichen selbst als Experten und Expertinnen auftreten dürfen und die Lehrkräfte dieses spezifische kulturelle Kapital nicht für sich selbst vereinnahmen.

Experimentalistische Hedonisten zeigen sich **sensibel für Hierarchien** – auch im Kontext Schule. Die Lehrer „zu siezen", verstärkt bei manchen das Gefühl, dass sich Lehrer „als etwas Höheres" fühlen. Man wünscht sich einen lockeren Umgang, verständnisvolle Lehrkräfte, die eine Ahnung davon haben, was „gerade abgeht" im Leben der Jugendlichen, und das Unterrichten als gemeinsamen Weg, als Teamarbeit, gestalten.

Abb. 4.5.8

Experimentalistische Hedonisten
So wünsche ich mir meine Schule

- nicht so kalt und nässlich (das Gebäude an sich)
- die Lehrer zu Dutzen schafft eine entspanntere Atmosphäre, doch etwas Distanz muss trotzdem bleiben zwische lehrern und schülern

Mädchen, 16

viele wahlfächer wären glaub ich gut, das man sich seiner interesse nach aussuchen kann was man lernt. ansonsten finde ich das mit der waldorfschule ganz gut, keinen leistungsdruck !

Junge, 15

Experimentalistische Hedonisten
So wünsche ich mir meine Schule

> Das Schulsystem könnte von mir aus so bleiben. Der Unterricht könnte jedoch ein bisschen kreativer gestaltet werden. Vielleicht auch so, dass man effektiver arbeitet. Die Klassenräume könnten auch ein bisschen cooler sein. Manche Lehrer könnten auch ein bisschen lockerer werden. Die waren schließlich auch mal jung.

Junge, 15

Abb. 4.5.9

Experimentalistische Hedonisten betonen von allen Lebenswelten am deutlichsten, wie wichtig ihnen **alltagsnahes und direkt erfahrbares Lernen** ist. Lernen macht dann Spaß, wenn Bewegung, körperliche Erfahrung, Kreativität und „greifbare" Ergebnisse im Spiel sind. Wenn im Rahmen des Lernangebots ermöglicht wird, sich die jeweiligen Inhalte in ihrer authentischen Umgebungen erschließen zu können, zeigen sie sich in der Regel begeistert.

Schulisches Lernen (in Form von Hausaufgaben oder Vorbereitungen für Klassenarbeiten und Klausuren) macht in der Regel nur dann Spaß, wenn es leichtfällt. Für Fächer, in denen man weniger gute Noten erzielt, die als uninteressant oder „unnötig" abgetan werden, kann man sich oft nur schwer motivieren. Man versucht jedoch, sich zusammenzureißen: „Lernen ist halt ein notwendiges Übel."

Lernsituationen, die sich aus den eigenen Interessen ergeben (Erlernen eines Instruments, Zeichnen, Fotografieren, Tanzen, Skaten etc.), verfolgt man oft mit großem Ehrgeiz. Sie werden als bereichernd und horizonterweiternd beschrieben.

Experimentalistische Hedonisten schätzen Teamarbeit. Zu wissen, wo und bei wem man sich Hilfe holen kann, und die Fähigkeit nachzufragen, wenn man etwas nicht verstanden hat, betrachten sie als wichtige Kompetenz. Diese **sozialen Aspekte von Lernen** betonen sie im Vergleich mit den anderen Lebenswelten am stärksten.

Typische Zitate zur Illustration

▶ *„Ich komm damit gar nicht klar, einfach acht Stunden am Tag zu sitzen. Das geht gar nicht. Das ist schon sauanstrengend."* (w, 16)

▶ *„Den ganzen Tag im Klassenraum zu sitzen, obwohl man so 15 oder 16 ist und voll viel Energie hat, ist schon anstrengend."* (m, 15)

▶ *„Teamarbeit ist auf jeden Fall wichtig, weil, wenn das so einer ist, der nichts erklären kann in der Gruppe und immer nur so für sich ist, der findet dann auch nicht so viele, die ihn mögen."* (w, 16)

▶ *„Ich lerne lieber, indem ich irgendetwas Körperliches mache. Ich lerne lieber, im Wald zu arbeiten, als in der Schule zu sitzen und da zu lernen. […] Wir hatten eine Klassenfahrt, Forstpraktikum, da haben wir im Wald gearbeitet. Man hat auch was gemacht, man hat auch was gelernt, und man hat sich auch angestrengt, vielleicht auch mehr als in der Schule. Es hat auf jeden Fall Spaß gemacht."* (m, 15)

▶ [über die Waldorfschule] *„Man muss schon echt sagen, die Schule ist schon ganz schön gechillt, so. (…) Dann kriegt man halt am nächsten Tag irgendwie 'ne Fünf im Test, wenn man sich am Tag zuvor nicht die ganze Zeit irgend 'ne langweilige Formel reingeprügelt hat. Das gibt's bei uns eher weniger."* (m, 15)

▶ „So Sachen wie Werken finde ich eigentlich ganz cool. Da macht man halt 'n bisschen was Körperliches und sitzt halt nicht den ganzen Tag auf 'nem Stuhl und lernt irgend 'ne Formel." (m, 15)

▶ „Es wär auch cool, die Lehrer so zu duzen. Das schafft 'ne entspanntere Atmosphäre, aber es muss halt trotzdem noch Distanz zwischen Lehrer und Schüler sein. (…) Sonst würde man nicht machen, was der sagt." (w, 16)

▶ [wichtig zu lernen] „Dass man halt mit Problemen umgehen kann und auch weiter denken kann, dass man halt nicht nur auf einem Weg bleibt und geradeaus guckt, sondern dass man auch nach links und rechts guckt und … wer kann mir helfen, oder das kann ich auch noch gebrauchen." (w, 16)

▶ „Ich fand's einfach todlangweilig. Es ist immer dasselbe, man hockt sich morgens hin, vorne stellt sich der Lehrer hin, sagt irgendwas, schreibt was an die Tafel, man schreibt es ab und fertig. Absolut nicht mein Ding." (m, 17)

▶ „Schulisches Lernen heißt für mich einfach, den Stoff, den die mir da erzählen, in mein Gehirn reinzuquetschen, die Arbeit gut zu schreiben, und was danach hängen bleibt, weiß ich auch nicht." (w, 16)

4.5.8 Berufliche Orientierung, Zukunft

Für Experimentalistische Hedonisten ist eine hohe Gegenwartsorientierung charakteristisch. Die **Zukunft liegt noch in weiter Ferne. Langfristige Planungen sind nicht Sache der Experimentalistischen Hedonisten**; wer weiß denn heute schon, wie man morgen drauf sein wird? „Heute so und morgen so" wird dabei nicht als Inkonsequenz gewertet, sondern als natürlicher Lauf der Dinge betrachtet. Da das Berufsleben oftmals noch weit entfernt erscheint, werden Pläne eher in kurzfristiger Perspektive und episodisch formuliert.

Die **Ernsthaftigkeit und Leistungsorientierung der Erwachsenenwelt schreckt Experimentalistische Hedonisten ab**, daher verdrängt man das Thema vorerst. Sie freuen sich zwar auf eine Erweiterung der Freiheitsgrade und persönlichen Spielräume, die das Erwachsensein mit sich bringt, gleichzeitig scheut man sich vor zu viel Verantwortung und den Erwachsenenpflichten.

In den Zukunftsvisionen der Experimentalistischen Hedonisten **spielen Paarbeziehungen, Familiengründung und Besitzwünsche eine vergleichsweise untergeordnete Rolle**. Sie visieren die Freiheitsversprechungen des Erwachsenenlebens an: keine Eltern, die Regeln aufstellen, kein Zwang, die Schule zu besuchen, Zugang zu sämtlichen Veranstaltungsorten (vor allem des Nachtlebens). Eine große Rolle spielen **Freiheit, Unabhängigkeit und Mobilität**. Existieren bei den Jugendlichen konkretere Pläne für „später", bestehen sie meist in längeren Reisen, Umzug in die Großstadt (bei den ländlichen) oder in eine eigene Wohnung (bei den städtischen).

Experimentalistische Hedonisten kritisieren im Vergleich aller Lebenswelten mit am stärksten eine auf harten Wettbewerb ausgerichtete Wirtschaftsordnung. Ein klassisch karrieristisches Elitedenken mit „Ellenbogenmentalität" ist Experimentalistischen Hedonisten fremd; **man möchte sich nicht verbiegen, in ein Leistungskorsett packen lassen und sich anpassen müssen**. Das Jobprofil sollte der persönlichen Verausgabungs- und Vereinnahmungsbereitschaft auch ein Stück weit entgegenkommen. Einmal für eine große Organisation bzw. ein Unternehmen mit bürokratischen Strukturen und strengen Hierarchien zu arbeiten, kann man sich nicht vorstellen. Arbeit soll vor allem Spaß machen, sie wird als Notwendigkeit gesehen, um sich eine lust- und genussvolle Lebensführung später leisten zu können.

Nichts ist schlimmer, als „den ganzen Tag im Büro zu hocken". Man möchte einen Job, der „Abwechslung" mit sich bringt, der einen mit coolen und spannenden Leuten zusammenführt und auch ein gewisses Maß an **kreativer Entfaltung** verspricht.

Die Ideen für das, was eine spätere berufliche Tätigkeit attraktiv macht, generieren sich aus dem, was gegenwärtig Spaß macht: das **Hobby zum Beruf machen**, rumkommen, auf Partys jobben oder in Clubs arbeiten.

Einkommensmöglichkeiten und Arbeitsplatzsicherheit sind dabei nicht von Relevanz. Die Skepsis, ob man unter den Angeboten des konventionellen Ausbildungsmarkts den eigenen Traumjob findet, ist in dieser Lebenswelt mit am stärksten ausgeprägt. Hier zeigt sich auch der **Wunsch nach Andersartigkeit, eben nicht das zu machen, was „alle" machen**. Die Offenheit für unkonventionelle Berufe ist besonders bei den Jugendlichen ausgeprägt, die über die Eltern und deren Bekanntenkreis bereits Einblicke in ungewöhnlichere Berufsbiografien bekommen haben. Jugendliche aus bürgerlicheren Familien formulieren diese Wünsche auch, aber vorsichtiger und viel eher als „Traum". Ihre berufliche Orientierung lässt eine stärkere Fokussierung auf Sicherheit erkennen.

Abb. 4.5.10

Experimentalistische Hedonisten
Wie möchtest du später leben?

> denke das ich auf jedenfall noch viel
> mit meinen leuten zutun haben will.
> vielleicht ne runde reisen.
> eigendlich bin ich offen für alles solange
> es keine 2 kinder hund und pferd auf nem
> dorf sind.

Junge, 15

> Ohne Sorgen zu leben; alles was
> ich mir vornehme zu meistern;
> tierarzthelferin machen; rumreisen
> und viele Länder besuchen; aus
> P ~~ew~~ wegziehen..
> (Kleinstadt)

Mädchen, 14

Wichtig ist den Experimentalistischen Hedonisten, „das wirklich mal auszuprobieren, was man später machen möchte". **Praktika** sind dementsprechend eine wichtige Erfahrung. Abseits dieser im Lehrplan fest vorgesehenen Auseinandersetzung mit der beruflichen Zukunft bleiben die **Orientierungsanstrengungen** der Experimentalistischen Hedonisten oftmals versteckt, weil sie sich als Freizeitbeschäftigung tarnen.

Das **Nichtwissen um das, was nach Schule kommt**, wird in dieser Lebenswelt eher selten als Belastung erlebt. Vor allem dann, wenn man im familiären Umfeld oder Bekanntenkreis Einblicke in alternative Lebensentwürfe und Erwerbsbiografien bekommen hat, zeigen sie sich selbstbewusst, „schon irgendwie alles hinzubekommen", wenn es so weit ist.

Abb. 4.5.11

Experimentalistische Hedonisten
Wie möchtest du später leben?

> Ich denke ich habe noch genug Zeit, mich zu entscheiden, in welche Richtung ich gehen will. Was mir wichtig ist, ist relativ unabhängig zu sein. Ich möchte nicht, dass meine einzige Aufgabe einen Haushalt zu schmeißen sein wird. Jetzt denke ich, ich hätte gerne eine schöne, helle Wohnung in einer Großstadt (Berlin?). Ein künstlerischer Beruf würde mir gefallen.

Mädchen, 16

Typische Zitate zur Illustration

▶ „Meine Freunde, die sind ja auch zum Großteil älter als ich (…), und die müssen sich ja schon langsam 'n paar Sorgen machen, keine Ahnung, machen sie auch. Und ich, keine Ahnung, ich aber noch nicht. Ich hab ja noch 'n bisschen mehr Zeit." (m, 15)

▶ „Das entscheide ich dann irgendwie spontan, wenn ich aus der Schule komme und noch mal 'ne Nacht drüber schlafe und denk: Mmh, was könntest du jetzt machen? Und denke ich noch mal so über alle Berufe nach, die mir so gefallen und was mir dann am meisten Spaß macht und auch am ehesten zu mir passt." (w, 16)

▶ „Oder mit Malen [Graffiti] sein Geld verdienen, wäre auch übergeil. (…) Davon dann überleben können. (…) Das können aber auch nur die wenigsten." (m, 15)

▶ „Arbeiten auf Festivals und mit seinen Leuten auf Festivals fahren, und die arbeiten dann an deinem Stand. Dann geht man da auch mal zusammen feiern, macht halt schon irgendwie Party. Finde ich, glaube ich, besser, als im Büro zu sitzen." (m, 15)

▶ „Vielleicht was mit Leuten, mit verschiedenen Leuten, wo man Leute kennenlernt." (w, 16)

▶ „Mein absoluter Traumberuf wäre was mit Fremdsprachen. Ich weiß aber nicht, was es da so für Berufe gibt, ich hab mich noch nicht so doll erkundigt. (w, 14)

▶ „Das ist mir auch wichtig, dass ich Spaß bei meinem Job habe." (m, 17)

▶ „Man muss Russisch machen, und das kann ich nicht, das ist mir zu schwer. Deshalb mache ich auf meiner Schule kein Abi. Also, wenn Abi, dann nur auf einer anderen." (m, 15)

▶ „Ich hatte auch mal 'ne Phase, da wäre ich gerne Pilotin geworden, aber dann habe ich gehört, dass man da 'ne bestimmte Größe braucht und 'nen bestimmten Abi-Schnitt. Ja, soll ziemlich schwer sein, das zu werden. Dafür bin ich nicht gut genug in der Schule, und irgendwie bin ich auch zu faul, mich dafür so anzustrengen." (w, 16)

▶ „Natürlich wäre es toll, mit Freunden in einer WG zu wohnen. Aber es gibt dann auch mehr Probleme irgendwie, weil man sich dann streitet." (w, 14)

▶ „Heiraten und so, glaube ich, eher nicht." (w, 14)

▶ „Wenn ich mit der Schule fertig bin, will ich erst mal zwei Jahre mindestens mich treiben lassen. Keine Ahnung, ein bisschen arbeiten, rumreisen, einfach was sehen, was erleben, und dann komm ich wieder, und dann fang ich an, mir 'nen Kopf zu machen. Weil jetzt habe ich echt, ich hab noch gar keine Ahnung." (w, 16)

4.5.9 Politik und Gesellschaft

Die Experimentalistischen Hedonisten haben ein **sehr enges Verständnis von Politik**. Hier wird nur das institutionalisierte politische Tagesgeschehen als Politik verstanden. Was man von Politik mitbekommt, hat aus ihrer Sicht kaum etwas mit den eigenen Lebenszusammenhängen zu tun. Ausgehend von diesem Politikverständnis, **bezeichnet man sich selbst als unpolitisch und uninteressiert an Politik**. Man nimmt von Seiten der Politik kein Interesse an Jugendlichen wahr.

Auch wenn sich Experimentalistische Hedonisten als unpolitisch verstehen, **setzen sie sich – auch im Freundeskreis – mit politischen Fragen auseinander**: Wem gehört der öffentliche Raum? Wer entscheidet, welche Regeln dort gelten? Wie wird der Kluft zwischen Armut und Reichtum lokal und global entgegengewirkt? Inwiefern sind welche Sanktionierungen gerechtfertigt? Wie und wo findet freie Meinungsäußerung statt? In dieser Lebenswelt ist der Widerspruch zwischen explizit formuliertem Desinteresse an Politik und einer Fülle von politischen Themen, die sie beschäftigen, am größten.

Für die **Lösung gesellschaftlicher und politischer Probleme** sehen die Experimentalistischen Hedonisten in erster Linie die Politikerinnen und Politiker zuständig – nicht zuletzt, weil sie der Überzeugung sind, dass Politikerinnen und Politiker durch falsche Entscheidungen soziale Schieflagen überhaupt erst verursachen. Hinter dieser **delegativen Haltung** steht jedoch auch der Wunsch nach „Entpflichtung" von Engagement, weil eine Auseinandersetzung mit Politik oder politisches Engagement dem eigenen Hedonismus zuwiderläuft: „Wenn man sich viel mit Politik auseinandersetzt, kommt man nur scheiße drauf." Die Verantwortung für Entscheidungen tragen zu müssen, die gewissermaßen „alle" betreffen, stellt man sich als unbequeme Aufgabe vor.

Politik wird zuvorderst mit Gesetzen bzw. Verboten sowie Sanktionen in Verbindung gebracht. Speziell die Höhe und Angemessenheit von Strafmaßen werden von diesen Jugendlichen kritisch betrachtet, da sie nicht dem eigenen Gerechtigkeitsverständnis entsprechen. Sie vergleichen in erster Linie Strafzumessungen für jugendtypische Straftaten mit jenen bei Gewaltverbrechen.

Abb. 4.5.12

Experimentalistische Hedonisten
Politisches Themenspektrum

Uninteressant Indifferent **Interessant**

Abschiebung

Anhebung des Rentenalters

Arabischer Frühling

Atomausstieg

Ausbildungsplatzsuche

Datenschutz und Datensicherheit im Internet

Demografischer Wandel

Demonstrationen

Diskriminierung

Drogenpolitik

Einkommen und Absicherung

Einkommensverteilung

Eurokrise

Europa

Generationengerechtigkeit

Gentrifizierung

Gesetzgebungsprozesse

Gewalt an der Schule

Hartz IV

Häusliche Gewalt

Historische politische Ereignisse

Integration, Einbürgerung, Staatsbürgerschaft

Internetkriminalität

Islam

Kapitalismus

Kindergeld

Kommunalpolitik

Kriminalität

Meinungsfreiheit

Mobbing

Naturkatastrophen

Obdachlosigkeit

Öffentlicher Raum (Überwachung, Regulierung)

Parteien

Politiker und Politikerinnen

Politischer Extremismus

Politisches System in Deutschland

Rassismus

Reichtumsverteilung, Armutsschere

Religionsfreiheit

Restriktionen aufgrund von Minderjährigkeit

Schulpolitik, Schulreform

Sozialstaat, Sozialleistungen

Strafzumessung

Terrorismus

Tierschutz

Stuttgart 21

Unterstützungsleistungen für Familien, Alleinerziehende

Umweltschutz

Verfassung/Grundgesetz/Rechtsstaatlichkeit

Wahlen

Gedanken über Wahlen machen sich die wenigsten Experimentalistischen Hedonisten. Auf diesem Gebiet kennt man sich zu wenig aus. Man ist der Meinung, es würde sich „auch nicht lohnen", zur Wahl zu gehen. Einer Senkung des Wahlalters steht man kritisch gegenüber, da Politik – und somit wählen gehen – eher ein „Erwachsenending" ist.

Typische Zitate zur Illustration

▶ *„Das ist so viel, da blick ich dann irgendwann nicht mehr durch. Weil ich befasse mich nicht so viel mit Politik. So hören schon, aber richtig erkunden, das ist nicht so mein Fall."* (w, 14)

▶ *„Politik, so in der Schule finde ich es auch nicht so interessant, weil man halt so viel lernen muss. Das nervt mich halt."* (w, 16)

▶ *„Antifa – die wollen schon was Gutes, aber die wollen schon viel Gewalt und ob man das so erreicht?"* (m, 15)

▶ [Gedanken darüber, was in Deutschland abgeht] *„Ja, im Moment halt eher so bisschen arbeitsmarktmäßig, weil man halt jetzt selbst auch davon betroffen ist, Steuern, was halt letztendlich auch jeden Monat bei mir abgeht."* (m, 17)

▶ [politische Verantwortung übernehmen] *„Nee, das würde ich nicht wollen. Weil, wenn du 'ne falsche Entscheidung triffst, sind so viele Leute da, die sich darüber beschweren."* (w, 16)

▶ *„Oder so 'ne Diktatur, wie das mal war in der DDR, dass man weitergibt, wie das passiert ist, und dass sich das nicht noch mal so entwickelt. Also, ich denk mal, mit unserer Politik, Demokratie, die es gibt, wird das auch nicht noch mal so passieren, mit der Demokratie, die wir jetzt haben."* (w, 16)

▶ *„Ich will mit meinen Freunden leben und nicht mit den Politikern."* (w, 16)

▶ *„Keine Ahnung, ist mir voll egal. Ich wähl eh nicht."* (m, 15)

▶ [Wahlplakate] *„Manche Personen gucken halt gestellt, da achte ich halt drauf, dass die sympathisch aussehen."* (w, 16)

▶ *„Ich weiß gar nicht, was ich wählen würde oder ob ich wählen würde. Ich beschäftige mich damit nicht."* (m, 15)

▶ *„Zwischen den Linken und Rechten gibt es ja immer Probleme, das wird sich auch nie ändern, ich wüsste auch nicht, was man da tun sollte."* (w, 14)

▶ *„Ich würde Gras nicht verbieten, weil man bei Alkohol wesentlich mehr kaputt macht. Von Alkohol kannst du sterben, von Gras nicht."* (m, 15)

▶ *„Du hast als Jugendlicher nicht viele Freiheiten. Auf dem Papier steht, du musst als Jugendlicher um 12 zu Hause sein."* (w, 16)

▶ *„Wählen? Nee, eigentlich nicht. Ich hab ja noch 'n bisschen Zeit, mich darüber zu informieren. Bin ja erst 14."* (w, 14)

▶ *„Wahlen sollten ab 18 sein. Ich denke, mit 16 ist man noch offen oder auf der Suche nach seiner Meinung. Mit 16 kann man noch nicht wirklich sagen: So bin ich, das verfolge ich."* (w, 16)

4.5.10 Religion, Glaube, Kirche

Religion ist aus Sicht der Experimentalistischen Hedonisten ein relativ **unspannendes Thema**, mit dem man hauptsächlich über Schulunterricht in Kontakt kommt und über das man vergleichsweise wenig weiß. **Religion wird mit Lernen und Pflichten assoziiert.** Religion hat aus ihrer Perspektive viel mehr mit der Vergangenheit als mit der Gegenwart zu tun, von daher stellt man sich die Frage: Was bringt mir das heute noch? Man sieht keine Relevanz für den eigenen Alltag. Im Gegenteil: **Religion hindert bei der Selbstentfaltung.** Man hat regelrecht Angst vor dem Label „religiös", weil es einengt und „einen in eine traditionelle Ecke stellt".

Religionsausübung findet im Rahmen der konventionellen Angebote kaum statt. Beten ist für die meisten Experimentalistischen Hedonisten ein „komisches" Konzept, das höchstens mal „aus Versehen" passiert. Sich mit den eigenen Sorgen oder Wünschen auseinanderzusetzen, ist für die Jugendlichen jedoch auch eine Form von Beten, der sie beispielweise im Rahmen von „Tagebuchschreiben" nachgehen. Dies lässt möglicherweise auf eine zukünftige Offenheit für alternative Besinnungs- und Seelsorgeangebote schließen.

Der persönliche Glauben ist im Gegensatz zu Religion ein spannendes Thema. Die Komplexität des Daseins ist eine Frage, die die Jugendlichen umtreibt. Es hat nichts Uncooles, sich zu fragen, „woher das alles kommt" und „wer das alles lenkt". Der persönliche Glaube ist etwas, das man nicht definieren kann und will, über das man aber durchaus spricht. Glaube bedarf keiner Ritualisierung oder Institutionalisierung. **Glaube ist ein offenes und dynamisches Konzept**, das man flexibel handhabt und individuell anreichert. Man kann und will daher auch nicht konkret benennen, an „was oder wen" man glaubt.

Während Religion mit Unterwerfung in Verbindung gebracht wird, steht der persönliche Glaube für **Erleben** und **Entfalten**.

Gegenüber anderen Religionen, Gläubigen und Nichtgläubigen zeigt man sich tolerant. Ein finanziell motiviertes Glaubensbekenntnis durch Firmung oder Konfirmation – wie man es im Freundes- oder Bekanntenkreis wahrnimmt – empfindet man jedoch als heuchlerisch. Fundamentalistische Glaubensauslegungen werden explizit abgelehnt. Dabei geht es weniger um das Infragestellen des eigenen Hedonismus als vielmehr um die Einschränkung individueller Freiheitsgrade. Vor allem die Mädchen dieser Lebenswelt zeigen sich (wie auch die Sozialökologischen und Expeditiven Altersgenossinnen) sensibilisiert für Geschlechterungleichheit innerhalb von Religions- und Glaubensgemeinschaften.

Kirche ist für Experimentalistische Hedonisten primär ein **Ort der Langeweile**. Die immer gleichen Abläufe, „alten Lieder", die Orgelmusik und das alte Personal sowie die oftmals alten Besucherinnen und Besucher („nur Omas") schrecken eher ab.

Erlebnisse mit Kirche, die in guter Erinnerung geblieben sind, waren die Vorbereitung auf die Firmung oder Konfirmation. Zwar wurde der Unterricht als wenig spannend und oftmals zusätzliche Belastung erlebt, die gemeinschaftsfördernden Aktivitäten, z. B. während der Firm- bzw. Konfirmandenausflüge, konnten jedoch Begeisterung auslösen. Im Vordergrund der Hinwendung zur Kirche steht für sie dementsprechend das **Gemeinschaftserlebnis mit Gleichaltrigen**.

Experimentalistische Hedonisten, die **konfessionslos** sind und kaum eigene Erfahrungen mit Kirche sowie ihren Vertretern haben, finden keine positiven Anknüpfungspunkte an Kirche. Sie haben kaum eine Meinung zu kirchlichen Angeboten, können sich eher nicht vorstellen, hier etwas persönlich Wichtiges zu finden.

Einem **Kirchenaustritt** steht man (noch) ambivalent gegenüber. Man fühlt sich einerseits nicht wirklich zu Hause in der Kirche, vermisst vor allem auch die Möglichkeit, über die eigenen den Glauben betreffende Zweifel offen reden zu können. Andererseits scheut man noch davor zurück, im familiären und persönlichen Umfeld sichtbar zu machen, „nicht mehr dazuzugehören". Diese Sorge treibt vor allem diejenigen um, die in ländlichen Regionen leben. Auch sie vermuten jedoch, dass ihr diesbezügliches Selbstbewusstsein mit zunehmendem Alter steigt und man sich dann nicht mehr am Kirchenaustritt hindern lässt.

Die **Kirche wird momentan nicht als Anlaufstelle für persönliche Probleme betrachtet,** und auch perspektivisch erscheint dies kaum wahrscheinlich. Kirche und ihre Vertreterinnen und Vertreter gelten als zu weit entfernt vom eigenen Alltag. Wie auch für andere Jugendliche typisch, findet man die Anlaufstellen bei Problemen in allererster Linie in der Peergroup und bei den Eltern.

Anders als bei traditionelleren oder bürgerlich orientierteren Jugendlichen spielt die Kirche auch in der **Perspektive auf den weiteren Lebensverlauf** keine Rolle. Die Experimentalistischen Hedonisten beschäftigen sich noch nicht mit der Frage nach Heirat oder Kindern – folglich sind auch die Fragen nach kirchlicher Trauung oder Taufe der Kinder nicht relevant: Kirche könnte dann eine Rolle spielen, aber man weiß es nicht genau, und es ist „auch nicht so wichtig – es kommt, wie es kommt".

Typische Zitate zur Illustration

▶ *„Ich glaube, dass wir nicht die Einzigen sind, die im Universum unterwegs sind."* (m, 15, konfessionslos)

▶ *„Ey, wie viele Stunden wir darüber schon diskutiert haben. Ich glaube auf jeden Fall nicht an Gott als Person."* (w, 16, konfessionslos)

▶ *„Irgendwie bete ich an was anderes, aber ich weiß nicht genau, an was, also irgendwas so da draußen – eher so an die Sterne."* (w, 16, katholisch)

▶ *„Ob das jetzt christlich, muslimisch, was weiß ich was ist, ist eigentlich scheißegal. Ich denk schon, dass schon irgendwas da oben ist, wo ein bisschen seine Finger mit im Spiel hat."* (m, 17, katholisch)

▶ *„So Religion, das ist früher (…), das ist nicht so mein Ding. Ich weiß nicht, das alles zu lernen, das ist nervig. Also, ich mein, gut: Jesus war ja da, jetzt ist er nicht mehr da. Jetzt können wir ja ohne ihn leben, und dann reicht es jetzt auch."* (w, 16, katholisch)

▶ *„Ja, ich war mal in der Kirche, als irgendwer gedingst wurde, keine Ahnung, wie das heißt, da, wo man so viel Geld kriegt."* (m, 15, konfessionslos)

▶ *„Ich kann auch nicht glauben, dass Jesus früher gelebt hat und irgendwelche Wundertaten vollbracht hat, da glaube ich nicht so dran. Das ist so unmenschlich, kein Mensch kann übers Wasser gehen."* (w, 16, katholisch)

▶ *„Ich kann nicht auf heile Welt machen und sagen, ich glaub jetzt an Religion, wenn irgendwelche Männer ihre Frauen abknallen, weil sie jemand anders angeguckt haben oder kein Kopftuch tragen."* (w, 16, konfessionslos)

▶ *„Die älteren Menschen sind halt untereinander so nett und haben auch so
eine Gemeinschaft. Kirche generell ist auch was für die Kinder oder auch
für die Erwachsenen, aber für Jugendliche eher nicht. Unser Pfarrer ist halt
auch nicht der Tollste. Ist halt nicht so interessant gestaltet, die Messe."* (w, 16,
katholisch)

▶ [Kirchenaustritt] *„Ja, schon, aber dann gehört man auch irgendwie nicht
mehr dazu. Weil, da sind ja auch alle drin in meinem Alter, und wenn man
da so austritt, gehört man nicht mehr so dazu. Ich hab auch Freunde, die
evangelisch sind, aber die gehören ja auch zu was."* (w, 16, katholisch)

▶ *„Die Leute, die glauben, sagen, dass es ihnen Kraft und Hilfe gibt, wenn sie
beten und sie sich einfach aussprechen können. Wenn ich mich aussprechen
will, geh ich zu meinen Freunden."* (w, 16, konfessionslos)

4.5.11 Engagement

Experimentalistische Hedonisten sind **vergleichsweise offen für soziales
und politisches Engagement** – solange man sich nicht langfristig binden
muss und mit „uncoolen Leuten" (in Vereinen oder Parteien) zu tun hat und
fremdbestimmt wird.

Reizvoll ist, wenn bei Engagement **Party und Protest** zusammenfallen
wie z.B. auf „bunten Demonstrationen", die von Bands und Raves begleitet
werden. Es gefällt ihnen, in **Opposition** zu gehen, an **Protestaktionen am
Rande der Legalität** (oder darüber hinaus) teilzunehmen (No risk, no fun!).

Die **großen Organisationen gesellschaftlichen und sozialen Engagements sind teilweise bekannt**, spielen aber im Hinblick auf eigenes Engagement so gut wie keine Rolle. Man fürchtet, sich dort in der eigenen Freizeit
in starre Hierarchien einordnen und Autoritäten unterordnen zu müssen, sich
zusätzlich zu Schule Verpflichtungen aufzuerlegen und womöglich mit „Spie-
ßern und Strebern" zusammensitzen zu müssen. Wichtig ist diesen Jugendlichen auch in der Frage des Engagements, dass sie sich mit **Gleichgesinnten**

„connecten" können. Dies finden sie in ihren Szenen eher als im Rahmen institutionalisierter oder formalisierter Angebote. Es gefällt ihnen, sich neue Räume selbst zu erschließen (z. B. einen Do-it-yourself-Skatespot auf einer Brache zu errichten). Experimentalistische Hedonisten sind oft im Rahmen ihrer Szenen bereits (im weiteren Sinne) engagiert – ohne dass sie selbst diese Tätigkeiten als gesellschaftliches Engagement verstehen würden.

Interessante **Themen für Engagement** sind Unterstützung von sozial Benachteiligten, Aktivitäten für Umwelt- und Tierschutz, Protest gegen die Schließung von Jugendhäusern oder typischen Szenelokalitäten, Veranstaltungen gegen Rassismus.

Typische Zitate zur Illustration

▶ *„Ja, Engagement ist vorstellbar. Thema Rassismus halt oder Thema aktive Jugendpflege."* (m, 17)

▶ *„Organisationen und Gruppen? Klar, vielleicht teil ich die Meinung von manchen, aber jetzt so direkt beitreten, nicht. Man muss sich dann regelmäßig beteiligen. Jetzt habe ich ja noch viel Stress wegen der Schule, und ich will meine Freizeit ja noch genießen."* (w, 14)

▶ *„Wir gehen schon öfter auf Demos. Aber das endet eigentlich auch immer nur im Krieg zwischen der Polizei und einem selber. Friedlich demonstrieren kann man irgendwie nicht."* (m, 15)

▶ *„Demonstrieren ist ja schon 'ne gute Sache, weil man halt rausgeht und seine Meinung vertritt und nicht den ganzen Tag zu Hause sitzt und sagt, mir geht's gut, mir egal, was mit dem Rest passiert."* (w, 14)

▶ *„Wenn ich erwachsen bin, das wäre was anderes, da könnte ich mir das mal überlegen. Tierschutz oder so was. Bin ich mir noch nicht sicher, da muss ich mal gucken."* (w, 14)

4 LEBENSWELTEN DER 14- BIS 17-JÄHRIGEN IM DETAIL

4.6 SOZIALÖKOLOGISCHE

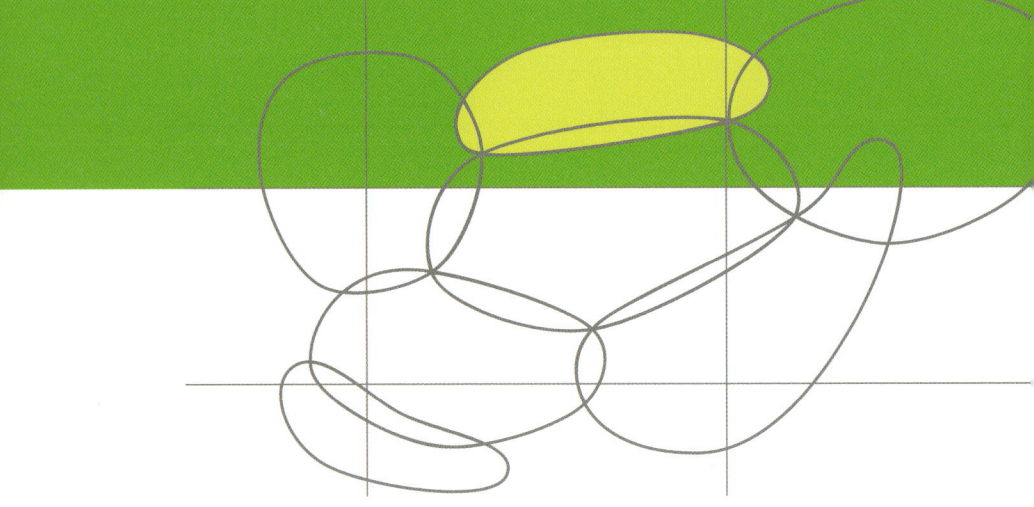

4.6   SOZIALÖKOLOGISCHE

Kurzprofil
Die nachhaltigkeits- und gemeinwohlorientierten Jugendlichen mit sozialkritischer Grundhaltung und Offenheit für alternative Lebensentwürfe

4.6.1 Wohnbilder

Sozialökologische

Die nachhaltigkeits- und gemeinwohlorientierten Jugendlichen mit sozialkritischer Grundhaltung und Offenheit für alternative Lebensentwürfe

Abb. 4.6.1

4.6.2 Lebensweltliche Basisorientierungen

Sozialökologische Jugendliche formulieren bereits recht deutlich den für sie
relevanten Wertekatalog: **Demokratie, Gerechtigkeit, Umweltschutz und
Nachhaltigkeit** sind Maximen, nach denen sie ihr Leben ausrichten wollen.
Sie haben ein vergleichsweise starkes **„Sendungsbewusstsein"** – andere
von ihren normativen Ansichten zu überzeugen, ist ihnen wichtig.

Solidarität ist ein weiterer wichtiger Wert. Man reflektiert die eigene sozial
privilegierte Position und fordert vor diesem Hintergrund **Chancengleich-**

heit für alle. Man sieht sich verpflichtet, Verantwortung für die vermeintlich Schwächeren zu übernehmen und deren Rechte einzufordern. Erfolg definieren viele nicht über persönliche Karriere, sondern darüber, was man Gutes in der Welt tut. Sie sind sehr **altruistisch motiviert und am Gemeinwohl orientiert**. Sozialökologische Jugendliche sind von der **Gleichheit der Menschen** überzeugt und wünschen sich, dass dies nicht nur auf dem Papier, sondern in der Wirklichkeit Bedeutung hat. Sie sind **aufgeschlossen für andere Kulturen** und empfinden Abscheu, wenn Menschen wegen ihres Aussehens nicht akzeptiert werden und „ein Keil zwischen die Menschen getrieben" wird. Ganz eindeutig ist die **Ablehnung von Arroganz und Rassismus** sowie von „aufgesetzten Szeneleuten".

Sozialökologische Jugendliche verfügen über eine ganze **Sammlung sozial- und systemkritischer Positionen**. Man empfindet Sympathie und Solidarität mit einer – etwas romantisch verklärten – „Unterschicht". Man übt teilweise fundamentale Kritik am politischen und sozialen System. Man befürwortet Bürgerprotest, lehnt jedoch „Stress" und Rechtswidrigkeiten ab, denn „Bambule auf Demos machen, macht keinen Sinn". Einige pflegen die traditionelle postmaterielle antiamerikanische Grundhaltung.

Die „Vorbilder" der Sozialökologischen Jugendlichen sind **glückliche Menschen, die ihren Traum leben**. Geld macht nicht glücklich und sollte daher im eigenen Leben nicht im Vordergrund stehen. Viel wichtiger ist es, **lebensfroh** die **eigenen Entscheidungen** zu treffen – auch gegen die Erwartungen der anderen – und das **Leben zu genießen**.

Insbesondere **von materialistischen Werten distanziert** man sich ausdrücklich. Luxus, materieller Überfluss und Vermögen werden verurteilt, weil sie den Charakter der Menschen negativ prägen. **Verzicht** ist für Sozialökologische kein Zwang, sondern **ein Gebot in der Überflussgesellschaft**. Mode, Fashion und Trends sowie teilweise neuen Technologien (genauer der Ausstattung mit technischen Geräten) verweigert man sich eher als andere Jugendliche, einige Sozialökologische betonen demonstrativ, dass der „Markenwahn nervt". **Klamotten sind Sozialökologischen** „eigentlich nicht so wichtig". Luxus-Markenklamotten haben keine Bedeutung.

Extravaganzen belächelt man, gibt es doch „weitaus wichtigere Herausforderungen" als die Inszenierung des Selbst in der globalisierten Welt („Diese Ich-
Bezogenheit ist schrecklich").

Abb. 4.6.2

Werte-Universum der Sozialökologischen

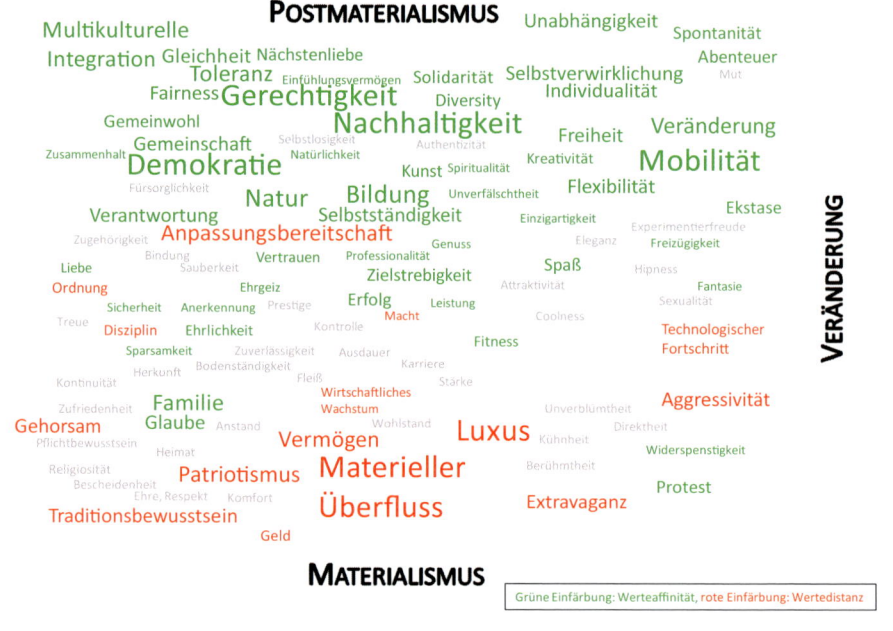

Sozialökologische sind sehr **bildungsaffine Jugendliche**. Ihnen ist es wichtig, ihr Wissen, den eigenen Horizont und die Fertigkeiten zu erweitern.

Schule als Bildungsort, an dem die Voraussetzungen für die zukünftigen beruflichen Perspektiven geschaffen werden, nimmt im Alltag der Sozialöko-
gischen Jugendlichen eine **hohe Priorität und viel Zeit** ein. Weil man jedoch
nicht zu den Strebern gehören will, zeigt man trotz Interesse an einzelnen
Schulfächern, **hoher Lernbereitschaft** und **Wissenshunger** demonstrativ

eine gelassene Distanz zur Schule, insbesondere gegenüber den Mitschülerinnen und Mitschülern.

Sozialökologische Jugendliche wollen gerne **an die Wurzel vordringen,** wenn sie sich mit einem Thema beschäftigen. So setzt man sich kritisch mit Nachrichten, Konsum oder auch Verschwörungstheorien auseinander. Und auch im Hinblick auf die religiöse Orientierung will man nicht einfach vorgegebenen Glaubenssätzen folgen, sondern **den eigenen Glauben ergründen und (er)finden**.

Groß ist der Wunsch nach **Auslandserfahrungen**. Viele sympathisieren mit einer „Travel-Work-Erfahrung" in fernen Ländern. Sich mit unvertrauten Kulturen auseinandersetzen zu können, sieht man als eine wichtige Lebenserfahrung.

Eltern sind enge Vertraute. Man ist ihnen dankbar für eine schöne Kindheit und die Freiheit, die ihnen von ihren Eltern oft gestattet wurde. Im aktuellen Alltag spielt die Zeit mit der Familie im Vergleich zu den anderen Aktivitäten aber eine untergeordnete Rolle. Deutlich mehr Zeit wird mit dem Freundeskreis verbracht, den man als genauso wichtig erachtet wie die Familie. Man ist glücklich, wenn die Freunde auch glücklich sind.

Typische Zitate zur Illustration

▶ *„Dass nicht irgendwie Glück mit Materiellem verbunden wird, finde ich wichtig."* (w, 17)

▶ *„Ohne Geld würde unsere Welt viel schöner aussehen. Geld hat viele Menschen zu etwas Schlechterem gemacht, als sie eigentlich sind."* (m, 17)

▶ *„Ich beschäftige mich mit der Umwelt. Wenn zum Beispiel jeder wegen 2 Metern mit dem Auto fährt, sag ich halt auch: Fahr mal lieber mit dem Fahrrad."* (w, 16)

▶ *„Ich bin immer noch der Meinung, du bist nicht meiner Meinung, aber ich werd dafür sterben, dass du sie sagen darfst."* (m, 17)

▶ *„Alternative Lebensformen sind ziemlich cool."* (m, 17)

▶ *„Ich find's einfach immer blöd, Menschen in gut, mittel und schlecht ein-zusortieren, weil im Prinzip – selbst rechtlich – sind wir ja alle gleich."* (m, 17)

▶ *„Intoleranz zum Beispiel toleriere ich nicht."* (m, 17)

▶ *„Das ist mit Erwachsenen, die alles haben und nichts mehr brauchen – woran sollen die sich noch erfreuen können?!"* (m, 17)

▶ *„Weil ich irgendwie dahin kommen möchte, dass ich jeden ohne Vorurteile akzeptiere und das Gute im Menschen sehe."* (w, 17)

▶ *„Das ist halt manchmal mein Problem, dass ich mich mit vielen Dingen aus-einandersetze und die so kritisch hinterfrage. Aber dann seh ich das wieder positiv und sag mir einfach, dass ich dann auch gesehen habe, dass nicht immer alles gerecht ist und nicht immer alles so wunderbar, und manche Dinge muss man halt so hinnehmen."* (w, 17)

▶ *„Ich kann das ja eh nicht so planen. Ich will schon irgendwann mal Kinder haben und auch mal 'nen Job, und studieren würd' ich auch ganz gern, viel-leicht woanders oder auch ein Auslandssemester machen, aber kann ich halt auch noch nicht so viel zu sagen, weil ich ja noch gar nicht genau weiß, was für'n Studiengang, ob man das so dann machen kann damit. Aber 'ne ande-re Stadt, ich find es wichtig, dass man auch von der Heimat mal wegkommt und was Neues kennenlernt."* (w, 17)

▶ *„Für mich persönlich gibt es nur die eine Szene, und das ist die Szene Mensch."* (m, 17)

▶ *„Ich bin immer bestrebt, jeden Menschen erst mal nicht zu beurteilen, son-dern gleich zu behandeln."* (m, 17)

▶ *„So andere Ansichten, die ich einfach nicht verstehen kann. Wie man zum Beispiel so Frauen so abstempeln kann und sagen kann: Ihr müsst doch eh nur in die Küche zum Arbeiten. So was finde ich nicht gut."* (w, 17)

4.6.3   Das gibt meinem Leben Sinn

Abb. 4.6.3

Sozialökologische
Collage „Das gibt meinem Leben Sinn"

Meinem Leben gibt einen Sinn:

— Die Freiheit zu tun, was ich will.
— Die Chance, anderen zu helfen
— der Gedanke, erwünscht zu sein
— Probleme, die gelöst werden wollen
— Projekte der Selbstverwirklichung
— Teil von etwas zu sein
— den wirklichen Sinn zu suchen!

Junge, 17

Das gibt meinem Leben Sinn

Ziele und Träume
Aufgaben haben
Anerkennung
Sonne
Liebe
meine Mama & meine Brüder
Musik
Taizé
Freunde

Mädchen, 15

Sozialökologische

Collage „Das gibt meinem Leben Sinn"

Abb. 4.6.4

„Ich habe nichts dagegen zu sterben, ich will nur nicht dabei sein wenn's passiert."

An irgendetwas muss man ja sterben. → zum Thema Rauchen..

Mädchen, 17

„Alles ist gut so wie es ist."

„Das Leben ist wie eine Pralinenschachtel, man weiß nie was man bekommt."
Film (Forrest Gump)

„Der Liebe zu begegnen ohne sie zu suchen ist der einzige Weg sie zu finden."

[LIEBE]

Ich möchte lernen, alles was ich erlebt habe, erlebe und erleben werde [positiv] zu sehen, dankbar Situationen anzunehmen, ob sie positiv oder negativ sind, da ich immer daraus lerne und weiterkomme. ♡

Mädchen, 17

4.6.4 Kulturelle Orientierung, Freizeit

Sozialökologische Jugendliche haben **ausgesprochen vielfältige Freizeit-interessen**: Freundinnen und Freunde treffen, Lesen, Kino, Internet, Sport, alternative Kultur, Musik, Reisen, Psychologie, Kochen und Backen. Sie sind auch **sportlich vielfältig aktiv**. Gesundheits- und fitnessorientierte Sportarten wie Joggen und Krafttraining werden genauso praktiziert wie Kampfsport (letzteres mit dem Ziel der Körperbeherrschung, nicht der Gewaltanwendung), Leistungssport im Verein oder Randsportarten (z. B. Bogenschießen).

Konzerte, Musikfestivals (z. B. Festivals wie Fusion, Melt, Haldern, Summer Slam) und mit netten und offenen Menschen **tanzen** gehören zu den coolen Dingen im Leben. Musik und die aktuelle **Lieblingsband** sind wichtig, weil sie **positive Energie** verbreiten und man Druck ablassen kann. Eine hohe Aufmerksamkeit gilt den Texten, die mal lyrisch-lustig, mal sozialkritisch oder auch sinnlos und politisch inkorrekt (Underground-Rap zu Drogen, Sex und Gewalt) sind. Hört man nicht gerade zum zwanzigsten Mal das neue Album der Lieblingsband, können es auch mal eine öffentlich-rechtliche Popwelle, ein privates Jugendradio oder die Rock-CDs der Eltern sein, um etwas anderes oder Neues zu entdecken.

Im Vergleich zu Jugendlichen anderer Lebenswelten gehen Sozialökologische häufiger ins Theater und sind klassischer Musik nicht so abgeneigt wie viele ihrer Altersgenossen. Zusätzlich bildet man sich in seiner freien Zeit auch gerne über interessante Themen oder in Fremdsprachen weiter. Hierzu erfreut man sich auch an Museumsbesuchen, welche in den meisten anderen jugendlichen Lebenswelten auf (bisweilen starke) Ablehnung stoßen.

Filme im Kino und Fernsehen werden aus einem breiten Spektrum **sehr bewusst ausgewählt** und zeichnen sich aus durch **filmische Qualität** oder eine **besondere Thematik**. Der Fernsehkonsum beschränkt sich weitgehend auf interessante **Reportagen und Dokumentationen**. Casting- und Reality-Shows finden kaum Anklang. Sozialökologische sympathisieren mit den Filmen und Genres abseits des großen, kommerziellen Kinos – umso mehr, wenn Filme in besonderem Maße **sozialpolitisch engagiert** und/oder künstlerisch ambitioniert sind. Beliebt sind „anspruchsvolle Filme", „Filme mit **schönen Bildern**", „Filme mit einer **eigenwilligen Ästhetik und Tiefgang**". Auch für **Klassiker der Filmgeschichte** haben Sozialökologische ein Faible (z. B. Filme der SZ Cinemathek).

An Kunst sind Sozialökologische sehr interessiert, insbesondere **„alternative Kunst"** (Street-Art oder Graffiti). Kunst ist dann besonders spannend, wenn sie eine **sozialkritische Message** hat.

Sozialökologische sind von allen Jugendlichen die größten **Leseratten**. Bücher werden verschlungen, nicht nur gelesen. Das Themenspektrum ist dabei äußerst breit: populäre Bestseller, Trivial- und Horrorliteratur. Auch Sachbücher stehen hoch in der Gunst, um sich in Themenfeldern wie Politik, Geografie oder Geschichte **Expertenwissen** anzueignen. Und wenn man „von der Muse geküsst" wird, fängt man an, **eigene Gedichte und Geschichten** oder gar ein Buch zu schreiben, in denen Tagträume, eigene und fremde Biografien oder ein Thriller-Stoff verarbeitet werden.

Sozialökologische träumen von einem Leben als **Globetrotter**. Sie haben großes Interesse an fremden Ländern („Land und Leute") und Sprachen. Viele beklagen, dass sie von der Welt noch viel zu wenig gesehen haben – das Fernweh ist groß. Man möchte zukünftig entsprechend **so viel wie möglich reisen**. Dabei möchte man die Ziele spontan auswählen, z. B. auf einer Tour mit dem Interrail-Ticket. Ebenso kann man sich für **Natur und Wandern** und den Abend am **Lagerfeuer** begeistern. Die Natur ist ein **Ort der Ganzheitlichkeit und Kraftquelle**. Einen bis ins kleinste Detail geplanten Urlaub in „Hotelbunkern" findet man schrecklich. Spannend sind die typischen Destinationen des Rucksack-Tourismus (Indien, Thailand, Interrail durch Europa) sowie Städtetrips.

Sozialökologische Jugendliche sind **zufrieden mit** ihrer verbleibenden **Freizeit**. Sie brauchen **keine zusätzlichen Angebote**, weil sie sich ihre Aktivitäten selbst organisieren und selten Langeweile kennen. Es wird zwar „manchmal eng", aber sie wollen ihre Zeit auf keinen Fall „vergeuden und verplempern".

Sozialökologische

Wofür interessierst du dich?

> • Anti-Atomkraft-Bewegung
> • Fotografie
> • Politik / Aktuelle Ereignisse auf der Welt
> • Volleyball
> • Mode

Mädchen, 17

> Kunst, Musik, Menschen,
> Weltgeschehen → Wirtschaft /
> Politik, Umwelt usw.
> Geschichte, Kleidung, Theater.

Mädchen, 17

> - Physik, Biologie, Sprachen, Musik (kleine Musiktheorie),
> Theater, Sport, Medizin, Technik, Politik, Umweltschutz,
> Innovationen, alternative Gesellschaftsmodelle,
> Strukturen (Städtebau etc.), fremde Kulturen, Schiffe,
> Psychologie, Erziehung, Werk in Gesellschaft, Umwelt,
> Gruppenverhalten, Ökosysteme, Zukunft der Menschheit

Junge, 17

Wofür interessierst du dich überhaupt nicht?

> → Sport im Fernsehen, generell
> das meiste Krams, das
> einem im Fernsehen
> präsentiert wird

Mädchen, 17

> • Fußball
> • Autos
> • Stars

Mädchen, 17

Abb. 4.6.5

Typische Zitate zur Illustration

▶ „Ich würde sagen, mein Geschmack ist sehr vielfältig." (m, 17)

▶ „Wenn ich ein Buch angefangen habe und es gefällt mir, dann les ich jede freie Minute darin weiter, bis es fertig ist." (w, 16)

▶ „Ich schreib auch viel selber Sachen auf. Sehr viel. Ich hab mal eine Zeit lang Geschichten geschrieben, Tagträume von mir, und ich hab auch Gedichte geschrieben. Da hab ich jetzt 26 Gedichte. Wenn mich die Muse küsst." (w, 16)

▶ „Weil ich auch selber schreib, deswegen lese ich extrem viel und gerne. Daraus lernt man auch viel." (m, 17)

▶ *„Underground-Rap ist einfach keine Musik für Erwachsene. Ich hör das, und ich versteh einfach, warum mein Vater mich dafür auslacht. Aber ich hör es trotzdem gerne. Ich bewundere diese Leute, weil sie aus einer extrem krassen Unterschicht kommen und sich aber trotzdem etwas aufgebaut haben."* (m, 17)

▶ *„Was ich total liebe, ist Street-Art. Wenn man es schafft, Graffiti so umzusetzen, z. B. für politische Sachen, finde ich es total geil. Aber wenn es wirklich nur darum geht, sein Revier zu markieren, dann geht der Sinn verloren."* (m, 17)

▶ *„Verschiedene Stile und Epochen find ich interessant. Ich geh auch gerne auf Kunstausstellungen."* (w, 17)

▶ *„Ich geh gerne ins Theater. Freunde von mir machen auch selbst Theater, das find ich dann auch immer wieder schön, sie so zu sehen. Ich hab mir das nie selbst zugetraut, würde das aber auch gerne selbst mal machen."* (w, 17)

4.6.5 Vergemeinschaftung

Sozialökologische haben einen vergleichsweise hohen normativen Anspruch an den eigenen Freundeskreis. Mit Jugendlichen, „die völlig anders drauf sind" als sie selbst, d.h. kein Interesse oder Verständnis für sozialökologische und kulturelle Themen mitbringen, hat man kaum etwas zu tun. Man sucht Freunde mit **„Niveau und Tiefe"**.

Im eigenen Freundeskreis ist es wichtig, dass man „geradeaus sein kann", „heftig diskutiert" – jedoch stets respektvoll miteinander umgeht. Sozialökologische suchen die **intellektuelle und persönliche Herausforderung**, möchten sich mit Leuten umgeben, die eine starke und kritische Position einnehmen. Freundschaft bedeutet für sie, in einen kontinuierlichen **bereichernden Austausch** zu treten.

Sozialökologische bewegen sich in Jugendszenen, in denen die gemeinsamen Interessen eher auf Umwelt und Natur basieren und/oder als konsumkritisch gelten können. Von Jugendlichen, die sich in vermeintlich trendorientierten oder stark hedonistisch ausgerichteten Szenen bewegen, distanziert man sich eher.

Man grenzt sich von den „sorglosen Verschwendern", den „Umweltsündern" und denjenigen, „denen es im Leben nur um Party geht", deutlich ab.

Man möchte sich gerne mit **unterschiedlichen Menschen** verschiedenen Alters und verschiedener sozialer und nationaler Herkunft umgeben. Idealisiert wird die Freundschaft mit Menschen aus sozial schwächeren Verhältnissen. Man geht davon aus, dass der Zusammenhalt und die gegenseitige (auch finanzielle) Unterstützung bei ärmeren Menschen stärker und die Dekadenz geringer ist.

Gute Gemeinschaftserfahrungen machen Sozialökologische außer im Freundeskreis auch in **Vereinen**, die ihnen wie eine riesige Familie erscheinen, bei großen nichtkommerziellen **Festivals, Ferienlagern** oder an **jugendreligiösen Orten** wie z. B. Taizé.

Typische Zitate zur Illustration

▶ *„Sachen, die ich nicht mag: Bei Szene denke ich an die Art von Jugendlichen, die jedes Wochenende in zwei Clubs müssen und unbedingt alle fünf Minuten bei Twitter schreiben, was sie gerade machen, zum Großteil sehen die sich verblüffend ähnlich."* (m, 17)

▶ *„Zusammenhalt finde ich bei Menschen ganz wichtig, und das haben die, glaube ich, ausgeprägter als die, die von Anfang an viel Geld haben."* (m, 17)

▶ *„Na, dass es nicht oberflächlich ist. Also dass man nicht sagt, ja, das ist jetzt ein Freund von mir. So Vertrauen und so was, und dass man sich nicht nur über irgendwelche oberflächlichen Dinge unterhält."* (w, 17)

▶ *„Ja, eigentlich vor allem, dass man mit ihnen halt reden kann über Sachen, die man erlebt, die einen beschäftigen und so. Ich finde das eigentlich schon wichtig, dass man nicht nur Freunde hat, mit denen man saufen geht, sondern welche, die halt auch ehrlich denken, die einer und einem auch richtig zuhören können."* (w, 17)

▶ *„Nicht so mag ich Leute, die so komplett selbstsicher sind. Dass sie nicht mal
an sich zweifeln lassen oder selber an sich zweifeln, oder sturköpfig, egoistisch."* (m, 17)

▶ *„Das sind eher so die Partymacher, da gehören dann andere Mädels dazu,
da bin ich nicht so dabei."* (w, 16)

4.6.6 Medien

Medien im Alltag

Auch bei den Sozialökologischen Jugendlichen gehören **Notebook, Handy
und MP3-Player** zur Grundausstattung. Nur die wenigsten entscheiden sich
für einen **bewussten Technikverzicht** (Fernseher, Handy). In Bezug auf das
Handy thematisieren Sozialökologische den Druck zur ständigen Erreichbarkeit – davon möchte man sich distanzieren bzw. emanzipieren. Man schätzt
bewusst gewählte Momente der Ruhe. Das Gefühl zu haben, sich nicht von
der Technik beherrschen zu lassen, ist Sozialökologischen äußerst wichtig.

Das Notebook ist ein wichtiges Werkzeug zum Ausleben der **eigenen Kreativität**. Man geht hinaus in den Park oder die Natur und schreibt darauf
eigene Texte und Gedichte oder experimentiert mit Grafik- oder Musikpro-
grammen.

Das Internet nutzt man intensiver als andere Jugendliche **als Informa-
tions- und Bildungsmedium** und nicht als reines Unterhaltungsmedium.
Sozialökologische schätzen am Internet die sofortige Verfügbarkeit aktueller
Nachrichten, alternativer Perspektiven, die in Foren oder auf Blogs publiziert
werden, und Recherchemöglichkeiten, die einen Blick hinter die „oberflächliche" massenmediale Berichterstattung erlauben.

Das **Internet** ist eine **„Quelle der Information"** für die Schule, für Nachrichten oder eigene Interessen sowie ein **Ort, um Spaß zu haben**. Hier findet
man Videos, Musik der Lieblingsband, das Kinoprogramm oder surft auf der

Homepage des eigenen Vereins und holt sich so **neue Anregungen**. Man bewegt sich **mit großer Sicherheit durch das Netz** und stößt so immer wieder auf neue interessante Seiten. Eine gute Quelle muss **übersichtlich, glaubwürdig und seriös** sein und ein **Impressum** enthalten. Eine offene Seite wie Wikipedia wird eher mit Vorsicht betrachtet.

Computerspiele sind weitgehend uninteressant, werden als „Zeitverschwendung" und Entfremdungsmotor von der „wirklichen" Welt eingeordnet.

Interaktion und Kommunikation in digitalen Räumen

Sozialökologische nutzen zwar **soziale Netzwerke, betonen aber, dass sie keine „Facebook-Junkies" sind und „nichts anderes mehr können und machen, als bei Facebook zu sein"**.

Die Netzwerke und **Instant Messaging** haben in erste Linie die Funktion, Kontakt zu Freundinnen und Freunden oder (ehemaligen) Schul- oder Vereinskolleginnen und -kollegen zu halten.

Es werden vergleichsweise selten Bilder, Zeitungsartikel oder Links gepostet. Offensive **Selbstdarstellung** ist nicht Sache der Sozialökologischen. Im Gegensatz zu anderen Jugendlichen, denen die **E-Mail** schon zu langsam ist, ist sie für Sozialökologische noch ein gängiges Mittel, um mit anderen Menschen in Kontakt zu bleiben und längere Texte zu schreiben.

Datenschutz, Persönlichkeitsrechte und Urheberrecht

Datenschutz ist wichtig, man achtet auf die Privatsphäre, wählt bewusst einen **falschen Namen** und stellt nur **selten Fotos ins Netz**. Vernetzung findet im Wesentlichen mit den Menschen statt, die man auch wirklich kennt. Man versucht die **Anonymität im Netz** zu erhalten, auch im Hinblick auf die **Spionage von Arbeitgebern** – ein Motiv, das nahezu alle Jugendlichen umtreibt.

Sozialökologische Jugendliche finden es „gruselig", was über die persönliche Internetnutzung herausgefunden werden kann und wie viele Daten

gesammelt werden. Sie sehen aber auch die **Möglichkeit, selbst zu steuern**, wo man sich anmeldet und was man preisgibt. Sie verfolgen das **Thema
Datenschutz kritisch**, denn „wir können uns nicht vorstellen, was in Zukunft
alles mit den Daten und der Technik passiert". Slogans wie **„Stasi 2.0"** sind
hier am ehesten anschlussfähig. Dass andere Jugendliche (und auch Erwachsene) das Thema auf die leichte Schulter nehmen, empört viele.

Bei Musik-Downloads achtet man meist darauf, dass alles legal zugeht. Man
möchte die Strafe für illegale Downloads vermeiden und hat ein **Unrechtsbewusstsein** beim **illegalen Kopieren**. Sozialökologische Jugendliche verfolgen hier eine klare Gerechtigkeitsperspektive: Wer ein Werk geschaffen hat,
besitzt ein Recht an ihm – was genau das heißt, ist nicht allen klar, aber dass es
darum geht, dass Künstlerinnen und Künstler von ihrer Arbeit leben wollen,
ist selbstverständlich. Dementsprechend werden auch Ausnahmen gemacht:
Haben Freunde tolle Sachen runtergeladen, lässt man sich diese auch schon
mal weitergeben. Unterschieden wird hier, wie für moderne und postmoderne Jugendliche höheren Bildungsniveaus typisch, zwischen der eigenen
kleinen Lieblingsband, die **keinen „Kommerz"** betreibt, und den Megastars,
deren Musik jedoch oft auch gar nicht den eigenen Geschmack trifft.

Audiovisuelle Inhalte zu streamen, also Filme oder Serien, ist hingegen o. k.,
weil man hier niemandem etwas wegnimmt und mit **den Blockbustern,
„die Zigmillionen** einspielen", genug Geld verdient wird.

Orientierung in Medienwelten

Die Sozialökologischen Jugendlichen thematisieren häufig die Wirkungs-
macht der Massenmedien („Manipulation"). Typisch ist für sie der Verweis
auf die Gefahr der drohenden Verdummung derer, deren Ressourcen nicht
ausreichen, eine kritische Position gegenüber den Massenmedien zu beziehen.

Castingshows betrachtet man sehr kritisch, auch wenn man da „schon mal
reingeschaut hat". Sozialökologische kritisieren an diesen Formaten den Leis-

tungsgedanken und die Reduzierung aufs „Äußerliche". Wichtig findet man, zu durchschauen, dass das „nicht das wirkliche Leben ist", in dem viel mehr zählt und gefordert ist als im Fernsehen.

Informationen, die von den öffentlich-rechtlichen Fernsehanstalten oder etablierten Medien bezogen werden, stuft man als glaubwürdig ein. Insgesamt hat man eine vergleichsweise geringe Affinität zu den TV-Privatsendern. Ganz fürchterlich findet man „Trash-TV à la RTL2, Shoppingkanäle und Konsorten".

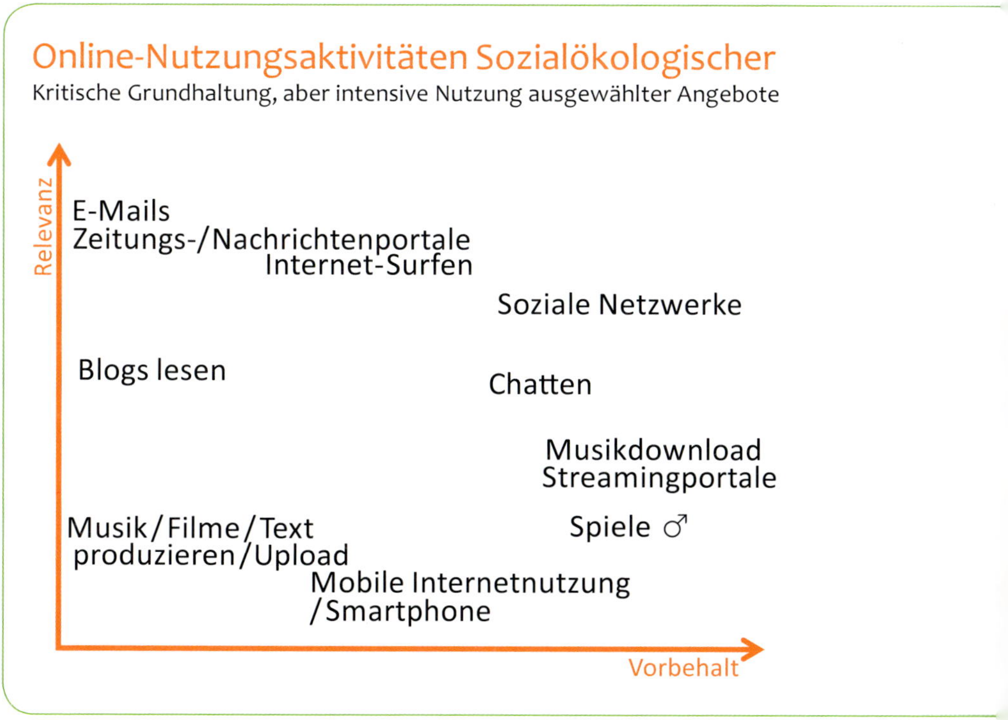

Online-Nutzungsaktivitäten Sozialökologischer
Kritische Grundhaltung, aber intensive Nutzung ausgewählter Angebote

Abb. 4.6.6

Typische Zitate zur Illustration

▶ „Ich lehne Fernsehen ab, weil ich finde, dass im Fernsehen zu viel Meinungsmache betrieben wird und zu viele Sachen laufen, die einfach uninteressant
  sind." (m, 17)

▶ „Also, einmal jeden Morgen, wenn ich aufstehe, mache ich das Internet an
  und gehe Nachrichten gucken." (m, 17)

▶ „Ich blätter immer die Zeitung durch morgens, und wenn mir was ins Auge
  sticht, dann les ich das." (w, 16)

▶ „Ich schalt's [Handy] halt erst nachmittags an, wenn ich aus der Schule
  komme, und nachts ist es auch aus, weil ich halt keine Lust hab, dass mich
  da jemand stört." (w, 17)

▶ „Ich habe ganz bewusst kein Handy, wenn mich jemand finden will, dann
  findet er mich auch." (m, 17)

▶ [Posten bei Facebook] „Eher nicht so, das mache ich weniger, weil das dann
  immer jeder lesen kann. Da muss man immer aufpassen, was man sagt."
  (w, 16)

▶ „Facebook benutze ich auch. Das ist praktisch, aber ich bin auch nicht mit
  meinem echten Namen angemeldet und mit meinen echten Angaben, weil
  ich finde, die übertreiben mir ein bisschen zu sehr mit ihrem Daten-Stalken."
  (m, 17)

▶ „Ich will auch nicht, dass Bilder von mir auf Festen hochgeladen werden oder
  so. Oder irgendwelche anderen Bilder, da schaue ich auch immer drauf, dass
  ich da nicht verlinkt bin." (w, 16)

▶ „Grade so Facebook ist so ein Thema, find ich irgendwie. Ich find das einfach
  so krass, dass die Leute das hinnehmen, dass die einfach mal die Daten verkaufen und sich alles rausnehmen können." (w, 17)

▶ „Ich find Urheberrechte einfach sinnvoll, also wer's gemacht hat, der soll's
  auch behalten und auch das Recht dazu haben." (m, 17)

▶ *„Also, ich finde schon so, ARD und ZDF, so die Nachrichten, denen glaube ich eigentlich schon."* (w, 17)

▶ *„Meine Mama sagt zum Beispiel, dass ich Germany's Next Topmodel nicht anschauen darf, weil's da nur ums Äußere geht, weil da die Menschen nur darauf reduziert werden, wie sie halt aussehen. Und ich finde, man sollte halt eigentlich schon auch wissen, dass es nicht so das Wichtigste ist. (...) Und dass dann das ganze Leben zerstört scheint, wenn man dann da rausfliegt, das sollte man schon auch realistisch sehen, dass das 'ne Show halt ist und nicht das Leben."* (w, 17)

▶ *„Viele Sachen, die im Fernsehen gezeigt werden, viele Shows, das find ich schon fast 'ne Verblödung der Menschheit."* (w, 17)

4.6.7 Schule und Lernen

Schule als Lern- und Lebensort

Sozialökologische sehen Schule als Bildungsort, an dem man die **Voraussetzungen für die zukünftigen beruflichen Perspektiven** schafft. Ihr wird im Alltag entsprechend eine hohe Bedeutung zugeschrieben. **Gute Noten** („Ich krieg in allen Hauptfächern eine Eins"), ein gutes **Verhältnis zu den Klassenkameraden** („In meiner Klasse fühle ich mich wohl, die sind super") und **interessante Schulfächer** („Wenn es gute Fächer sind, ist Schule total super!") machen die Schule zu einem **angenehmen und inspirierenden Ort**. Sozialökologische vermuten, dass sie mit dieser Sichtweise unter den Jugendlichen eher zu einer Minderheit gehören.

Hausaufgaben und die Vorbereitung auf Prüfungen werden **gewissenhaft und effektiv** erledigt. Leerlaufzeiten in der Schule werden nicht vertrödelt, sondern zum Lernen oder zumindest zum Austausch über aktuell interessante Themen mit Mitschülerinnen und Mitschülern genutzt. Obwohl man eher gute Noten schreibt, lehnt man das **System der Notengebung** zwar nicht kategorisch ab, steht ihm jedoch **kritisch** gegenüber, v.a. wenn Noten von Lehrern als Druckmittel eingesetzt werden.

Sozialökologische wünschen sich mehr **Wahlmöglichkeiten** in der Schule. Wenn der Lehrplan zu starr ist, verliert man selbst an den Lieblingsfächern das Interesse. **Individuelle Lehrpläne** und eine frühere Einführung von **Leistungsfächern** fänden sie im Hinblick auf die eigenen Abschlussnoten und als Vorbereitung für das Studium deutlich besser. Man wünscht sich, dass mehr auf die **individuellen Fähigkeiten** eingegangen wird, und kritisiert das **veraltete Schulsystem** im Hinblick auf Struktur, Stoff und seine dreigliedrige Aufteilung.

Von **Lehrerinnen und Lehrern** erwartet man **Kompetenz und Engagement.** Wer nicht „wirklich hinter der Sache steht", unverständlich erklärt, unvorbereitet zum Unterricht kommt oder ungerecht urteilt, sollte sich doch lieber einen anderen Beruf suchen. Man sieht aber auch, dass die Lehrerinnen und Lehrer zu stark durch Lehrpläne gebunden sind.

Im Kontext von Schule geht es den Sozialökologischen Jugendlichen immer auch um die, „die nicht so gut mitkommen", „die es weniger leicht haben" – sei dies im eigenen Klassenverband oder mit Blick auf das dreigliedrige Schulsystem. Man reflektiert, dass man bessere Ausgangsbedingungen hat als viele andere Jugendliche. Speziell das dreigliedrige Schulsystem begreifen sie als stigmatisierenden „Apparat", der soziale Ungleichheit manifestiert. Das Thema **Schulreform** spielt deshalb für sie – im Vergleich der Lebenswelten ausschließlich für sie – eine wichtige Rolle. Man begrüßt Förderangebote für Lernschwächere in der Schule, sieht diese für sich selbst jedoch nicht als relevant.

Auch für jene, die „mit dem **Druck** nicht mehr klarkommen", hat man immer einen guten Rat. Vor allem die Älteren spüren, dass der Arbeitsaufwand mit dem „Turboabitur" zugenommen hat, fühlen sich jedoch den Anforderungen größtenteils gewachsen.

Wichtige **Angebote innerhalb der Schule** sind jene, die Gemeinschaftserfahrungen für die gesamte Klasse bzw. Lerngruppe ermöglichen. Sich besser kennenlernen, zusammen Spaß haben und etwas erleben, ist den Sozialökologischen ein wichtiges Anliegen.

Ganztagsschule

Ganztagsschule wird grundsätzlich als **sinnvoll** betrachtet. Allerdings wünscht man sich **keine Freizeitangebote** an der Schule, denn die Freizeit möchte man selbstbestimmt und ohne Erwachsene verbringen. Nur wenn man durch die Ganztagsschule mehr lernen kann als in der Halbtagsschule, „ist die Zeit gut angelegt".

Zusätzliche Angebote werden vor allem dann genutzt, wenn sie entweder auch benotet werden oder in irgendeiner anderen Form im Zeugnis erscheinen. Trotz des großen Bedürfnisses nach Erweiterung des eigenen Horizonts zeigt man sich doch auch nutzenorientiert, wenn es darum geht, Zeitbudgets für Schule zu verteilen.

Abb. 4.6.7

Sozialökologische
So wünsche ich mir meine Schule

Ich wünsche mir, dass alle meine Lehrer so gut sind, wie die, die ich im Moment am besten finde. Das bedeutet: Fachkompetenz, Fairness, gleiche Behandlung aller Schüler, vorbereiteter Unterricht, auch mal lachen können, Höflichkeit und sinnvolle Notengebung.

Mädchen, 16

- motivierte Lehrer
- keine unangreifbaren Lehrer!
- flexible Themenwahl bei einigen Fächern (z.B. Sport, Kunst, Musik)
- Lehrer stellen AGs (Sport, Musik, an der Künste)
- Exkurse zu aktuellen Themen
- Vermittlung an Projekte nach der Schule

Junge, 17

Sozialökologische
So wünsche ich mir meine Schule

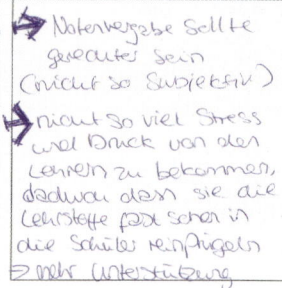
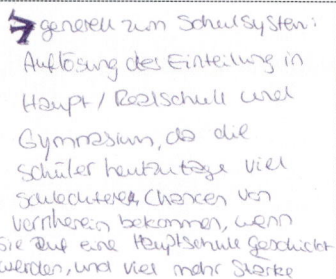

→ Notenvergabe sollte gerechter sein (nicht so subjektiv)

→ nicht so viel Stress und Druck von dem Lernen zu bekommen, dadurch dass sie die Lehrstoffe fast schon in die Schüler reinprügeln → mehr Unterstützung

→ generell zum Schulsystem: Auflösung der Einteilung in Haupt-/Realschule und Gymnasium, da die Schüler heutzutage viel schlechtere Chancen von vornherein bekommen, wenn sie auf eine Hauptschule geschickt werden, und viel mehr Stärke

und Motivation brauchen, um zum Beispiel das Abitur zu machen, da der Weg dorthin von der Hauptschule aus viel schwerer ist.

Mädchen, 17

Abb. 4.6.8

Lernen

Sozialökologische Jugendliche sind lernbegierig. Entsprechend passen sie im Unterricht auf, erledigen regelmäßig die Hausaufgaben, bereiten sich gezielt auf Referate und Prüfungen vor. Darüber hinaus entwickeln Sozialökologische Jugendliche **eigene effektive Lernstrategien**, indem sie beispielsweise das Wissen von (älteren) Menschen aus ihrem Umfeld nutzen oder ihr Interesse an schwierigen Wissensgebieten zunächst über das Internet befriedigen, bevor sie an „Theorie in Wälzern" scheitern. Wenn man Fragen hat, unterstützt man sich gerne gegenseitig oder forscht gemeinsam an einem Thema.

Lernen findet vor allem im schulischen Kontext statt und bedeutet an erster Stelle **Wissenserwerb**. Lernen lohnt sich aber auch **um des Lernprozesses willen** gemäß der alten Weisheit „Der Weg ist das Ziel" oder wenn ein **Thema von besonderem („privatem") Interesse** ist. Sozialökologische Jugendliche würden sich wünschen, dass ihr **privates Lernengagement** in der Schule Anerkennung erfährt, auch in Form besserer Noten.

Sozialökologische haben typischerweise ihre Lieblingsfächer, und in diesen wünschen sie sich oft eine **individuellere Förderung** als an vielen Schulen gängig bzw. möglich. Hier wird der Anspruch erhoben, tieferes Wissen erlangen zu können, Hintergründe kennenzulernen und differenzierte Sichtweisen zu erproben. Auch Hinweise von Lehrkräften, die erlauben, dies in Eigenregie zu unternehmen, begrüßen die Sozialökologischen.

Eine weitere wichtige Lerngelegenheit bieten **Gespräche und Diskussionen** mit Gleichaltrigen, aber auch mit Erwachsenen. Man schätzt die Möglichkeit, sein rhetorisches Talent zu erproben und zu schärfen. Lektüre von Zeitungen und Fachpublikationen gehört zwar ebenfalls zum Lernen, vor allem, wenn es um persönlich wichtige Themen geht. Im Vergleich wird aber der Austausch mit anderen als ein leichteres Lernen wahrgenommen, der auch zusätzlich noch Gemeinschaft (statt Lesen im stillen Kämmerlein) verspricht.

Gut bewertet werden (Unterrichts-)Angebote vor allem dann, wenn die Lehrkräfte als kompetent betrachtet werden und man ihnen abnimmt, dass sie für ein Thema und dessen spannende Vermittlung brennen.

Sozialökologische gehen davon aus, dass das Erlernte später auch von Nutzen sein wird. Anders als pragmatischer orientierte Jugendliche, denen es hauptsächlich um die Abschlüsse bzw. Noten geht, die wiederum die nächsten Türen öffnen, sind die Sozialökologischen an den **Inhalten** selbst und ihrer **persönlichen Weiterentwicklung** interessiert.

Typische Zitate zur Illustration

▶ „Ich bin eigentlich niemand so, der über die Schule so arg jammert, weil ich habe eigentlich keine Probleme, ich bin auch gut." (w, 16)

▶ „Am liebsten lerne ich eigentlich Sachen von Leuten, die sich damit extrem lange beschäftigt haben." (m, 17)

▶ „Einfach, dass man Grundlagen bekommt, um die Welt besser zu verstehen und sich sein eigenes Bild zu machen, seine eigene Meinung zu bilden." (w, 17)

▶ „Es ist echt schade, wenn man sich eigentlich für Biologie interessiert und dann im Endeffekt im Biologieunterricht trotzdem nur auf 'ne 3 kommt, weil man sich für den Stoff, der behandelt wurde, nicht interessiert hat, aber den ganzen Biologieunterricht für sich selbst was gelernt hat." (m, 17)

▶ „Dass jeder sich gut versteht und keiner ausgeschlossen wird und alle Spaß haben können, ohne dass da so einzelne Gruppen entstehen und Gezicke. (…) Also, bei uns, meine Klasse passt total. Da verstehen sich alle, da gibt es auch keine so, die ausgegrenzt werden." (w, 16)

▶ „Ja, Leute, die, die irgendwie kurz vorm Abitur stehen, sollen halt irgendwie ein bisschen Mitspracherecht haben." (m, 17)

▶ „Wenn man 3 Klausuren in einer Woche hat, aber jeden Tag auch bis 4 Uhr Schule hat, ja, dann ist das ein bisschen schade." [Ist das 'ne Ganztagsschule?] „Hm, also ich glaub nicht." (w, 16)

▶ „Ich finde es halt so schade, dass sozusagen durch die vorgegebenen Sachen der Schule die Lehrer in ihrem Unterricht, wie soll ich sagen, so begrenzt sind." (m, 17)

▶ „Und dass sie halt nicht unangreifbar sind, weil es gibt immer Lehrer, die darauf pochen, dass sie ein Universitätsstudium abgeschlossen haben, und auch wenn ihre Ausbildung halt irgendwie 20/30 Jahre alt ist und [die] ihre Konventionen haben." (m, 17)

▶ *„Eins der Probleme an Noten ist, dass Leute in der Schule damit bedroht werden. Der Lehrer benutzt Noten zu oft als Druckmittel."* (m, 17)

▶ *„Man braucht Lehrer, die wirklich hinter der Sache stehen, dann macht es noch mehr Spaß."* (w, 16)

4.6.8 Berufliche Orientierung, Zukunft

Die Sozialökologischen Jugendlichen gehen davon aus, dass ihnen vielfältige **berufliche Optionen offenstehen**. Sie können und wollen sich noch nicht auf eine berufliche Perspektive festlegen. In jedem Fall soll es ein anspruchsvoller, **sinnstiftender und spaßbringender Beruf** sein, wo man gerne hingeht und **Eigeninitiative** zeigen kann. Beruf bedeutet für sie idealerweise Berufung und Selbstverwirklichung.

Sozialökologische Jugendliche betrachten es als **Horrorvorstellung, ein Leben lang das Gleiche machen zu müssen**. Mehrgleisige Berufswege und Patchwork-Karrieren finden sie spannend, da man so vor immer wieder neue Herausforderungen gestellt wird, neue Menschen kennenlernt und eigene Fähigkeiten weiterentwickeln kann.

Die Affinität zu sozialen Berufen ist hoch, es ist wichtig, mit Menschen zu tun zu haben und helfen zu können. Die **Bezahlung ist eher zweitrangig**. Karrierismus liegt Sozialökologischen eher fern. Man möchte kein typischer „Boss", „Chef im Ledersessel" sein.

Man **setzt sich bereits früh und selbstständig mit der beruflichen Zukunft auseinander**, was jedoch nicht bedeutet, den „erstbesten Job" auch anzunehmen. Man ist bereit, durch **Praktika in mehreren Berufsfeldern** Orientierung zu erlangen, was man machen bzw. werden möchte. Ansonsten vertraut man ganz dem eigenen Gefühl und dem eigenen Urteilsvermögen für die berufliche Zukunft, gegebenenfalls würde man aber die **„Connections"** der Eltern oder anderer Personen nutzen, um an den gewünschten Ausbildungsplatz ranzukommen.

Eigentlich ist man sich sicher, einen **guten Schulabschluss** hinzulegen, und blickt daher **optimistisch** in die Zukunft. Wenn man erst weiß, wo es hingehen soll, wird man sich **voll reinhängen**, und dann klappt es auch. Nach der Schule kommt sowieso womöglich **zuerst eine Zeit im Ausland** als Au-pair, Entwicklungshelfer oder an einem Ort wie Taizé, so dass noch ausreichend Zeit zur Orientierung bleibt.

Sorgen bereitet momentan lediglich die Frage, ob man sich richtig entscheiden wird oder möglicherweise nie oder zu spät die wahre Berufung entdeckt. Die Chancen, auf dem Arbeitsmarkt Fuß zu fassen, werden kaum thematisiert. Dies kann als Hinweis darauf gelesen werden, dass Misserfolg in diesem Kontext keine Option darstellt – sich beruflich nicht etablieren zu können, rangiert außerhalb des Vorstellungsvermögens.

Abb. 4.6.9

Sozialökologische
Wie möchtest du später leben?

Mädchen, 17

→ Ich möchte eine Berufung finden, in der ich aufgehe und das Gefühl habe etwas Sinnvolles zu tun. Doch wäre es auch toll, trotzdem noch genug Freizeit zu haben.

in einem Haus, irgendwo außerhalb einer Großstadt

Ich würde gerne in die Politik gehen oder in einer Organisation, die sich für Menschenrechte einsetzt, arbeiten.

Mädchen, 17

In der Zukunft will man neben dem Traumberuf **viele fremde Länder sehen, gesund bleiben** und eine eigene Familie und Kinder haben. **Familie und Kinder** werden jedoch eher **auf eine spätere Zukunft** vertagt, weil man vorher noch vieles anderes tun möchte.

Man möchte zwar ein Leben in geordneten und sicheren Verhältnissen, jedoch abseits des Spießbürgerlichen und Kleinkarierten.

Typische Zitate zur Illustration

▶ *„Auslandsreisen und solche Sachen. (…) Ich will auch, wenn ich ausziehe, erst mal einen Wohnwagen besorgen. Alternative Lebensarten finde ich auch ziemlich cool."* (m, 17)

▶ *„Abstand nehmen, sich ein Jahr Zeit nehmen für die Studienwahl, die ja wichtig ist."* (m, 17)

▶ *„Was mich irgendwie mal bedrückt hat, war einfach dieses: ‚Oh Gott, ich mach bald Abi und hab irgendwie noch gar keinen Plan!' Aber ich hab dann halt ziemlich schnell gemerkt, dass das völliger Quatsch ist und ich noch genug Zeit habe und mir auch Zeit lassen will, mich zu entscheiden, weil es auch nichts bringt, sich da unter Druck zu setzen, weil das wird schon kommen, und man wird schon sehen, was man will, und seine Interessen finden."* (w, 17)

▶ *„Es gibt so viel, ich kann mich nicht so wirklich entscheiden, was das Richtige für mich ist, deshalb weiß ich auch nicht so genau, wie das später aussieht, aber ich denke, dass ich meine Arbeit finden werde."* (w, 16)

▶ *„Wenn ich mich mal entschieden hab, wenn ich mir sicher bin, was will ich, ich denk, die Noten werden passen. Und wenn ich das will, dann häng ich mich da auch rein. Da seh ich eigentlich keine Probleme."* (w, 16)

▶ *„Ich möchte einen Beruf haben, wo ich Menschen helfen kann. Weil ich möchte abends zufrieden nach Hause kommen können."* (m, 17)

▶ *„Ja, im Moment möchte ich mich noch informieren zu Umweltwissen-
schaften als Studiengang, weil der auch, glaub ich, noch relativ neu und jung
ist. Oder so in dem Bereich irgendwie, was es da für Möglichkeiten gibt, was
man da so studieren kann. Das find ich interessant."* (w, 17)

▶ *„Das freiwillige soziale Jahr will ich nicht für einen besseren Lebenslauf
machen!"* (m, 17)

4.6.9   Politik und Gesellschaft

Diskussionen über das politische Tagesgeschehen finden Sozialökologische
von allen Jugendlichen am spannendsten. **Umweltpolitischen Themen**
(z. B. Atomdebatte, Müllproblem) schenken die Sozialökologischen große
Aufmerksamkeit. Im Vergleich der Lebenswelten finden sich unter den Sozialökologischen Jugendlichen die größten Kritiker der „Wegwerfgesellschaft".
Sozialökologische haben entsprechend auch **eine hohe Affinität zu den
Themen rund um Bio und Fair Trade**.

Sozialökologische zeichnet ein ausgeprägtes **Gerechtigkeits- und Verant-
wortungsempfinden** aus.

Sie interessieren sich entsprechend besonders für **sozialpolitische Themen**,
z. B. die Fragen von **Integration** oder **Chancengleichheit**. Hier wird dem
Staat mangelndes Engagement vorgeworfen, weil nur mit der Aufforderung
an Ausländerinnen und Ausländer, sich zu integrieren, „sei es eben nicht getan". Man kann verstehen, dass Menschen aus armen Ländern in Deutschland
leben wollen, und erkennt trotz der geäußerten Kritik, dass Deutschland ein
„gutes Sozialwesen" hat.

Für Sozialökologische Jugendliche sind besonders postmaterielle Themen,
wie **Umweltschutz, Energie, Nachhaltigkeit, Bildung, Kultur und soziale
Gerechtigkeit in der globalisierten Welt** von Interesse. Hierfür engagiert

man sich, sei es durch ein geplantes freiwilliges soziales Jahr in einem Entwicklungsland oder auf Demonstrationen.

Im Vergleich zu anderen Lebenswelten finden sich bei den Sozialökologischen vergleichsweise viele Jugendliche, die sich bereits **für Parteiprogramme interessieren**. In der Parteienlandschaft verortet man sich „etwas links von der Mitte". Von extremistischen Positionen distanziert man sich klar. Wichtig ist ihnen, dass politische Kommunikation ohne „Bekehrungsversuche" stattfindet. Man möchte nicht überredet, sondern überzeugt werden.

Sie beobachten die politischen Entwicklungen aufmerksam und nehmen wahr, dass „in Deutschland grad viel Umschwung" ist. In diesem Umschwung haben Politikerinnen und Politiker nur noch Marionettenstatus, stattdessen herrschen weltweit Korruption, Schmiergelder und Lobbyismus. **Wirksam sind allein Proteste der breiten Masse**, so wie sich das beim Atomausstieg oder bei Stuttgart 21 gezeigt hat.

Politik wird eher aus einer **globalen Perspektive**, weniger aus der nationalen Perspektive betrachtet („the bigger picture"). Über politische Institutionen und Abläufe ist man weitestgehend informiert und kann diese nach eigener Wahrnehmung auch nachvollziehen. Politiker und Parteien werden kritisch betrachtet, dies führt jedoch in dieser Lebenswelt nicht zu einer Abwendung von Politik allgemein, sondern eher dazu, sich außerhalb des Parteienspektrums durch eigene Überzeugungen zu positionieren.

Sozialökologische Jugendliche können sich gut ausmalen, was sie verändern würden, **wären sie Politikerin oder Politiker**: Man würde sich für mehr **Umweltschutz** und für die Verstaatlichung von Stromkonzernen einsetzen, bessere Chancen am Arbeitsmarkt v. a. für **sozial Schwächere einfordern**, sich für **Bildung** bzw. eine Reform des Schulsystems sowie den **Austausch mit anderen Ländern und Kulturen** einsetzen. Auf ihrer Agenda stehen eher die „großen politischen Themen", denn „interessant ist eher, was mehrere Leute betrifft". Nachrichten, sozialpolitische Reportagen und Dokus sind für sie spannende Fenster in die Welt.

Sozialökologische beziehen ihre politischen Wissensbestände nicht nur aus den „Erwachsenenmedien", sondern auch über die Popkultur. Sie bewundern Stars aus der Film- und Musikbranche, die sich für soziale Zwecke einsetzen (z. B. Jack Johnson für den Schutz der Meere, Fußballer für Kinder in Not). Sie bewundern Persönlichkeiten, die sich zugunsten einer guten Sache mit Autoritäten anlegen und Widerstand leisten (z. B. Charlotte Roches grundsätzliche Verweigerung der Zusammenarbeit mit der BILD-Zeitung, Judith Holofernes' offener Brief „Ich glaube, es hackt" an BILD).

Selbstverständlich wird man später zu Wahlen gehen und dort **gut informiert die Stimme abgeben.** Man vertritt die Haltung, dass jede nicht abgegebene Stimme möglicherweise einer radikalen Partei zugutekommt. Kommunale und regionale Wahlen werden als deutlich uninteressanter betrachtet als Wahlen auf Landes- und Bundesebene.

Abb. 4.6.10

Sozialökologische
Politisches Themenspektrum

Uninteressant Indifferent **Interessant**

Uninteressant	Indifferent	Interessant
Abschiebung	Gewalt an der Schule	Politiker und Politikerinnen
Anhebung des Rentenalters	Hartz IV	**Politischer Extremismus**
Arabischer Frühling	Häusliche Gewalt	Politisches System in Deutschland
Atomausstieg	**Historische politische Ereignisse**	**Rassismus**
Ausbildungsplatzsuche		**Reichtumsverteilung, Armutsschere**
Datenschutz und Datensicherheit im Internet	**Integration, Einbürgerung, Staatsbürgerschaft**	**Religionsfreiheit**
Demografischer Wandel	Internetkriminalität	Restriktionen aufgrund von Minderjährigkeit
Demonstrationen	Islam	**Schulpolitik, Schulreform**
Diskriminierung	**Kapitalismus**	**Sozialstaat, Sozialleistungen**
Drogenpolitik	Kindergeld	Strafzumessung
Einkommen und Absicherung	Kommunalpolitik	Terrorismus
Einkommensverteilung	Kriminalität	**Tierschutz**
Eurokrise	**Meinungsfreiheit**	**Stuttgart 21**
Europa	Mobbing	Unterstützungsleistungen für Familien, Alleinerziehende
Generationengerechtigkeit	**Naturkatastrophen**	
Gentrifizierung	Obdachlosigkeit	**Umweltschutz**
Gesetzgebungsprozesse	Öffentlicher Raum (Überwachung, Regulierung)	Verfassung/Grundgesetz/Rechtsstaatlichkeit
	Parteien	**Wahlen**

Typische Zitate zur Illustration

▶ „Über Politik versuch ich mich immer, so gut es geht, zu informieren." (m, 17)

▶ „Da ist von staatlicher Seite auch ein großer Fehler dabei, weil man den Kids auch wenige Chancen gibt. Wenn man den Kids sagt: Integriert euch mal! Dann muss man ihnen auch die Chance geben." (m, 17)

▶ „Linksextremismus ist auch nur der Bruder vom Rechtsextremismus, finde ich. Ist also genau der gleiche Schwachsinn." (m, 17)

▶ „Ich war zwei Tage in Auschwitz. Das hat mich verändert. Ich war fassungs-los, als ich Jugendliche gesehen habe, die dort mit Cola-Dosen rumgekickt haben." (m, 17)

▶ „Also Tierquälerei finde ich schlimm und auch so McDonald's-Essen, da sa-ge ich immer: muss man nicht immer essen." (w, 16)

▶ „Verwüstung, also Desertifikation der Länder, schlechte Bewirtschaftung und so was, Abholzung des Regenwaldes, das hört man eigentlich überall." (m, 17)

▶ „Haben wir letztens überlegt, man ist halt so in dieser Gesellschaft so gefan-gen, also man muss auch irgendwie die Lebensmittel kaufen und hat dann manchmal nicht viele Möglichkeiten, regional etwas zu kaufen, Gemüse oder so. Allein schon so, dass alles zehnmal in Plastik verpackt ist. Das ist schon echt traurig." (w, 17)

▶ „Klimagipfel gibt's andauernd welche, aber es kommt nie was dabei raus, weil jeder ist dann auch so egoistisch und will ja auch schön immer weiter, in der Wirtschaft sollen immer alle Leute schön konsumieren." (w, 17)

▶ „Politiker haben mittlerweile nur noch Marionettenstatus! Ich glaube, Geld macht mächtiger als wirklich 'ne hohe Stellung in der Politik." (m, 17)

▶ [Wunsch an Politiker] „Dass Politiker sich nicht irgendwie an Wählerstim-men orientieren, sondern an dem, was in Zukunft auf sie zukommt." (m, 17)

▶ „Das guck ich mir dann genauer an, wofür die stehen, was die da vorhaben, bevor ich da was ankreuz, was jeder ankreuzt." (w, 16)

4.6.10 Religion, Glaube, Kirche

Sozialökologische **interessieren sich für den Themenkomplex „Glaube, Religion und Kirche"**. Es wird als spannendes Feld betrachtet, weil man es sehr kontrovers diskutieren kann.

Glaube ist für Sozialökologische Jugendliche vor allem **eine offene Frage, die losgelöst von Religion verhandelt werden kann**. Man glaubt oft an „etwas", ohne dies genauer beschreiben zu können. Wichtiger als Glaube wird Spiritualität betrachtet. Im Vergleich der Lebenswelten haben Sozialökologische die höchste Affinität zu **Esoterik**.

Sozialökologische Jugendliche wünschen und fordern **religiöse Toleranz und Vielfalt**. Jede und jeder soll den eigenen Glauben leben können, jedoch niemand anderen bekehren wollen: „Feindschaften unter den Religionen sind schrecklich." **Vorstellungen anderer Religionen sind interessant**, z. B. die Wiedergeburt im Buddhismus. Auch die christlich sozialisierten Jugendlichen, die sich in erste Linie dem Christentum verbunden fühlen, sind offen für religiöse und spirituelle Einflüsse. Bei vielen entsteht so ein buntes Glaubensmosaik, in dem jedoch die **moralischen Werte der christlichen Religion immer auch eine wichtige Rolle spielen**.

Insgesamt haben die Sozialökologischen ein gespaltenes Verhältnis zur Amtskirche. Man reibt sich einerseits an den in der subjektiven Wahrnehmung **antiquierten normativen Maßstäben der Amtskirche**, z. B. weil in der katholischen Kirche noch immer das Zölibat gilt und Frauen keine Priester sein dürfen. In der Institution Kirche geht es aus Sicht der Sozialökologischen zu viel um Meinungsmache, Geld und Instrumentalisierung der Mitglieder. Andererseits hat man eine **schöne Erinnerung an die Firmung** und sieht, dass die Kirche **viel Gutes** tut und den Menschen **Hoffnung und Kraft** gibt. Daher soll die Kirche trotz aller Kritik auch in Zukunft eine Rolle spielen im eigenen Leben, z. B. bei der **kirchlichen Trauung** oder der **Taufe der eigenen Kinder**.

Der sonntägliche **Gemeindegottesdienst** ist für Sozialökologische Jugendliche nur noch **wenig ansprechend**. Der Gottesdienst ist für sie zu eng mit der Institution Kirche assoziiert. Die Antworten auf Glaubensfragen, die die Kirche anbietet, scheinen ihnen zu eng und zu einfach. Darüber hinaus bietet der durchschnittliche Gemeindegottesdienst nicht die gleiche emotionale, spirituelle und ästhetische Erfahrung, wie sie die Jugendlichen in Taizé oder der kirchlichen Jugendarbeit erlebt haben.

Auch die Agnostiker unter den Sozialökologischen begegnen gläubigen Menschen mit Respekt, weil man ihr Bemühen um **Sinnsuche ernst nimmt**. „Wenn man dann schafft, an was zu glauben, zu dem man aufschauen kann, der einen beschützt, dann ist das toll." Dabei ist es jedoch unerheblich, welche Religion das genau ist, denn man baut sich „eine eigene Religion um Gott und ganz viele interessante Standpunkte herum".

Auch wenn die Glaubensfrage im Alltag keine große Rolle spielt, gibt es Zeiten und Orte, an denen sie allein oder mit anderen **reflektiert** wird, z. B. allein in der Natur, im Gespräch mit Freundinnen und Freunden o. Ä. Als **passender Ort**, um sich mit dem **Glauben und Sinnfragen** zu beschäftigen, wird von den christlich sozialisierten Jugendlichen häufig Taizé genannt. An diesem Ort gibt es andere Kulturen, Zeit zum Nachdenken, Auseinandersetzung mit den Padres und der Bibel, Austausch mit anderen Jugendlichen, Stille und Ruhe zum Gebet.

Ein **Ort, um Kraft zu tanken**, kann für Sozialökologische darüber hinaus genauso ein Musikfestival oder ein Konzert der Lieblingsband sein, wo man mit vielen Gleichgesinnten gute Stimmung und spirituelle Erlebnisse (z. B. Ekstase bei einem Rockkonzert, oder der „Bass, der einem bei Drum 'n' bass durch den Bauch geht") erfährt. Hat man einen Ort wie Taizé oder ein Lieblingsfestival gefunden, bleibt man diesem Ort oft auch treu.

Typische Zitate zur Illustration

▶ „Ich glaub nicht, dass da einer im Himmel sitzt, ja, aber egal, wie auch, wenn's nix gibt – wenn alle daran glauben, reicht es ja schon. Wenn's einfach Hoffnung für die gibt, dann ist es egal, ob's was gibt oder nicht." (w, 16, katholisch)

▶ „Ich denke, dass jeder so seinen eigenen Glauben hat, ich brauch dafür keine Kirche oder keinen vorgegebenen Glauben, sondern ich hab meinen eigenen Glauben." (w, 17, konfessionslos)

▶ „Menschen, die an gar nichts glauben, finde ich, klingt ziemlich hoffnungslos. Also nach Menschen, die sich aufgegeben haben. Ich glaube ja, jeder Mensch glaubt an irgendwas." (m, 17, evangelisch)

▶ „Im Alltag nimmt's eigentlich grad nicht so einen Platz ein. In Taizé ist es dafür wieder hochaktuell." (w, 16, katholisch)

▶ „Alle Welt schreibt irgendwie von Terror und Islam (…) aber das ist generell irgendwie 'ne Sache, die schon immer, schon immer irgendwie die Menschheit beschäftigt hat und auch weiter beschäftigen wird. Das ist einfach, wenn Menschen andere Sachen glauben und glauben, sie seien die Einzigen, die das Richtige glauben, dann kann es zu keinem Kompromiss kommen und auch kein Frieden teilweise eintreten. Weil Hardliner gibt es immer irgendwie und, ja, der Nahe Osten zum Beispiel, aber auch Afrika und USA mit irgendwelchen fundamentalistischen Christen und sonst wie. Gibt es viel auf der Welt, viel Potenzial auch noch für Konflikte." (m, 17, evangelisch)

▶ „Wenn ich irgendwas nicht verstehen kann, sei es irgendwelche Ungerechtigkeiten, dann tröstet nur der Gedanke, dass da irgendwas anderes halt hintersteckt." (m, 17, evangelisch)

▶ „Wenn ich an die Kirche denke, an langweilige Sonntagvormittage, an einen riesigen, mir undurchsichtigen Apparat. Ich bin nicht so offen gegenüber der Kirche, die interessiert mich nicht sonderlich." (m, 17, evangelisch)

▶ „Ich find die katholische Kirche absolut inakzeptabel. Die Vorstellungen des Papstes und also, das passt nicht in diese Welt. Also, auch der Anspruch, den sie halt auf ihre Vorstellungen erheben." (m, 17, evangelisch)

▶ *„Was für mich schwierig ist, ist dieses schon eigentlich ziemlich Profitorientierte."* (w, 17, konfessionslos)

▶ *„Ich glaub', ich hab da letztens irgendwas mitbekommen, dass da Schwule immer noch nicht toleriert werden oder so was, das fand ich so, wir leben echt nicht mehr im Mittelalter, das geht gar nicht."* (w, 17, konfessionslos)

▶ *„Feindschaften unter den Religionen finde ich schlimm, schrecklich. Und auch, dass Religion extrem für andere Zwecke, als sie eigentlich vorgesehen ist, genutzt wird, zum Teil, um Geld abzugreifen."* (m, 17, konfessionslos)

4.6.11 Engagement

Sozialökologische nehmen aufmerksam wahr, „was auf der Welt abgeht, was alles schiefläuft". Sie sind von allen Jugendlichen **mit am stärksten engagiert und motiviert, etwas zu verbessern und zu helfen**. Internet, Zeitung und Radio sind die Informationsquellen für die wichtigen gesellschaftlichen Themen. Die Engagementbereitschaft geht bei einigen sogar so weit, dass sie sich vorstellen können, eine eigene Organisation zu gründen. Sozialökologische möchten „nicht einfach irgendwo mithelfen"; man setzt sich im Vorfeld des Engagements in der Regel kritisch mit dem Problemfeld und der Organisation auseinander.

Sozialökologische haben ein **„Sendungsbewusstsein"** für die eigene Haltung. Sie wünschen sich, dass mehr Jugendliche nachhaltig denken und handeln und sehen es als Teil ihrer gesellschaftlichen Verantwortung, sie davon zu überzeugen bzw. für sie „mitzudenken". Entsprechend **engagieren sie sich bereits häufig in unterschiedlichen Feldern**: in Schülervertretungen, in der Antifa, auf Demos, als aktive Mitarbeiter im Verein, bei der Kinderbetreuung in den Sommerferien oder als HelferInnen bei alternativen und nichtkommerziellen Festivals und Veranstaltungen (z. B. Burg-Herzberg-Festival). In keinem Fall darf das Feld ihres Engagements überstrukturiert oder bürokratisch sein. Man reagiert sensibel darauf, wenn man das Gefühl hat, dass man „ausgebeutet" wird.

Ein **freiwilliges soziales oder ökologisches Jahr** oder eine **Zeit im Ausland**, z. B. als Au-pair, ist nach Ende der Schulzeit eine sehr verlockende Option. Man sieht darin die Chance, andere Kulturen und Lebensweisen kennenzulernen und die eigene Persönlichkeit weiterzuentwickeln. Das „Aufmotzen" des Lebenslaufes spielt als Motiv hingegen eine klar untergeordnete Rolle.

Typische Zitate zur Illustration

▶ *„Wenn man aber selber erst mal in so was* [ehrenamtliches Engagement] *drin ist, dann merkt man, dass es erfüllend ist und auch zur Selbstverwirklichung beiträgt."* (m, 17)

▶ *„Ich hab jetzt mal bei Greenpeace mir das so angeguckt, weiß aber irgendwie nicht so, ob ich das so hundertprozentig toll finde, weil ich da auch schon ein paar negative Sachen gehört habe. Da will ich mich auch noch genauer informieren."* (w, 17)

▶ *„Ich find das ganz wichtig, grade auch bei Stuttgart 21 und so, dagegen zu demonstrieren, weil das ist ja die einzige Möglichkeit, seine Meinung mal zu äußern und vielleicht was ändern zu können."* (w, 17)

▶ *„Bei Demonstrationen ist bei mir immer so ein bisschen das Problem, dass Leute dort nicht hingehen, weil sie das Thema interessiert oder weil sie richtig an der Sache dran sind, sondern weil sie Bambule machen wollen. Das mag ich überhaupt nicht. Da geht der Sinn auch irgendwann flöten."* (m, 17)

4 LEBENSWELTEN DER 14- BIS 17-JÄHRIGEN IM DETAIL

4.7 EXPEDITIVE

4.7   EXPEDITIVE

Kurzprofil

Die erfolgs- und lifestyleorientierten Networker
auf der Suche nach neuen
Grenzen und unkonventionellen
Erfahrungen

4.7.1 Wohnbilder

Expeditive

Die erfolgs- und lifestyleorientierten Networker auf der Suche nach neuen Grenzen und unkonventionellen Erfahrungen

Abb. 4.7.1

4.7.2 Lebensweltliche Basisorientierungen

Typisch für Expeditive ist ein **buntes Wertepatchwork**. Sie legen großen Wert auf eine **Balance** zwischen **Selbstverwirklichung**, Selbstentfaltung, Selbstständigkeit sowie Hedonismus einerseits und **Pflicht- und Leistungswerten** wie Streben nach Karriere und Erfolg, Zielstrebigkeit, Ehrgeiz und Fleiß andererseits. Von allen Jugendlichen sind sie mit die **flexibelsten, mobilsten, pragmatischsten, innovativsten**. Den eigenen **Erfahrungshorizont ständig zu erweitern**, ist eine wichtige Lebensmaxime: „Bereue nie etwas, sondern erkläre dir einfach, warum du es getan hast."

Sie möchten sich nicht in ideologische Korsette zwängen lassen, haben eine **geringe Kontroll- und Autoritätsorientierung**. Zu Fügsamkeits- und Unterordnungswerten haben Expeditive eine ebenso vergleichsweise große Distanz wie zu asketischen Werten und konservativ-religiösen Moralvorstellungen. Steht die freie Entfaltungsmöglichkeit Einzelner in Frage, werden Expeditive Jugendliche skeptisch, wenden sich jedoch eher ab, als zu rebellieren. Expeditive Jugendliche **brauchen kreative Gestaltungsspielräume**, um sich wohlzufühlen. Egal ob in der Schule, im Internet, im Sport oder in der Musik, sie wollen selbst entscheiden, wann sie was in welcher Form tun oder lassen.

Expeditive **grenzen sich von den Merkmalen bürgerlicher Etabliertheit ab**: unhinterfragtes Verfolgen von Konventionen, Unterordnung von Spaß und Selbstverwirklichung zugunsten von Sicherheit, Angst vor Auffallen und Veränderung. Expeditive haben klare Ziele für ihr Leben, möchten aber nicht an-, sondern weiterkommen. Ein erwachsenes Leben ohne Aufbrüche scheint (noch) unvorstellbar. Das erste Ziel besteht darin, die Freiheiten zu erreichen, die eigentlich das Erwachsenenleben auszeichnen: finanzielle Spielräume, eine eigene Wohnung, größere Mobilität, Teilhabe am kulturellen Leben, selbstbestimmte Sexualität.

Sie sehen sich als urbane, kosmopolitische „Hipster". Dem eigenen Selbstverständnis nach stellen sie die **kulturelle und stilistische Avantgarde** unter den Jugendlichen und schöpfen daraus viel Selbstbewusstsein. Sie verfügen über ein ausgeprägtes Selbstdarstellungs- und Durchsetzungsvermögen und haben ein elitäres Grundverständnis von sich selbst. Selbstbeschreibungen muten teilweise **narzisstisch** an: Man charakterisiert sich als interessant, einzigartig, eloquent, stilbewusst, stilsicher und **„Gewinner-Typ"**. Dass andere Jugendliche dies bisweilen als Arroganz deuten, nimmt man durchaus wahr – deutet es aber nicht zuletzt als Bestätigung der eigenen Überlegenheit.

Expeditive feiern **Vielheit und Differenz**, distanzieren sich von allem, was „gleichgeschaltet" daherkommt. Unverhandelbare Ordnungen und Konventionen sowie „genormte Identitäten" sind ihnen ein Gräuel. Sie **lieben**

das Unkonventionelle, kehren sich demonstrativ vom „bürgerlichen Muff", von „spießbürgerlicher Gemütlichkeit" und von „steifem Bürokratismus" ab. Ein „austauschbarer Mustermensch" zu sein, bezeichnen Expeditive als eine fürchterliche Vorstellung, entsprechend groß sind die Abgrenzungsbemühungen zum Mainstream.

Abb. 4.7.2

Werte-Universum der Expeditiven

Sie sind begeisterte und anspruchsvolle Konsumenten mit einem ausgeprägten **Marken- und Trendbewusstsein** (Mode, Musik, Kulinarik, Technik). Man greift (noch) auf Läden wie H&M, Cos und Zara zurück – „für Basics sowieso", versucht aber bereits, Stangenware möglichst zu vermeiden. Auch beginnt man, sich für kleine Designerstores zu interessieren, wo sich der treibende **Wunsch nach Individualität** besser einlösen lässt. Aus diesem Grund sind auch Flohmärkte und Secondhandläden beliebte Einkaufsstätten und die eingemotteten Kleider der Eltern beliebte Fundgruben. Der eigene Stil wird als „zwischen **elegant und extravagant", „kreativ", „anders als in der grauen Masse"** beschrieben. Expeditive genießen es, für ihren Kleidungsstil von anderen bewundert zu werden.

Für die Ästhetik der Expeditiven ist das ironische **Spiel mit unterschiedlichen Stilen typisch**. Dabei bedienen sie sich selbstbewusst und frech vieler Klischees und **greifen neue Trends am schnellsten auf**, zitieren, was sie in internationalen (Mode-)Blogs aufstöbern und ergänzen die Styles (College-Style, Tomboy-Style, 80ies Vintage) um eigene Ideen.

Einige Expeditive verkörpern einen „Belanglosigkeitscharme", inszenieren sich ästhetisch z. B. demonstrativ nachlässig, aber stilsicher („Schmuddel-Chic"). Man liebt Kleidung, Accessoires und Möbel mit einer „trashigen Aura". Expeditive haben oft ein großes **Vintage-Faible**. Wichtig ist, dass der eigene Stil nicht „angestrengt" rüberkommt. Alles soll mühelos und beiläufig wirken. Bei der Selbstinszenierung, v. a. über Mode und Möbel, ist man jedoch durchaus **detailversessen**. Bereits in der untersuchten Alterskohorte zeigt sich, dass Expeditive für popkulturelle Verfeinerungstaktiken sensibilisiert sind. Ästhetische Kleinstunterscheidungen wirken spannend auf Expeditive.

Expeditive **grenzen sich vom „Mainstream" ab**, sind dabei aber weniger „verbissen" und rigoros als die Experimentalistischen Hedonisten. Ihre Distinktionsbestrebungen gestalten sich weniger als rebellisches Kämpfen, sondern ergeben sich quasi selbstverständlich aus der doch „offensichtlichen" intellektuellen und stilistischen Überlegenheit (vor allem gegenüber Gleichaltrigen).

Expeditive sind viel unterwegs. Es zieht die Expeditiven nach draußen, in den öffentlichen Raum und die angesagten Locations, dorthin, wo die Musik spielt, wo die Leute spannend und anders sind.

Bei aller Begeisterung für Spaßhaben in der Freizeit möchten sie jedoch auch **im beruflichen Leben etwas reißen** („mover & shaker").

Die Familie ist Expeditiven (wie allen Jugendlichen) wichtig, in den Alltagsbeschreibungen spielt sie jedoch eine geringe Rolle – die Familie ist der sichere

Hafen, hin und wieder unternimmt man etwas mit den Eltern oder einzelnen Geschwistern, das „wirkliche Leben" spielt sich jedoch außerhalb dessen ab. Expeditive Jugendliche fiebern der räumlichen Ablösung vom Elternhaus entgegen – dem Beginn eines neuen Lebensabschnitts.

Typische Zitate zur Illustration

▶ *„Ich habe verschiedene Alltage."* (w, 17)

▶ *„Kann mir keiner erzählen, dass er nicht versucht, seinen eigenen Vorteil nach vorne zu bringen."* (m, 17)

▶ *„Ich arbeite ungern in der Gruppe, weil ich meistens die Kontrolle übernehme und auch weiß, dass ich es alleine besser mache. Ich weiß, dass ich mehr Ahnung habe, und die anderen werden mich daran hindern, es gut zu machen."* (m, 16)

▶ *„Ich weiß nicht genau, was meinem Leben Sinn geben soll. Ich probiere, alles zu machen, was geht, weil das Leben so schnell vorbei ist."* (w, 15)

▶ *„Man kann nichts machen* [in Kleinstädten und Dörfern]*, alle kennen sich. Es ist so langweilig, so still und so bewegungslos. Das wäre nichts für mich."* (m, 16)

▶ *„Ich habe selbst einen Stil, und ich lege nicht so viel Wert darauf, was die anderen finden. Solange es mir gefällt, gefällt es den anderen aber meistens auch. Ich weiß, ich habe einen Geschmack, den die anderen auch ganz gut finden. Meinen Stil würde ich beschreiben als auffallend oder manchmal auch bunt, man sollte nicht in der grauen Masse untergehen, sondern auffallen."* (m, 16)

▶ *„Ich interessiere mich für neue Trends, ob ich sie hässlich finde oder nicht."* (w, 17)

▶ *„An einem Tag kommt es mir total plausibel vor: Ja, leb in den Tag hinein. Am anderen: Von wegen leb in den Tag hinein. Man muss alles planen, planen, planen."* (m, 17)

▶ *„Ich bin sehr eitel, geb ich selber zu, ich achte auf mein Äußeres."* (m, 17)

▶ „Ich bevorzuge ja auch, eher alleine zu reisen. Weil, wenn man alleine reist, dann hat man keine Verantwortung gegenüber anderen, und man kann selbst entscheiden, wohin man geht, wie man geht, was man wann macht. Wenn man mit einer anderen Person unterwegs ist, muss man auch auf das achten, was diese will, und das ist ja nicht so schön. Man will ja Urlaub machen und entspannen." (m, 16)

▶ „Ich versuche nicht, irgendwem nachzueifern oder mein Leben nach einem bestimmten Grundsatz auszurichten. Allerdings versuche ich manchmal, mich an bestimmten Personen zu orientieren, die eine schöne Einstellung zu verschiedenen Sachen haben oder deren Lebensweg mich beeindruckt." (w, 15)

▶ „Ich glaube, für mich ist das ganz große Glück, mich selbst zu finden. Ich weiß aber nicht genau, wie ich das definiere. Wenn ich mich selbst gefunden habe, bin ich frei, das weiß ich." (w, 15)

4.7.3 Das gibt meinem Leben Sinn

Abb. 4.7.3

Expeditive
Collage „Das gibt meinem Leben Sinn"

Nur stehen bleiben, weiter gehen und leben.

Junge, 16

Expeditive

Collage „Das gibt meinem Leben Sinn"

Junge, 16

> *[handschriftlicher Text, siehe rechts]*

„Ich lebe mein Leben und versuche, das Glück zu finden. Ich versuche, alles zu tun, um in den Genuss des Lebens zu kommen. Gönne mir oft was Schönes wie z.B. etwas essen gehen oder in Cafés sitzen, etwas Schönes bestellen. Man muss etwas für sich tun, um sich selber zu pflegen. Alleine kann ich vieles besser genießen als in Gesellschaft von jemandem.
Ich bin mein und der Einzige, der mich kennt. Meine Freunde sind, mir wichtig, aber ob sie der Sinn meines Lebens sind, ist schwer zu sagen. Ich bin auf sie angewiesen, aber auch nicht mehr. Der Sinn ist das Ziel, und mein Ziel ist es, glücklich zu werden. Alles andere sind Mittel zum Zweck. Ich werde oft als ein arrogantes, zynisches Wesen beschrieben, und teils ist es auch so. Arroganz und Zynismus sind meine Masken, die mich bilden, um dann von mir getragen zu werden.
Ich liebe das Schöne und liebe Momente, die ich als vollkommen empfinde."

Abb. 4.7.4

Junge, 17

Expeditive

Collage „Das gibt meinem Leben Sinn"

Mädchen, 15

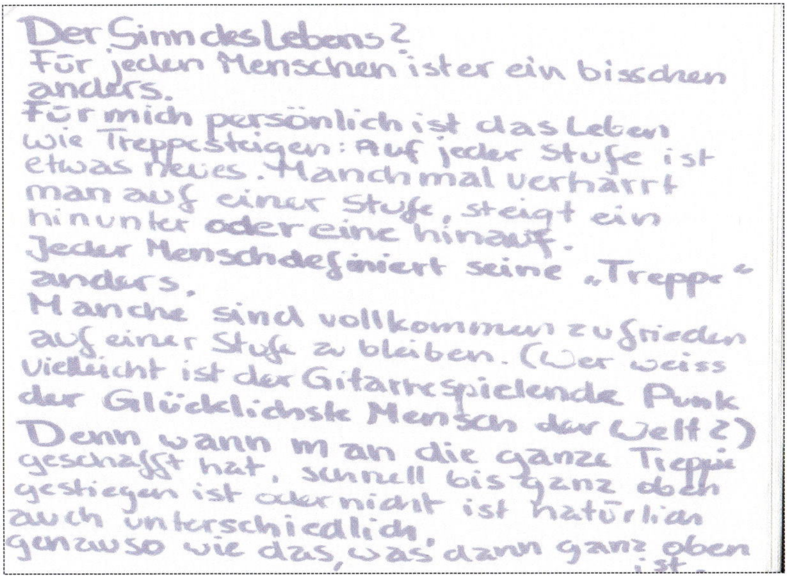

Der Sinn des Lebens?
Für jeden Menschen ist er ein bisschen
anders.
Für mich persönlich ist das Leben
wie Treppesteigen: Auf jeder Stufe ist
etwas neues. Manchmal verharrt
man auf einer Stufe, steigt ein
hinunter oder eine hinauf.
Jeder Mensch definiert seine „Treppe"
anders.
Manche sind vollkommen zufrieden
auf einer Stufe zu bleiben. (Wer weiss
vielleicht ist der Gitarrespielende Punk
der Glücklichste Mensch der Welt?)
Denn wann man die ganze Treppe
geschafft hat, schnell bis ganz doch
gestiegen ist oder nicht ist natürlich
auch unterschiedlich,
genauso wie das, was dann ganz oben
ist

Abb. 4.7.5

4.7.4 Kulturelle Orientierung, Freizeit

Bei den Expeditiven zeichnet sich bereits früh eine **kulturell universa-
listische Orientierung ab**. Man ist bereits in jungen Jahren auf der Suche
nach vielfältigen kulturellen Erfahrungsräumen, z. B. modernes Theater, Kunst
und Malerei. Entsprechend ist das kulturelle Kapital der Expeditiven von allen Lebenswelten am stärksten flexibel-multikulturell ausgeprägt. Mit dem
Mainstream-Geschmackskanon möchte man nicht in Verbindung gebracht
werden. Von Rockkonzerten bis hin zu klassischer Hochkultur erscheint vieles
interessant, solange man einen gewissen „Anspruch" darin eingelöst sieht.

Expeditive nutzen ihr breites, **flexibel-multikulturelles Kapital als Status-marker**, um Distinktionsgewinne gegenüber dem Mainstream zu erzielen. Dabei geht es nicht nur darum, sich zu unterscheiden, sondern auch darum, sich als „kultivierter" abzuheben: durch ein gepflegtes und der Situation angemessenes Äußeres, eine adäquate Ausdrucksweise, charmantes Auftreten und einwandfreie Manieren, wenn nötig – jugendlicher Trotz, Schnodder und Slang werden an anderer Stelle gezeigt. Man weiß um seine Wirkung und den Einfluss auf das Umfeld.

Musik ist für Expeditive mehr als nur Musikrezeption. Sie ist Lebensgefühl, Soundtrack für ihren Alltag, einerseits etwas sehr Persönliches und andererseits eine wichtige Voraussetzung der Vergemeinschaftung. Der eigene – aus Sicht der Expeditiven ungewöhnliche, distinguierte – Geschmack ist auch ein Mittel, um den Peers zu signalisieren, dass man erwachsener, reifer ist. So reicht ihr Musikgeschmack von den klassischen Stücken Mozarts über elektronisch-minimalistische Klänge von Paul Kalbrenner bis hin zum satirischen Skandalrap der Berliner Hip Hop Crew K.I.Z. – Hauptsache, etwas Besonderes und nicht zu sehr im „Mainstream". Expeditiven ist es wichtig, nicht auf eine Musikrichtung oder eine Szene reduziert zu werden. Sie interessieren sich für die Protagonisten und Ursprungsmythen bestimmter Genres, verfolgen die entsprechenden Nischenmedien, die darüber berichten. **Musik ist auch Raum kreativer Selbstentfaltung**: Man konsumiert nicht nur, sondern legt auch selbst als DJ Platten auf oder würde das zumindest gerne in Zukunft tun. Oder man bringt sich selbst ein Musikinstrument bei: Klavier, Synthi, Gitarre.

Sie sind **„kulturelle Wilderer"**. Sie bedienen sich nach Lust und Laune aus dem reichhaltigen Reservoir der Popkultur und fügen Versatzstücke verschiedenster historischer und kultureller Provenienz zu einem neuen Ganzen zusammen: Remix, Bricolage, Sampling sind typische Kulturtechniken dieser Jugendlichen.

Expeditive **lassen sich von einem elaborierten Sprachstil, komplexen Argumentationsketten, anspruchsvoller Kunst etc. beeindrucken.** Das Banale, Triviale, Volkstümliche wird verunglimpft und entwertet. Man kann nicht nachvollziehen, dass Menschen (insbesondere Jugendliche) sich für Volksmusik, Schlager, DSDS-Sternchen oder Musical begeistern können.

Die „normalen Bücher", die man in der Schule lesen muss, langweilen eher. Man trifft eine eigene Lektürewahl (z. B. Thriller, Sachbücher oder auch mal Klassiker). **Lesen ist vergleichsweise beliebt**, auch wenn zunehmend die Peergroup interessanter wird und weniger freie Zeit für dieses Hobby bleibt. Viele dieser Jugendlichen haben eine relativ große Büchersammlung, können von Lieblingsautoren berichten und erleben das Lesen als genussvoll.

Auch mit Hinblick auf Fernsehen und Kino folgt man viel seltener als Gleichaltrige dem Mainstream. Bevorzugt werden amerikanische und britische TV-Serien (Dr. House, Dr. Who, Simpsons, Skins). Man schreckt zwar nicht vollständig vor „Reality-TV" zurück. Gerade weil man weiß, dass das „total doof und ätzend" ist, amüsiert man sich auch mal darüber, wie Menschen zur Schau gestellt werden, verurteilt diese Form der Unterhaltung jedoch auch. Dokumentationen, Magazinformate und „anspruchsvolle" Spielfilme auf ARD, Arte oder den dritten Programmen schaut man sich auch mal an. Streaming-Portale werden ebenfalls frequentiert. Im Kino achtet man eher darauf, dass die Story stimmt und es eine anspruchsvolle Produktion ist (Drama, Psychothriller, Horrorfilm).

Reisen steht hoch im Kurs bei den Expeditiven. **Fremde Länder**, etwas Neues sehen und andere Menschen kennenlernen sowie Naturerfahrung sind die Motive, um auf Tour zu gehen.

Expeditive sind **fasziniert von dem pulsierenden Leben der Großstädte**. New York, Berlin, London, Tokio, Stockholm sind Orte, für die man sich begeistert, von denen man viel gehört hat und die man besuchen möchte.

Bei den Expeditiven Jugendlichen ist bereits recht deutlich die **Vorliebe für das exzessive Partyleben** zu erkennen, (Techno-)Partys und Clubbesuche rangieren – insofern realisierbar – schon recht weit oben auf der Liste der liebsten Freizeitbeschäftigungen. Die Optionen, die Großstädte hier bieten, und auch die Freizügigkeit wirken auf Expeditive besonders anziehend. Im Duktus der Selbstverständlichkeit wird über ausschweifende Touren („24 Stunden unterwegs") und ekstatische Erlebnisse berichtet: „Sex ist wichtig, das gehört ja praktisch zu Musik und Party dazu."

Expeditive Jugendliche haben **vielfältige Freizeitinteressen** und entsprechend – zumindest zeitweise – einen **straff organisierten Alltag**. Trotzdem fühlen sie sich nicht überfordert: länger wach bleiben, mehr Kaffee trinken. Das sind Strategien, auf die auch die Jugendlichen schon zurückgreifen, um knappe Zeitbudgets voll auszureizen.

Trend- und Extremsportarten findet man spannend.

Expeditive Jugendliche sind sehr **bildungsaffin**. Bildung findet in dieser Lebenswelt sowohl bewusst in der Freizeit als auch *en passant* statt. Interessiert man sich für ein bestimmtes Thema, so empfindet man es als selbstverständlich, sich auch darüber zu informieren bzw. weiterzubilden, indem man z. B. ein Sachbuch liest, im Internet recherchiert oder eine Ausstellung besucht. Wie auch für Sozialökologische kann ein Museumsbesuch für Expeditive eine reizvolle Freizeitgestaltung darstellen.

Typische Zitate zur Illustration

▶ „Mainstream gefällt mir eigentlich nicht so unbedingt, weil alles gleich ist. Also Mainstream ist ja hauptsächlich so, wenn man jetzt nur die Charts hört an Musikrichtungen und nur das anzieht, was gerade in ist. Gefällt mir nicht." (w, 16)

▶ „Im Moment achte ich darauf, dass ich nicht schnell in eine Schublade gesteckt werden kann." (w, 17)

▶ „Ich finde Klamotten sind irgendwie auch Kunst. Ich muss immer irgendwie provozieren mit meinen Klamotten. Abgefuckte Klamotten oder Sachen von meinen Eltern. Ich geb relativ wenig Geld für Klamotten aus, außer vielleicht mal Basics bei H&M. Ich nähe mir manchmal auch Sachen selbst." (w, 15)

▶ „Wenn ich Bock auf Assi-Hip Hop habe, dann höre ich Assi-Hip Hop." (w, 17)

▶ „Ich finde Mozart eigentlich ganz cool." (w, 16)

▶ „Was mich an Musik oder Kunst stört, sind Leute, die minimal Talent haben, die einfach irgendwie gut aussehen, die richtigen Kontakte haben und Geld haben. So wie Rihanna, die hatte auch Talent, aber die hat ihre Seele verkauft. (w, 15)

▶ „Die meisten von uns mögen Oper und Theater und sagen: Das ist doch auch schön. Und die anderen denken eher, dass Theater langweilig ist. Man sieht auch sehr wenig junge Menschen im Theater." (m, 16)

▶ „Ich kann eigentlich nicht ohne Kamera leben. Wenn ich jetzt immer mit meinem Handy die Fotos machen muss – die Qualität – da krieg ich die Krise." (w, 16)

▶ „Also, auf meinem iPod habe ich jetzt ca. 1600 Songs und auf meinem Laptop sind es 20 Gigabyte an Musik. Ich glaub, wir haben schon eine ganz gute Sammlung." (w, 16)

▶ „Konzerte, öfter, auf jeden Fall, öfter als Festivals auf jeden Fall, auch Berlin, Hamburg und hier Meck-Pom rum." (m, 17)

▶ „The Doors, The Clash, The Beatles, Kollektiv Turmstraße, Alle Farben. Ich mag gern alten Punk und Rock, Reggae und elektronische Musik, dazu gehe ich dann tanzen." (w, 15)

▶ „Ab und zu gehe ich gerne in Clubs. Da kann man alles rauslassen, was einen die Woche über frustriert hat. Das kann man raustanzen, dann ist man total erledigt und fertig, weil man getanzt hat, aber danach ist man wieder frei. So, als hätte man sich einen Psychiater gesucht und mit ihm über seine ganzen Probleme geredet." (w, 15)

▶ „Ich lese auch gern den Spiegel und die linke Zeitung, die heißt ‚Zecke'. Ich lese einzelne Artikel, die mich interessieren." (w, 15)

▶ „Kunst hat etwas Therapeutisches für mich. Wenn ich längere Zeit nicht male oder schreibe, staut sich irgendwie alles in mir auf." (w, 15)

4.7.5 Vergemeinschaftung

Vernetzung und Verflechtung sind die zentralen Vergemeinschaftungsmaxime der Expeditiven. Sie sind **Networker** – online wie offline. Neben engen Freunden pflegen sie große, lose Bekanntenkreise. Freunde und Bekannte beschreibt man als spannende und interessante Zeitgenossen mit einem ähnlichen Lebensstil und ähnlichen kulturellen und ästhetischen Präferenzen. In den Netzwerken der Expeditiven finden sich oft ältere Jugendliche und junge Erwachsene. Man findet es cool, auch von Älteren akzeptiert zu werden.

Expeditiven ist es wichtig, sich aus den jeweiligen Cliquen kurzzeitig ausklinken zu können. Einerseits, um Zeit für sich zu haben und anderen zeigen zu können, dass man allein zurechtkommt. Andererseits erkennen diese Jugendlichen einen Wert darin, zwischen verschiedenen Gruppen frei zu flottieren. Zugespitzt formuliert: Expeditive sind **sehr gut vernetzte Einzelgänger**.

Expeditive sind zwar in große Netzwerke eingebunden, fühlen sich aber in kleinen, durchaus **elitären Zirkeln** am wohlsten. Sie mögen ein Umfeld, in dem ein **intensiver und intellektuell herausfordernder Austausch** stattfindet. Sie suchen nach spannenden Kontakten, die sie weiterbringen, von denen sie profitieren können: die ihnen Gästelistenplätze auf Partys verschaffen können, von denen sie Musik und Filme bzw. Serien kopieren können, die wissen, wo was abgeht, die ihnen Mobilität ermöglichen oder erleichtern – Freunde in anderen Städten oder Ländern, die ihnen Einblicke in Jugendszenen geben und szenespezifisches Wissen vermitteln können.

Auch wenn Expeditive den Wert und Nutzen großer Netzwerke betonen, unterscheiden sie recht deutlich zwischen „Bekannten" in ihrem weit verzweigten Netzwerk und den „wahren", „echten", „besten" Freunden. Es sind die Freundinnen und Freunde, denen man sich bedingungslos anvertraut, mit denen man Tag und Nacht verbringen könnte, für die man sein letztes Hemd geben würde, weil sie es genauso tun würden. Expeditive sind im Hinblick auf ihren **engsten Freundeskreis** leidenschaftlicher als andere Jugendliche. Es fällt ihnen schwer, diese zugunsten der Schule zu vernachlässigen.

Deutlicher als andere Jugendliche betonen die Expeditiven den Wert des **Single-Daseins** – feste und lange Paarbeziehungen sind hier vergleichs- weise selten, tiefe (platonische) Freundschaften zwischen Mädchen und Jun- gen hingegen häufiger zu beobachten als in anderen Lebenswelten.

Expeditive sehen sich oft mit dem Vorwurf konfrontiert, aufgrund ihres an- spruchsvollen Kulturgeschmacks und ihres individualistischen Auftretens „auf Teufel komm raus anders sein zu wollen". Sie werden als **verkrampft, exzentrisch, „too cool for school"** wahrgenommen. Ihre Expeditionen in jugendkulturelle Szenen werden von anderen Jugendlichen oftmals als op- portunistische Streifzüge wahrgenommen und als mangelndes *Commit- ment* gedeutet. Sie selbst sehen sich jedoch als „Allrounder", die in verschie- denen Szenen unterwegs sein können.

Expeditive selbst **distanzieren sich von Menschen, die sie als zu langwei- lig, gleichgeschaltet, banal, kindisch und spießig verstehen**: „Reihen- hausbesitzer", „Ballermann-Touris", „Normalos", „Prolls", „Kleintierzüchter". Auch von weniger leistungsfähigen und -willigen Jugendlichen grenzt man sich ab – v. a. wenn sie ihnen persönliche Nachteile bereiten, z. B. im Kontext von Schule und Lernen. Dies kommt zum Ausdruck in einer deutlich kritischen Haltung gegenüber „Hartzern" oder der Aussage, dass man mit Haupt- und Realschülern lieber nichts zu tun haben möchte.

Ihr breites kulturelles Interesse ist für sie eine wichtige strategische Ressour- ce: Es dient ihnen als **Marker von Überlegenheit gegenüber den kulturell weniger Versierten und als Selbstvergewisserung**, dass man bereits er- wachsener ist als viele Altersgenossen. Die oft ostentativ formulierte Offen- heit und kulturelle Toleranz kennt bei vielen jedoch klare Grenzen. Auffällig ist, dass viele sich vom kulturellen Geschmack der bildungsbenachteiligten oder stark traditionell orientierten Jugendlichen distanzieren.

Typische Zitate zur Illustration

▶ „Ich finde Klamotten sind irgendwie auch Kunst. Ich muss immer irgendwie provozieren mit meinen Klamotten. Abgefuckte Klamotten oder Sachen von meinen Eltern. Ich geb relativ wenig Geld für Klamotten aus, außer vielleicht mal Basics bei H&M. Ich nähe mir manchmal auch Sachen selbst." (w, 15)

▶ „Mich kennen viele Leute. Ich bin oft auf Partys, und ich bin auffällig." (m, 16)

▶ „Wir haben auch extrem viele kreative Leute auf der Schule, Graffiti-Crews, Musiker, Schriftsteller, Fotografen – wenn man sich gemeinsam auf eine Wiese setzt, kommen tolle Diskussionen dabei raus. Wir sind auch alle politisch interessiert, sozialkritisch. Ich liebe meine Schule und fast alle Leute, die auf meine Schule gehen." (w, 15)

▶ „Ich bin nicht komplett einer Szene zugehörig. Was ich nicht mag, ist Indie, weil die Mainstream sind, obwohl ja ‚Indie' individuell bedeutet." (w, 15)

▶ „Ich mag langweilige Menschen nicht, und ich mag Menschen nicht, die mich nerven, und wenn es Menschen sind, die langweilig und nervig sind, dann kann ich die überhaupt nicht ausstehen." (m, 16)

▶ „Ich hab festgestellt, dass ich ein Bildungsrassist bin. Das ist echt krass, aber ich kann mich zum Beispiel mit Mitschülern nicht unterhalten. Ich finde ihre Ausdrucksweise ganz schlimm: Ey, Alta!" (m, 17)

▶ „Jedes zweite Wort ist: Ey Digga, man. Da merkt man schon, dass sie etwas anders sind." (m, 16)

▶ „Es gibt immer noch Skater, Punks, Gothics, Surfer, dann dieses ganz Neue: Indies, das ist ja auch die Musikrichtung, die ich mag, aber die Leute sind schon etwas komisch. Also, ich hab eigentlich keine feste Gruppe, würde ich sagen – es sei denn, das ist schon wieder 'ne feste Gruppe. (…) Ich hab mit vielen unterschiedlichen Menschen zu tun, dann bin ich mal mit 'nem Skater befreundet (…). Es ist sehr unterschiedlich." (w, 16)

▶ „Ich habe drei schwarze Freunde, ich hab einen Türken als Freund, ich hab auch Russen als Freunde, stört mich überhaupt nicht." (m, 17)

▶ „Ich habe überhaupt nur zwei Freunde, die anderen sind Bekanntschaften."
(m, 17)

▶ „Die Mädels waren halt so, wie man sie aus dem Fernsehen kennt: blonde
Haare, dunkler Ansatz, dann so drei Millionen Schichten Wimperntusche
drauf, dünne Augenbrauen und dann nicht so ganz die hellsten Leuchten.
Man merkt schon noch von der Erziehung her, ob jemand im Osten oder im
Westen bzw. die Eltern im Osten oder Westen gelebt haben. Im Verhalten,
aber ich kann es gar nicht beschreiben, außer dass ich ‚ein bisschen ostig'
sage. Und natürlich dann diese krassen Mädchen, die heißen dann Jacque-
line, Mandy, so. Das sind halt die Mädchen, die ich meine." (w, 15)

4.7.6   Medien

Medien im Alltag

Für Expeditive spielt das Internet mit all seinen Facetten eine „überlebens-
wichtige Rolle" im Alltag. Man vernetzt sich, kommuniziert, recherchiert, kauft
ein, schaut Filme und Serien, hört Musik und informiert sich über Nachrichten
und interessante Themen. Dies wird jedoch nicht als Besonderheit hervorgehoben. Vielmehr ist ihr **Alltag selbstverständlich digitalisiert**.

In keiner anderen Lebenswelt ist es Jugendlichen wichtiger, **„always on"** zu
sein. Expeditive betrachten sich als mündige und trotz ihrer hohen Nutzungs-
intensität als „gelassene" User, die immer „ein ganz gutes Maß" finden.

Expeditive **verfolgen den Medien- und Technologiemarkt aufmerksam**
und bejubeln technologische Revolutionen. Computer, Handy und Musikpla-
yer sind wichtige Statussymbole, entsprechend groß ist der **Designanspruch**.
Technik muss nicht nur eine gute Performance bieten, sondern unbedingt
auch gut aussehen. Klassische Medien werden genutzt, man findet es jedoch
spannend und praktisch, dass Endgeräte immer mehr konvergieren.

Unter den Expeditiven finden sich vergleichsweise viele **„Medienproduzen-
tinnen und -produzenten"**. Man filmt gerne und macht Fotos. Der eigene
Output wird dann oft (umgehend) dem Online-Netzwerk zugänglich gemacht.

Interaktion und Kommunikation in digitalen Räumen

Expeditive nutzen die virtuellen Möglichkeiten zur Vernetzung mit größter Selbstverständlichkeit. Sie sind äußerst kontaktfreudig, auch wenn man andere „offline" (noch) nicht persönlich kennt. Sie haben entsprechend ein **großes virtuelles Netzwerk, auf das sie stolz sind** und das ihnen Anerkennung bei den Peers einbringt. In die Pflege des Netzwerks wird viel **Zeit investiert**.

Kommunikation online ist alltäglich und findet nicht nur zu Hause vor dem Computer statt, sondern auch unterwegs über mobile Geräte. Man wächst mit Angeboten wie Facebook, SchülerVZ, Chatprogrammen selbstverständlich auf.

Bei Facebook dokumentiert man sein Leben und definiert das digitale Selbst. Die kulturellen Vorlieben – welche Musik hört man gerne, welche Bücher liest man, welche Filme schaut man sich an und was mag man im Fernsehen – werden ebenso aufgelistet wie die politischen Sichtweisen, Aktivitäten und anderweitige Interessen: Welche Künstler, Sportler, Organisationen oder Unternehmen man „liked", vervollständigt schließlich das Bild im Profil. Man markiert seine Standorte und lässt andere wissen, mit wem man gerade wo was unternimmt. Man lädt Fotos von sich, seinen Freundinnen und Freunden, Dingen, die man mag, kurios oder skandalös findet, hoch und lässt andere die eigenen Aktivitäten kommentieren und „mögen" – wer was „liked", ist eine zentrale Frage (nicht nur für Expeditive) geworden.

Gleichwohl die Expeditiven unreflektiertes „Posten" in den Online-Netzwerken kritisieren, gehören sie – aufgrund ihrer vergleichsweise umfangreichen Aktivität – zu den Jugendlichen, die grundsätzlich viele Daten von sich preisgeben und „mitteilungsbedürftig" sind.

Datenschutz, Persönlichkeitsrechte und Urheberrecht

Expeditive zeigen nur wenig Verständnis dafür, dass andere Jugendliche „den gläsernen Bürger" in Online-Communitys kritisieren. Letztlich sei es **Sache der Nutzer** selbst, was sie von sich im Netz an privaten Informationen preisgeben. Fotografien der eigenen Exzesse zu posten, sei „einfach nur peinlich und niveaulos".

Expeditive teilen sich nicht einfach mit in den Communitys, sie **inszenieren sich**. Dazu gehört auch, bewusst zu entscheiden, welches Bild man von sich zeichnen will, was dieses Bild befördert und was möglicherweise schädlich ist. Der Umgang mit persönlichen Daten ist insofern sensibel, als er sowohl ihrem Interesse nach Selbstinszenierung als auch strategischen Überlegungen im Hinblick auf berufliche Zukunft u. Ä. unterliegt.

Expeditive haben eine **ambivalente Haltung zur Urheberrechtsthematik**. Einerseits finden sie es nur gerecht, wenn Kulturschaffende für ihre Arbeit entlohnt werden, andererseits sollte man sich Kultur auch (als SchülerIn) leisten können. Ähnlich wie die Experimentalistischen Hedonisten differenzieren sie zwischen jungen, alternativen Kunst- und Kulturschaffenden und den „Mainstream-Stars". Erstere möchte man fördern, hier erlebt man auch bewusster ein Geben und Nehmen (Bereitstellung kostenloser Musik-Downloads, im Gegenzug kauft man ein T-Shirt) als bei den durch die großen Konzerne repräsentierten Acts oder Produkten. Solange die persönlichen finanziellen Spielräume begrenzt sind, überlegt man sich sehr genau, in wen man „investieren" möchte.

Die Expeditiven sind bei Fragen rund um **File-Sharing, Streaming und Downloading** die versiertesten Jugendlichen: Sie wissen, wo sie was bekommen, wählen (wenn möglich) den Weg der „geringsten Illegalität" und versuchen, einen Mix aus „besorgen" und „bezahlen" hinzubekommen, der es erlaubt, im Zwiespalt zwischen „Haben-Wollen" und Urheberrechtsverletzung ein subjektives moralisches Mittel zu erreichen. Expeditive wissen ziemlich genau, was sie haben könnten – der Versuchung zu widerstehen, gestaltet sich für diese jungen Kultur-Allesfresser als regelrechter Akt der Selbstdisziplinierung.

Medien als Orientierungsgeber
Die **Glaubwürdigkeit** von Quellen im Internet wird vor allem anhand der Einschätzung von Freunden und Bekannten oder der „Crowd" beurteilt, z. B. in Wikipedia oder durch die Genius-Funktion bei iTunes. Wenn viele User die Seriosität und Relevanz einer Information bestätigen, gilt diese als glaubhaft oder „am ehesten richtig".

Expeditive **reflektieren über Medienproduktion, den Einfluss der Medien auf die Menschen und ihren eigenen Medienkonsum.** Beispiele: Man erlebt das eigene Smartphone als „Segen und Fluch" zugleich. Es wird zwischen anspruchsvollen und sinnlosen Fernsehformaten unterschieden. Gute und schlechte Internet-Seiten werden anhand von bestimmten Merkmalen schnell identifiziert, z. B. sind Pop-ups ein Signal für schlechte Seiten.

Abb. 4.7.6

Online-Nutzungsaktivitäten Expeditiver
Breites Nutzungsspektrum, sehr geringe Vorbehalte

Affinität

Chatten   Soziale Netzwerke
    Musikdownload
          Streamingportale
Mobile Internetnutzung/Smart-
phone
  Zeitungs-/Nachrichtenportale

Internet-Surfen
   Blogs lesen   Spiele ♂
       Musik/Filme/Text
     E-Mails produzieren/Upload

Vorbehalte

Typische Zitate zur Illustration

▶ „Wenn ich zu Hause bin, sitze ich meistens am PC und schreibe mit anderen oder schaue Filme oder recherchiere etwas." (m, 16)

▶ „Ich möchte gar nicht darüber nachdenken, dass es kein Internet gäbe. Ein Tag ohne Internet ist unmöglich, wirklich unmöglich." (m, 17)

▶ Da wechsel ich zwischen Internet-Radiohören und Fernsehgucken, nebenbei wird noch geskypt und dann hab ich noch ein Fenster offen mit Spielen." (m, 17)

▶ „Wer hat auf dieser Welt kein Facebook?!" (m, 17)

▶ „290 Freunde, persönlich kenne ich davon nur 10 %. Dem Rest habe ich mal irgendwann geschrieben, oder ich habe sie mal gesehen, und die anderen Menschen glauben, mich zu kennen, weil sie irgendwas über mich gehört haben. Ich bin mal nicht böse und nehme sie einfach an. Macht ja nichts. Tut ja nichts Böses." (m, 16)

▶ [zu Profilen bei Online-Communitys] „Man sollte nicht schreiben: Ja, ich war gestern total besoffen, war ja voll lustig." (m, 16)

▶ [zu Gruppen bei Facebook] „Ja, unsere Sit-in-Gemeinde halt, also da ist mein engster Freundeskreis. Unsere Sit-in-Gemeinde, da planen wir dann immer unsere Treffen, das ist dann schon mit so vielen Leuten praktischer, wenn einer dann schreibt: Kommt alle um so und so viel Uhr zu mir, da treffen wir uns." (w, 16)

▶ „Meine Daten kann jeder haben." (m, 17)

▶ „Ich will manche Fotos von mir nicht auf Facebook, aber dann eher aus Eitelkeit." (m, 17)

▶ „Das meiste schneide ich bei Radioconverting mit. Das soll aber so legal sein. Aber von richtig guten Bands, aber dann von kleinen Bands, wo ich denke, die haben es nötig, da kaufe ich dann auch mal ein Album. Weil, das finde ich dann fies, weil ich denke, die müssen dann ja auch mal Geld verdienen. Aber bei den richtig großen Bands, die haben ja genug. Deswegen investiere ich dann lieber in die kleinen Unbekannten." (w, 16)

▶ „Dokumentationen gucke ich gerne, das ist dann nicht so ein Mist, wie z. B. „16 und schwanger". Das ist total blöd, man weiß, dass die Leute bezahlt werden, und es hat gar keinen Bezug zur Realität. Zweitens macht es mich echt traurig, dass es Leute gibt, die das tatsächlich glauben und gucken. Wieso sollte ich mir das Leben von anderen Leuten anschauen, die sowieso alles verkacken? Mich macht das aggressiv." (w, 15)

▶ *„Bestimmte Seiten sind hundert Prozent verlässlich, z. B. Spiegel Online oder National Geographic. Seiten, die wirklich offiziell sind. Wenn man weiß, da gibt es auch eine Zeitschrift oder Sendung – die auch wirklich kompetent und seriös sind."* (w, 15)

4.7.7 Schule und Lernen

Schule als Lern- und Lebensort

Wie für andere Jugendliche auch ist Schule für die Expeditiven vor allem **Arbeitszeit und nicht Freizeit**. Obwohl die meisten sich selbst als (sehr) gute Schülerinnen und Schüler bezeichnen, **hegt hier niemand eine tiefe Leidenschaft für Schule**. Vielmehr handelt es sich um eine „gepflegte Abneigung": Man schwänzt auch gelegentlich – gerade die Älteren vertreten oft den Standpunkt, sich „Auszeiten" nehmen zu müssen. Das eigene Vorankommen sieht man dadurch aber nicht gefährdet. Einen guten Abschluss zu erreichen, der alle Möglichkeiten für die Ausbildung offenhält, hat oberste Priorität.

Üblicherweise haben Expeditive bereits sehr früh spezifische Interessenprofile und wünschen sich, Angebote zu bekommen, die tiefere Einblicke und **intensivere Auseinandersetzungen erlauben als im Lehrplan vorgesehen**. Spezifisch ist darüber hinaus, dass sie **explizit Lern-Interessen außerhalb von Schule formulieren**. Das ist mit Ausnahme der Sozialökologischen in den anderen Lebenswelten kaum der Fall.

Expeditive **schätzen engagierte, unkonventionelle Lehrerinnen und Lehrer** (Persönlichkeiten), die ihnen Freiräume geben, ihre Kreativität fordern und fördern und sie als junge Erwachsene anerkennen. Sie erwarten von Lehrerinnen und Lehrern zugleich aber hohe fachliche Kompetenz und eine klare Leistungsorientierung, die auch ein gewisses Maß an Strenge und Disziplin beinhalten darf.

Individuelle Förderung ist Expeditiven sehr wichtig. Zumeist in der Abgrenzung gegenüber lernschwächeren oder „fauleren" Mitschülerinnen und Mitschülern fordern sie mit Hinsicht auf ihre spezifischen Fähigkeiten, von den Lehrkräften Entwicklungsmöglichkeiten aufgezeigt zu bekommen.

Gegenüber Haupt- und Realschülerinnen und -schülern grenzen sich vor allem die Gymnasiastinnen und Gymnasiasten ab. Expeditive, die jenseits des dreigliedrigen Schulsystems lernen, lassen diese Haltung weniger erkennen bzw. binden ihre Ablehnung nicht an den besuchten Schultyp („Leute, die sich keine Gedanken machen, kann ich echt nicht ab").

Ganztagsangeboten oder auch Unterricht in den Nachmittagsstunden stehen Expeditive eher **skeptisch** gegenüber: Die Zeit, die zur freien Gestaltung, z. B. für Hobbys, zur Verfügung steht, wird dadurch begrenzt – die Zeit, in der man sich tendenziell den Regeln der Schule und der Autorität der Lehrkräfte unterordnen muss, wird verlängert. **Die Zeit außerhalb des notwendigen Unterrichts möchte man selbstbestimmt gestalten**.

Angebote in der Schule sind deshalb meist wenig interessant, da die Expeditiven üblicherweise schon früh eigene Wege gefunden haben, ihren (oft spezifischen) Interessen nachzugehen. Eine Ausnahme bilden die dezidiert kreativen Angebote (Theater-AG, Photoshop-AG).

Abb. 4.7.7

Expeditive
So wünsche ich mir meine Schule

> Da ich auf eine Waldorfschule gehe, bin ich eigentlich relativ zufrieden mit meinem Schulsystem. Allerdings würde ich mir zum Teil kompetentere Lehrer wünschen und dass mehr von den Handwerklichen Fächern gekürzt werden, auch das, dadurch, dass unser Schulgrundsatz christliche Züge hat, eher wenig Ausländer auf unsere Schule kommen finde ich schade. Eine Multikulti Klasse ist viel lustiger.

Mädchen, 15

Expeditive

Abb. 4.7.8

So wünsche ich mir meine Schule

Nice und gechillt, gutes Schüler-
Lehrer-Verständnis, Unterstützung

leider aber zmt realitätsfern. nanntn.
Lehrer sollten ~~offene~~ erfahrener Vorbilder
zu sein. Charakter starke Menschen,
an denen man sich orientieren kann
und bei denen es einem nicht
schwer fällt vor ihm Respekt zu
haben!

Mädchen, 16

· Mehr Individualität
bei Lehrmethoden für
jeden einzelnen Schüler
· Bessere Förderung
· Erweitertes Spektrum
an Angeboten

Junge, 17

Lernen

Lernen ist für Expeditive ein weiter Begriff. Lernen findet „natürlich" nicht nur in der Schule statt, sondern **immer und überall**. Man lernt in erster Linie für sich selbst, das kann auch bedeuten, für gute Noten zu pauken, aber eben, um dann stolz sein zu können, dass man selbst gesteckte Ziele erreichen kann. Dass der Druck teilweise sehr hoch ist, wird durchaus wahrgenommen. Man fühlt sich dem jedoch gewachsen und zeigt hier eine deutliche **Leistungsorientierung und Zielstrebigkeit**.

Lernen dient aus subjektiver Perspektive der Jugendlichen der **persönlichen Entwicklung** und der **Vorsorge für die Zukunft**. Es wird zwischen notwendigem, aber manchmal doch sinnlosem Lernen für die Schule und Dingen, die wichtig sind, die man wirklich wissen will, unterschieden. Diese Dinge lernt man eher außerhalb der Schule von Freundinnen und Freunden, den Eltern oder anderen Erwachsenen, durch Üben und Probieren oder aus den Medien.

Unter den Expeditiven finden sich viele der Schülerinnen und Schüler, die auch ohne großen Aufwand gute und sehr gute Noten erzielen. In der eigenen Wahrnehmung macht man dementsprechend „nicht so richtig viel" für die Schule. Betrachtet werden muss dies im Zusammenhang mit dem weiten Lernbegriff der Jugendlichen und dem breiten kulturellen Interesse. Aus dieser Perspektive erscheint ihnen vieles nicht explizit als Lernen, was andere so bezeichnen würden. Gleichzeitig erwerben sie in ihrer Freizeit unterrichtsrelevantes Wissen, das ihnen dann wiederum Vorteile verschafft.

Typische Zitate zur Illustration

▶ *„Ich denke, wenn man wirklich aufs Gymnasium gehört, dann kriegt man das schon irgendwie unter einen Hut. Also bei mir und meinen Freunden klappt das eigentlich immer. Und wenn du halt merkst, du schaffst das nicht, dann musst du halt mal überlegen, ob du das packst mit dem Gymnasium."* (w, 16)

▶ „Meiner Meinung nach ist es viel zu viel am Nachmittag an Unterricht. Man hat gar nicht richtig Zeit, seine Hobbys auszuführen. Ich habe gar keine Zeit dafür, das jede Woche regelmäßig zu schaffen." (w, 16)

▶ „Ich glaube, am Schreibtisch saß ich in den letzten Jahren noch nie, um zu lernen. Ja, am liebsten dann schon auf dem Bett und dann mit Musik auf dem Ohr, weil sonst geht gar nichts – und auch ganz gern mal draußen, wenn das Wetter gut ist." (w, 16)

▶ „Ich mach das nicht, damit meine Freunde sagen: ‚Wow.' Das ist ja auch gar nicht so gut, weil, wenn du immer gute Noten hast, dann kommst du auch schnell mal als Streber rüber. Aber ich sag jetzt auch nicht, wenn ich lerne, ich mach das, um meine Mama stolz zu machen. Ich mache das, um mit mir selbst zufrieden zu sein." (w, 16)

▶ „Ich lerne nur das, was mich interessiert – andere Sachen nehme ich auf." (w, 17)

▶ „Ja, ich glaub, von jedem kannst du irgendwie was, was irgendwie wichtig ist, lernen." (w, 16)

▶ „Mein Kunstlehrer freut mich, der ist einfach der Beste. Er ist relaxed, lässt uns kreativ sein, unterstützt uns, wo er kann, lässt uns aber auch unseren Freiraum." (w, 16)

▶ „Ich bemerke immer, dass die Lehrer die Klasse als Klasse sehen und nicht den Einzelnen. Ich weiß, das ist schwer, aber würde das irgendwie zu machen sein, würde das bestimmt bessere Ergebnisse erzielen." (m, 17)

▶ „Da ich auf eine Waldorfschule gehe, bin ich relativ zufrieden mit meinem Schulsystem. Allerdings würde ich mir mehr kompetentere Lehrer wünschen und dass mehr von den handwerklichen Fächern gekürzt wird." (w, 15)

▶ „Was mich stört, ist, dass christliche Aspekte im Programm stehen. Deshalb kommen auch so wenige Ausländer auf unsere Schule. Es viel spannender in einer Klasse, die auch gemixt ist. Die haben andere Erfahrungen, sprechen andere Sprachen." (w, 15)

4.7.8   Berufliche Orientierung, Zukunft

Ein „guter" Beruf ist Expeditiven äußerst wichtig, wird aber nicht als der einzige zentrale „Sinnstifter" verstanden. **Leben ist mehr als nur Arbeit**. Spaß ist ein wichtiger Faktor in den Beschreibungen der beruflichen Zukunftsvorstellungen: Man möchte sich nicht an den Arbeitsplatz quälen müssen, sich Hierarchien blind unterordnen (immer „machen müssen, was andere sagen"). Man wünscht sich eine berufliche Zukunft mit möglichst großen Freiheitsgraden (Auswahl aus Themenvielfalt, flexible Arbeitszeiten und interessante soziale Kontakte) an einem attraktiven urbanen Standort.

Expeditive blicken recht **optimistisch und selbstbewusst** in die Zukunft. Sie gehen davon aus, dass sie das Rüstzeug mitbringen, um in einer globalisierten (Arbeits-)Welt Karriere machen zu können. Sie beobachten im Bekanntenkreis, dass man heute (v. a. in der von ihnen präferierten Kreativbranche) mit **Originalität, Eigeninitiative und Unkonventionalität** („kreativer Differenz") weit kommen kann. Das sind Eigenschaften, die sie sich selbst in hohem Maße zuschreiben. Außerdem verfügen sie über gute „Connections" und in der Regel die notwendige Unterstützung im Elternhaus. Expeditive können sich gut selbst inszenieren, sich verschiedene „Masken" aufsetzen, wenn sie das Gefühl haben, dadurch im Leben schneller, besser voranzukommen. Diese Fähigkeit ist ihnen als Vorteil, wenn es darum geht, sich selbst zu verkaufen, bewusst.

Man geht einerseits davon aus, relativ problemlos „irgendeinen Job" finden zu können, andererseits fürchtet man, dass man beim Wunsch nach kreativer Selbstverwirklichung möglicherweise Abstriche machen muss. Expeditive beschäftigt weniger die Frage, *ob* sie einen Job finden, sondern *für welchen* Job sie sich entscheiden sollen, wie viele Fehlversuche man sich leisten kann, ob der derzeitige Traumberuf auch in der Zukunft spannend bleibt. **Wirkliche Sorgen um ihre Zukunft machen sie sich nicht**.

Im Vergleich zu den Adaptiv-pragmatischen Jugendlichen stecken Expeditive ihre Ziele bei der Berufswahl noch einmal deutlich höher, weisen auch hier eine gewisse Extravaganz auf und sind bemüht, Pauschalitäten zu vermeiden:

„Irgendwas mit Design" wollen schließlich alle machen. Studieren zu wollen, ist die Regel, und das angestrebte Fächerspektrum rangiert dabei weit zwischen Medizin, Informatik, Fotografie, Gesellschaftswissenschaften und Kunst. Wichtig ist jedoch neben **Selbstverwirklichung,** ein Einkommen erzielen zu können, das einen gewissen Lebensstil gewährleistet.

Die Expeditiven haben ein **vergleichsweise breites Wissen um sogenannte „kreative" Berufe** im Besonderen und **White-Collar-Jobs** im Allgemeinen. Die Auseinandersetzung mit den Entwicklungen auf dem Arbeitsmarkt beginnt bereits relativ früh, **Vor- und Nachteile bestimmter Berufe werden gegeneinander abgewogen**. Ältere Jugendliche und junge Erwachsene, die typischerweise im Freundes- und Bekanntenkreis vertreten sind, dienen hier oft der Orientierung. Insbesondere hinsichtlich dieser Abwägungsaktivitäten zeigen sich die Expeditiven pragmatisch: Selbstverwirklichung?

Abb. 4.7.9

Expeditive
Wie möchtest du später leben? Was machst du dann?

> Ich möchte einen gehobenen Lebensstandart besitzen und mich voll und ganz auf meine Karriere konzentrieren.

Junge, 17

Ja, aber nur in dem Maß, in dem sie auch ein finanzielles Auskommen sichert. Eigenständigkeit? Ja, aber nur, wenn die Risiken die Freiräume nicht einschränken. Spaß? Ja, aber Freude bei der Arbeit können nur die erleben, die eine Beschäftigung haben.

Man träumt davon, **lieber früher als später auf eigenen Beinen zu stehen,** das Elternhaus zu verlassen und eine eigene Lebensform zu finden. Dies kann sowohl eine Ehe mit Kindern als auch eine lose Beziehung oder eine WG sein. Eine Partnerschaft ist nur dann attraktiv, wenn beide fest auf eigenen Beinen stehen und jeder das eigene Leben leben kann.

Bevor Bindungen oder Verpflichtungen eingegangen werden, wünscht man sich jedoch, erst einmal **Freiheit und Unabhängigkeit zu genießen.** Auslandsaufenthalte sind selbstverständlich und für verschiedene Lebensphasen (noch während der Schulzeit, danach, während des Studiums oder als lange Reise) vorgesehen.

Typische Zitate zur Illustration

▶ *„Ich habe die besten Möglichkeiten, 'nen guten Job zu bekommen." (m, 17)*

▶ *„Eine normale Arbeit ist eine, die Spaß macht. Nicht so, dass man mit dem Gefühl geht: Scheiße, wieder arbeiten. Egal wie viel man da verdient." (m, 16)*

▶ *„Beruflich dachte ich ans Musikgeschäft, etwas im Management oder etwas mit Fotografie, vielleicht auch im Grafikdesign." (w, 16)*

▶ *„Ich will auf eigenen Beinen stehen und niemanden über mir haben, der mich jetzt auf beruflicher Basis irgendwie schlecht behandelt – damit könnte ich überhaupt nicht umgehen." (w, 16)*

▶ *„Also, erst mal versuche ich herauszufinden, was ich wirklich möchte, und mich nicht gleich in irgendeine Arbeit stürzen." (w, 16)*

▶ *„Ich habe Angst vor dem Arbeiten – nicht, dass sich das irgendwie eintönig entwickelt." (m, 17)*

▶ „Ich hab ganz große Angst davor, wenn ich irgendwas anpacke und es dann zu Ende ist, weil es nix mehr zu lernen gibt, weil das Wissen ausgeschöpft ist. So Sachen wie Physik und Medizin, ist so ein endlos langes Studium. Da lernst du nie aus." (m, 17)

▶ „Ich weiß eigentlich auch noch gar nicht, was ich später machen will. Ich will halt irgendetwas Kreatives machen, aber sonst weiß ich noch nicht genau. Vielleicht Grafikdesign." (w, 15)

▶ „Mit 19 habe ich mein Abitur, dann werde ich erst einmal ein Jahr ins Ausland gehen, nach Südamerika, da will ich an einer Schule arbeiten. In Guatemala oder noch weiter südlich. Wenn ich zurückkomme, weiß ich dann hoffentlich, was ich studieren will, und habe mich selbst gefunden oder irgendetwas anderes Tolles gemacht. Habe Leuten geholfen, enthaltsam gelebt – ohne Shoppen zu gehen, ohne Internet. Dann habe ich noch Spanisch gelernt, komme wieder und feiere erst einmal 'ne Runde." (w, 15)

4.7.9 Politik und Gesellschaft

Expeditive sind im Vergleich der Lebenswelten **relativ interessiert an Politik und Gesellschaft**. Nachrichten, politische Satire sowie Kabarett werden daher auch vergleichsweise regelmäßig verfolgt. Politisches Geschehen ist durchaus auch Thema im Freundeskreis – nicht zuletzt, weil es für den eigenen Intellekt spricht, über ein gewisses Maß an politischer Informiertheit zu verfügen.

Der Politikbetrieb wirkt auf Expeditive insgesamt **statisch und somit langweilig**. Man sieht die Langwierigkeit von Gesetzgebungsprozessen, parlamentarische Politik erlebt man vorrangig als endlose Verkettung von Debatten. Diskussionen in den von ihnen als interessant erachteten Feldern verfolgt man jedoch aufmerksam, auch weil man von der Rhetorik und dem Argumentationsgeschick einzelner Politiker fasziniert ist.

Expeditive erwarten von der Politik, dass sie die aus ihrer Sicht wichtigen Probleme der Gesellschaft löst. Sie belassen es (wie die meisten anderen Jugendlichen) nicht bei einer bloßen Politiker-Kritik, sondern **suchen nach Antworten auf die gesellschaftlichen Probleme**. Dem demografischen Wandel würde man beispielsweise durch bessere Förderung von Kindern und Familien begegnen, der „Politikentfremdung" mit mehr Transparenz und Eindeutigkeit entgegenwirken und soziale Ungleichheit mit dem Grundeinkommen bekämpfen.

Politik wird v. a. dann spannend für Expeditive, wenn offensichtlich **neue Wege** gegangen werden, wenn im demokratischen Rahmen polarisiert bzw. provoziert wird, wenn die etablierte Politik satirisch hinterfragt und der Wahlkampf selbst ad absurdum geführt wird (als Beispiel wird hier der Wahlkampf von „Die Partei" genannt). Das trifft den Nerv der Expeditiven.

Politikerinnen und Politiker werden in der Regel als „machtlose" Figuren betrachtet, die die „wirklichen" Herausforderungen nicht bewältigen können. Die Perspektive ist auf eine globalisierte Weltwirtschaft gerichtet, in der die politischen Vertreterinnen und Vertreter Deutschlands wie Statistinnen bzw. Statisten wirken. Man ist sich der Verantwortung der politischen Akteurinnen und Akteure gegenüber dem Volk bewusst und findet diesen Beruf so „schwierig", dass man ihn selbst nicht übernehmen möchte.

Expeditive begreifen sich als **Weltbürgerinnen und -bürger** und interessieren sich entsprechend auch für internationale Zusammenhänge. Man möchte das große Ganze betrachten.

Wahlen werden von den Expeditiven ernst genommen. Bevor man (künftig) die eigene Stimme abgibt, wird es als Pflicht verstanden, sich zumindest rudimentär mit den politischen Optionen vertraut zu machen. Der Wahl-O-Mat, der Wahlinformationen online, interaktiv anbietet, wird in diesem Kontext als Orientierungshilfe positiv erwähnt.

Expeditive
Politisches Themenspektrum

Uninteressant Indifferent **Interessant**

Abschiebung

Anhebung des Rentenalters

Arabischer Frühling

Atomausstieg

Ausbildungsplatzsuche

**Datenschutz und Daten-
sicherheit im Internet**

Demografischer Wandel

Demonstrationen

Diskriminierung

Drogenpolitik

Einkommen und Absicherung

Einkommensverteilung

Eurokrise

Europa

Generationengerechtigkeit

Gentrifizierung

Gesetzgebungsprozesse

Gewalt an der Schule

Hartz IV

Häusliche Gewalt

Historische politische Ereignisse

**Integration, Einbürgerung,
Staatsbürgerschaft**

Internetkriminalität

Islam

Kapitalismus

Kindergeld

Kommunalpolitik

Kriminalität

Meinungsfreiheit

Mobbing

Naturkatastrophen

Obdachlosigkeit

**Öffentlicher Raum (Über-
wachung, Regulierung)**

Parteien

Politiker und Politikerinnen

Politischer Extremismus

Politisches System in Deutschland

Rassismus

Reichtumsverteilung, Armutsschere

Religionsfreiheit

Restriktionen aufgrund von
Minderjährigkeit

Schulpolitik, Schulreform

Sozialstaat, Sozialleistungen

Strafzumessung

Terrorismus

Tierschutz

Stuttgart 21

**Unterstützungsleistungen für
Familien, Alleinerziehende**

Umweltschutz

Verfassung/Grundgesetz/Rechts-
staatlichkeit

Wahlen

Abb. 4.7.10

Einer **Absenkung des Wahlalters** steht man eher kritisch gegenüber, da man davon ausgeht, dass viele Jugendliche sich nicht gewissenhaft genug im Vorfeld einer Wahl informieren. Auffällig ist, dass dort, wo kürzlich eine Landtags- bzw. Abgeordnetenhauswahl anstand, die Auseinandersetzung (auch bei den Jüngeren) stattgefunden hat und das Thema greifbarer geworden ist.

Typische Zitate zur Illustration

▶ *„Ich habe auch nicht so 'ne Ahnung von Politik. Aber ich interessiere mich dafür. Wir reden relativ viel von Politik, über verschiedene Krisen usw. Wir spekulieren auch so, z. B. über eine Inflationskrise in Deutschland und was wir machen würden, wenn es so weit wäre." (w, 15)*

▶ „Politik ist die Kunst, etwas zu verkaufen, wie es eigentlich gar nicht ist." (w, 17)

▶ „Ich bin auch links, auf jeden Fall, aber nicht linksradikal. Das wird mir dann ein bisschen zu viel Zerstörung, schmeißt mit Steinen, die sind zu viel Rebellion und stürzt das ganze Staatswesen." (w, 15)

▶ „Zum Beispiel Naturkatastrophen – dass mich das auch treffen könnte, das Schicksal, dass das auch hier passieren könnte." (w, 16)

▶ „Ein einzelner Politiker hat nicht die Macht, das zu ändern, was ich gern ändern würde. In Berlin zum Beispiel der Stopp der Privatisierung einzelner Wohnungen, dass Berlin Berlin bleibt und nicht Schwabenland. Das stört mich." (w, 15)

▶ „Umweltschutz, finde ich auch, ist ein sehr wichtiges Thema, weil wir nur eine Erde haben. Es ist echt krass mit der Umweltverschmutzung und der Atomkraft. Wir haben Naturkraft-Energie hier zu Hause und trennen auch den Müll. Wir leben relativ stromsparend." (w, 15)

▶ „Ich habe ein bisschen Angst, wie das später mit der Wirtschaftskrise wird. Es gibt ja immer mehr Hartz IV-Empfänger und immer weniger, die arbeiten. Deutschland unterstützt die, und irgendwann ist das Geld irgendwie weg. Die tun ja nichts für den Staat, die gehen ja nicht arbeiten. Ich weiß halt nicht, wo das Geld irgendwann mal herkommen soll." (w, 16)

▶ „Viele Leute stört das Sozialsystem in Deutschland, aber es ist meiner Meinung nach das Beste, das es gibt auf der Welt. Es gibt Sachen, die laufen hier nicht so gut, aber anderswo auf der Welt laufen die noch schlechter." (w, 15)

▶ „Die Ausbeutung der Armen ... es ist halt so, dass die Armen prozentual gesehen mehr zahlen dürfen als die Reichen. Das ist auch soziale Ungerechtigkeit." (m, 17)

▶ „Noch ist in Deutschland alles o. k. Die Grenze zwischen Arm und Reich wird zwar größer, aber es wird nicht so krass wie z. B. in London." (w, 15)

▶ „Ich hätte wahrscheinlich die Grünen gewählt, damit habe ich mich beschäftigt." (w, 16)

4.7.10 Religion, Glaube, Kirche

Religion und Kirche spielen im Alltag der Expeditiven keine Rolle. Religiosität steht bei vielen unter dem Verdacht der **„Individualitätsaufgabe"** und scheint deshalb nicht anschlussfähig an den eigenen Lebensentwurf. Religion und stärker noch Kirche werden als hochgradig reglementierend und autoritär wahrgenommen.

Religiösen Menschen bringt man Toleranz und auch Respekt entgegen, insofern sie ihre persönlichen Entfaltungsrechte und -spielräume nicht durch Religion einschränken lassen. Von Gläubigen fordern die Expeditiven einen aufgeklärten und reflektierten Umgang mit den Glaubensgrundsätzen ihrer jeweiligen Religion. Jegliche „Protzerei" oder „Manipulation" durch Glaubensgemeinschaften und Sekten wird abgelehnt. Radikale Glaubensinterpretationen stoßen auf starke Ablehnung.

Expeditive sind zwar vergleichsweise **religionsfern, aber nicht ungläubig**. Der eigene Glaube speist sich dabei aus den verschiedensten religiösen und spirituellen Versatzstücken, insbesondere südostasiatische „Einflüsse" werden für spannend befunden.

Expeditive sind **sehr kirchenfern**. Glaube und Kirche trennen sie strikt. Sie unterstellen der Kirche, den Menschen, v. a. den Jugendlichen, ein „verqueres Weltbild" mit antiquierten Moralvorstellungen aufzwängen zu wollen. Religionen unterstellt man, Kriege nicht zu verhindern, sondern zu forcieren.

Die **Kritik an Kirche und Religion bleibt aber weitgehend indifferent und emotionslos, weil die Kirche so weit weg vom Alltag erscheint**, dass sie kaum einen „Aufreger" wert ist. Die Kirche ist kaum aus persönlichen Kontakten, sondern fast nur aus den Medien bekannt.

Die Kirche wird von den Expeditiven nicht als Zufluchtsort, Ort der Gemeinschaft oder als seelsorgerische Anlaufstelle wahrgenommen. Vereinzelt wird jedoch auch erwähnt, dass sich das ändern kann, wenn man schwerste Schicksalsschläge zu verarbeiten hat.

Den in Deutschland großen Kirchen und ihren Vertreterinnen und Vertretern haftet ein verstaubter Muff an. Man betrachtet sie als **selbstgefällig, selbstgenügsam, fortschrittshemmend**, bisweilen als reaktionär oder „Steinzeitrelikt". Der materielle Reichtum der Kirche wird kritisch hinterfragt.

Im Leben der Expeditiven spielt die Kirche, vor allem die katholische, auch deshalb keine Rolle, weil sie aus Sicht der Expeditiven die Lebensbedingungen der heutigen Generation verkennt. Auch ästhetisch wird sie als nicht anschlussfähig an die eigene Lebenswelt beschrieben. Die kirchliche Ästhetik, festgemacht an Kirchengebäuden, Gemeindezentren, Kirchenmusik, Kleidung der kirchlichen Mitarbeiter etc., wird als „langweilig", „depressiv" „zu traditionell" bzw. „altmodisch" beschrieben. Diese Wahrnehmung prägt auch ihr Bild von den Menschen in der Kirche – v. a. von Jugendlichen.

Typische Zitate zur Illustration

▶ „Ich glaube auf jeden Fall, dass es irgendetwas gibt. Eine höhere Macht, ein physisches Gesetz, das noch nicht entdeckt ist und alles lenkt, naja, auf jeden Fall ein paar Sachen. Ich glaube nicht wirklich an ein Leben nach dem Tod. Das ist nur eine beruhigende Einstellung: Ich sterbe, und dann fängt ein neues Leben für mich an. Ich kann das nicht wirklich glauben, das ist einfach nicht logisch. Ich glaube auch nicht wirklich an Gott; eigentlich bin ich Atheistin. Ich glaube an den Geist, der in lebenden Sachen wohnt." (w, 15, konfessionslos)

▶ „Jeder Mensch hat das Recht, sich frei zu entfalten und zu glauben, was er möchte." (m, 17, evangelisch)

▶ „Andere Religionen sind mir eigentlich relativ egal. Ich verurteile niemanden, der eine andere Religion hat als die christliche Religion. Solange Leute nicht anfangen, wegen Religion andere schlecht zu behandeln oder auszugrenzen, oder z. B. ihre Frauen verschleiern." (w, 15, konfessionslos)

▶ „Ich finde auch andere Religionen faszinierend, auch wenn ich nicht daran glaube." (w, 15, konfessionslos)

▶ „Ich find's gut, wenn jemand an Gott glaubt und sich an die Regeln seiner Religion hält, aber ich finde es nicht gut, wenn man es übertreibt. Ich mein, total vermummt rumläuft oder so. Das geht in manchen Kulturen dann auch vom Mann aus, weil er dann vielleicht so religiös ist oder so, und das finde ich überhaupt nicht gut. Weil, man sollte sich von nichts unterdrücken lassen, weil das immerhin sein eigenes Leben ist." (w, 16, konfessionslos)

▶ „Kirche ist, wie ich das verstanden habe, ein Ort, wo Menschen zusammen-kommen, ein Miteinander, wo man Anschluss findet – brauch ich nicht. Dass es aus schwierigen Lebenslagen raushilft – hab ich nicht." (m, 17, evange-lisch)

▶ [über Kirche] „Die sind einfach nur froh, dass irgendjemand da noch hingeht." (w, 16, evangelisch)

▶ „Mein Stiefvater, ein aufgeklärter Mann, erschreckt mich manchmal, was er für einen Gottglauben hat. Das ist für mich wie eine Ausrede, was total Irrationales. Ich finde Religion o. k., wenn sie die Wissenschaft nicht berührt." (m, 17, evangelisch)

▶ „Ein Jahr nach der Hochzeit trete ich aus der Kirche aus, das ist schon alles fest durchgeplant." (w, 17, katholisch)

▶ „Den Papst kann man eigentlich auch nur auslachen. Das ist mir alles viel zu konservativ. Die Missbrauchsfälle, das ist auch echt eklig." (w, 15, konfessions-los)

▶ „Kirche könnte für mich an Bedeutung gewinnen, wenn ich z. B. mal je-manden verliere, der mir wichtig ist, sonst eigentlich nicht. Wenn mir die Kirche wirklich bei meinen Problemen hilft, könnte es sein, dass ich meine Meinung ändere." (w, 15, konfessionslos)

4.7.11 Engagement

Expeditive sind **für traditionelle Engagement-Formen schwer zu begeistern** (z. B. in Vereinen). Die Strukturen sind ihnen **zu statisch und unflexibel**. Sich über längere Zeit zu binden und sich ständig mit der gleichen Sache auseinandersetzen zu müssen, schreckt ab. Wichtig ist, dass das Angebot in einen professionellen Kontext eingebettet ist. Häufig wird das Engagement-Vorhaben auf die Phase nach der Schulzeit verschoben und idealerweise mit einem Auslandsaufenthalt verbunden.

Expeditive sind ständig auf Achse in ihrer Freizeit. Für langfristiges und bindendes Engagement sind sie daher – trotz Offenheit und Sympathie für verschiedene Engagementfelder – kaum zu gewinnen. **Auf Offenheit stoßen zeitlich begrenzte und professionelle Projekte**, bei denen sie nicht in der Masse untergehen, die inhaltlich ein starkes und ungewöhnliches Profil haben. Sie erwarten von Engagement-Angeboten, dass sie einerseits mit „coolen" und spannenden Leuten zusammenkommen können, andererseits aber auch Möglichkeiten zu Alleingängen bieten. Es ist ihnen wichtig, Projekte mit einem hohen Maß an Eigenverantwortung angehen zu können – nicht zuletzt, weil man sich und anderen etwas beweisen möchte.

Wichtig ist ihnen, das Gefühl zu haben, wirklich etwas bewegen zu können. Persönlicher bzw. charakterlicher Benefit sind selbstverständliche Begleiterscheinungen von Engagement. Wenn man aktiv wird, dann für eine Sache, an die man wirklich glaubt. Eine **Dokumentation im Lebenslauf** wird als nützliche und angemessene Anerkennung wahrgenommen.

Als potenziell interessant werden Bereiche angeführt, bei denen man sich **gegen etwas positionieren** kann: z. B. Umweltverschmutzung, Gentrifizierung, Rechtsradikalismus, Tierversuche. Wichtig ist dabei, nicht von Dogmatikern umgeben zu sein.

Expeditive sind offen für Engagement, wenn es quasi *en passant* **und für sie** „bequem" passieren kann. **Online-Petitionen** sind unter den Netzaffinen

z. B. eine beliebte Form des Engagements, weil sie als zeitgemäß und unaufwendig gelten und ihrem Wunsch nach sozialer Vernetzung entsprechen.

Expeditive **definieren Engagement weit**. Beispielsweise erachten sie Street-Art oder bewussten Konsum (z. B. Vegetarismus, Ablehnung von Produkten, die an Tieren getestet wurden) als politisches Engagement.

Typische Zitate zur Illustration

▶ „Ich hasse so etwas, wenn ich Verpflichtungen habe, wo ich hingehen muss. Ich brauche meine Freizeit. So dass ich mich jederzeit mit jemandem verabreden kann, wenn ich dazu Lust habe." (m, 16)

▶ „Mir ist es wichtig, dass Leute das [Engagement] ernst nehmen. Dass es Profis gibt, die einem wirklich Dinge erklären können, die auch wirklich Ahnung haben. Ich möchte da auch wirklich mitmachen, hundertprozentig. Wenn schon – denn schon." (w, 16)

▶ „Ich finde, es müssen aufklärende Organisationen sein. Leute müssen wirklich mal erleuchtet werden. Es gibt einen Kopf, der schlau ist, aber die meisten sind dumm. Die müsste man aufklären!" (m, 17)

▶ „Aktiv gegen Extremismus, gegen Faschismus, gegen Rassismus. Dafür würde ich mich wirklich einsetzen." (m, 17)

▶ „Ich kaufe auch immer meine Umwelt-College-Blöcke." (w, 16)

▶ „Ich bin gegen Tierversuche. Ich kaufe nur Produkte, die ohne Tierversuche produziert werden." (m, 17)

▶ „Ich war mal beim Tanzen, und da haben sie das Geld immer gespendet sozusagen, was wir eingenommen haben. Da fühlten wir uns dann auch immer ein bisschen besser. Haben wir an UNICEF gespendet." (w, 16)

▶ „Ich habe mich letztes Jahr gegen meinen Physiklehrer eingesetzt, weil er alle anderen immer gemobbt hat. Jetzt haben wir den nicht mehr! Jetzt kann er andere Schüler belästigen." (w, 16)

▶ „Ich war auch schon auf ein paar Demos. Man macht auf das Problem aufmerksam. Am Ende ist zwar dann der schwarze Block, Pfefferspray und Polizei da; es ist dann so, dass es meist ziemlich linksradikal wird." (w, 15)

▶ „Ich wollte mir jetzt auch noch mal Greenpeace anschauen, weil ich deren Einstellung ganz cool finde." (w, 16)

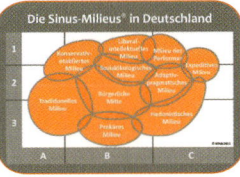

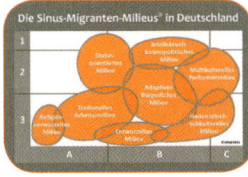

Jugendmilieus und Bildungschancen

NEU

Peter Martin Thomas / Marc Calmbach (Hrsg.)

Jugendliche Lebenswelten

Perspektiven für Politik, Pädagogik und Gesellschaft

Die Sinus-Jugendstudien zählen mittlerweile zu den Standardwerken der Jugendforschung und der Arbeit mit jungen Menschen, weil sie die Vielfalt jugendlichen Lebens in Deutschland in einzigartiger Weise dicht dokumentieren. Vor dem Hintergrund der Sinus-Studie „Wie ticken Jugendliche 2012?" gehen in diesem Sammelband renommierte Expertinnen und Experten aus den Feldern Pädagogik, Psychologie, Didaktik, Politik, Kultur, Theologie, Medienforschung und Marketing der Frage nach, welche Chancen und Herausforderungen sich aus der Vielfalt jugendlicher Lebenswelten für ihre Arbeitsbereiche ergeben.

Eröffnet wird das Buch mit einer Einführung in die Grundlagen der Milieu- und Lebensweltforschung sowie einer Zusammenfassung der Sinus-Jugendstudie 2012. Darauf aufbauend widmen sich die Abschnitte *Ästhetik und Popkultur, Bildung und Lernen* sowie *Teilhabe und Anerkennung* zentralen Facetten des Alltags junger Menschen. Das Buch schließt mit einem Ausblick, welche Themen zukünftig für die Jugendlichen selber und für die Jugendforschung von Bedeutung sein könnten.

Der Band soll dazu ermutigen, sich der Vielfalt jugendlicher Lebenswelten zu stellen und den Blick für die Ressourcen der Jugendlichen zu schärfen.

2013. ca. 250 S. 21 Abb. Geb.
ISBN 978-3-8274-2970-4
► € (D) 24,95 | € (A) 25,65 | *sFr 31,50
Erscheint: Nov. 2012

Die Autoren:

Peter Martin Thomas ist Leiter der Sinus-Akademie sowie freiberuflich tätig als Diplompädagoge, Organisationsberater und Supervisor. Er ist ein gefragter Referent im deutschsprachigen Raum. Gemeinsam mit Dr. Marc Calmbach ist er Autor der SINUS-Jugendstudie 2012

Marc Calmbach ist Direktor der Sozialforschung am Sinus-Institut und leitet gemeinsam mit Peter Martin Thomas die Sinus-Akademie. Seine Forschungsschwerpunkte liegen im Bereich Jugend, Religion, Glaube und Kirche, Gender sowie politische Bildung.

Bei Fragen oder Bestellung wenden Sie sich bitte an ►Springer Customer Service Center GmbH, Haberstr. 7, 69126 Heidelberg ►Telefon: +49 (0) 6221-345-4301 ►Fax: +49 (0) 6221-345-4229 ►Email: orders-hd-individuals@springer.com ►€ (D) sind gebundene Ladenpreise in Deutschland und enthalten 7% MwSt; € (A) sind gebundene Ladenpreise in Österreich und enthalten 10% MwSt. Die mit * gekennzeichneten Preise für sind unverbindliche Preisempfehlungen und enthalten die landesübliche MwSt. ►Preisänderungen und Irrtümer vorbehalten.